Handbuch für den Makler

von

Dr. jur. utr. Helmut Demme
Rechtsanwalt und Notar

herausgegeben vom

VDM
Verband Deutscher Makler
Druck: Albert Limbach Verlag,
Braunschweig 1993
ISBN 3-87485-640-2

Vorwort

Die Arbeit des Maklers ist vielschichtig. Sie erfordert ständig parates Wissen auf verschiedenen Rechtsgebieten. Jahrzehntelang hat der Verfasser den Maklern dieses Wissen vermittelt und will aus seiner Lehrerfahrung heraus diese Schrift dem Makler an die Hand geben, damit er die täglich anstehenden Fragen selbst, sicher und schnell entscheiden kann.

Königstein/Ts., im Januar 1993

Helmut Demme

Inhalt

Anhang

Vorbemerkung

Der Makler, der heute erfolgreich auf dem Immobilienmarkt bestehen will, muß ein solides Grundwissen haben, besonders auf dem Gebiet des Vertragsrechtes, des Grundbuchrechtes, des öffentlichen Maklerrechtes, der Makler- und Bauträgerverordnung, des zivilen Maklerrechtes, also der gesetzlichen Vorschriften der §§652ff. des BGB und, da diese das Maklerrecht nur spärlich regeln, auch der umfangreichen Rechtsprechung, des Wettbewerbsrechtes und darüber hinaus soll der Makler auch Kenntnisse auf Spezialgebieten, wie beispielsweise dem Steuerrecht, dem Mietrecht, dem Baurecht und anderen Rechtsgebieten haben, die bei der Verwertung von Immobilien tangiert werden können.

Natürlich wäre es nützlich, wenn der Makler die gesamte höchstrichterliche Rechtsprechung auf den vorgenannten Gebieten kennt. Dies ist aber nicht möglich und auch nicht notwendig, vielmehr ist erforderlich, daß er die prinzipiellen Rechtseinsichten gewonnen hat, die ihn in die Lage versetzen, die täglich entstehenden Fragen sachgemäß zu entscheiden, ohne zuvor einen Fachanwalt zu konsultieren.

Will der Makler also seinen Beruf als ordentlicher Kaufmann ausüben, setzt dies notwendigerweise voraus, daß er Grundkenntnisse auf den vorgenannten Gebieten hat und zwar nicht nur, um den die Provision auslösenden Vertrag zustande zu bringen, diesen mit den Parteien zu besprechen, mit dem Notar vorzubereiten, sondern auch um keine Zeit für eine Grundstücksangelegenheit zu verwenden, die bei sachgemäßer Beurteilung aller Voraussicht nach nicht zum Erfolg führen kann, und schließlich sind die Rechtskenntnisse notwendig, um die Provision hinreichend abzusichern.

Alle Mühe ist umsonst, wenn zwar der Immobilieninteressent sein Ziel mit dem Erwerb der Liegenschaft erreicht hat, der Makler aber seine Courtage nicht rechtlich abgesichert hat und daher leer ausgeht. Dies wirkt in diesem Wirtschaftsbereich umso schwerer, weil das Maklerrecht vom Erfolgsprinzip geprägt ist. Das heißt, der Makler bekommt überhaupt nur sein Entgelt, wenn der Vertrag, den er nachgewiesen oder vermittelt hat, wirksam zustandegekommen ist. In vielen Fällen bemüht sich der Makler unter Einsatz von Arbeitskraft und Kosten, ohne daß er den Hauptvertrag zustandebringt. In diesem Falle ist er nicht erfolgreich und erhält deshalb auch keine Provision. Umso notwendiger ist es daher, daß der Makler in den von ihm erfolgreich vermittelten Verträgen die Provision rechtlich so abgesichert hat, daß er ohne einen Rechtsstreit zu führen sein Entgelt erhält.

Einige Beispiele sollen verdeutlichen, daß die Rechtskenntnisse des Maklers notwendig sind, um seinen Beruf überhaupt auszuüben, die Provision abzusichern und die Arbeitskraft sinnvoll einzusetzen.

Landläufig sagt der Makler, der gerade vom Notar kommend eine Grundstücksangelegenheit erfolgreich abgeschlossen hat, daß er „ein Haus verkauft" habe. Dies ist rechtlich falsch, weil der Makler nicht Eigentümer des Grundstückes war und dieses deshalb auch nicht verkaufen konnte.

Andere Makler sagen, sie hätten „ein Haus vermittelt". Auch diese Darstellung ist unrichtig. Hat der Makler erfolgreich gearbeitet, dann hat er weder ein Haus verkauft noch ein solches vermittelt, vielmehr – übrigens wie es in §652 BGB zu lesen steht - die Gelegenheit zum Abschluß eines Vertrages nachgewiesen oder vermittelt. Diese Erkenntnis ist außerordentlich wichtig, weil hier klar zum Ausdruck kommt, daß der Makler einen Vertrag zustandebringen muß, indem er die beiden Parteien, nämlich Verkäufer und Käufer zusammenbringt und ihnen die Gelegenheit gibt, über den Verkauf des Grundstücks einen Vertrag zu schließen.

Dies alles mag dem Leser als selbstverständlich, ja zu erwähnen geradezu überflüssig erscheinen, doch die Praxis zeigt, daß selbst diese grundlegenden Erkenntnisse nicht Allgemeingut sind und daher auch hierüber oft prozessiert wird.

Der nachfolgende Fall, der gerichtlich entschieden wurde, macht dies deutlich.

Nachdem der Kaufinteressent eine Provisionsverpflichtung für den Fall des Abschlusses des Kaufvertrages unterschrieben hatte, zeigte der Makler ihm ein zum Verkauf stehendes Grundstück. Das Grundstück gefiel dem Interessenten, und er verlangte vom Makler Namen und Anschrift des Veräußerers, damit er über den genannten Kaufpreis, der ihm zu hoch war, verhandeln konnte. Der Makler kam dem Begehren nicht nach und erklärte, daß die Kaufpreisverhandlungen unmittelbar vor der Protokollierung des Vertrages beim Notar noch geführt werden könnten.

Am nächsten Tage besichtigte der Kaufinteressent das Grundstück nochmals allein und erfuhr zufällig von einem Nachbarn Name und Anschrift des Veräußerers. Er wandte sich direkt an den Veräußerer, man einigte sich über den Kaufpreis und der Kaufvertrag wurde ohne weiteres Mitwirken des Maklers geschlossen.

Der Provisionsanspruch wurde nach gerichtlicher Geltendmachung zurückgewiesen, mit der Begründung, der Makler habe die ihm obliegende Leistung nicht erbracht.

Reflektiert man die eingangs gemachten Erkenntnisse auf diesen Fall, so zeigt sich, daß eben der Makler nicht ein Grundstück oder ein Haus vermittelt, vielmehr die Gelegenheit zum Abschluß eines Vertrages - und zu einem Vertrage gehören notwendigerweise die Parteien, also Verkäufer auf der einen Seite und Käufer auf der anderen Seite. Benennt der Makler nicht den Verkäufer, bietet er dem Käufer nicht die Möglichkeit, mit dem Verkäufer sich vertraglich zu einigen und erbringt er damit nicht seine nach §652 BGB vorgesehene Maklerleistung, so hat er auch keinen Anspruch auf Provision.

Dieser Fall zeigt deutlich die Wichtigkeit der grundlegenden Rechtseinsichten. Vermittelt der Makler einen Vertrag, so muß er die Parteien zusammenführen, hat also auf Verlangen dem Kaufinteressenten Name und Anschrift des Verkäufers zu benennen. Dies entspricht im übrigen der in §11 der Makler- und Bauträgerverordnung niedergelegten öffentlich-rechtlichen Informationspflicht des Maklers.

Zeigt sich also schon bei diesem einführenden Beispielsfall, wie wichtig es ist, die Grundlagen des Maklerrechtes zu kennen, will man seine Arbeitskraft mit Aussicht auf Provision einsetzen, so ist es gleichermaßen wichtig, die in Aussicht genommene Grundstücksangelegenheit auf ihre Erfolgsaussicht zu überprüfen. Das gilt nicht nur für einen marktgerechten Preis, weil das Hereinnehmen eines Objektes zu einem weit überhöhten Preis für den erstbeauftragten Makler regelmäßig nicht erfolgreich ist und weil nach kurzer Zeit der Veräußerer mit dem beauftragten Makler nicht zufrieden ist, diesen wechselt und nunmehr einen zweiten oder auch weitere Makler beauftragt, das Objekt nunmehr zu einem marktgerechten Preis zu verkaufen.

Neben diesen rein wirtschaftlichen Aspekten ist es wichtig, in einer Vorprüfung zu untersuchen, ob Verkaufshindernisse dem Abschluß eines Vertrages entgegenstehen. Dabei kommt der Verfügungsmacht desjenigen, der den Makler beauftragt, entscheidende Bedeutung zu. Wird also beispielsweise der Makler mit der Vermittlung eines Grundstückskaufvertrages von einem Miterben beauftragt, so hat das Bearbeiten dieser Grundstückssache nur Sinn, wenn sichergestellt ist, daß auch die anderen Miterben bei dem in Aussicht genommenen Grundstücksverkauf mitwirken.

Hier gilt nämlich nicht das Mehrheitsprinzip, daß die Mehrheit der Erben die Erbenminderheit, die gegen einen Verkauf ist, überstimmt, vielmehr muß jeder einzelne Erbe bereit sein, den Kaufvertrag zu unterschreiben, weil sonst der Vertrag nicht zustandekommen kann.

Aber auch Rechtskenntnisse aus dem ehelichen Güterrecht sind gleichermaßen wichtig, wie der folgende Fall zeigt.

Der Makler wird von einem in Zugewinngemeinschaft lebenden Ehemann, der als Alleineigentümer im Grundbuch eingetragen ist, beauftragt, einen Kaufvertrag über eine Eigentumswohnung nachzuweisen oder zu vermitteln, wobei diese Wohnung der wesentliche Vermögensgegenstand des Veräußerers ist.

Der Makler bemüht sich unter Einsatz seiner Arbeitskraft, Büroaufwand und Inserationskosten über mehrere Wochen um den Verkauf dieser Eigentumswohnung und hat schließlich einen Käufer gefunden.

Befragt der amtierende Notar bei der gegebenen Rechtssituation den Verkäufer, ob seine Ehefrau dem Verkauf zustimmt und verneint dies der Ehemann, so kommt kein Vertrag zustande, denn hier steht ein absolutes Verkaufshindernis im Wege, weil gemäß §1365 BGB auch der im Grundbuch als Alleineigentümer eingetragene Ehegatte der Zustimmung seiner Ehefrau, mit der er in Zugewinngemeinschaft lebt, bedarf, wenn es sich, wie hier, um das wesentliche Vermögen handelt.

Der Notar wird unter den gegebenen Umständen den Vertrag nicht protokollieren, und der Makler hat unter erheblichem finanziellen Aufwand den von ihm angestrebten Vertragsabschluß nicht erreichen können.

So zeigt sich also, daß der Makler die von ihm zu bearbeitenden Grundstücksangelegenheiten einer rechtlichen Vorprüfung unterziehen muß, um nicht Zeit und Kosten zu investieren, ohne daß der Erfolg gewährleistet ist. Dies gilt aber nicht nur in solchen Fällen, bei denen der Makler erkennen muß, daß rechtliche Hindernisse den Abschluß des Hauptvertrages unmöglich machen, vielmehr kann auch die rechtliche Unkenntnis dazu führen, Grundstücksvermittlungsaufträge nicht anzunehmen oder nicht sofort zu bearbeiten, weil der Makler der irrigen Auffassung ist, der Auftraggeber sei derzeit nicht berechtigt, über das Grundstück zu verfügen, wie der folgende Fall zeigt.

Im Grundbuch ist als Alleineigentümer eines Villengrundstücks der Witwer Fritz Müller eingetragen. Dieser ist verstorben, und wenige Tage danach wendet sich der Sohn des Erblassers an den Makler, erklärt diesem, er sei der einzige Nachkomme und daher Alleinerbe und beauftrage ihn, den Kaufvertrag über das Villengrundstück schnellstmöglich zu vermitteln.

Die tägliche Praxis zeigt, daß selbst berufserfahrene Makler größte Bedenken haben diesen Maklerauftrag unverzüglich durchzuführen, weil sie an der Verfügungsmacht des Sohnes zweifeln. Anstatt bei vorhandenem Käufer sofort den notariellen

Vertrag zu protokollieren, empfehlen Makler bei dieser Sachlage dem Veräußerer zunächst einen Erbschein zu besorgen, das Grundbuch zu berichtigen, weil sie der Annahme sind, der Sohn werde erst dann Eigentümer, wenn er selbst im Grundbuch eingetragen ist. Daß dies falsch ist, geht aus der Rechtseinsicht hervor, daß nach deutschem Recht ein Toter nicht mehr Eigentümer eines Grundstücks sein kann, auch dann nicht mehr, wenn er noch im Grundbuch eingetragen ist. In der juristischen Sekunde des Ablebens weicht das Eigentum von der Person des Erblassers und steht nunmehr den Erben zu. Ist die Ehefrau vorverstorben und der Sohn der einzige Nachkomme, spricht viel für die Richtigkeit seiner Aussage, daß er Alleinerbe ist. Ist er dies, ist er zugleich, wenn auch noch nicht im Grundbuch eingetragen, Eigentümer des Villengrundstückes und als solcher berechtigt, das Grundstück zu verkaufen.

Schätzt der Makler also diese Situation richtig ein, wird er unverzüglich den Notartermin bestellen. Es ist Sache des amtierenden Notars, bei der Protokollierung darauf hinzuweisen, daß nach der Erklärung des Veräußerers dieser wohl verfügungsberechtigt ist, der Vertrag grundbuchlich aber erst vollzogen werden kann, wenn der Erbschein vorliegt. Der amtierende Notar wird zugleich damit beauftragt.

Es ist nicht notwendig, daß der Makler alle theoretisch rechtlichen Hindernisse aus dem Wege räumt. Er muß aber so viel Grundlagenkenntnisse haben, daß er einerseits erkennt, in welchen Fällen die rechtlichen Hindernisse so groß sind, daß eine Übernahme des Auftrages derzeit keinen Sinn hat, andererseits aber, wie vorstehender Fall gezeigt hat, die zu beseitigenden Hindernisse aber auch nicht überbewertet, damit er nicht Fälle, die rechtlich unproblematisch sind, ablehnt. Es ist nicht Sache des Maklers, die rechtlichen Probleme zu lösen, dies ist Aufgabe des amtierenden Notars.

Der Makler muß nur für seine Erfolgsaussichten, ob er den Vertrag zustandebringen kann oder ob dies aussichtlos ist, die Rechtssituation schnell und sicher überblicken und entscheiden können.

Die hier dargelegten Fälle aus der täglichen Praxis haben gezeigt, daß der Makler hinreichende Kenntnisse aus dem Vertragsrecht und insbesondere dem zivilen Maklerrecht haben muß, um seinen Beruf nach Prinzipien eines ordentlichen Kaufmanns auszuüben und durch die rechtliche Absicherung seiner Provisionsansprüche existentiell zu bestehen.

A. Grundbuchkenntnisse zur Vertragsgestaltung

Hat sich also gezeigt, daß der Makler - will er seinen Beruf erfolgreich ausüben - ordentliche Kenntnisse auf einer Vielzahl von Rechtsgebieten haben muß, gilt dies insbesondere vom Grundbuchrecht, weil dieses Grundlage der Vertragsgestaltung ist.

Wir haben in der Vorbemerkung festgestellt, daß der Makler seine Provision, also das Entgelt für seine Leistung, nur dann verdient, wenn er die Gelegenheit zum Abschluß eines Vertrages zwischen den Parteien vermittelt. Seine Leistung ist, daß die Parteien den Vertragsschluß bewirken. Voraussetzung hierfür ist, daß der Makler Vertragsgestaltung, Vertragsformulierung und Vertragsauslegung in allen Variationen beherrscht, weil er nur so sicherstellen kann, daß die Parteien sich auch im Vertragsschluß einigen. Dabei darf sich der Makler nicht auf den Notar verlassen, der sich weitgehende Zurückhaltung aufzuerlegen und nur beratend dem Verkäufer und dem Käufer einer Immobilie zur Seite zu stehen hat. Er darf nicht die Interessen des Maklers vertreten und mit aller Gewalt auf den tatsächlichen Abschluß des Vertrages hinwirken. Seine ihm vom Gesetz zugewiesene Aufgabe ist vielmehr, den an einem Grundstückskaufvertrag beteiligten Personen die Wichtigkeit dieses Geschäftes darzulegen, den Vertrag wirtschaftlich-rechtlich zu besprechen und formalrechtlich im Grundbuch ordnungsgemäß durchzuführen.

Dabei ist abstraktes Grundbuchwissen für den Makler regelmäßig unbrauchbar und auch von ihm in einem Kurzlehrgang nicht zu erfassen. Erforderlich ist vielmehr, daß der Makler im Grundbuchrecht über einen Wissensstand verfügt, der gewährleistet, daß er zu allen bei der Vertragsgestaltung sich ergebenden Fragen auch in grundbuchlicher Hinsicht Auskünfte erteilen und insbesondere Lösungsvorschläge unterbreiten kann.

Dieses Grundbuchwissen ist insbesondere erforderlich, um den am Vertrag beteiligten Personen die notwendige Information zu geben, wozu der Makler nicht nur aufgrund des zivilrechtlichen Maklerauftrages verpflichtet ist, vielmehr darüber hinaus gemäß §§ 10, 11 der MaBV auch öffentlich-rechtlich gehalten ist, den Parteien die für den Vertragsabschluß notwendige Information über die Grundbuchlage zu geben.

Das beginnt bereits mit der Größe des Grundstücks. In der täglichen Praxis stellt man überwiegend fest, daß der Veräußerer eines Grundstücks die genaue Größe nicht kennt und bei der Erteilung eines Maklerauftrages auch regelmäßig entsprechende Unterlagen, die die Grundstücksgröße genau ausweisen, nicht zur Hand hat. Andererseits ist aber der Makler verpflichtet, dem Kaufinteressenten genaue Angaben über die Lage, insbesondere die Größe und die Nutzungsmöglichkeit des Grundstücks zu machen. Dieser nicht nur zivilrechtlichen, sondern auch öffentlichrechtlichen Pflicht kann sich der Makler nicht durch Verweisung auf den Veräußerer entziehen, vielmehr hat er sich selbst zunächst genaue Kenntnisse von der Größe des Grundstücks zu beschaffen und diese dem Kaufinteressenten mitzuteilen.

Wenn der Veräußerer nicht in der Lage ist, ihm entsprechende Unterlagen zu geben oder verläßliche Größenangaben zu machen, ist es anders gar nicht möglich, als daß der Makler durch Einsicht in das Grundbuch sich dieses Wissen verschafft.

Leider wird gegen diese elementaren Grundsätze in der täglichen Praxis allzu häufig verstoßen, was zu nicht unerheblichen Schäden führt, die letztlich der Makler zu tragen hat. Ein Beispiel mag dies verdeutlichen.

Der Eigentümer Dr. Müller ruft den Makler an und erklärt ihm, er beabsichtige seinen Bauplatz in der Parkstraße zu verkaufen und bitte, daß der Makler ihn am kommenden Freitag aufsuche. Der Makler kommt zum Termin und versucht nun zunächst die Daten des Grundstücks zu erfassen und abzutasten, welche Kaufpreisvorstellung der Veräußerer von seinem Grundstück hat. Dabei wird der geschickte Makler nicht zunächst nach dem Gesamtkaufpreis fragen, weil er hieraus nicht sicher ableiten kann, ob das Grundstück preisgerecht oder überhöht angesetzt ist. Entscheidend ist vielmehr, welche Preisvorstellungen der Veräußerer vom einzelnen Quadratmeter hat, wie viele Quadratmeter es insgesamt sind und sodann welche bauliche Ausnutzung rechtlich möglich ist. Im Vordergrund des Gespräches steht daher zunächst die Grundstücksgröße, weil diese Grundlage für den zu ermittelnden Verkaufspreis ist. Dabei zeigt sich in der Praxis, daß der Veräußerer geneigt ist den Preis weit zu übersetzen, weil für einen normalen vom Markt aufgenommenen Kaufpreis niemand sein Grundstück verkaufen will. Jeder strebt zunächst im Verkaufsdenken einen Preis an, der weit über der Marktorientierung liegt, und es bedarf einer festen Überzeugungskraft des Maklers, dem Auftraggeber klarzumachen, daß ein übertriebener Kaufpreis einem ordentlichen Verkauf eher schadet als nutzt. Dennoch versucht zunächst der Veräußerer, sein Grundstück, auch die Grundstücksgröße, in einer Farbe darzustellen, die meist der Realität nicht entspricht. So wird also der Veräußerer Dr. Müller auf die Frage, wie groß das Grundstück sei, nicht die tatsächliche Grundstücksgröße von 962 m^2 angeben, sondern darauf hinweisen, daß er die genaue Grundstücksgröße momentan nicht wisse, er glaube aber, daß es sich um ca. 1.000 m^2 handele. Nimmt der Makler diese Aussage kritiklos hin und überprüft er sie nicht durch Einsicht im Grundbuch oder durch Unterlagen, die er von dem Veräußerer zur Überprüfung verlangt, wird er in seinem Exposé dem Kaufinteressenten das Grundstück entweder mit 1.000 m^2 Größe oder mit ca. 1.000 m^2 Größe anbieten. Dieses Schadensereignis aktualisiert sich spätestens bei der Protokollierung. Der Notar hat, wie es seine Pflicht ist, das Grundbuch eingesehen und dort festgestellt, daß die Grundstücksgröße 962 m^2 beträgt. Beim Vorlesen des vorbereiteten Vertrages wird der Käufer, der glaubt, ein Grundstück von 1.000 m^2 Größe zu erwerben, unterbrechen und vom Veräußerer eine Kaufpreisreduzierung wegen der Mindergröße begehren. Regelmäßig lehnt der Veräußerer dies ab mit dem Hinweis, daß er ihm, dem Käufer, eine Größe überhaupt nicht mitgeteilt habe. Nunmehr läßt der Käufer den Vertrag entweder platzen oder er begehrt von dem Makler den Nachlaß der Provision auf etwa die Hälfte, worin letztlich der Makler einwilligt, um wenigstens einen Teil seiner Courtage zu retten.

Es ist im Ergebnis richtig, daß der Makler den Schaden trägt, weil er seiner Verpflichtung auf korrekte Information des Erwerbers über die Grundstücksgröße nicht nachgekommen ist. Aber nicht nur für die Information der Parteien ist das Grundbuchwissen notwendig. Vielmehr bedarf es dessen auch bei der konkreten Vertragsgestaltung. Dabei werden zunächst einmal die unterschiedlichen wirtschaftlichen Interessen des Veräußerers einerseits und des Erwerbers andererseits im vertraglichen Rechtsverhältnis ausgeglichen werden müssen. Dies sind meist nicht Fragen grundbuchrechtlicher, sondern tatsächlicher Art bei Übergabe der Immobilie wie das Bestehen oder die Beendigung von Mietverhältnissen, die Frage von Übernahme von Gegenständen oder die Gewährleistung für Sach- und Rechtsmängel. Neben diesen Fragen gilt aber das wesentliche Interesse der Parteien ihrem Sicherheitsbedürfnis, d. h. der Veräußerer will sicher sein, daß er den Kaufpreis auch tatsächlich erlangt, wenn er zustimmt, daß beispielsweise sofort in seinem Grundbuch eine Auflassungsvormerkung eingetragen wird oder die Finanzierungs-Grundpfandrechte des Erwerbers dort vermerkt werden. Andererseits will der Käufer sicher sein, daß er ein Grundstück nicht kauft, zu dessen Lasten in Abteilung II des Grundbuches noch Rechte eingetragen sind, die er nicht übernehmen will oder auch möglicherweise noch schnell eingetragene Zwangshypotheken die grundbuchliche Abwicklung des Vertrages hindern; vielmehr ist er an einem lastenfreien Erwerb interessiert.

Um den am Vertrag beteiligten Parteien also die notwendige Sicherheit zu geben, müssen alle Interessen vertraglich, mithin rechtsgestaltend ausgeglichen werden. Hierbei den Parteien zu helfen, ist eine wesentliche Aufgabe des Maklers.

Sind also die Kenntnisse des Grundbuchrechtes zur Vertragsgestaltung notwendig und hat der Makler den Ausgleich der Interessenlage mit den Parteien einvernehmlich geregelt, entwirft er, wie es teilweise in Deutschland der Fall ist, den Vertrag selbst oder bespricht diesen mit dem Notar, damit dieser den Entwurf für die Parteien erarbeitet. Auch für dieses gemeinsame Gespräch beim Notar sind die Grundbuchkenntnisse zwingend notwendig.

Es muß noch einmal festgestellt werden, daß nicht der Notar, sondern der Makler den Vertrag vermittelt, die Parteieninteressen ausgleicht und daher auch in Grundbuchfragen für jeden Fall Lösungsvorschläge zu unterbreiten in der Lage sein muß, damit der Vertrag tatsächlich geschlossen und so der Provisionsanspruch des Maklers begründet wird.

I. Grundbucheinsicht zur Vorbereitung des Vertrages und verkaufsfördernder Maßnahmen

Voraussetzung für die Vertragsvorbereitung als Teil der Maklertätigkeit und der notwendigen durch die MaBV vorgeschriebenen Informationserteilung durch den Makler ist die Kenntnis des Grundbuchinhaltes. Diese kann beschafft werden:

- durch Beauftragung eines Notars,
- durch Einsichtnahme des Maklers mit einer Vollmacht des Berechtigten,
- durch Mitteilung des Eigentümers,
- durch Vorlage eines Grundbuchauszuges neuesten Datums durch den Eigentümer.

Da der Eigentümer regelmäßig keinen Grundbuchauszug aus jüngster Zeit zur Verfügung hat, bei den Grundbuchämtern die Erteilung eines solchen Auszuges nicht immer sofort erwirkt werden kann und der Makler so lange warten müßte, bis der Eigentümer den Antrag beim Grundbuchamt stellt, ist dies für eine schnelle sachgemäße Bearbeitung der Grundstücksangelegenheit unzweckmäßig.

Erforderlich ist daher, daß der Makler mit einer Vollmacht des Berechtigten selbst Grundbucheinsicht nimmt. Dies hat den Vorteil, daß er unverzüglich beim zuständigen Grundbuchamt die Daten des Grundstücks erfassen kann und so die ihm übertragene Grundstücksanlegenheit ohne Verzögerung beginnen kann. Andererseits empfiehlt es sich aber auch den später mit der Beurkundung befaßten Notar zu beauftragen. Ein Notar bedarf zur Grundbucheinsicht keiner Vollmacht, sondern hat von Berufs wegen das Einsichtsrecht in jedes Grundbuch. Er wird von diesem Recht natürlich nur dann Gebrauch machen, wenn er im Rahmen seiner Berufsausübung den Auftrag hat, in einer Grundstücksanlegenheit als Notar tätig zu werden. So kann also der Makler, der davon ausgeht, daß der von ihm zu vermittelnde oder nachzuweisende Grundstückskaufvertrag in Kürze geschlossen wird, den Notar mit der Grundbucheinsicht beauftragen und hat schon bei den ersten Verhandlungen mit dem Veräußerer eine genaue Kenntnis über den gesamten Grundbuchinhalt, was sich wegen der notwendigen Vertragsgestaltung auch verkaufsfördernd auswirkt, wie sich an noch später darzustellenden Beispielen zeigen wird.

Das Grundbuch wird, von einigen Ausnahmen abgesehen, bei den Amtsgerichten geführt. Man unterscheidet dabei das eigentliche Grundbuch, das den derzeitigen Rechtszustand wiedergibt, und die sogenannten Grundakten, denen gleichfalls der derzeitige Grundbuchstand zu entnehmen ist, in denen aber zusätzlich die früheren Verträge, die Grundpfandrechtsbestellungen, die Grunddienstbarkeitsbestellungen und vieles mehr wie auch die Verfügungen des Gerichts enthalten sind. Das heißt, aus dem Grundbuch selbst ist nur das Ergebnis des Rechtszustandes zu ersehen, also in welcher Gemarkung das Grundstück liegt, welche Flur- und Flurstücksbezeichnung es hat, wie groß es ist, wer derzeit Eigentümer ist und welche Belastungen in Abteilung II und in Abteilung III des Grundbuches eingetragen sind.

Aus ihm ist aber nicht zu erkennen, aufgrund welchen Vertrages der Erwerber zu welchem Zeitpunkt und insbesondere zu welchem Kaufpreis das Grundstück erworben hat oder ob er es vielleicht ererbt hat oder in der Zwangsversteigerung zugeschlagen bekam.

All diese für den Makler wesentlichen Fragen sind aus der Grundakte ersichtlich. Hat der Makler eine Vollmacht des Berechtigten, so deckt diese auch das Einsichtsrecht und das Fotokopierrecht von Unterlagen aus der Grundakte. Die Grundakte ist der gesammelte Aktenvorgang, in dem die Grundlagen von Rechtsänderungen im Grundbuch enthalten sind.

Hat also beispielsweise der Notar einen Grundstückskaufvertrag beurkundet und hat er die für die Umschreibung des Eigentums notwendige Unbedenklichkeitsbescheinigung des Finanzamtes und die Verzichtserklärung auf das Vorkaufsrecht der zuständigen Gebietskörperschaft erhalten und ist der Kaufpreis durch den Erwerber bezahlt, wird er den Antrag auf Umschreibung des Eigentums bei Gericht, dem Grundbuchamt, stellen.

Dieser Antrag wird der Grundakte, die unter derselben Band- und Blattbezeichnung wie das Grundbuch selbst registriert ist, zugeführt. Der Rechtspfleger erhält die Grundakten mit dem Kaufvertrag und dem Antrag des Notars auf Umschreibung des Eigentums, prüft diesen Antrag und verfügt auf seinem Bearbeitungsblatt, daß der bisherige Eigentümer im Grundbuch durch den Käufer als den künftigen Eigentümer ersetzt wird.

Mit dieser Grundbuchverfügung des Rechtspflegers geht die Grundakte im Dienstwege in die Grundbuchkanzlei, in der nunmehr die Verfügung auch im Grundbuch vollzogen wird. Da im Grundbuch der historische Vorgang, wer bisher und früher Eigentümer eines Grundstückes war, auch für die Zukunft von Wichtigkeit bleibt, wird der bisherige Eigentümer nicht etwa unkenntlich gemacht, indem sein Name ausgestrichen wird, vielmehr erfolgen Streichungen in Form von „Rötungen“. Das heißt, der Name des bisherigen Eigentümers, des Veräußerers eines Grundstücks, wird mit Rotstift unterstrichen und gilt daher mit dem Änderungsvermerk als nicht mehr existent, während der Käufer als neuer Eigentümer im Grundbuch eingetragen wird.

So zeigt sich also, daß im Grundbuch nur das Ergebnis der Rechtsänderung zu erkennen ist, also, daß nunmehr Eigentümer Alfons Fischer ist, während früher ein Dr. Müller Eigentümer war. Aus der Grundakte ist aber zu ersehen, zu welchen Bedingungen der Verkauf des Grundstücks tatsächlich erfolgte.

Ist also zur Information der Parteien, zur Besprechung des Vertrages und zur Vertragsgestaltung insgesamt die Kenntnis vom Grundbuchstand notwendig, so dient die Grundbucheinsicht oder besser das Durcharbeiten der Grundakte auch der Verkaufsförderung.

In den letzten Jahren hat die Lehre von der Verkaufsstrategie auch auf dem Gebiete des Immobilienmarktes immer stärkere Bedeutung erlangt. Diese Verkaufspromotion ist allerdings nach Auffassung des Verfassers dort falsch verstanden, wo sie erst bei dem Erwerber beginnt. Es hat keinen Sinn, mit allen Mitteln der Verkaufspsychologie auf den Erwerber einzuwirken, wenn ein Grundstück oder eine Eigentumswohnung auf dem Immobilienmarkt angeboten wird zu einem Preis, der weit überhöht ist. Hier hilft kein Lehrgang über Verkaufsstrategie, weil sich ein am Marktpreis nicht orientiertes Objekt kaum oder tatsächlich nicht verkaufen läßt. Sicherlich sind ausgefeilte Argumentationen bei dem Verkauf hilfreich, auch strategische Hilfeleistungen wie die Hereinnahme aller Probleme unter einen Gedankenschirm und der zugesagten Kaufintension des Erwerbers, wenn die anstehenden Probleme gelöst sind.

Es ist sicherlich sinnvoll, den einzelnen vom Kaufinteressenten aufgeworfenen Problemen nicht aus dem Wege zu gehen, sondern sie durch den Makler im konkreten Fall offenzulegen und zu versuchen, sie zu lösen. Ob dabei Lehrbeispiele berühmter Verkaufspsychologen, wie das folgende Beispiel, tatsächlich hilfreich sind, muß die Praxis erweisen. Liegt das von dem Makler angebotene Grundstück mit anspruchsvoller Villa in der Nähe der Einflugschneise eines Flughafens und besichtigt der Makler dieses Objekt mit dem Kaufinteressenten gerade zu dem Zeitpunkt, als eine dröhnende Boeing von der Startbahn abhebt, hat es nach der von namhaften Verkaufspsychologen erarbeiteten Problemlösungstheorie keinen Sinn mit dem Käufer über den Vorwand, das Haus habe eine ausgezeichnete Heizung in die Kellerräume zu gehen und hinter sich vier Türen zu schließen, um dem Lärm der Düsenmaschine zu entgehen. Nein, man sollte nach moderner Lehre auf die Problematik des Falles zugehen und anstelle in den Keller zu flüchten, mit dem Kaufinteressenten die Terrasse des Objektes aufsuchen, um ihm mit Hinweis auf das Flugziel der Boeing, New York – Johannesburg – Los Angeles – Moskau oder Tokio, die Weltverbundenheit dieser

Wohnsituation zu suggerieren und damit dem Käufer, der ja ein moderner, weltverbundener Mensch sein möchte, dieses Objekt schmackhaft zu machen.

Es soll hier nicht über den Wert solcher verkaufsstrategischer Argumentation geurteilt werden. Im Vordergrund muß allerdings stehen, daß eine gute Verkaufsförderung sich nicht in einer übertriebenen Objektanpreisung auf Seiten des Erwerbers erschöpft, denn auch diese wird, will man ihr überhaupt einen gewissen Erfolg zugestehen, nur sinnvoll sein, wenn zunächst aufgrund einer umfassenden Kenntnis vom Objekt, vom Grundbuchstand und von allen markt- und wertbestimmenden Merkmalen des Objektes argumentativ auf den Veräußerer eingewirkt wird, damit er zustimmt, daß das Objekt zu einem angemessenen und nicht zu einem übertriebenen Preis angeboten werden kann.

Alle Beschönigungen des Objektes nutzen nichts, wenn das Objekt über seine Werthaftigkeit zu einem überhöhten Preis angeboten werden soll.

Umgekehrt gilt aber der Satz, daß jedes Objekt zu verkaufen ist, wenn der Preis stimmt! Dann liegt es nämlich nicht mehr in der Sache selbst, sondern nur noch an der Qualität des Maklers. Aber auch hier gibt es erhebliche naturgegebene Unterschiede, wie das althergebrachte Beispiel der Verkaufspsychologen zeigt, die von zwei nach Afrika geschickten Schuhverkäufern berichten, wobei der erste dort ankommend an seinen Firmeninhaber telegrafiert und bittet, keine Schuhe mehr zu schicken, weil solche nicht zu verkaufen sind, da man vor Ort keine Schuhe trägt, während der zweite Schuhverkäufer gleichfalls an den Firmeninhaber telegrafiert, man möge ihm doch ein Vielfaches an Ware schicken, sie sei leicht zu verkaufen, vor Ort trage noch niemand Schuhe.

Gehört also natürlich auch die mentale Einstellung zur Einwirkung auf die Parteien dazu, so ist es die wesentliche Aufgabe bei der Verkaufsförderung, beim Verkäufer hinsichtlich des Preises zu beginnen. Bereits zuvor wurde darauf hingewiesen, daß jeder Veräußerer prinzipiell einen überhöhten Kaufpreis anstrebt und es Aufgabe des Maklers ist, diese Vorstellungen in marktgängige Bahnen zu lenken, also den Preis auf ein solches Niveau einzupendeln, daß der Markt auch das Objekt tatsächlich aufnimmt.

Hierzu gehört in der Argumentation tiefe Sachkenntnis gegenüber dem Eigentümer. So ist es zum Beispiel außerordentlich wichtig, aus den Grundakten, weil sich hier der frühere Vertrag befindet, zu erkennen, wie der Veräußerer seinerzeit das Grundstück erworben hat. Hat er vor gut zwei Jahren (wegen der Spekulationsfrist) das Objekt um DM 600.000,00 erworben und weiß dies der Makler, weil er den Verkaufsvertrag in den Grundakten gelesen hat, so wird es ihm leichter möglich sein, die Preisvorstellung von DM 800.000,00 nach unten zu korrigieren, als wenn er glaubt, der Veräußerer habe das Grundstück erst kürzlich für knapp DM 800.000,00 gekauft.

In fast allen Fällen, in denen der Makler mit der Kaufpreisreduzierung ansetzt, hört er den Einwand des Veräußerers, daß er es überhaupt nicht notwendig habe, das Grundstück zu verkaufen; wenn er den Preis nicht erreiche, behalte er es halt. Abgesehen davon, daß diese Aussagen meist falsch sind, sonst hätte der Eigentümer den Makler nicht zur Verkaufsbesprechung gerufen, kann der Makler nach Grundbucheinsicht die Ernsthaftigkeit dieser Aussage genau überprüfen. Hat nämlich der Eigentümer in Abteilung III des Grundbuches keine Grundpfandrechte zur Sicherung der Bankkredite eingetragen, ist seine Aussage glaubhaft, und der Makler wird anders argumentieren, als wenn das Grundstück mit DM 750.000,00 belastet ist und, da es sich um einen Bauplatz handelt, keine Einnahmen aus der Immobilie zur Begleichung der Annuitäten zur Verfügung stehen.

Zwar geht aus den im Grundbuch eingetragenen Belastungen die Valuta nicht hervor, d. h. es ist nicht zu erkennen, wie hoch der Betrag der derzeit noch bestehenden Kredite ist, doch kann man sich aus dem Umfeld der Eintragungen einen allgemeinen Überblick verschaffen. Ist also eine bestimmte Bank vor vier Jahren mit beispielsweise DM 500.000,00 Grundschuld eingetragen, und ist für diese Bank noch vor vier Wochen eine weitere Grundschuld von DM 20.000,00 eingetragen worden, weiß der Makler, daß die DM 500.000,00 voll valutiert sind, anderenfalls wäre eine Neueintragung von DM 20.000,00 nicht notwendig, vielmehr wäre die Valuta des früheren Kredites angehoben worden.

Auch bei der Eintragung von Handwerkersicherungshypotheken oder anderen Zwangshypotheken erkennt der Makler die finanzielle Situation des Veräußerers richtig und kann darauf seine Verkaufsargumentation abstellen.

Dabei muß festgestellt werden, daß der Makler aufgrund dieser Kenntnisse, die er sich aus der Grundakte beschafft, den Veräußerer nicht zu einem Verkaufspreis zwingen will, der unter der Marktsituation liegt, weil er glaubt, hier eine finanzielle Situation ausnutzen zu können. Ein solches Verhalten wäre falsch und würde im übrigen den zivilrechtlichen Pflichten des Maklers aus dem Auftrag widersprechen und ihn möglicherweise sogar schadenersatzpflichtig machen. Nein, dies ist nicht gemeint. Vielmehr soll und muß der Makler darauf hinwirken, daß ein nach kaufmännischen Gesichtspunkten den wertbestimmenden Merkmalen des Objektes entsprechender, auf den derzeitigen Immobilienmarkt abgestimmter angemessener und sachgerechter Preis in einem alsbald abzuschließenden Kaufvertrag für den Veräußerer erreicht wird. Dies ist Berufsaufgabe des Maklers und das zivilrechtliche Anliegen des Veräußerers, wenn er dem Makler einen Auftrag, insbesondere einen Makler-Alleinauftrag erteilt.

Hat sich gezeigt, daß die aus der Grundakte gewonnenen Erkenntnisse für die Verkaufsförderung, die nach richtiger Auffassung bereits beim Veräußerer und nicht erst beim Erwerber beginnt, äußerst wichtig sind, so sind auch andere Umstände aus der Grundakte zu erkennen, die für das Zustandebringen eines Kaufvertrages notwendig oder mindestens nützlich sind.

Hat der Erwerber seine Finanzierung noch nicht zusammengebracht und stellt der Makler im Grundbuch fest, daß die Grundstücksbelastungen bei einer Gläubigerbank besonders hoch eingetragen sind, kann er, weil er die Anschrift aus der Grundakte entnimmt, mit dieser über eine mögliche Übernahme und damit Teilbegleichung des Kaufpreises verhandeln.

Außerdem sind in vielen Grundbüchern in Abteilung II Grunddienstbarkeiten oder beschränkt persönliche Dienstbarkeiten in Form von Wegerechten oder Ver- und Entsorgungsleitungsrechten eingetragen. Der Erwerber hat ein Interesse daran zu erfahren, wo die Leitungen in dem Grundstück, das er zu kaufen beabsichtigt, liegen. Aus dem Grundbuch selbst ist Näheres nicht zu erfahren, weil die Bestellungen der Grunddienstbarkeiten mit dem beigefügten Lageplan, in dem die Ver- und Entsorgungsleitungen eingetragen sind, sich in der Grundakte befinden. Eine Fotokopie hieraus oder wenigstens der Hinweis, auf welcher Seite des Grundstücks diese Leitungen liegen, dienen der sachgemäßen Information des Erwerbers und zeigt diesem, daß der Makler alles für den Kaufabschluß Notwendige unternimmt.

Neben diesen Grunddienstbarkeiten, die heute allerdings vermehrt in Form von Baulasten bei der zuständigen Baubehörde im Baulastenbuch eingetragen werden, sind in Abteilung II aber auch Nießbrauchsrechte oder beispielsweise Wohnrechte eingetragen, die bei dem jetzigen Kaufabschluß gelöscht werden müssen. Der Makler hat auch zu prüfen, ob beispielsweise ein dingliches Vorkaufsrecht in Abteilung II des Grundbuches eingetragen ist. Wenn dies der Fall ist, muß die Vertragsgestaltung und Ausformulierung nach bestimmten Grundsätzen erfolgen, weil sonst für den Makler kein durchsetzbarer Anspruch auf Provision begründet wird.

Im folgenden sollen die verschiedenen Arten des Bestandsverzeichnisses eines Grundbuches sowie die drei Abteilungen desselben erörtert werden, wobei stets nicht auf die formale Rechtssituation abgestellt wird, sondern immer die rechtliche Gestaltungsaufgabe des Maklers im Vordergrund steht.

Das Grundbuch genießt öffentlichen Glauben. Dieser in § 892 BGB zum Ausdruck kommende Grundsatz gewährleistet die notwendige Sicherheit im Grundstücksverkehr. Jedermann, der durch Rechtsgeschäft ein Recht erwirbt, das im Grundbuch eingetragen ist, kann sich darauf verlassen, daß dieses Recht besteht und daß ein im Grundbuch nicht eingetragenes Recht oder ein früher eingetragenes, aber inzwischen gelöschtes Recht auch tatsächlich nicht mehr besteht. Auf diesen öffentlichen Glauben des Grundbuches kann er sich jedenfalls dann berufen, wenn er gutgläubig ist, d. h. wenn er von der Richtigkeit des Grundbuchstandes ausgeht und ihm keine Unrichtigkeit desselben bekannt ist.

II. Bestandsverzeichnis des Grundbuches

Das Grundbuchblatt selbst ist in fünf Abschnitte aufgeteilt:

- Die Aufschrift des Deckblattes
- Das Bestandsverzeichnis
- Die „erste Abteilung“ (Abteilung I)
- Die „zweite Abteilung“ (Abteilung II)
- Die „dritte Abteilung“ (Abteilung III)

Die Aufschrift auf dem Deckblatt konkretisiert die Abgrenzung von anderen Grundbuchblättern, wo das oder die Grundstücke des gleichen Bezirkes verzeichnet sind. Deshalb enthält das Deckblatt die Bezeichnung des Amtsgerichtes, bei dem das bestimmte Grundbuch geführt wird und um welche Gemarkung bzw. welchen Vermessungsbezirk es sich handelt.

Darüber hinaus ist die laufende Nummer des Grundbuchbandes sowie die laufende Nummer des Grundbuchblattes auf dem Deckblatt verzeichnet.

Handelt es sich bei der Aufschrift des Deckblattes um Ordnungsprinzipien zur Auffindung des Grundbuchblattes selbst, so wird im Bestandsverzeichnis des Grundbuches das Grundstück selbst im einzelnen umschrieben.

Dabei ist das Grundbuch nicht nach Grundstücken, sondern vielmehr nach Eigentümern angelegt. Hat ein Eigentümer in der gleichen Gemarkung mehrere Grundstücke, so können diese alle in dem gleichen Bestandsverzeichnis desselben Grundbuchblattes verzeichnet sein.

Dabei spielt es keine Rolle, ob es sich um bebaute Grundstücke, also um Hof- und Gebäudeflächen beispielsweise, oder um unbebaute Grundstücke wie Wiesen- und Ackergrundstücke, oder um solche Grundstücke handelt, die dem Obstbau dienen. Auf die Wirtschaftsart des konkreten Grundstücks kommt es nicht an. Vielmehr sind mehrere Grundstücke dann in dem gleichen Bestandsverzeichnis enthalten, wenn sie im selben Vermessungsbezirk liegen.

1. Bebaute und unbebaute Grundstücke

Jedes selbständige Grundstück wird dabei unter einer laufenden Nummer eingetragen (vgl. Grundbuchmuster im Anhang 1).

Hat ein Eigentümer beispielsweise fünf Grundstücke, so sind diese unter den laufenden Nummern 1, 2, 3, 4 und 5 im Grundbuch eingetragen. Handelt die Spalte 1 des Bestandsverzeichnisses von der laufenden Nummer des Grundstückes, wird in Spalte 2 auf die bisherige laufende Nummer der Grundstücke hingewiesen. Sind beispielsweise die früher selbständigen unter den laufenden Nummern 1 und 2 des Bestandsverzeichnisses eingetragenen Grundstücke vereinigt worden zu einem einzigen Grundstück und ist dieses nunmehr in Spalte 1 unter der laufenden Nummer 6 eingetragen, so wird in der Spalte 2 vermerkt, daß es sich hierbei um die bisherigen Grundstücke der laufenden Nummer 1, 2 gehandelt hat.

Das Bestandsverzeichnis macht damit deutlich, wo diese Grundstücke aus dem früheren Bestand des gleichen Blattes hergekommen sind.

Nach Spalten 1 und 2 wird in der Spalte 3 mit den Unterabteilungen a–e die Bezeichnung der Grundstücke und insbesondere die Wirtschaftsart und Lage bestimmt. So ist unter der Spalte 3 a die Gemarkung bzw. der Vermessungsbezirk bezeichnet.

In der Spalte 3 b sind die katastermäßigen Bezeichnungen des Flures, in dem das bestimmte Grundstück liegt, sowie des Flurstückes enthalten.

Die Spalten 3 c/d beschäftigen sich mit dem Liegenschaftsbuch, und in der Spalte 3 e wird die Wirtschaftsart und Lage bezeichnet. Dort befindet sich der Hinweis zunächst darauf, ob es sich um einen Bauplatz handelt oder ob es eine Gebäude- und Freifläche, also ein zum Teil bebautes Grundstück ist oder ob es sich um eine landwirtschaftliche Fläche handelt. Darüber hinaus ist die Straßenbezeichnung mit der Hausnummer des Anwesens, soweit diese vorhanden ist, enthalten.
In der Spalte 4 ist schließlich die Größe des Grundstückes angegeben.
So heißt beispielsweise eine Eintragung:

lfd. Nr. 1 Königstein Flur 13 Flurstück 30
Hof- und Gebäudefläche,
Herzog-Adolf-Straße 4
1 a 76 m².

Unter einer laufenden Nummer des Bestandsverzeichnisses können auch mehrere Grundstücke unterschiedlicher Flurstücksbezeichnung eingetragen sein, also beispielsweise:

lfd. Nr. 1 Königstein Flur 13 Flurstück 30
Hof- und Gebäudefläche
Herzog-Adolf-Straße 4
1 a 76 m^2
Königstein Flur 13 Flurstück 31
Gartenland, daselbst
2 a 20 m^2.

Hierbei handelt es sich zwar um vermessene Grundstücke, die aber im Grundbuch unter einer laufenden Nummer verzeichnet und daher nicht geteilt sind (vgl. Anhang 2). Diese Erkenntnis ist für den Makler außerordentlich wichtig, weil prinzipiell nur unter einer eigenen laufenden Nummer eingetragene Grundstücke veräußert oder belastet werden können.

Will beispielsweise der Eigentümer nicht das Flurstück 30, aber das Gartenland Flurstück 31 verkaufen und beauftragt er den Makler mit dem Nachweis oder der Vermittlung eines entsprechenden Kaufvertrages, so ist es nur sinnvoll, dieses Grundstücksgeschäft zu bearbeiten, wenn sichergestellt ist, daß die Gemeindeverwaltung, in deren Gemarkung dieses Grundstück liegt, die Teilungsgenehmigung erteilen wird. Nur wenn diese Teilungsgenehmigung vorliegt, kann das Grundstück Flurstück 31 unter einer eigenen laufenden Nummer im Bestandsverzeichnis des Grundbuches eingetragen bzw. verkauft und damit aus diesem Bestandsverzeichnis abgeschrieben werden.

Der Makler hat daher stets darauf zu achten, daß das Grundstück, das im Bestandsverzeichnis eingetragen ist, dort als selbständiges Grundstück besteht, das heißt eine eigene laufende Nummer in Spalte 1 des Bestandsverzeichnisses hat.

Soll nicht ein ganzes Flurstück verkauft werden, sondern nur ein Teil desselben, bedarf es zunächst wiederum einer behördlichen Teilungsgenehmigung, und wenn diese vorliegt, wird das zu verkaufende Grundstück entweder durch das zuständige Katasteramt oder durch einen behördlich zugelassenen Vermessungsingenieur vermessen und aufgrund dieses Vermessungsergebnisses der sogenannte Veränderungsnachweis erstellt. Beim Grundbuchamt wird sodann dieser Veränderungsnachweis mit Teilungsgenehmigung eingereicht und aus dem beispielsweise unter laufender Nummer 1 eingetragenen Grundstück von 1200 m^2 werden nunmehr zwei selbständige Grundstücke jeweils unter einer eigenen laufenden Nummer in Spalte 1 des Bestandsverzeichnisses eingetragen. Danach kann natürlich jedes einzelne Grundstück selbständig verkauft und belastet werden.

Wird ein Grundstück von dem im Grundbuch eingetragenen Eigentümer verkauft und hat er nur dieses einzige Grundstück im Bestandsverzeichnis, dann bleibt dieses Grundbuchblatt bestehen, das Bestandsverzeichnis wird nicht geändert, vielmehr wird lediglich der bisherige Eigentümer gelöscht und anstelle dessen der neue Eigentümer im Grundbuch eingetragen. Enthält das Bestandsverzeichnis aber eine Vielzahl von Grundstücken des gleichen Eigentümers und verkauft dieser eines von mehreren Grundstücken so bleibt das Grundbuchblatt für diesen Eigentümer bestehen, und aus dem Bestandsverzeichnis wird lediglich das verkaufte Grundstück gelöscht und nunmehr auf ein anderes neu anzulegendes Grundbuchblatt für den Erwerber eingetragen.

Hat der Erwerber aber in der gleichen Gemarkung schon anderen Grundbesitz, so wird das neu von ihm erworbene Grundstück auf das bereits bestehende Grundbuchblatt des Erwerbers übertragen. Da es im Bestandsverzeichnis des Grundbuches des Veräußerers gelöscht wird, nennt man diesen Vorgang, das Grundstück wird dort „abgeschrieben". Diese Abschreibung ist eine Veränderung des Bestandsverzeichnisses, das heißt, das Grundstück soll künftig in diesem Bestandsverzeichnis nicht mehr existent sein.

Jede Veränderung, d. h. Löschung im Grundbuch, wird wie bereits ausgeführt, rot unterstrichen, d. h. „gerötet". Bei der Fotokopie des Grundbuches erscheinen diese Rötungen in schwarz, d. h. die Grundstücke sind hier nicht mehr existent, wobei die Rötungen mit dem jeweiligen Abschreibungs- bzw. Löschungsvermerk übereinstimmen müssen.

Die Spalten 5 und 6 des Bestandsverzeichnisses geben Auskunft darüber, in welchem Grundbuch das betreffende Grundstück des Bestandsverzeichnisses früher eingetragen war, damit die Entstehung des Grundstückes in dem heutigen Bestandsverzeichnis nachvollzogen werden kann. So weisen auch die Spalten 7 und 8 des Bestandsverzeichnisses darauf hin, in welches Grundbuchblatt das hier im Bestandsverzeichnis abgeschriebene bestimmte Grundstück neu eingetragen worden ist (vgl. Anhang 3).

2. Wohnungs- und Sondereigentum

Es gibt aber nicht nur Bestandsverzeichnisse für bebaute und unbebaute Grundstücke, für Wasserflächen, für landwirtschaftliche Grundstücke usw., vielmehr gibt es auch eigene Bestandsverzeichnisse für Wohnungs- oder Sondereigentum. Können die vorerwähnten Grundstücke bebaut oder unbebaut in ihrer Vielfalt, wenn auch in der gleichen Gemarkung, in einem einzigen Bestandsverzeichnis enthalten sein, so wird für das Wohnungs- und Sondereigentum jeweils ein eigenes Grundbuchblatt und damit ein selbständiges Bestandsverzeichnis angelegt.

Dieses ist im ersten Abschnitt, nämlich der Aufschrift des Deckblattes, in exakt gleicher Weise angelegt wie das Deckblatt für die vorbehandelten Grundstücke.

Das Wohnungseigentum ist im Wohnungseigentumsgesetz (WEG) geregelt und ist so konstruiert, daß bei einer Mehrzahl von Eigentümern der Wohnungseigentumsanlage zunächst jedem Miteigentümer ein Bruchteil nicht nur am Grundstück zusteht, sondern an allem, was nicht in Sondereigentum zugewiesen ist, also von allen Wohnungseigentümern zusammen genutzt wird, wie beispielsweise das Treppenhaus, das gemeinsame Dach, die Fassade, die gemeinsam genutzte Waschküche, der gemeinsam genutzte Parkplatz usw..

Dieser üblicherweise auf Tausendstel bezogene Bruchteil als Miteigentumsanteil an einem bestimmten Grundstück und damit auch an den mit dem Grundstück untrennbar verbundenen Bauteilen, soweit sie im Allgemeineigentum stehen, ist untrennbar verbunden mit dem Sondereigentum an einer genau bezeichneten Wohnung.

So wird also das Miteigentum im Grundbuch vermerkt, beispielsweise unter der laufenden Nummer 1 als $^{352}/_{1000}$ (in Worten: dreihundertzweiundfünfzig Tausendstel) Miteigentumsanteil an dem Grundstück Kronberg Flur 21 Flurstück 462/4

Hof- und Gebäudefläche, Taunusstraße 15, zur Größe von 5 a 93 m^2, verbunden mit dem Sondereigentum an der Wohnung Nr. 1 im Erdgeschoß und dem Keller Nr. 1 (vgl. Anhang 4).

Diese Aufteilung in Wohnungseigentum kann bei bereits bestehenden oder auch noch zu errichtenden Gebäuden vorgenommen werden. Hierzu bedarf es einer sogenannten Teilungserklärung, wonach der Eigentümer eines Grundstückes dem Grundbuchamt gegenüber erklärt, daß er die vorhandenen oder noch zu errichtenden Wohnungen gemäß den einzureichenden Planunterlagen in selbständiges Wohnungseigentum aufteilt und zu diesem Zwecke die jeweilige Wohnungseinheit farblich unterschiedlich von den anderen umrandet und mit Ordnungsnummern, wie beispielsweise laufenden Nummern, bezeichnet. Diese Teilungserklärung wird zum Vollzug bei dem Grundbuchamt eingereicht und dort aus dem einen Bestandsverzeichnis des Grundstückes nunmehr so viele neue Grundbuchblätter jeweils mit einem eigenen Bestandsverzeichnis angelegt, wie der Eigentümer an Wohnungseinheiten zu begründen wünscht. Für diese Teilungserklärung ist jedoch die sogenannte Abgeschlossenheitsbescheinigung der zuständigen Baubehörde erforderlich. Diese setzt voraus, daß die Wohnungseinheit, die grundbuchrechtlich verselbständigt werden soll, in sich abgeschlossen ist, nicht also der bauliche Teil einer anderen Wohnungseinheit sein darf.

Nach der bisherigen Rechtsprechung wurde die Abgeschlossenheitsbescheinigung jedoch nur erteilt, wenn neben dem Erfordernis des Insichabgeschlossenseins auch die Vorschriften über Schall- und Brandschutz bei dem aufzuteilenden Objekt gewährleistet sind.

Bei noch zu errichtenden Bauwerken stellt sich dies nicht als Problem dar, weil hier ohnehin nach den Vorschriften des geltenden Baurechtes das Bauwerk herzustellen ist. Schwieriger ist es jedoch bei älteren Bauwerken, die nicht den neuesten schallschutzrechtlichen Bestimmungen entsprechen oder die heutigen Brandschutzbestimmungen außer acht lassen, beispielsweise, weil Holztreppen in dem Hause vorhanden sind oder die Decken nicht aus Beton hergestellt sind. Bei diesen Bauwerken war die Abgeschlossenheitsbescheinigung nicht zu erreichen und die Teilung in Wohnungseigentum daher nicht möglich, es sei denn, das Bauwerk wird entsprechend den heutigen Bauvorschriften umgestaltet. Inzwischen hat der Gemeinsame Senat der Obersten Gerichtshöfe des Bundes entschieden, daß die Abgeschlossenheitsgenehmigung nicht von der Einhaltung von Brand- und Schallschutzvorschriften abhängig gemacht werden darf, so daß derzeit die Aufteilung auch älterer Bauwerke wieder möglich ist, wobei auch bisher nach einer Ausnahmeregelung die Aufteilung in den neuen Bundesländern nicht den oben dargestellten Einschränkungen unterlag.

Als Bundesratsvorlage ist jedoch inzwischen ein Gesetzentwurf zur Änderung des Wohnungseigentumsgesetzes eingebracht worden, nach dem normiert werden soll, daß Wohnungen oder sonstige Räume nur dann in sich abgeschlossen sind, wenn die Wohnungstrennwände und Wohnungstrenndecken oder die entsprechenden Wände und Decken bei sonstigen Räumen den bauordnungsrechtlichen Anforderungen entsprechen, die im Zeitpunkt der Erteilung der Bescheinigung gelten.

Wird also Wohnungs- bzw. Sondereigentum durch die Teilungserklärung mit Abgeschlossenheitsbescheinigung begründet, so legt das Grundbuchamt für jede Wohnungseinheit ein eigenes Grundbuchblatt an und vermerkt im Bestandsverzeichnis neben dem eigenen Grundbuchblatt auch die übrigen Blätter, die für diese Wohnungseigentumsanlage angelegt sind und weist den Eigentümer damit darauf hin, daß das Miteigentum durch die Einräumung der zu den anderen Miteigentumsanteilen gehörenden Sondereigentumsrechte beschränkt ist.

In der Teilungserklärung werden die rechtlichen Beziehungen zwischen den Miteigentümern der Eigentumswohnungen geregelt. Dort ist beispielsweise aufgeführt, daß die Unkosten des Hauses nach einem gewissen Umlageschlüssel verteilt werden, daß jeder Wohnungseigentümer ein bestimmtes Entgelt, das Hausgeld, monatlich zu zahlen hat, daß die Eigentümergemeinschaft einen Verwalter des Wohnungseigentums wählt, der einen Wirtschaftsplan aufzustellen hat, und es ist geregelt, wie die Teile des Grundstücks oder des Bauwerks, die im Allgemeineigentum stehen, von den Miteigentümern benutzt werden können, also beispielsweise, soweit die Parkplätze nicht selbständig zugeordnet sind, eine Parkplatzordnung usw. (vgl. Anhang 5).

In dieser Teilungserklärung ist aber auch bestimmt, ob die Verfügung über das Wohnungseigentum einer Beschränkung unterliegt, nämlich der notwendigen Zustimmung des Verwalters. Dies ist nicht selbstverständlich und gilt nur, wenn es im Bestandsverzeichnis des Grundbuches ausdrücklich verzeichnet ist. Dort wird die Verfügungsbeschränkung nur eingetragen, wenn sie in der Teilungserklärung enthalten ist.

Früher hat fast jede Teilungserklärung das Zustimmungsbedürfnis des Verwalters enthalten. Die Praxis hat jedoch gezeigt, daß das mit der Verwalterzustimmung angestrebte Ziel nicht erreicht werden kann. Man glaubte nämlich bei der Schaffung des Wohnungseigentumsgesetzes, daß in einer Wohnungsanlage, in der unterschiedliche Bewohner eigenständige Rechte an abgeschlossenen Wohnungseinheiten haben, streng darauf geachtet werden muß, daß in diese Wohnungsanlage nicht plötzlich Fremde durch Kauf einer Eigentumswohnung hineinkommen, die in das dortige Umfeld nicht passen. So könnte nach der Formulierung der Teilungserklärung der Käufer einer Eigentumswohnung durch Versagung der Verwalterzustimmung zurückgewiesen werden, von dem man annehmen konnte, daß er seine Verpflichtungen der Eigentümergemeinschaft gegenüber nicht erbringen würde. Das gilt natürlich insbesondere für das zu zahlende Wohngeld. Bei den heutigen Preisen der Eigentumswohnungen von mehreren Hunderttausend Mark, die der Erwerber mit Kauf dieser Einheit zahlt, kann ihm schlechterdings nicht unterstellt werden, er sei nicht in der Lage, DM 200,00 oder DM 400,00 monatliches Hausgeld zu zahlen, so daß aus diesen Gründen eine Verweigerung nicht möglich ist.

Daß der Erwerber oder ein Angehöriger seiner Familie sich in die Hausgemeinschaft nicht einfügen wird, kann regelmäßig nicht unterstellt werden, bevor der Erwerber mit seiner Familie in die Wohnungsanlage eingezogen ist.

Jeder Ausländer ist berechtigt in Deutschland eine Immobilie, eine Eigentumswohnung zu erwerben. Der Verwalter könnte also nicht die Zustimmung verweigern, weil ein Ausländer nicht in die Wohnungseigentümergemeinschaft paßt. Hier greift der grundgesetzlich dem Ausländer gegebene Schutz durch, und der Verwalter ist verpflichtet, die Zustimmung zur Übertragung des Wohnungseigentums zu erteilen.

Aus all dem geht hervor, daß tatsächlich in der Praxis kaum Fälle denkbar sind, in denen der Verwalter bei vorheriger Prüfung mit Recht die Zustimmung zum Verkauf der Wohnung an einen bestimmten Erwerber versagen kann. Im Gegenteil zeigt sich, daß das Zustimmungserfordernis, was in den früheren Teilungserklärungen fast ausnahmslos vorhanden war, den Grundstücksverkehr und seinen schnellen Vollzug behindert. Die Verfügung des Eigentümers, im notariellen Vertrag das Eigentum auf den Käufer mit der Auflassung zu übertragen, ist nämlich schwebend unwirksam bis die Zustimmungserklärung des Verwalters bei Gericht eingegangen ist. Dabei hat das Gericht zu prüfen, ob der Verwalter auch tatsächlich in seiner Verwaltereigenschaft legitimiert ist. Dies erfolgt dadurch, daß der Verwalter, der von der Eigentümergemeinschaft in der Versammlung gewählt wird, das Versammlungsprotokoll zu den Grundakten der Eigentumsanlage beim Grundbuchamt einreicht. Diese Niederschrift der Eigentümerversammlung ist vom Vorsitzenden, einem Wohnungseigentümer und, falls ein Verwaltungsrat bestellt ist, auch von dessen Vorsitzendem oder seinem Vertreter zu unterschreiben. Diese Unterschriften sind öffentlich zu beglaubigen. Da der Verwalter nach dem WEG höchstens auf fünf Jahre von der Eigentümergemeinschaft bestellt werden darf, ist also spätestens nach Ablauf dieser Amtszeit eine neue Niederschrift über die Eigentümerversammlung, in der der Verwalter neu gewählt wurde oder in der ein anderer Verwalter gewählt wurde, zu den Grundakten des Grundbuches einzureichen (vgl. Anhang 6).

In der Praxis begegnet dies oft nicht unerheblichen Schwierigkeiten, weil die Verwalter mit diesen gesetzlichen Vorschriften des WEG (§§ 23, 24, 25, 26 WEG, vgl. Anhang 7) nicht hinreichend vertraut sind und daher der Nachweis der Verwaltereigenschaft beim Grundbuchamt möglicherweise nicht sehr sorgfältig und termingerecht betrieben wird. Ist bei einem Verkauf einer Eigentumswohnung die Verwaltereigenschaft nicht beim Grundbuchamt nachgewiesen, so wird der amtierende Notar den Verwalter zunächst auffordern, das Protokoll gemäß § 26 WEG zu besorgen und bei Gericht einzureichen (vgl. Anhang 8).

Ob die Zustimmung des Verwalters erforderlich ist oder nicht, kann also dem Bestandsverzeichnis entnommen werden. Dort ist für den Fall des Zustimmungserfordernisses regelmäßig der Vermerk enthalten: „Der Wohnungseigentümer bedarf zur Übertragung des Wohnungseigentums der Zustimmung des Verwalters. Dies gilt nicht im Falle der Übertragung auf Ehegatten und Verwandte gerader Linie oder bei einer Weiterveräußerung durch den Konkursverwalter." Mit dem letzten Satz soll sichergestellt werden, daß nicht übertriebener Formalismus ins Werk gesetzt wird, weil man annimmt, daß die Verwandten des Eigentümers in gerader Linie mindest in gleicher Weise in die Hausgemeinschaft passen wie der bisherige Eigentümer selbst, und wenn der bisherige Eigentümer in wirtschaftlichen Verfall gerät, soll der mit der Verwertung der Eigentumswohnung betraute Konkursverwalter nicht durch Verfügungsbeschränkungen gehindert sein, für die Gläubiger einen möglichst hohen Erlös beim Verkauf der Wohnung zu erreichen.

Dieses Zustimmungserfordernis hat aber auch aus der Sicht des Maklers, der die Gelegenheit zum Abschluß eines Vertrages über eine Eigentumswohnung nachweist oder vermittelt, einen besonderen wirtschaftlichen Aspekt.

Zunächst war jahrelang streitig, ob der die Wohnungsanlage nach WEG betreuende Verwalter als Makler den Kaufvertrag über solche Wohnungen gegen Provision nachweisen oder vermitteln kann, die sich in dieser Wohnungsanlage befinden.

Die Rechtsprechung hat dies letztendlich bejaht mit dem Hinweis, daß der Verwalter an sich nur das Allgemeineigentum, also das im Miteigentum aller Wohnungseigentümer stehende Eigentum, verwaltet und nicht die einzelne Eigentumswohnung selbst. Da beim Verkauf einer Eigentumswohnung aber das Sondereigentum im Vordergrund des Vertrages steht, weil dies der wesentliche Kaufgegenstand ist, geht man davon aus, daß hier der Makler nicht auch Verwalter des Wohnungseigentums selbst ist. Damit ist das von § 652 BGB vorausgesetzte unabhängige Dreiecksverhältnis, nämlich Käufer - Verkäufer - und Makler, ohne Interessenüberlagerung gegeben. Daraus hat die höchstrichterliche Rechtsprechung den Schluß gezogen, daß der Verwalter von Eigentumswohnungen, deren Anlage er selbst verwaltet, den Kaufvertrag nachweisen oder vermitteln kann, und zwar gegen Erhebung von Provision. Dies gilt, wie der Bundesgerichtshof in verschiedenen Urteilen festgestellt hat jedoch dann nicht, wenn der Makler aufgrund der Teilungserklärung und des konstitutiv wirkenden Vermerks im Bestandsverzeichnis den Veräußerungsvertrag genehmigen muß. Hier, so sagt der Bundesgerichtshof, ist die notwendige Neutralität des Maklers nicht mehr gegeben, weil er durch Interessenkollision gehindert ist, die Frage, ob er im Interesse der Miteigentümer den Vertrag genehmigt oder nicht, nicht mehr sachgemäß entscheiden kann.

Derjenige Makler, der für die Vermittlung eines Vertrages einen Provisionsanspruch in Höhe von beispielsweise DM 10.000,00 vereinbart hat, wird naturgemäß bei der Prüfung seiner Verwalterzustimmung immer zu positivem Ergebnis kommen. Erteilte er nämlich die Genehmigung nicht, so würde der von ihm nachgewiesene oder vermittelte Vertrag nicht wirksam und damit hätte er keinen Anspruch auf Provision. Da hier die Interessenkollision offenbar ist, kann ein Makler, wenn er zugleich Verwalter der Wohnungsanlage ist, beim Zustimmungsbedürfnis nicht gegen Entgelt tätig werden.

In der Teilungserklärung sind vielfältige Rechtsbeziehungen der Miteigentümer untereinander geregelt. Da diese nicht insgesamt im Bestandsverzeichnis des betreffenden Grundbuchblattes aufgenommen werden können, wird auf die Teilungserklärung regelmäßig im Bestandsverzeichnis Bezug genommen, mit den Worten, daß im übrigen wegen des Gegenstandes und des Inhaltes des Sondereigentums auf die Eintragungsbewilligung, das ist die Teilungserklärung, mit Datum Bezug genommen wird. Es ist anerkannt, daß durch diese Inbezugnahme sämtliche zulässigen Regelungen in der Teilungserklärung Gegenstand des Bestandsverzeichnisses und damit Inhalt des Sondereigentums werden.

3. Erbbaurecht

Wurden bisher die Grundbuchblätter, insbesondere die Bestandsverzeichnisse für bebaute und unbebaute Grundstücke, für Wohnungseigentum, das dem Berechtigten das veräußerliche und auch vererbliche Sondereigentum an einer bestimmten Wohnung in Verbindung mit einem Miteigentumsanteil an dem Gemeinschaftseigentum gewährt, behandelt, so gibt es schließlich die letzte Form des Bestandsverzeichnisses beim sogenannten Erbbaugrundbuch. Mit dem Erbbaurecht wird ein Grundstück in der Weise belastet, daß demjenigen, zu dessen Gunsten die Belastung erfolgt, das veräußerliche und vererbliche Recht zusteht, auf oder unter der Oberfläche des Grundstücks ein Bauwerk zu errichten und zu haben. Diese Erbbaurechte werden grundbuchlich wie Grundstücke behandelt. Demzufolge wird für sie auch ein besonderes Erbbaugrundbuch angelegt.

Im Bestandsverzeichnis des Erbbaugrundbuches ist dieses zunächst wiederum unter der laufenden Nummer 1 eingetragen und als Erbbaurecht bezeichnet mit Bezug auf die Grundstücke, auf die es sich tatsächlich bezieht und in welchem Grundbuch diese verzeichnet sind. Also beispielsweise:

lfd. Nr. 1 Erbbaurecht an dem Grundstück
Gemarkung Falkenstein Band 31 Blatt 1812,
Bestandsverzeichnis 1
Falkenstein Flur 9 Flurstück 26/66
Bauplatz, Reichenbachweg, zur Größe von 5 a 92 m^2.

Dann folgt im Bestandsverzeichnis der Hinweis auf die Dauer des Bestehens des Erbbaurechtes, was im Erbbaurechtsvertrag geregelt ist. Üblicherweise wird hier eine Zeitspanne von 65 oder 99 Jahren vereinbart, es kann aber auch jede andere vernünftige Zeitspanne bestimmt werden (vgl. Anhang 9).

Regelmäßig beginnt diese Zeit ab dem Tage der Eintragung des Erbbaurechtes im Erbbaugrundbuch. Dabei ist für die Veräußerung des Erbbaurechtes wie auch für die Belastung des Erbbaurechtes mit Grundpfandrechten, Reallasten oder Dauerwohnrechten regelmäßig die Zustimmung des Grundstückseigentümers erforderlich, weil das Erbbaurecht als Belastung in Abteilung II seines Grundbuchs eingetragen ist und die wirtschaftliche Aushöhlung des Erbbaurechtes seine Interessen tangiert.

Damit sind also alle denkbaren Formen von Bestandsverzeichnissen in den Grundbüchern abgehandelt, wobei nochmals darauf hinzuweisen ist, daß sowohl die Erbbaurechte als auch das Wohnungseigentum jeweils ein eigenes Grundbuchblatt, damit ein eigenes Bestandsverzeichnis haben, während mehrere Grundstücke des gleichen Eigentümers in der gleichen Gemarkung im selben Grundbuchblatt, und damit auf dem selben Bestandsverzeichnis eingetragen sein können.

III. Erste Abteilung des Grundbuches

Werden im Bestandsverzeichnis die wesentlichen Merkmale des Grundstückes, der Eigentumswohnung oder auch des Erbbaurechtes beschrieben, so handelt die erste Abteilung (Abt. I) von den Eigentumsverhältnissen dieser Liegenschaft. In dieser „ersten Abteilung“ ist der jeweilige Grundstückseigentümer eingetragen sowie der Rechtsvorgang, auf dem die Grundbucheintragung beruht. Wenn das Eigentum wechselt, wird der bisherige Eigentümer im Grundbuch gelöscht, d. h. er wird rot unterstrichen, mithin gerötet, und nach dieser Löschung des bisherigen Eigentümers wird sodann der neue Eigentümer im Grundbuch eingetragen, und es erfolgt in der Spalte 4 der Vermerk über die Eintragung, z. B. aufgelassen am ... und eingetragen am ... (vgl. Anhang 10).

Die Rechtslage in Abteilung I ist für das Tätigwerden des Maklers besonders wichtig. Das gilt nicht nur für den Abschluß des anzustrebenden Kaufvertrages, vielmehr muß der Makler darauf achten, daß er bereits den Maklerauftrag von dem Verfügungsberechtigten erhält.

Wenig sinnvoll ist es, wenn der Makler kostenverursachend tätig wird aufgrund eines Auftrages, den er beispielsweise nur von einem einzigen Miterben oder einer Mehrheit von Miterben erhalten hat, jedoch weitere Miterben vorhanden sind, die zum Verkauf des Grundstückes überhaupt nicht bereit sind. Es ist daher wichtig zu prüfen, wer der derzeitige Eigentümer der Liegenschaft ist und ob dieser Eigentümer auch verfügungsberechtigt ist. Nur er ist der richtige Vertragspartner des Maklers, mit ihm hat er den Maklerauftrag zu schließen.

1. Alleineigentum

Gehört jemandem die Liegenschaft allein, so nennt man diesen daher den Alleineigentümer, wobei es sich um eine natürliche oder juristische Person handeln kann. Bei der natürlichen Person ergeben sich, von einigen später noch zu erörternden Ausnahmen abgesehen, in der Verfügungsbefugnis regelmäßig keine Probleme. Dagegen ist bei der juristischen Person weiter zu prüfen, wer für diese zu handeln berechtigt ist. Wenn als Eigentümer beispielsweise eine juristische Person in Form der Gesellschaft mit beschränkter Haftung eingetragen ist, so hat der Makler weiterhin zu prüfen, wer für diese Firma handelt und zwar sowohl hinsichtlich des Maklerauftrages als auch später bei dem Abschluß des Grundstückskaufvertrages.

Gemäß § 35 des GmbH-Gesetzes wird die Gesellschaft durch die Geschäftsführer gerichtlich und außergerichtlich vertreten. Wer im einzelnen aber Geschäftsführer ist und ob der Geschäftsführer alleinvertretungsberechtigt ist oder nur zusammen mit einem weiteren Geschäftsführer oder beispielsweise einem Prokuristen, ist aus Abt. I des Grundbuches nicht ersichtlich. Die Geschäftsführer einer GmbH sind im Grundbuch nicht vermerkt, weil diese selbst nicht Eigentümer des Grundstückes sind und andererseits sehr häufig wechseln, so daß das Grundbuch, wären die Geschäftsführer eingetragen, ständig den Veränderungen angepaßt werden müßte. Wer vertretungsberechtigter Geschäftsführer ist, geht aus dem Handelsregister hervor, das bei dem zuständigen Amtsgericht, in dessen Sitz sich die Firma befindet, geführt wird. In das Handelsregister hat jedermann Einsicht.

Ist also der Eigentümer nicht eine natürliche, sondern eine juristische Person, bedarf es der weiteren Prüfung der Vertretungsberechtigung.

2. Miteigentum

Neben dem Alleineigentümer kann das Eigentum an dem Grundbesitz auch einer Mehrheit von Eigentümern zustehen, bei denen jeder einen gewissen Bruchteil am Gesamten hat. Hier spricht man von Bruchteilseigentümer. Die häufigste Form des Bruchteileigentums ist bei Eheleuten gegeben, die üblicherweise Eigentümer zur ideellen Hälfte sind. Ideell heißt dabei aber nicht, daß das Grundstück oder gar das Bauwerk real geteilt ist, daß also jedem der Eheleute ein ganz bestimmter Teil des Grundstücks oder ganz bestimmte Zimmer im Hause allein gehören und dem anderen die restlich verbleibende Grundstücksfläche und Räume, nein, ideelle Hälfte heißt, daß es sich hierbei nur um eine gedachte Teilung handelt, jedem gehört jedes Zimmer und das ganze Grundstück, aber dadurch beschränkt, daß dem anderen diese in gleicher Weise gehören. Es handelt sich mithin nur um eine ideelle, eine gedachte Teilung, nicht aber um eine real durchgeführte Begrenzung.

Dieses Bruchteilseigentum kann in jeder beliebigen Form in unterschiedlicher Höhe vorkommen. Die Bruchteile sind rechtlich selbständig und daher regelmäßig auch unabhängig voneinander zu verkaufen und zu belasten. Kauft also jemand einen Bruchteil an einem Grundstück, so kann er zur Finanzierung diesen Bruchteil mit Grundpfandrechten belasten und das Miteigentum in dieser Form auch wieder selbständig verkaufen oder verschenken. Aus diesem Grunde kann auch das Bruchteilseigentum selbständig versteigert werden. Hat jemand einen Bruchteil gekauft, beispielsweise an einem Renditeobjekt und hat er diesen mit Grundschulden für die finanzierende Bank belastet und kommt er der Bezahlung der Annuitäten nicht nach, wird die Bank oder auch ein anderer Gläubiger, sofern dieser Forderungen gegen den Eigentümer hat, die Zwangsversteigerung des Bruchteils betreiben. Für Insider ist die Ersteigerung eines Bruchteilseigentums außerordentlich interessant, weil auf dem Immobilienmarkt bei dem normalen Käufer nur relativ wenig Interesse besteht, einen Bruchteil an einer Liegenschaft zu erwerben. Der Käufer wünscht natürlich ein Einfamilienhaus oder auch ein Mehrfamilienhaus für sich allein oder für sich und seine Ehefrau zu erwerben, nicht aber lediglich einen Bruchteil an einem Grundstück, an dem mindestens ein, möglicherweise mehrere andere Miteigentümer beteiligt sind. Ist das Interesse also an Bruchteilseigentum im Immobilienmarkt relativ gering, werden auch im Zwangsversteigerungsverfahren für diese Bruchteile erfahrungsgemäß nicht allzu hohe Gebote abgegeben, so daß der Bruchteil regelmäßig billiger zu erwerben ist als das vergleichbare Vielfache im Ganzen. Wird aber von einem Interessenten der Bruchteil erworben, so ist er nicht verurteilt, ein Leben lang mit dem anderen Eigentümer das Grundstück in Miteigentum zu haben, vielmehr kann er gemäß §§ 180, 181 ZVG (Zwangsversteigerungsgesetz) den Antrag auf Zwangsversteigerung zum Zwecke der Aufhebung der Miteigentümergemeinschaft beim zuständigen Amtsgericht, in dessen Bezirk das Grundstück liegt, stellen. Nunmehr wird nicht mehr ein Bruchteil des Grundstücks, sondern die gesamte Liegenschaft versteigert, die erfahrungsgemäß einem dem Objekt entsprechenden Wert als Versteigerungserlös erbringt. Dabei ist noch darauf hinzuweisen, daß die Räumung des so ersteigerten Hauses gesetzlich vereinfacht ist, als der Zuschlagsbeschluß als Räumungstitel gegen den bisherigen Eigentümer - nicht etwa gegen die Mieter - gilt.

Auch bei diesem Beispiel hat sich gezeigt, daß das Bruchteilseigentum selbständig verwertbares Eigentum ist. Es kann erworben wie auch veräußert, es kann belastet wie auch versteigert werden. Eine Einschränkung erfährt das Bruchteilseigentum nur dann, wenn - was außerordentlich selten ist - vereinbart und im Grundbuch eingetragen ist, daß die Auseinandersetzung der Miteigentümergemeinschaft ausgeschlossen ist.

3. Gesamthandseigentum

Neben dem Alleineigentum und dem Bruchteilseigentum kennt das Recht noch das sogenannte Gesamthandseigentum. Dabei steht jedem Gesamthänder ein Anteil am gesamthänderisch gebundenen Vermögen zu. Eine Verfügung über den Anteil an dem einzelnen Grundstück, auch wenn es der einzige Vermögensgegenstand ist, ist rechtlich nicht möglich.

Beispiele des Gesamthandseigentums finden sich insbesondere bei der Gesellschaft bürgerlichen Rechtes (GbR, § 718 BGB), bei der ungeteilten Miterbengemeinschaft (§ 2032 BGB) sowie beim nicht rechtsfähigen Verein (§ 54 BGB).

Ist eine solche Gesamthand Eigentümer eines Grundstückes, bedarf es der Mitwirkung aller sowohl hinsichtlich des Maklerauftrages, als auch späterhin beim Abschluß des Kaufvertrages. Es nutzt daher nichts, wenn nur einer der an der BGB-Gesellschaft Beteiligten oder ein Miterbe die Liegenschaft zu verkaufen beabsichtigt. Stimmen die anderen der Verwertung nicht zu, muß die Gesellschaft bzw. die Erbengemeinschaft erst die gesetzlich vorgesehenen Verfahren zur Aufhebung der Gesamthand einleiten und erst nach deren Abschluß ist die vorgesehene Verwertung des Grundbesitzes möglich. Da dies erfahrungsgemäß sehr langfristig ist, hat es für den Makler regelmäßig keinen Sinn, kostenverursachende Tätigkeiten schon zu entfalten, wenn das Ende der Auseinandersetzung noch nicht in greifbare Nähe gerückt ist.

4. Verfügungsberechtigung

Hat der Makler also festgestellt, wer in der ersten Abteilung des Grundbuches als Alleineigentümer, Bruchteilseigentümer oder Gesamthandseigentümer eingetragen ist, muß nunmehr die Verfügungsberechtigung geprüft werden. Dabei ergibt sich zunächst die Frage, ob die Grundbuchlage mit den tatsächlichen Verhältnissen übereinstimmt. Das ist beispielsweise dann nicht der Fall, wenn der Erbe das Grundstück verkaufen will, aber nicht er, sondern noch der Erblasser im Grundbuch als Eigentümer eingetragen ist. Wir haben bereits einleitend festgestellt, daß der Erblasser, sogenannter Bucheigentümer, tatsächlich nicht mehr Eigentümer des Grundstücks ist, weil nach deutschem Recht ein Toter nicht Eigentümer einer Sache sein kann, mithin also der Erbe zwar Eigentümer geworden ist, aber seine Verfügungsberechtigung spätestens dann nachgewiesen sein muß, wenn der Notar den geschlossenen Vertrag beim Grundbuchamt einreicht. Hierfür ist die Vorlage des Erbscheines oder eines notariellen Testamentes mit beglaubigter Abschrift des Eröffnungsprotokolls notwendig. Der Makler, der davon ausgeht, daß sein Auftraggeber tatsächlich der Erbe geworden ist, braucht nicht mit dem Nachweis oder der Vermittlung des Kaufvertrages zu warten bis das Erbscheinsverfahren durchgeführt oder die Grundbuchberichtigung tatsächlich erfolgt ist. Nein, vielmehr kann der Vertrag unverzüglich protokolliert, im Grundbuch jedoch erst vollzogen werden, wenn die für den Nachweis der Erbenstellung notwendigen Urkunden vorliegen, was üblicherweise durch den Notar besorgt wird.

Das gleiche gilt auch für den Käufer eines Grundstücks, der als Eigentümer zwar noch nicht im Grundbuch eingetragen ist, das Grundstück aber zwischenzeitlich weiterverkaufen will. Hier ist als Eigentümer des Grundbesitzes im Grundbuch noch derjenige eingetragen, der dem jetzigen Verkäufer das Grundstück in notariellem Vertrag übertragen hat. Da der Vollzug der Eigentumsumschreibung erst nach Bezahlung des Kaufpreises, dem Vorliegen der notwendigen Genehmigungen, auch der steuerlichen Unbedenklichkeitsbescheinigung des Finanzamtes erfolgt, also mindestens zwei, drei Monate nach Abschluß des Kaufvertrages, muß der Erwerber schon vor seiner Eintragung im Grundbuch die Gelegenheit haben das Objekt zu verkaufen. Hier wird die Brücke des Nachweises seiner Berechtigung durch Vorlage einer beglaubigten Abschrift seines Erwerbsvertrages erbracht, wobei natürlich auch hier der Vollzug des Weiterverkaufsvertrages im Grundbuch erst möglich ist, wenn der Verkäufer selbst als Erwerber im Grundbuch als Eigentümer eingetragen ist. Zwar sieht die Grundbuchordnung auch die Möglichkeit vor, daß der Zwischenerwerb im Grundbuch nicht vollzogen werden muß, wenn sämtliche Voraussetzungen zur Eigentumsumschreibung dem Grundbuchamt nachgewiesen sind. Doch kann dann der Erwerber beim zweiten Vertrag eine Finanzierungsgrundschuld für die Bank nicht im Grundbuch eintragen lassen, weil dies die Bewilligung des im Grundbuch eingetragenen Eigentümers voraussetzt. Da sein Verkäufer aber bislang im Grundbuch nicht eingetragen ist, kann eine solche Bewilligung nicht erteilt werden, weshalb es bei dieser Fallkonstellation des schnellen Weiterverkaufes regelmäßig notwendig ist, daß der Verkäufer tatsächlich erst, wenn auch nur für kurze Zeit, im Grundbuch als Eigentümer eingetragen wird.

Aus all dem folgt, daß der Makler keineswegs zurückhaltend sein darf, wenn ein Verkäufer selbst im Grundbuch noch nicht eingetragen ist. Es darf nicht sein, daß wirtschaftlich wichtige und schnell zu erledigende Vorgänge wie ein bevorstehender Kaufvertrag durch formale Vollzugssituationen beim Nachlaßgericht oder dem Grundbuchamt unnötig verzögert werden. Der Makler hat das wirtschaftliche Ergebnis seines Vertrages anzustreben und dieses zu verwirklichen; es ist Sache des Notars, die juristischen Voraussetzungen zu schaffen oder nach Protokollierung herzustellen, damit der grundbuchliche Vollzug gewahrt ist. Der Makler ist nicht der Notar und darf nicht die Rolle des Notars übernehmen, der für den Vollzug in formaler Hinsicht verantwortlich ist.

Bei der Frage der Verfügungsberechtigung ist darauf zu achten, daß auch der Verkäufer, der tatsächlich im Grundbuch eingetragen ist, gewissen Verfügungsbeschränkungen unterliegen kann. Es wurde eingangs schon auf § 1365 BGB hingewiesen, wonach der als Alleineigentümer eingetragene Ehegatte, der in Zugewinngemeinschaft lebt, zum Verkauf des Grundstücks dann der Zustimmung des anderen Ehegatten bedarf, wenn das Verkaufsobjekt das wesentliche Vermögen darstellt. Stimmt der andere Ehegatte der Verfügung nicht zu, ist diese unwirksam und der Verkaufsvertrag kann nicht zustandekommen (vgl. Anhang 11).

Ist der eingetragene Eigentümer minderjährig, kann er das Grundstück nicht allein verkaufen, vielmehr bedarf es der Mitwirkung seines gesetzlichen Vertreters, und dieser bedarf für seine Verfügung der Genehmigung des Vormundschaftsgerichtes (§ 1821 BGB, vgl. Anhang 12).

Bei dem Verkauf von Wohnungseigentum ist die Frage zu prüfen, ob der Verkäufer in seiner Verfügungsmacht dadurch beschränkt ist, daß er zur Veräußerung der Zustimmung des Verwalters bedarf. Dieses Zustimmungsbedürfnis, das in der Teilungserklärung verankert ist, muß, um wirksam zu sein, im Bestandsverzeichnis des Grundbuches vermerkt sein.

Bei der Veräußerung des Erbbaurechtes ist die Verfügung regelmäßig nur dann wirksam, wenn der Grundstückseigentümer dieser Veräußerung zustimmt.

Zusammenfassend ist festzustellen, daß der Makler sowohl für den zu schließenden Maklerauftrag in Form des normalen Auftrages, insbesondere aber des Alleinauftrages, vor seinem Tätigwerden prüfen muß, wer in Abteilung I des Grundbuches als Eigentümer eingetragen ist und ob dieser eingetragene Eigentümer mit dem Auftraggeber identisch ist oder, wenn dies nicht der Fall ist, ob sich die Kette der Berechtigung durch Urkunden hinreichend nachweisen läßt. Liegen diese Voraussetzungen vor und sind sonstige Verfügungsbeschränkungen nicht ersichtlich, kann der Makler nunmehr mit seiner auf Abschluß des Kaufvertrages nachweisenden oder vermittelnden Tätigkeit beginnen.

IV. Zweite Abteilung des Grundbuches

Handelt das Bestandsverzeichnis des Grundbuches von den wesentlichen Merkmalen des Grundstücks, sind in der ersten Abteilung die Eigentumsverhältnisse enthalten, so werden in der zweiten Abteilung (Abt. II) sämtliche Belastungen eingetragen mit Ausnahme der sogenannten Grundpfandrechte, die in die dritte Abteilung (Abt. III) des Grundbuches gehören.

In der zweiten Abteilung sind im wesentlichen eingetragen Erbbaurechte, Grunddienstbarkeiten, persönlich beschränkte Dienstbarkeiten, Nießbrauchsrechte, Reallasten, Vorkaufsrechte sowie Vormerkungen, Widersprüche und Verfügungsbeschränkungen (vgl. Anhang 13).

Zweck der Vormerkung ist gemäß § 883 BGB die Sicherung des schuldrechtlichen Anspruches auf Einräumung oder Aufhebung eines Rechtes an einem Grundstück oder an einem das Grundstück belastenden Recht. Widersprüche werden gegen eine unrichtige Grundbuchsituation eingetragen, damit bis zu deren Anpassung an die tatsächliche Rechtslage von der falschen Grundbucheintragung kein öffentlicher Glaube des Grundbuchs ausgeht.

Schließlich werden in Abteilung II des Grundbuches noch Verfügungsbeschränkungen eingetragen, die dem Grundstückseigentümer eine Verfügung über den Grundbesitz untersagen. Veräußert oder belastet der Grundstückseigentümer entgegen solch eingetragenen Verfügungsbeschränkungen das Grundstück, sind diese Maßnahmen rechtlich unwirksam.

Der mit der Vermittlung eines Kaufvertrages beauftragte Makler hat sich schon frühzeitig mit der Grundbuchsituation in Abteilung II zu beschäftigen, weil jeder Erwerber an einer dort eingetragenen Belastung Anstoß nimmt. Jeder Grundstückskäufer ist bestrebt, daß er ein möglichst lastenfreies Grundstück erwirbt und nur dann sogenannte Zweier-Rechte übernimmt, wenn es einerseits unabdingbar ist, andererseits aber diese Rechte den Wert des Grundstücks nicht nachhaltig beeinträchtigen.

Aus dieser Situation und Interessenlage ergibt sich, daß bei den Kaufvertragsverhandlungen und der Vorbereitung des Grundstückskaufvertrages solchen Rechten eine erhebliche Bedeutung zukommt. Dabei hat der Makler darauf zu achten, daß in vielen Fällen Belastungen in Abteilung II im Grundbuch enthalten sind, die gelöscht werden können. Wurde ein Grundstück von den Eltern des Eigentümers diesem geschenkt und haben sich bei der Übertragung des Grundstücks die Übergeber beispielsweise das lebenslängliche Wohnrecht vorbehalten, so wird regelmäßig in der Praxis vom Grundstückseigentümer die Löschung des Rechtes nicht sofort bewirkt, wenn der Übergeber verstorben ist, das Recht also gegenstandslos geworden ist. Vielmehr denkt der Grundstückseigentümer nach einer Jahre zurückliegenden Eintragung nicht mehr an die Grundbuchsituation, weshalb das Recht noch im Grundbuch enthalten ist.

Oder in Abteilung II sind Eintragungen von Rückauflassungsvormerkungen enthalten, die beim Erwerb des Grundstückes eingetragen wurden und eine kurzfristige spekulative Verwertung des Grundstücks verhindern sollten. Auch hier wird nach Ablauf der für das Recht vorgesehenen Sicherungszeit, beispielsweise 10 oder 15 Jahre, nicht mehr an die Grundbuchsituation gedacht, so daß auch dieses Recht, obwohl es schon lange hätte gelöscht werden können, noch im Grundbuch zu lesen steht.

Das gleiche gilt schließlich für ein Tankstellenrecht, das schon lange gegenstandslos geworden ist, weil durch Ablauf des Mietvertrages und Beseitigung der Tankstelle dieses Recht zeitlich verfallen ist.

Wenn auch all diese Rechte durch Zeitablauf inhaltlich gegenstandslos geworden sind, erfolgt hier selbstverständlich keine Löschung von Amts wegen, vielmehr bedarf es regelmäßig der Löschungsbewilligung durch den aus dem eingetragenen Recht Berechtigten und des Löschungsantrages durch den Eigentümer. Lediglich bei den eingetragenen Rechten, bei deren Eintragung ausdrücklich im Grundbuch vermerkt wurde, daß zur Löschung der Nachweis des Todes des Berechtigten genügt, reicht der Löschungsantrag des Eigentümers zusammen mit der Ausfertigung einer Todesurkunde.

Hat also der Makler die Rechte in Abteilung II erfaßt, prüft er zunächst entsprechend den obigen Ausführungen, ob Rechte auf dem zum Verkauf stehenden Grundstück im Grundbuch eingetragen sind, die bereits jetzt gelöscht werden können. Wenn dies der Fall ist, wird er vernünftigerweise unverzüglich den Eigentümer veranlassen, mindestens die Löschungsunterlagen zu besorgen, damit der später mit der Beurkundung beauftragte Notar die Löschung im Grundbuch veranlassen kann. Dieser Vollzug liegt im Interesse aller Vertragsparteien, weil der Eigentümer sich schon frühzeitig um die Beseitigung des möglicherweise als Verkaufshindernis herausstellenden Rechtes bemühen kann, der Erwerber mit diesen Rechten, die zur Löschung gebracht werden nicht mehr konfrontiert wird, der gesamte Abschluß des Vertrages daher vereinfacht und der grundbuchliche Vollzug erheblich gefördert wird.

Daneben gibt es aber Rechte, die auch nach Abschluß des Kaufvertrages bestehen bleiben und daher vom Erwerber zu übernehmen sind. Das sind beispielsweise Wegerechte, Ver- und Entsorgungsleitungsrechte, Baubeschränkungen und andere mehr. In der zweiten Abteilung des Grundbuchs ist lediglich das Recht in einer Kurzfassung umschrieben und im übrigen wegen der inhaltlichen Ausgestaltung auf die Eintragungsbewilligung Bezug genommen. Steht im Grundbuch zugunsten des jeweiligen Eigentümers eines bestimmten Flurstücks ein Geh- und Fahrrecht verzeichnet, so ist aus dem Grundbuch selbst nicht zu erkennen, welcher Teil des Grundstücks mit diesem speziellen Geh- und Fahrrecht belastet ist. Es geht auch nicht aus der Eintragung hervor, wer für den Unterhalt dieses Fahrweges verantwortlich ist, insbesondere nicht, ob der Berechtigte bestimmte Unkosten zu tragen hat. Sind solche Vereinbarungen getroffen, so sind diese in der Eintragungsbewilligung enthalten, die sich regelmäßig zusammen mit der Flurkarte, in der das Recht konkretisiert ist, in den Grundakten des Grundbuches befinden. Da das Recht, wie es im Grundbuch eingetragen ist, durch die Bezugnahme auf die Eintragungsbewilligung, also auf den dort vereinbarten Inhalt, kraft Gesetzes auf den Erwerber übergeht, hat der Grundstückskäufer ein nachhaltiges Interesse daran, die rechtliche Ausgestaltung der auf ihn übergehenden Verpflichtungen zu kennen. Da der Notar bei Protokollierung nicht gehalten ist, Unterlagen der Eintragungsbewilligung zu beschaffen und dem Erwerber zu übergeben, ist es eine wesentliche Aufgabe des Maklers, insoweit Klarheit über das auf den Erwerber übergehende Recht zu schaffen.

Hat sich gezeigt, daß für die Vertragsvorbereitung, ja schon für die Kaufvertragsverhandlungen die Kenntnisse von den in Abteilung II eingetragenen Rechten notwendig sind, damit eine etwaige Löschung dieser Rechte frühzeitig betrieben werden kann, für die auf den Erwerber übergehenden Rechte inhaltliche Klarheit besteht und der Erwerber nachhaltig belehrt wird, hängt das Zustandekommen mancher Verträge auch davon ab, daß auf einem anderen Grundstück zunächst Rechte in Abteilung II des dortigen Grundbuches eingetragen werden. Ist beispielsweise aus einem größeren Grundstück ein Teilgrundstück zu verkaufen und liegt dies nicht unmittelbar an einer öffentlichen Straße, so ist sicherzustellen, daß auf der Restparzelle Wegerechte oder Kanalleitungsrechte usw. eingetragen werden können, damit das zum Verkauf stehende Teilgrundstück später auch baulich verwertbar ist.

Aus all dem geht hervor, daß der Makler sich nicht nur mit der Grundbucheinsicht begnügen darf, sondern die dort eingetragenen Rechte auf ihren Bestand durchforsten und auf ihren Inhalt zur Unterrichtung des Erwerbers überprüfen muß.

1. Erbbaurecht

Wurde oben im Rahmen des Bestandsverzeichnisses das Erbbaurecht behandelt und im einzelnen aufgezeigt, daß das rechtlich wie ein Grundstück ausgestaltete Erbbaurecht über ein eigenes Bestandsverzeichnis verfügt, wird dieses auf dem mit dem Erbbaurecht belasteten Grundstück als Belastung in Abteilung II eingetragen. Inhaltlich belastet das Erbbaurecht das Grundstück in der Weise, daß demjenigen, zu dessen Gunsten die Belastung erfolgt, das veräußerliche, vererbliche Recht zusteht, auf und unter der Oberfläche des Grundstückes ein Bauwerk zu errichten und zu haben. Da das Erbbaurecht wie ein Grundstück behandelt wird, ist es, wie dargelegt, im Erbbaugrundbuch verselbständigt und verfügt dort wie ein Grundstück über die Abteilungen I, II und III und kann demzufolge gleich einem Grundstück übertragen und belastet werden, wobei regelmäßig dies der Zustimmung des Grundstückseigentümers bedarf.

2. Grunddienstbarkeit

Gemäß § 1018 BGB kann ein Grundstück zugunsten des jeweiligen Eigentümers eines anderen Grundstücks in der Weise belastet werden, daß dieser das Grundstück in einzelnen Beziehungen benutzen darf oder daß auf dem Grundstück gewisse Handlungen nicht vorgenommen werden dürfen oder daß die Ausübung eines Rechtes ausgeschlossen ist, was sich aus dem Eigentum an dem belasteten Grundstück dem anderen Grundstück gegenüber ergibt. Das Bürgerliche Gesetzbuch hat für die Grunddienstbarkeiten im wesentlichen drei Tatbestände aufgestellt, welche die Befugnis des Eigentümers gemäß § 903 BGB, mit seiner Sache nach Belieben zu verfahren oder andere von jeder Einwirkung auszuschließen, tangieren. Der Berechtigte der Grunddienstbarkeit darf entweder das dienende Grundstück in einer bestimmten Weise benutzen, oder der Verpflichtete darf auf seinem Grundstück bestimmte Handlungen nicht vornehmen, oder der Verpflichtete darf gegen den Eigentümer des herrschenden Grundstücks bestimmte Rechte nicht ausüben.

Damit sind die Grunddienstbarkeiten also eine Beschränkung des Eigentumsinhaltes des dienenden Grundstückes zugunsten des Eigentümers des herrschenden Grundstückes. Dabei muß die Dienstbarkeit gemäß § 1019 BGB dem herrschenden Grundstück als solchem dienen, nicht nur persönliche Vorteile für den augenblicklichen Eigentümer bieten. Mit zwei gesetzlichen Ausnahmen (§§ 1021, 1022 BGB) darf der Inhalt der Grunddienstbarkeit nicht auf ein positives Tun gerichtet sein. In der Praxis sind üblich die Belastung des Grundstücks zugunsten des jeweiligen Eigentümers eines anderen Grundstückes mit einem Geh- und Fahrrecht, einem Kanalleitungsrecht, einem Versorgungsleitungsrecht, einem Fensterrecht usw.

Für die Begründung ist die Einigung und Eintragung im Grundbuch erforderlich. Die Grunddienstbarkeit wird in dem Grundbuch des dienenden Grundstückes eingetragen. Sie kann auch im Grundbuch des herrschenden Grundstückes vermerkt werden, dies ist jedoch nicht zwingend erforderlich. Die Bezugnahme auf die Eintragungsbewilligung zur inhaltlichen Ausgestaltung ist möglich, der wesentliche Inhalt, also das Charakteristikum, beispielsweise als Wegerecht, muß sich jedoch aus der Eintragung selbst ergeben.

3. Beschränkt persönliche Dienstbarkeit

Die beschränkten persönlichen Dienstkarkeiten belasten ein Grundstück in der Weise, daß derjenige, zu dessen Gunsten die Belastung erfolgt, berechtigt ist, das Grundstück in einzelnen Beziehungen zu benutzen (§ 1090 BGB).

Die beschränkte persönliche Dienstbarkeit steht einer bestimmten natürlichen oder juristischen Person zu, also nicht wie die Grunddienstbarkeit dem jeweiligen Eigentümer eines anderen Grundstückes. Der Inhalt des Nutzungsrechtes entspricht im übrigen dem durch die Grunddienstbarkeit Gewährtem, nur daß es auf den Vorteil des herrschenden Grundstückes nicht ankommt und daher die persönlichen Bedürfnisse des Berechtigten für den Inhalt der Dienstbarkeit maßgeblich sind.

In der Praxis werden beschränkte persönliche Dienstbarkeiten eingetragen insbesondere für Wegerechte, Leitungsrechte, Tankstellenbetriebsrechte, Wettbewerbsverbote, Wohnungsrechte und Wohnungsbesetzungsrechte.

4. Nießbrauch

Gemäß § 1030 BGB kann ein Grundstück in Abteilung II des Grundbuches in der Weise belastet werden, daß derjenige, zu dessen Gunsten die Belastung erfolgt, berechtigt ist, die Nutzungen der Sache zu ziehen (Nießbrauch). Der Nießbrauch ist nach dem Eigentum das stärkste Recht am Grundstück, weil er dem Berechtigten eine dem Eigentümer vergleichbare Rechtsposition gibt. Der Nießbraucher kann jedoch das Grundstück nicht belasten oder veräußern. Die Rechtsstellung des Nießbrauchers ist dadurch begrenzt, daß er lediglich berechtigt ist, die Nutzungen zu ziehen.

Dabei erstreckt sich der Nießbrauch grundsätzlich auf sämtliche Nutzungen des Grundstücks, einschließlich der subjektiv-dinglichen Rechte.

Hierzu gehören die natürlichen und juristischen Früchte sowie die sonstigen Vorteile des Gebrauchs. Der Eigentümer hingegen ist zu einer Leistung an den Nießbrauchsberechtigten nicht verpflichtet, er hat lediglich die Nutzung zu dulden. Der Nießbraucher erwirbt diese Nutzungen aus eigenem, nicht aus einem vom Eigentümer abgeleiteten Recht. Mithin kann der Nießbraucher das Grundstück nach Belieben nutzen, er kann die Liegenschaft selbst bewohnen, er kann sie vermieten und den Mieterlös vereinnahmen, mit anderen Worten der Eigentümer ist für die Zeit des Bestehens des Nießbrauchs von der Nutzung des Grundstücks ausgeschlossen.

Aus diesem Grunde wird ein Nießbrauch bei einem Grundstückskauf regelmäßig auch nicht übernommen, weil der Käufer die Liegenschaft erwirbt, entweder um sie selbst zu bewohnen oder - bei einem Renditeobjekt - um Mieterlöse hieraus zu erzielen. Beides steht aber dem Nießbraucher zu, so daß der Kauf eines Grundstückes, das mit einem Nießbrauch belastet ist, für den Erwerber nicht von wirtschaftlichem Interesse ist.

Soll eine Liegenschaft, die mit einem Nießbrauchsrecht belastet ist, verkauft werden, so muß sichergestellt sein, daß der in Abteilung II des Grundbuchs eingetragene Nießbrauch vom Berechtigten zur Löschung bewilligt wird.

5. Reallast

In der zweiten Abteilung werden auch die sogenannten Reallasten eingetragen. Gemäß der Definition in § 1105 BGB kann ein Grundstück in der Weise belastet werden, daß an denjenigen, zu dessen Gunsten die Belastung erfolgt, wiederkehrende Leistungen aus dem Grundstück zu entrichten sind. Berechtigter kann eine bestimmte Person oder auch der jeweilige Eigentümer eines anderen Grundstücks sein. Verpflichtet aus der Reallast ist der jeweilige Eigentümer des belasteten Grundstücks mit dem Grundstück. Er haftet daneben persönlich für die während der Dauer seines Eigentums fällig werdenden Leistungen. Es muß sich, wie der Gesetzestext sagt, um wiederkehrende Leistungen handeln. Diese können in Geld, Naturalien, Energie oder auch Diensten bestehen, können regelmäßig oder unregelmäßig zur Leistung fällig werden, jedoch dürfen sie keine einmal zu erbringende Schuld sein.

In der Rechtspraxis kommt die Reallast besonders in der Form des Altenteilrechtes vor. Dabei handelt es sich um Altenteilsverträge, Leibzucht, denen die Zusammenfassung von Wohnrechten und Unterhaltsverbindlichkeiten zu einer Einheit immanent sind.

Daneben findet in der Praxis die Reallast bei wiederkehrenden Geldleistungen besonders häufig Anwendung. Das ist der Fall, wenn beispielsweise eine Liegenschaft auf Rentenbasis gekauft wird. Bei dieser Vertragskonstruktion wird der Kaufpreis nicht sofort belegt, sondern oft nur eine geringfügige Anzahlung erbracht. Die Gegenleistung besteht in der Zahlung einer monatlich gleichhohen Rente, entweder auf eine bestimmte Zeit oder lebenslang. In diesem Falle muß der Veräußerer, der das Eigentum an seinem Grundstück auf den Erwerber überträgt, die Gegenleistung, den Kaufpreis, aber nicht sofort erhält darauf achten, daß die Forderung, die regelmäßig zur Sicherung des Lebensunterhaltes dient, nicht durch Umstände wertlos wird, die nach Abschluß des Vertrages und Übertragung des Eigentums eintreten. So kann beispielsweise der Erwerber einer auf Rentenbasis erworbenen Liegenschaft versterben oder er kann in wirtschaftlichen Vermögensverfall geraten. In diesem Falle nutzt die persönliche Forderung auf Zahlung der monatlichen Rente dem Veräußerer nichts, weil die Forderung uneinbringlich ist. Aus diesem Grunde wird die Forderung in Form der wiederkehrenden Leistung als Reallast im Grundbuch abgesichert, so daß auch bei einem Weiterverkauf durch den jetzigen Eigentümer oder bei Vermögensverfall im Rahmen des Zwangsversteigerungsverfahrens die Forderung kapitalisiert aus dem Versteigerungserlös dem Berechtigten der Reallast gutgebracht wird.

Bei solchen Rentenbasisverträgen ist darauf zu achten, und dies entspricht auch der vertraglichen Beratungspflicht des Maklers, daß die Geldforderung nicht durch Wertverfall nach einigen Jahren wertlos ist, sondern den sich verändernden Geldwertverhältnissen angepaßt wird. Dies kann beispielsweise durch Vereinbarung einer echten Wertsicherungsklausel auf der Basis des Lebenshaltungskostenindexes geschehen. Verändert sich also beispielsweise der von dem Statistischen Bundesamt in Wiesbaden monatlich festgestellte Lebenshaltungskostenindex für den Vier-Personen-Arbeitnehmer-Haushalt mit mittlerem Einkommen gegenüber dem Stande des Vertragsschlusses oder seiner letzten Anpassung, so verändert sich in gleicher Weise nach oben oder nach unten der als monatliche Rente zu zahlende Betrag. Diese Währungsklausel bedarf zu ihrer Wirksamkeit nach dem Währungsgesetz der Genehmigung der zuständigen Landeszentralbank, die die Genehmigung nur dann erteilt, wenn es sich um eine Leistung von mindestens zehn Jahren handelt oder auf unbestimmte, beispielsweise lebenslange Zeit, und die Klausel ausdrücklich vorsieht, daß die Schwankungen sowohl nach oben als auch nach unten berücksichtigt werden. Ist diese Währungsklausel mit der Genehmigung der Landeszentralbank wirksam vereinbart, so verändert sich die Höhe der monatlich zu zahlenden Rente automatisch mit dem Tage, an dem der nach oben oder nach unten veränderte Prozentsatz der Geldentwertung eingetreten ist. Üblicherweise bestimmt man als Maßstab der Änderung entweder 5% oder auch 10% (vgl. Anhang 14).

Diese Klausel ist nicht nur bei der Vereinbarung einer Reallast üblich und notwendig, vielmehr hat der Makler auch bei der Vermittlung von Gewerbemietverträgen, die über zehn Jahre geschlossen werden, hierauf hinzuweisen und den Parteien anzuraten, eine echte Währungsklausel zu vereinbaren. Wird ein Mietvertrag aber nicht auf zehn Jahre, sondern auf eine kürzere Zeit geschlossen, kann keine Wertsicherungsklausel vereinbart werden. Es besteht dann die Möglichkeit eines sogenannten Leistungsvorbehaltes als Regulativ für die sich ändernden Geldwertverhältnisse.

Der Unterschied zwischen dem Leistungsvorbehalt und der Wertsicherungsklausel besteht darin, daß beim Leistungsvorbehalt die automatische Änderung ohne weitere Verhandlung und Vereinbarung der Parteien fehlt. Erforderlich ist also, daß die Parteien bei Eintritt der prozentualen Änderung des Lebenshaltungskostenindexes verhandeln, ob überhaupt der Miet- oder Pachtzins angehoben werden soll und wenn ja, in welcher Höhe. Dieser Leistungsvorbehalt wird in der Praxis regelmäßig wie folgt formuliert:
Verändert sich der vom Statistischen Bundesamt für den Vier-Personen-Arbeitnehmer-Haushalt mit mittlerem Einkommen geltende Lebenshaltungskostenindex um 5% (oder 10%) nach oben oder nach unten, so sind beide Parteien verpflichtet, Verhandlungen aufzunehmen, ob der Miet- oder Pachtzins geändert und wenn ja, in welcher Höhe er angepaßt werden soll. Einigen sich die Parteien nicht über die vorzunehmende Anpassung, so entscheidet auf einseitigen Antrag einer Partei ein von der zuständigen Industrie- und Handelskammer zu benennender Sachverständiger.

6. Vorkaufsrecht

In der zweiten Abteilung des Grundbuches werden nur die sogenannten dinglichen Vorkaufsrechte vermerkt. Daneben gibt es aber auch das obligatorische oder schuldrechtliche Vorkaufsrecht wie auch das öffentlich-rechtliche Vorkaufsrecht der Gemeinden.

Der Makler hat sich mit der Rechtssituation der Vorkaufsrechte eingehend zu beschäftigen, weil seine makelnde Tätigkeit darauf ausgerichtet ist, den Vertrag zwischen dem Verkäufer und dem Erwerber zustande zu bringen. Durch Ausübung eines Vorkaufsrechtes wird der vom Makler beigebrachte Erwerber aus dem geschlossenen Kaufvertrag herausgedrängt, und die Gemeinde oder eine natürliche oder auch juristische Person, die in keiner Rechtsbeziehung zu dem Makler bisher stand, tritt für den bisherigen Erwerber in den Grundstückskaufvertrag ein. Für den Makler entsteht dabei die wichtige Rechtsfrage, ob er Provisionsansprüche auch gegen den Vorkaufsberechtigten hat. Insofern soll in der folgenden Darlegung das Vorkaufsrecht, obwohl hier im Rahmen der zweiten Abteilung des Grundbuches behandelt, nicht allein auf das dingliche Vorkaufsrecht beschränkt bleiben, vielmehr werden die unterschiedlichen Vorkaufsrechte auch im Hinblick auf die Provisionsforderung behandelt.

a) Öffentliches Vorkaufsrecht

Das gesetzliche Vorkaufsrecht der Gemeinden ist in §§ 24 ff. des Baugesetzbuches (BauGB) geregelt. Dabei unterscheidet das Gesetz zwischen dem allgemeinen Vorkaufsrecht und dem besonderen Vorkaufsrecht. Das allgemeine Vorkaufsrecht im Geltungsbereich eines Bebauungsplanes nach § 24 Abs. 1 Nr. 1 kann nur auf Flächen ausgeübt werden, für die eine Nutzung für öffentliche Zwecke festgesetzt ist, also nicht mehr, wie früher, zur Verwirklichung sonstiger baulicher Nutzungen, zu denen der Privateigentümer nicht bereit oder in der Lage ist. Weiterhin besteht das gesetzliche Vorkaufsrecht der Gemeinden für das Umlegungsverfahren (Nr. 2) sowie im förmlich festgesetzten Sanierungsgebiet und im städtebaulichen Entwicklungsbereich (Nr. 3) sowie im Geltungsbereich einer Erhaltungssatzung (Nr. 4).

Besondere Vorkaufsrechte kann die Gemeinde gemäß § 25 BauGB durch Satzung begründen oder sich hierfür auf besondere städtebauliche Situationen beziehen. Mit dieser Regelung im Baugesetzbuch sind im Gegensatz zu den Bestimmungen des früheren Bundesbaugesetzes die gesetzlichen Vorkaufsrechte erheblich eingeschränkt worden und haben in der Praxis nicht allzu große Bedeutung.

Bis zum 31.5.1995 besteht jedoch ein weiteres Vorkaufsrecht der Gemeinden (nach dem Gesetz zur Erleichterung des Wohnungsbaus im Planungs- und Baurecht sowie zur Änderung mietrechtlicher Vorschriften (BGBl. I 1990 S. 926). Nach § 3 dieses WoBauErlG steht den Gemeinden ein Vorkaufsrecht beim Kauf von Grundstükken im Geltungsbereich eines Flächennutzungsplanes zu, soweit es sich um Flächen in Gebieten nach § 19 Abs. 1 Nr. 3 des BauGB (Außenbereich) handelt, für die nach dem Flächennutzungsplan eine Nutzung als Wohnbaufläche oder Wohngebiet dargestellt ist. In diesem Falle richtet sich der von der Gemeinde zu zahlende Betrag nach dem Verkehrswert des Grundstücks im Zeitpunkt des Verkaufs, wobei im Falle der Ausübung des Vorkaufsrechtes durch die Gemeinde der Verkäufer berechtigt ist, vom Vertrag zurückzutreten. Die Entschädigung im Falle der Ausübung des allgemeinen Vorkaufsrechtes nach § 24 Abs. 1 Nr. 1 – Flächen –, für die nach dem Bebauungsplan eine Nutzung für öffentliche Zwecke festgesetzt ist, richtet sich nach § 28 Abs. 3 Baugesetzbuch. In diesen Fällen bestimmt die Gemeinde den zu zahlenden Betrag nach den Grundsätzen über die Enteignungsentschädigung, d. h. insbesondere gemäß § 95 BauGB in Verbindung mit § 194 BauGB nach dem Verkehrswert. Diese eingeschränkte Regelung ist nunmehr zwingend. Der betreffende Verwaltungsakt, der gleichzeitig die Ausübung des Vorkaufsrechtes und den Ersatz des vereinbarten Kaufpreises durch die Verkehrswertentschädigung enthält, ist einheitlich nach § 217 Abs. 1 BauGB durch Antrag auf gerichtliche Entscheidung bei der Baulandkammer anfechtbar, während sonst die Ausübung des Vorkaufsrechtes der verwaltungsgerichtlichen Anfechtungsklage unterliegt und alle sonstigen Streitigkeiten aus dem Vertrag nach der Ausübung des Vorkaufsrechtes die Zivilgerichte entscheiden.

Vermittelt der Makler also einen Vertrag über ein Grundstück, bei dem der Gemeinde das vorerwähnte gesetzliche Vorkaufsrecht nach dem Baugesetzbuch zusteht, so hat die Gemeinde die im Vertrag zu Lasten des Käufers vereinbarte Maklerprovision nicht zu zahlen. Denn nach der Konstruktion des Baugesetzbuches tritt die Gemeinde nicht mit allen Rechten und Pflichten in den Grundstückskaufvertrag ein, übernimmt also nicht einmal die Pflicht zur Zahlung des im Vertrag vereinbarten Kaufpreises, vielmehr handelt es sich um die gesetzliche Regelung eines preislimitierten Vorkaufsrechtes. Hat sie also nicht einmal den zwischen den Parteien vereinbarten Kaufpreis zu zahlen, sondern nur den nach dem Baugesetzbuch ermittelten Verkehrswert, obliegt ihr nicht die weiterhin vereinbarte Pflicht zur Zahlung der Maklerprovision. Bei der Ausübung des öffentlich-rechtlichen Vorkaufsrechtes geht der Makler daher meist leer aus, obwohl er den Vertrag zwischen den Parteien des Kaufvertrages zustande gebracht hat.

b) Schuldrechtliches Vorkaufsrecht

Das obligatorische oder schuldrechtliche Vorkaufsrecht ist in den §§ 504 ff. BGB geregelt. Das Vorkaufsrecht ist die Befugnis, das Grundstück durch einen Kauf zu erwerben, wenn der Vorkaufsverpflichtete dieses Grundstück an einen Dritten verkauft. Mit der Ausübung des Vorkaufsrechtes kommt dann der Kaufvertrag zwischen dem Vorkaufsberechtigten und dem Vorkaufsverpflichteten, also dem Veräußerer, mit dem gleichen Inhalt zustande, wie er zwischen dem Vorkaufsverpflichteten und dem Dritten geschlossen wurde. Die Vereinbarung eines obligatorischen Vorkaufsrechtes hinsichtlich eines Grundstückes erfolgt durch Vereinbarung zwischen dem Eigentümer des Grundstücks, dem Vorkaufsverpflichteten und dem Vorkaufsberechtigten. Dabei ist zu beachten, daß die Vereinbarung eines Vorkaufsrechtes nur dann wirksam ist, wenn sie notariell beurkundet ist. § 313 BGB schreibt diese Form für die Verpflichtung zur Veräußerung vor. Dabei ist nicht notwendig, daß der Vertrag unmittelbar auf die Übertragung oder den Erwerb gerichtet ist. Formbedürftig sind auch bedingte Verpflichtungen. Die Einräumung eines Vorkaufsrechtes ist die bedingte Verpflichtung zum Verkauf für den Fall, daß der Veräußerer einen Kaufvertrag über das Grundstück mit einem anderen geschlossen hat. Tritt nach Abschluß dieses Kaufvertrages der Vorkaufsberechtigte in diesen Kaufvertrag ein, so kommt der Kaufvertrag mit dem Vorkaufsverpflichteten zustande, ob er will oder nicht. Damit handelt es sich bereits um einen bedingten Verkauf, weshalb die Vereinbarung eines Vorkaufsrechtes hinsichtlich eines Grundstückes und zwar sowohl beim obligatorischen Vorkaufsrecht des § 504 BGB als auch beim dinglichen Vorkaufsrecht des § 1094 BGB zur Wirksamkeit der notariellen Beurkundung gemäß § 313 BGB bedarf.

In der täglichen Praxis wird diese Rechtssituation von Maklern oft übersehen. Vermittelt der Makler einen Mietvertrag beispielsweise über Räumlichkeiten an einen Mediziner, der dort nachhaltige Investitionen in Form der Installation von Röntgengeräten und anderem einbringt, begehrt dieser häufig für die Dauer des Mietvertrages ein Vorkaufsrecht. Da sich der Vermieter meist nicht entschließt, wegen des Abschlusses eines Mietvertrages sein Grundstück mit einem dinglichen Vorkaufsrecht im Grundbuch zu belasten, wird zwischen den Parteien regelmäßig ein schuldrechtliches Vorkaufsrecht vereinbart. Entwirft der Makler den Mietvertrag und fügt er, dem Willen der Parteien entsprechend die Abrede über das Vorkaufsrecht hinzu, ohne daß dieser Mietvertrag notariell beurkundet wird, macht sich der Makler schadenersatzpflichtig, weil die ohne die notwendige Form des § 313 BGB getroffene Abrede unwirksam ist, dem Arzt also kein Vorkaufsrecht zusteht. Verkauft der Veräußerer alsdann sein Grundstück nicht an den Mediziner, sondern an einen anderen, wird der Mieter, der sich auf die Kenntnisse des Maklers und den geschlossenen Vertrag hinsichtlich des Vorkaufsrechtes verlassen hat, versuchen, seinen Schaden bei dem geltend zu machen, der den Vertrag vermittelt und aufgesetzt hat, in vielen Fällen also beim Makler.

Daraus geht hervor, daß auch das obligatorische Vorkaufsrecht nur dann wirksam ist, wenn es notariell beurkundet wird. Es kann durchaus auf die Zeit des Bestehens des Mietvertrages begrenzt werden und kann in der gleichen Urkunde des Mietvertrages vereinbart, oder in einer gesonderten Urkunde notariell beurkundet werden. Dies ist regelmäßig vorzuziehen, damit die Protokollierungskosten des Vorkaufsrechtes so niedrig wie möglich gehalten werden.

Dem obligatorischen Vorkaufsrecht ist wesensmäßig, daß es sich in der Rechtsverpflichtung allein gegenüber dem Vorkaufsverpflichteten richtet. Verletzt dieser die Vereinbarung über das Vorkaufsrecht und verkauft er das Grundstück nicht an den Vorkaufsberechtigten, sondern an einen Dritten, so ist der Vertrag zwischen dem Verkäufer und dem Dritten wirksam. Der Vorkaufsberechtigte kann also den Erstkäufer aus dem Vertrage nicht herausdrängen, sondern ihm bleiben lediglich Schadenersatzansprüche gegen den Verkäufer wegen Verletzung des vertraglich vereinbarten Vorkaufsrechts. Der von dem Makler nachgewiesene oder vermittelte Grundstückskaufvertrag hinsichtlich der Parteien bleibt identisch, so daß die mit dem Käufer allein vereinbarte Provision oder auch die mit Verkäufer und Käufer getroffene Provisionsabrede nach wie vor gültig ist. Verstößt also der Vorkaufsverpflichtete gegen das mit einem Dritten vereinbarte obligatorische Vorkaufsrecht und schließt er mit dem Käufer, der nicht vorkaufsberechtigt ist, einen Vertrag, so ändert dies an der Provisionssituation nichts.

c) Dingliches Vorkaufsrecht

Das dingliche Vorkaufsrecht ist in den §§ 1094 ff. BGB geregelt. Gemäß § 1094 kann ein Grundstück in der Weise belastet werden, daß derjenige, zu dessen Gunsten die Belastung erfolgt, dem Eigentümer gegenüber zum Vorkauf berechtigt ist. Dem Vorkaufsberechtigten ist es daher gestattet, in einen vom Grundstückseigentümer mit einem Dritten bereits geschlossenen Vertrag über das Grundstück einzutreten, und zwar zu jenen Konditionen, die mit dem Erstkäufer vereinbart worden sind.

Wirkt das obligatorische Vorkaufsrecht, wie dargelegt, sich auf den Erwerbsvorgang des Erstkäufers regelmäßig nicht aus, sondern begründet es bei Mißachtung lediglich Schadenersatzansprüche gegen den Veräußerer, so wirkt das dingliche – im Grundbuch eingetragene – Vorkaufsrecht auch gegen den Käufer. Wird der Kaufvertrag mit einem Dritten bei dem Notar protokolliert, so übersendet regelmäßig der amtierende Notar eine beglaubigte Abschrift des Kaufvertrages an den im Grundbuch verzeichneten Vorkaufsberechtigten mit der Aufforderung, gemäß § 510 Abs. 2 BGB innerhalb von zwei Monaten zu erklären, ob er das Vorkaufsrecht ausüben will oder nicht.

Die Ausübung des Vorkaufsrechtes erfolgt durch Erklärung des Vorkaufsberechtigten gegenüber dem Verpflichteten, wobei die Erklärung nicht der für den Kaufvertrag bestimmten Form bedarf. Mit der Ausübung des Vorkaufsrechtes kommt sodann der Kauf zwischen dem Vorkaufsberechtigten und dem Vorkaufsverpflichteten unter den Bedingungen zustande, welche der Vorkaufsverpflichtete mit dem Dritten vereinbart hat.

Es zeigt sich also, daß beim dinglichen Vorkaufsrecht der Berechtigte durchaus in der Lage ist, den Erstkäufer aus dem geschlossenen Vertrag hinauszudrängen und an seiner Stelle in den Vertrag einzutreten. Dabei ist von ausschlaggebender Bedeutung, was mit der Provision des Maklers ist. Hat der Makler, wie in manchen Bundesländern üblich, sowohl Käufer- als auch Verkäuferprovision vereinbart, ist an der Verkäuferprovision weiterhin kein Zweifel, denn auch durch das Mitwirken des Maklers wurde der Vertrag zustande gebracht, wenn auch nunmehr auf der Käuferseite durch eine mittels des Vorkaufsrechtes ausgetauschte Person. Bleibt also der Verkäufer hinsichtlich der vereinbarten Provision auch nach Ausübung des Vorkaufsrechtes zahlungspflichtig, entsteht die weitere Frage, ob der Erstkäufer gleichermaßen weiterhin zahlungspflichtig ist. Geht man davon aus, daß die Provision fällig wird, wenn ein Maklervertrag geschlossen, die Maklerleistung erbracht ist und aufgrund dieser Maklerleistung ursächlich der Grundstückskaufvertrag geschlossen wurde, müßte man zu dem Ergebnis kommen, daß auch der Erstkäufer zahlungspflichtig bleibt. Dies ist jedoch nicht der Fall. Die Rechtsprechung hat vielmehr als Geschäftsgrundlage des Maklervertrages festgestellt, daß der Erwerber aufgrund des Kaufvertrages Eigentümer wird und bleibt. Das wirtschaftliche Ziel des Erwerbers ist also nicht erreicht, wenn er zwar den Kaufvertrag schließen kann, tatsächlich aber nicht Eigentümer wird, weil er durch den Vorkaufsberechtigten aus dem Vertrag gedrängt wird. Da die Geschäftsgrundlage mithin wegfällt, hat der Makler gegen den Erstkäufer keinen Anspruch auf Zahlung der Provision.

Es entsteht aber weiterhin die Frage, ob der Makler einen Anspruch gegen den Vorkaufsberechtigten hat. Dagegen könnte zunächst sprechen, daß er den Vorkaufsberechtigten nicht kennt, jedenfalls mit diesem überhaupt keine Vereinbarung über eine zu zahlende Provision hat. Dennoch ist zu beachten, daß gemäß § 505 Abs. 2 BGB mit der Ausübung des Vorkaufsrechtes der Kauf zwischen dem Berechtigten und dem Verpflichteten zu den gleichen Bestimmungen zustande kommt, welche der Verpflichtete mit dem Dritten vereinbart hat. Mit anderen Worten heißt dies, daß der Vorkaufsberechtigte mit allen Rechten und Pflichten in den Vertrag so eintritt wie die Rechtsstellung des Erstkäufers war. Er übernimmt sämtliche Verpflichtungen dieses Erstkäufers ohne jede Ausnahme. Hat sich der Käufer verpflichtet zur Zahlung des Kaufpreises, geht diese Pflicht auf ihn über – hat sich der Erstkäufer verpflichtet, den Veräußerer noch ein halbes Jahr in dem Haus wohnen zu lassen, geht diese Verpflichtung in gleicher Weise auf den Vorkaufsberechtigten über – hat sich der Erstkäufer verpflichtet, ein Kanalleitungsrecht zugunsten eines anderen Grundstücks eintragen zu lassen, geht auch diese Verpflichtung auf ihn über – hat sich der Erstkäufer gegenüber dem Veräußerer verpflichtet, an den Makler Provision zu zahlen, so geht auch diese vertragliche Verpflichtung auf den Vorkaufsberechtigten über.

Man lese genau, es handelt sich nicht etwa um eine Verpflichtung des Käufers gegenüber dem Makler. Solche Verpflichtungen, selbst wenn sie im Vertrag zugunsten des Maklers vereinbart sind, aber nur die Rechtsbeziehung zwischen dem Käufer und dem Makler regeln, gehen eben nicht kraft Gesetzes (§ 505 Abs. 2 BGB) auf den Vorkaufsberechtigten über, sondern lediglich solche Rechtsbeziehungen, die ausschließlich zwischen dem Erstkäufer und dem Verkäufer bestehen, selbst wenn es sich um eine Verpflichtung handelt, aus der der Makler über die Konstruktion des Vertrages zugunsten Dritter Begünstigter ist. Es kommt also wesentlich darauf an, daß beim dinglichen Vorkaufsrecht der Makler den Grundstückskaufvertrag so gestalten läßt, daß der Erstkäufer sich ausdrücklich gegenüber dem Veräußerer verpflichtet, eine Maklerprovision in Höhe eines bestimmten Prozentsatzes vom Kaufpreis oder eines bestimmten Betrages an den Makler zu zahlen. Wenn diese Verpflichtung zwischen dem Käufer und dem Verkäufer rechtlich einwandfrei begründet ist, geht die Zahlungsverpflichtung kraft Gesetzes auf den Vorkaufsberechtigten über, ohne daß dieser sich hiergegen wehren kann.

Es empfiehlt sich daher die Formulierung: Der Erwerber verpflichtet sich gegenüber dem Veräußerer, die durch die Vermittlung dieses Vertrages durch die Immobilienfirma X entstandene Maklerprovision in Höhe von DM Y zuzüglich der gesetzlichen Mehrwertsteuer zu zahlen, und zwar dergestalt, daß die Immobilienfirma X einen unmittelbaren Zahlungsanspruch erwirbt.

7. Auflassungsvormerkung

In der zweiten Abteilung des Grundbuches werden schließlich noch Auflassungsvormerkungen eingetragen. Wie der Name sagt, sichern diese die Auflassung. Es erscheint angezeigt, hierauf näher einzugehen, weil in der Praxis der Unterschied des obligatorischen Kaufvertrages und des dinglichen Kaufvertrages, sprich Auflassung, dem Makler weithin unbekannt ist, er diese Kenntnisse aber haben muß, weil er sonst seiner Aufgabenstellung, einen Grundstückskaufvertrag zu vermitteln, der im wesentlichen aus vorgenannten Teilbereichen besteht, nicht gerecht wird.

Die mangelnde Unterscheidung zwischen diesen Verträgen liegt darin, daß auch bei den Kaufverträgen im täglichen Leben die Vertragstypen regelmäßig zusammenfallen und daher dem Käufer einer Sache nicht klar wird, daß er mehrere rechtlich selbständige Verträge schließt. Ein Beispiel mag dies verdeutlichen.

Geht der Käufer in den Buchladen und erklärt dem Verkäufer: „Ich möchte das im Schaufenster ausgestellte Buch über das Bürgerliche Gesetzbuch zum ausgezeichneten Preise von DM 20,00 kaufen“, und sagt der Verkäufer: „Ja“, handelt es sich um zwei übereinstimmende Willenserklärungen, mithin um den Abschluß eines Vertrages, nämlich eines obligatorischen oder schuldrechtlichen Vertrages, also um den Abschluß eines Kaufvertrages. Auch hiernach ist der Verkäufer weiterhin Eigentümer des Buches, so daß der Käufer sein Ziel, das Buch auch zu Eigentum zu erwerben, noch nicht erreicht hat. Er hat lediglich aufgrund des schuldrechtlichen Vertrages gegen den Verkäufer einen Anspruch auf Abschluß eines weiteren, nämlich des dinglichen Vertrages auf Übereignung gemäß § 929 BGB. Danach ist zur Übertragung des Eigentums an einer beweglichen Sache erforderlich, daß der Eigentümer die Sache dem Erwerber übergibt und beide darüber einig sind, daß das Eigentum auf den Käufer übergehen soll.

Neben der tatsächlichen Übergabe des Buches ist die Vereinbarung der Parteien erforderlich, auf seiten des Veräußerers mit dem Übergang des Eigentums auf den Käufer einverstanden zu sein und hinsichtlich des Käufers die Bereitschaft, das Eigentum zu erwerben, also wiederum zwei übereinstimmende Willenserklärungen, die den dinglichen Vertrag ausmachen.

Reflektiert man nunmehr diese Rechtserkenntnis auf den Grundstückskaufvertrag, so ist in den ersten Paragraphen gleichermaßen der schuldrechtliche Vertrag über den Kauf des Grundstückes vereinbart, indem nämlich der Veräußerer erklärt, das näher bezeichnete Grundstück zu einem Preise von DM 500.000,00 an den Käufer zu verkaufen, und der Käufer erklärt, zu diesem Preis das Grundstück zu erwerben. Auch hier zwei übereinstimmende Willenserklärungen im schuldrechtlichen Vertrag.

Diese allein sind nicht geeignet, den Käufer zum Eigentümer des Grundstückes zu machen. Wie bei der beweglichen Sache gemäß § 929 BGB die Einigung und Übergabe der Sache erforderlich ist, ist gemäß § 873 BGB zur Übertragung des Eigentums an einem Grundstück die Einigung des Berechtigten und des anderen Teils über den Eintritt der Rechtsänderung und die Eintragung der Rechtsänderung im Grundbuch erforderlich. Gemäß § 925 BGB ist die zur Übertragung des Eigentums an einem Grundstück nach § 873 BGB erforderliche Einigung des Veräußerers und des Erwerbers bei gleichzeitiger Anwesenheit beider Teile vor einem Notar erforderlich. Diese Einigung über den Eigentumsübergang stellt den dinglichen Übereignungsvertrag dar, den man Auflassung nennt. Mit anderen Worten, die Auflassung, nämlich die Einigung des Veräußerers und des Erwerbers hinsichtlich der Übertragung des Eigentums an dem Grundstück, ist also zwingend notwendig, um die Rechtsänderung im Grundbuch zu vollziehen. Kein Rechtspfleger wird sich mit der Umschreibung des Eigentums aufgrund des schuldrechtlichen Vertrages beschäftigen, vielmehr ist der dingliche Vertrag, die Auflassung, hierfür notwendig.

Die Auflassung kann meist nicht sofort nach Protokollierung des Kaufvertrages im Grundbuch vollzogen werden, weil der Veräußerer die Umschreibung des Eigentums regelmäßig erst dann zuläßt, wenn der Kaufpreis bezahlt ist. Dafür muß der Käufer zunächst nach Abschluß des Kaufvertrages Verhandlungen zur Aufnahme von Krediten mit den finanzierenden Banken führen, diese verlangen erst die Eintragung von Grundpfandrechten zur Sicherung der Kredite, so daß die Zahlung des Kaufpreises bei Finanzierung mindestens vier bis acht Wochen in Anspruch nimmt. Hinzu kommt, daß sich der Notar um die für die Eigentumsumschreibung notwendigen behördlichen Bescheinigungen bemühen muß. Handelt es sich nicht um den Verkauf eines Wohnungseigentums, bei dem gemäß § 24 BauGB eine Verzichtserklärung der Gemeinde nicht notwendig ist, sondern um einen sonstigen Grundbesitz, muß die Gemeinde zunächst auf Antrag eine Bescheinigung über die Nichtausübung des Vorkaufsrechtes nach dem Baugesetzbuch ausstellen und zu Händen des Notars, in manchen Bundesländern auch direkt zu den Grundakten des Grundbuchamtes, übersenden. Zur Umschreibung des Eigentums im Grundbuch ist aber auch die steuerliche Unbedenklichkeitsbescheinigung des Finanzamtes erforderlich. Der Käufer hat nach der derzeitigen Gesetzeslage 2% des Kaufpreises als Grunderwerbsteuer an das zuständige Finanzamt zu zahlen. Erst wenn das Finanzamt den Steuerbescheid erlassen, dem Erwerber zugestellt und der Erwerber die angeforderte Grunderwerbsteuer gezahlt hat, ist der Eigentumsübergang aus steuerlichen Gründen unbedenklich, weshalb sodann das Finanzamt die Unbedenklichkeitsbescheinigung erteilt. Mithin kann davon ausgegangen werden, daß bis zur tatsächlichen Eigentumsumschreibung des Grundstückes nach Vertragsschluß wenigstens sechs bis acht Wochen, meist erheblich längere Zeit, vergehen. In dieser Zeit ist der Veräußerer noch als Eigentümer eingetragen und wäre, vom Rechtsgedanken her, an sich nicht gehindert, das Grundstück noch einmal an einen anderen zu verkaufen. Um dies zu verhindern, so wird regelmäßig argumentiert, wird die Auflassungsvormerkung zur Eintragung im Grundbuch unmittelbar nach Abschluß des Vertrages beantragt, weil dann jeder weitere Käufer, der oder dessen Notar ins

Grundbuch sieht, erkennt, daß der Verkäufer bereits über den Grundbesitz verfügt hat. Mit dem Eintragungsantrag der Auflassungsvormerkung wird nämlich eine beglaubigte Abschrift des geschlossenen Kaufvertrages zu den Akten des Grundbuchamtes gegeben. Nun muß man natürlich feststellen, daß ein weiterer Verkauf des gleichen Grundstücks nicht gerade in der Praxis häufig ist; denn einerseits würde ein solches in die Tat umgesetztes Vorhaben den strafrechtlichen Tatbestand des Betruges, mindestens im Versuchsstadium, erfüllen, andererseits ist ein solcher Zweimalverkauf regelmäßig nicht möglich, weil die erheblichen Grundstückskaufpreise zum Großteil finanziert werden und deshalb recht bald nach Abschluß des Kaufvertrages ein Grundpfandrecht für die den Kaufpreis finanzierende Bank im Grundbuch eingetragen wird, so daß der interessierte Zweitkäufer auch hieran merkt, daß die Liegenschaft bereits verkauft ist. Tritt also heute die Gefahr des nochmaligen Verkaufs durch den Eigentümer in der Zeit zwischen Kaufvertrag und Umschreibung des Eigentums in ihrer tatsächlichen Bedeutung erheblich zurück, ist die unmittelbare Eintragung der Auflassungsvormerkung aus einem anderen gewichtigen Gesichtspunkt notwendig.

Oft werden Grundstücke verkauft, die bis nahe an die Wertgrenze mit Grundpfandrechten von Banken belastet sind, die dem Eigentümer Kredite gegeben haben. In diesem Falle reicht der mit dem Erwerber vereinbarte Kaufpreis oft gerade knapp aus, um die Banken zu befriedigen und das vertraglich vereinbarte Ziel zu erreichen, daß der Erwerber mit Ausnahme seiner eigenen Finanzierungsgrundpfandrechte lastenfreien Eigentum erwirbt. Wird nun ein Kaufvertrag abgeschlossen, so ist es unumgänglich - und das besonders in einer Kleinstadt - daß die Verfügung über das Grundstück allgemein offenbar wird. Das hängt einfach damit zusammen, daß der Erwerber natürlich selbst erklärt, das Haus erworben zu haben, daß er mit Banken über die Finanzierung spricht, daß der Kaufvertrag vom Notar an das Finanzamt wegen der Unbedenklichkeitsbescheinigung oder an die Gemeinde zur Erlangung der Verzichtserklärung auf das Vorkaufsrecht geschickt wird. Das heißt, nach Abschluß des Vertrages erhalten notwendigerweise eine Vielzahl von Personen Kenntnis vom Verkauf des Objektes. Aus diesem Grunde werden sich alle Gläubiger, die von dem Veräußerer noch Geld zu bekommen haben, um ihre Forderungen Sorge machen und versuchen, insbesondere wenn sie einen Titel haben, diesen durchzusetzen, wenn die Liegenschaft der einzige wesentliche Vermögensgegenstand des Veräußerers ist.

So kann es also passieren, und dies ist in der Praxis nicht selten, daß Lieferanten oder Handwerker mit ausgeklagten Titeln oder im Wege von Zwangssicherungshypotheken in das Grundstück vollstrecken oder beispielsweise das Finanzamt wegen rückständiger Steuern möglicherweise auch wegen des Anfallens besonderer Steuern, weil das Objekt aus dem Betriebsvermögen durch den Verkauf herausgenommen wurde, in das verkaufte Grundstück vollstreckt und damit zu den im Grundbuch enthaltenen Belastungen andere hinzukommen, so daß der Kaufpreis nicht mehr ausreicht, alles zu berücksichtigen. In diesem Fall kann der Kaufvertrag nicht durchgeführt werden, weil dem Käufer das lastenfreie Eigentum nicht verschafft werden kann. Hier erfüllt die Auflassungsvormerkung eine wesentliche Funktion. Wird diese nämlich unverzüglich nach Abschluß des Kaufvertrages im Grundbuch vermerkt, so sichert sie, wie ihr Name sagt, die Auflassung, sie merkt also die Auflassung im Grundbuch vor. Ist der Kaufvertrag beispielsweise am 2. August geschlossen, die Auflassungsvormerkung am 10. August eingetragen und erfolgen nunmehr im September durch das Finanzamt oder durch Handwerker Vollstrekkungsmaßnahmen in das Grundbuch und wird das Eigentum erst am 20. Oktober umgeschrieben, so wird durch die am 10. August eingetragene Auflassungsvormerkung die am 20. Oktober erfolgte Auflassung im Grundbuch auf den 10. August vorfingiert, weil zu diesem Zeitpunkt die später erfolgte Auflassung bereits vorgemerkt war. Ist also fiktiv davon auszugehen, daß bereits am 10. August der neue Eigentümer im Grundbuch eingetragen war, konnten im September die Zwangsmaßnahmen nicht mehr gegen den bisherigen Eigentümer im Grundbuch eingetragen werden, weil dieser aufgrund der Fiktion der Vormerkung zu diesem Zeitpunkt nicht mehr Eigentümer des Grundstücks war, so daß der Erwerber einen Anspruch gegen die, die Zwangsvollstreckung betreibenden Gläubiger auf Löschung ihrer Rechte hat und der Kaufvertrag wie vorgesehen durchgeführt werden kann.

Das ist der wesentliche Zweck einer Auflassungsvormerkung, weshalb es sich empfiehlt, diese unmittelbar nach Abschluß des Kaufvertrages im Grundbuch einzutragen. Gegen die sofortige Eintragung der Auflassungsvormerkung wird oft eingewandt, daß der Verkäufer eine Belastung seines Grundbuches nicht zulasse, solange der Kaufpreis nicht sichergestellt ist. Richtig ist, daß der Verkäufer mit der Eintragung der Auflassungsvormerkung sich einer gewissen Gefahr aussetzt. Wird ein Grundstückskaufvertrag geschlossen und die Auflassungsvormerkung sofort eingetragen, ist der Kaufpreis aber weder erbracht noch sichergestellt, sind Umstände denkbar, die es dem Käufer auch ohne sein Verschulden unmöglich machen, den Kaufpreis zu erbringen, weil er verstirbt oder weil er in Vermögensverfall gerät, oder weil er den in Aussicht gestellten Kredit tatsächlich nicht bekommt. In diesem Falle ist die Auflassungsvormerkung eingetragen, ohne daß der Kaufvertrag hinsichtlich der Zahlung des Kaufpreises erfüllt wird.

Nunmehr muß die Auflassungsvormerkung gelöscht werden, wozu die Bewilligung des Berechtigten, nämlich des Käufers, erforderlich ist. Willigt dieser nicht ein, weil er glaubt, er werde die Kredite im nächsten halben Jahr noch erlangen, bleibt dem Veräußerer normalerweise nichts anderes übrig, als den Käufer auf Löschung der Auflassungsvormerkung zu verklagen.

Stirbt der Käufer nach Abschluß des Kaufvertrages, so geht die Auflassungsvormerkung mit dem Tode des Erblassers auf die Erben über und sind diese minderjährig und möglicherweise noch im Ausland, so bedarf es erheblicher und besonders zeitraubender Anstrengungen, um die Auflassungsvormerkung im Grundbuch wieder zu löschen.

Damit solche Lebenstatbestände nicht die Interessen des Veräußerers beeinträchtigen, soll der Notar, wenn die Auflassungsvormerkung unmittelbar nach Vertragsschluß zur Eintragung im Grundbuch beantragt wird, im Vertrage eine Löschungsvollmacht aufnehmen, wonach der Bürovorsteher von dem Erwerber bevollmächtigt ist die Löschungsbewilligung hinsichtlich der eingetragenen Auflassungsvormerkung zu erklären für den Fall, daß mangels pünktlicher Zahlung des Kaufpreises der Vertrag nicht wie vorgesehen vollzogen werden kann.

8. Belastete Grundstücke

Hat der Eigentümer mehrere Grundstücke in der gleichen Gemarkung, sind diese regelmäßig unter verschiedenen laufenden Nummern der Spalte 1 des Bestandsverzeichnisses eingetragen (vgl. Anhang 1).

Da in der zweiten und dritten Abteilung des Grundbuchs sämtliche Belastungen aller im Bestandsverzeichnis eingetragener Grundstücke enthalten sind, Grundstücke aber völlig unterschiedlich belastbar sind, enthalten die Abteilungen II und III Hinweise auf welchen Grundstücken des Bestandsverzeichnisses diese Lasten ruhen. Nach der Spalte 1, die die Reihenfolge der Eintragung kennzeichnet, enthalten die Abteilungen II und III des Grundbuches eine Spalte 2, die die laufenden Nummern der betroffenen Grundstücke im Bestandsverzeichnis kennzeichnen (vgl. Anhang 13).

Wird der Makler mit dem Nachweis oder der Vermittlung eines Vertrages beispielsweise über ein Grundstück der lfd. Nr. 3 des Bestandsverzeichnisses betraut, so hat er in der zweiten und dritten Abteilung nachzusehen, ob dort in der Spalte 2 die lfd. Nr. 3 des Bestandsverzeichnisses erwähnt ist. Trifft dies zu, ist das Grundstück entsprechend der nebenstehenden Rechte belastet. Ruht eine Belastung wie beispielsweise ein Nießbrauch (vgl. Anhang 13) oder eine Grundschuld (vgl. Anhang 15) auf mehreren Grundstücken, so sind in der zweiten Spalte alle belasteten mithin betroffenen Grundstücke erwähnt. Soll ein Grundstück von mehreren gleichmäßig belasteten Grundstücken lastenfrei verkauft werden, ist die Pfandfreigabe für dieses Grundstück beizubringen und die Pfandentlastung im Grundbuch zu vermerken. So hat der Makler bei der Prüfung der Grundstücksbelastungen insbesondere auf die Spalte 2 der Abteilung II und III zu achten, damit er sicher und schnell erkennt, ob und wenn, welche Belastungen auf dem Grundstück ruhen, das Gegenstand des von ihm nachzuweisenden oder zu vermittelnden Vertrages ist.

V. Dritte Abteilung des Grundbuches

In der dritten Abteilung werden die sogenannten Grundpfandrechte eingetragen, die gesetzlich in den §§ 1113–1203 BGB geregelt sind. All diesen Rechten ist gemein, daß der Gläubiger berechtigt ist, die Zahlung einer bestimmten Geldsumme aus dem belasteten Grundstück zu verlangen. Zu diesen Grundpfandrechten zählen im wesentlichen die Hypotheken, die Grundschulden sowie die Rentenschulden (vgl. Anhang 15).

Eine Hypothek ist gegeben, wenn ein Grundstück in der Weise belastet wird, daß an denjenigen, zu dessen Gunsten die Belastung erfolgt, eine bestimmte Geldsumme zur Befriedigung wegen einer ihm zustehenden Forderung aus dem Grundstück zu zahlen ist. Ihrem Wesen nach ist die Hypothek streng akzessorisch, das heißt forderungsabhängig, sie besteht also jeweils nur in Höhe der Forderung. Wird für eine Darlehensforderung von DM 100.000,00 eine Hypothek in gleicher Höhe eingetragen und ist die Forderung nach den ersten zwei Jahren um DM 10.000,00 getilgt, so besteht die Hypothek nur noch in Höhe der Restforderung von

DM 90.000,00, weil sich die Hypothek in Höhe des getilgten Betrages umgewandelt hat zu einer Eigentümergrundschuld, die dem Eigentümer selbst zusteht. Demgegenüber ist die in § 1191ff. BGB geregelte Grundschuld nicht akzessorisch. Wie die Hypothek beinhaltet auch die Grundschuld das dinglich gesicherte Recht einen bestimmten Geldbetrag aus dem belasteten Grundstück zu fordern. Sie ist jedoch von dem Bestand einer zu sichernden Forderung rechtsunabhängig und kann daher als Sicherung für verschiedene Forderungen in sich ständig wechselnder Höhe verwandt werden. Sie steht trotz Tilgungsleistungen oder sich sonst ändernder Forderungen stets in voller Höhe als Sicherungsmaßnahme dem Gläubiger zu.

Aus diesem Grunde und wegen dieses Unterschiedes zur Hypothek ist sie in der Praxis die heute allgemein übliche Maßnahme zur grundbuchlichen Sicherung von Forderungen.

Die Rentenschuld ist schließlich in § 1199 BGB geregelt und stellt eine bestimmte Grundschuldart dar, die in der Weise bestellt werden kann, daß in regelmäßig wiederkehrenden Terminen eine bestimmte Geldsumme aus dem Grundstück zu zahlen ist.

Werden die vorgenannten Hypotheken, Grundschulden und Rentenschulden üblicherweise mit Bewilligung des Eigentümers und Antrag im Grundbuch vermerkt, so können auch Sicherungshypotheken gegen den Willen des Eigentümers eingetragen werden. Sind die allgemeinen Voraussetzungen für den Beginn der Zwangsvollstreckung gegeben, ist nämlich ein vollstreckbarer Titel vorhanden und dieser dem Schuldner zugestellt, und ist der Schuldner Grundstückseigentümer, so kann der Gläubiger die Zwangsvollstreckung in ein Grundstück dergestelt betreiben, daß für seine Forderung eine Sicherungshypothek, z.B. i.S. des § 1184 BGB, eingetragen wird, die lediglich Sicherungszweck hat. Der Gläubiger erlangt für seine Forderung eine Sicherungshypothek an dem Grundstück mit dem Rang vor später einzutragenden Belastungen und vor den Gläubigern, die nach der Eintragung seiner Sicherungshypothek die Beschlagnahme des Grundstückes zum Zwecke der Zwangsversteigerung oder Zwangsverwaltung erwirken. Diese Sicherungshypothek darf nur für einen Betrag von mehr als DM 500,00 eingetragen werden, wobei die etwaigen Kosten einzurechnen sind (§§ 866ff. ZPO).

Eine besondere Form der Sicherungshypothek ist die des Bauunternehmers gemäß § 648 BGB. Danach kann der Unternehmer eines Bauwerkes oder eines einzelnen Teiles des Bauwerkes für seine Forderungen aus dem Vertrage die Einräumung einer Sicherungshypothek an dem Baugrundstück des Bestellers verlangen. Ist das Werk noch nicht vollendet, so kann er die Einräumung der Sicherungshypothek für einen der geleisteten Arbeit entsprechenden Teil der Vergütung und für die in der Vergütung nicht inbegriffenen Auslagen verlangen. Die Eintragung dieser Sicherungshypothek gemäß § 648 BGB setzt entweder eine dingliche Einigung (§ 873 BGB) voraus oder sie kann aufgrund eines rechtskräftigen Urteils (§ 894 ZPO) eingetragen werden. Da der Eigentümer regelmäßig nicht bereit ist die Eintragung einer solchen Sicherungshypothek zu bewilligen, erfolgt die Sicherung des Anspruchs auf Bestellung der Hypothek durch Vormerkung, die aufgrund einer einstweiligen Verfügung eingetragen wird (§ 885 Abs. 1 BGB).

Die vorerwähnten Hypotheken sowie die Grundschulden können entweder als Buchhypothek oder Briefhypothek oder als Buchgrundschuld oder Briefgrundschuld ausgebildet sein. Ist in der Bestellung die Erteilung eines Briefes nicht ausdrücklich ausgeschlossen, so wird die dingliche Sicherung als Briefgrundpfandrecht bestellt (§ 1116 BGB), die Erteilung des Briefes kann jedoch ausdrücklich ausgeschlossen werden. Diese Brieferteilung hat wesentliche Bedeutung für die Übertragung der Rechte. Wechselt der Gläubiger, so muß nicht für den bisherigen Gläubiger die Hypothek oder Grundschuld gelöscht werden und für den neuen Gläubiger neu eingetragen werden, vielmehr kann das Recht an den neuen Gläubiger abgetreten werden. Dabei ist zu beachten, daß bei einem Briefrecht der Gläubiger die Hypothek oder Grundschuld erst rechtswirksam erwirbt, wenn ihm der Brief übergeben wird.

Sowohl die Hypothek wie auch die Grundschuld werden mit einem bestimmten Geldbetrag im Grundbuch eingetragen. Das ist nicht der vom Schuldner zu zahlende Betrag; er kann natürlich identisch mit dem ausgezahlten Darlehensbetrag sein, durch Tilgung wird aber die Darlehensforderung der Gläubigerbank ständig gemindert, während die Grundschuld in der betragsmäßig bestellten Höhe regelmäßig bestehen bleibt. Man spricht hier von dem sogenannten Nominalwert, also der im Grundbuch eingetragenen Betragshöhe und dem sich ändernden Valutawert.

Stellt also beispielsweise der Makler bei Grundbucheinsicht fest, daß für eine Bausparkasse eine Grundschuld vor etwa fünfzehn Jahren im Betrage von DM 100.000,00 eingetragen ist und ergeben sich sonst keine besonderen gegenteiligen Anhaltspunkte, kann davon ausgegangen werden, daß diese Grundschuld nur noch nominalmäßig im Grundbuch besteht, weil die Bausparforderungen regelmäßig zwischen zwölf und vierzehn Jahren getilgt sind, kein Valutawert mehr besteht, die Darlehensforderung also getilgt ist.

Ist dagegen eine Grundschuld von DM 300.000,00 für die X-Bank im Grundbuch eingetragen worden vor etwa zwanzig Jahren und ist zusätzlich eine weitere Grundschuld von DM 30.000,00 oder DM 40.000,00 für die gleiche Bank vor wenigen Wochen oder Monaten eingetragen worden, so weiß der Makler, daß auch die erste Grundschuld noch voll valutiert anderenfalls hätte man keine Neueintragung der nicht akzessorischen Grundschuld benötigt, sondern die erste Grundschuld würde die weitere Darlehensforderung von DM 30.000,00 oder DM 40.000,00 abdecken.

Mithin erkennt also der versierte Makler aus Abteilung III des Grundbuches die finanzielle Situation des Eigentümers, mindestens bezogen auf dieses Grundstück, weil er die Höhe der eingetragenen Belastungen im Verhältnis zum Marktwert des Grundstückes sieht. Das ist besonders wichtig, weil der Makler auch hinsichtlich seiner Verkaufsbemühungen mit dem Eigentümer weiß, ob dieser noch eine gewisse Verhandlungsbreite für einen niedrigeren Kaufpreis hat. Ist das Grundstück mehr oder weniger bis zum Marktwert belastet, hat es wenig Sinn mit dem Veräußerer lange darüber zu diskutieren, daß er bereit sein müsse, beim Kaufpreis wesentlich nachzugeben; er kann es nicht, weil er mit einem niedrigeren Kaufpreis nicht einmal die Löschungsbewilligung der Gläubigerbanken erlangt. Ist dagegen das Grundstück nicht oder nur unwesentlich belastet, wirkt sich ein Nachgeben des Kaufpreises auf einen schnellen ungestörten Vertragsvollzug aus. Insofern ist es für den Makler von ausschlaggebender Bedeutung zu prüfen, wie die finanzielle Situation sich anhand der Eintragungen in Abteilung III des Grundbuches darstellt.

VI. Rechte, die nicht im Grundbuch eingetragen sind

Ergeben sich die wesentlichen Merkmale des Grundstückes selbst aus dem Bestandsverzeichnis, werden aus der ersten Abteilung die Eigentumsverhältnisse, aus der zweiten und dritten Abteilung die oben behandelten Grundstücksbelastungen ersichtlich, können auf dem Grundstück weitere Belastungen ruhen, die im Grundbuch selbst nicht eingetragen sind.

1. Öffentlich-rechtliche Lasten

Die öffentlich-rechtlichen Lasten sind im allgemeinen nicht im Grundbuch eingetragen und dort für den Kaufinteressenten oder den Makler nicht zu erkennen. Das sind beispielsweise Erschließungskosten, Anliegerbeiträge, sonstige Gemeindebeiträge und Grundsteuern. Diese öffentlich-rechtlichen Lasten verpflichten den jeweils im Grundbuch eingetragenen Eigentümer. Es ist daher notwendig, daß der Makler darauf achtet, daß der bisherige Eigentümer für solche Lasten einzustehen hat, die bis zum wirtschaftlichen Übergang des Grundbesitzes, also meist bis zur Besitzübergabe entstehen. Lediglich für solche nach Besitzübergabe wird der Käufer des Grundstücks haften. Eine ausdrückliche Regelung im Kaufvertrag ist deshalb wichtig, weil der Erschließungsträger, die Gemeinde, sich regelmäßig nur nach den im Grundbuch eingetragenen Eigentumsverhältnissen richtet, also von der Zahlungspflicht des derzeit eingetragenen Eigentümers ausgeht. Da sich aber nicht unerhebliche Verzögerungen bei der Umschreibung des Eigentums im Grundbuch ergeben können, muß in der zivilrechtlichen Regelung des Kaufvertrages klargestellt werden, bis zu welchem Zeitpunkt wer für die Entstehung solcher Beiträge haftet.

2. Baulasten

Gleichfalls im Grundbuch nicht eingetragen sind ferner die sogenannten Baulasten. Unter diesen versteht man alle freiwillig vom Grundstückseigentümer gegenüber der Bauaufsichtsbehörde übernommenen öffentlich-rechtlichen Verpflichtungen zu einem sein Grundstück betreffenden Tun, Dulden oder Unterlassen, die sich nicht bereits aus Ordnungsvorschriften ergeben. Baulasten sind auch gegenüber jedem Rechtsnachfolger wirksam und werden aufgrund einer Erklärung des Grundstückseigentümers in das sogenannte Baulastenverzeichnis eingetragen.

Der Makler hat bei der Vorbereitung des Grundstückskaufvertrages sich zu vergewissern, ob für das zum Verkauf stehende Grundstück Baulasten eingetragen sind oder zur Eintragung vorliegen. Baulasten können nachhaltig den Wert eines Grundstückes schmälern, wofür der Veräußerer regelmäßig die Haftung ausschließt.

Das Bestehen einer Baulast begründet nämlich keine Rechtsmängelhaftung nach § 434 BGB, sondern höchstens Gewährleistungsansprüche nach den Vorschriften der §§ 459ff. BGB, die aber regelmäßig vertraglich ausgeschlossen sind. Der Notar ist darüber hinaus nicht verpflichtet, das Baulastenverzeichnis einzusehen. Er begnügt sich mit dem allgemeinen Hinweis auf die Möglichkeit des Bestehens von Baulasten, hat darüber hinaus keine weitere Belehrungspflicht, da die Bebaubarkeit des Grundstückes nicht zur rechtlichen Tragweite des Grundstückskaufvertrages zählt.

Insofern kommt dem Makler, der kraft Gesetzes, insbesondere öffentlich-rechtlicher Pflichten gehalten ist den Kaufinteressenten über alle wertmindernden Faktoren des Grundstücks aufzuklären, die Aufgabe zu, ihn über das Bestehen oder das Nichtbestehen von Baulasten zu informieren.

Baulasten werden heute bevorzugt anstelle von Dienstbarkeiten eingetragen, weil damit das Grundbuch nicht mit Kanalrechten, Wegerechten und anderen Ver- und Entsorgungsleitungsrechten übermäßig belastet wird, sondern diese im Baulastenverzeichnis die Rechte sichern. Gegen das Institut der Baulast, insbesondere der sogenannten Fremdbaulast, vor allem gegen die Tatsache, daß anstelle von Dienstbarkeiten im Grundbuch nunmehr Baulasten im Baulastenverzeichnis vermehrt eingetragen werden, gibt es erhebliche Einwendungen. So wird in der Praxis häufig eine sogenannte Fremdbaulast von einem Grundstückseigentümer bestellt, um einem Dritten auf dessen Grundstück ein Bauvorhaben zu ermöglichen, z. B. das Recht einer Zufahrt, einer Versorgungsleitung, eines Grenzabstandes oder auch der Einräumung eines Stellplatzes. Die Baulast begründet aber für den Besteller nur eine öffentlich-rechtliche Verpflichtung gegenüber der Baubehörde; sie gibt dem begünstigten Bauherrn keinen Anspruch gegen den Baulastbesteller auf Nutzung oder Duldung, nicht einmal über die allgemeine Vorschrift des § 242 BGB. Ein Anspruch, tatsächlich über das Nachbargrundstück zu fahren oder dort Kraftfahrzeuge abzustellen ist nur aufgrund einer privatrechtlichen Vereinbarung mit dem Nachbarn möglich. Die Absicherung erfolgt daher notwendigerweise durch eine Grunddienstbarkeit im Grundbuch.

Dieses Ergebnis entspricht auch der höchstrichterlichen Rechtsprechung, wonach feststeht, daß beispielsweise die Baulast, die eine Zuwegung zu einem anderen Grundstück sichert, dem Eigentümer des begünstigten Grundstückes kein eigenes Recht vermittelt. Vielmehr dient die Baulast ausschließlich öffentlichen Interessen, nämlich der Sicherung einer bestimmten Grundstückssituation im Hinblick auf die sonstige baurechtliche Entscheidung, sei es eine Entscheidung im Genehmigungsverfahren oder eine Entscheidung über bauordnungsrechtliches Eingreifen oder Nichteingreifen. So dient die öffentlich-rechtliche Sicherung der Zufahrt eines Grundstückes zu einer befahrenen öffentlichen Verkehrsfläche nicht dazu, dem Eigentümer des begünstigten Grundstücks das Recht zu verschaffen, über die belastete Fläche zu fahren, sondern dazu, der Bauaufsichtsbehörde zu ermöglichen, die ihr nach Einräumung der Baulast zustehende Eingriffsmöglichkeit zu gewährleisten, daß bezüglich der Erschließungssituation keine materiell baurechtswidrigen Zustände entstehen. Will der Eigentümer des begünstigten Grundstücks selbst eine Rechtsposition zu Lasten des betroffenen Grundstücks erhalten, so kann er dies nur dadurch erreichen, daß ihm entsprechende zivilrechtliche Rechtspositionen durch den Eigentümer des belasteten Grundstücks eingeräumt und diese im Grundbuch durch Grunddienstbarkeiten oder beschränkt persönliche Dienstbarkeiten gesichert werden.

3. Miet- und Pachtverhältnisse

Weiterhin gibt das Grundbuch keine Auskunft über Miet- oder Pachtverhältnisse, die hinsichtlich des verkauften Grundbesitzes abgeschlossen sind. Diese Rechtsverhältnisse sind aber für den Käufer sehr wichtig. Entweder er kauft den Grundbesitz, um ihn selbst zu benutzen, dann legt er größten Wert darauf, daß die Liegenschaft weder ganz noch teilweise vermietet ist. Bestehende Mietverträge werden nämlich durch den Wechsel im Eigentum in keiner Weise berührt. In § 571 BGB ist bestimmt: „Wird das vermietete Grundstück nach der Überlassung an den Mieter von dem Vermieter an einen Dritten veräußert, so tritt der Erwerber an Stelle des Vermieters in die sich während der Dauer seines Eigentums aus dem Mietverhältnis ergebenden Rechte und Pflichten ein."

Kurz gefaßt heißt dies, Kauf bricht nicht Miete.

Ob der Käufer von bestehenden Miet- oder Pachtverhältnissen Kenntnis hat, spielt dabei keine Rolle. Der bestehende, wirksame Mietvertrag geht kraft Gesetzes auf ihn über. Insofern ist für den Käufer, der das Objekt selbst nutzen will, von ausschlaggebender Bedeutung, daß tatsächlich kein Miet- oder Pachtverhältnis besteht.

Der Makler hat sich daher durch Verhandlungen mit dem Veräußerer Klarheit darüber zu verschaffen, daß tatsächlich solche Verträge nicht bestehen und zur Sicherheit dies in den notariellen Kaufvertrag aufzunehmen etwa in der Form, daß der Veräußerer versichert, daß keine Miet- oder Pachtverträge bestehen. Wenn solche bei Abschluß des Vertrages noch bestehen, der Veräußerer sich verpflichtet, diese zu beenden, wird man zweckmäßigerweise in den Kaufvertrag aufnehmen, daß der Veräußerer versichert, daß bei Besitzübergabe das Objekt geräumt dem Käufer ohne das Bestehen von Miet- oder Pachtverträgen übergeben wird.

In anderen Fällen kann es aber darauf ankommen, wie die Mietverträge inhaltlich ausgestaltet sind, also beispielsweise bei dem Kauf eines Renditeobjektes. Hier wünscht der Erwerber, daß das Objekt vermietet ist und legt Wert darauf, daß die angegebenen Mieteinnahmen auch tatsächlich der vertraglichen Situation entsprechen, weil er diese zur Finanzierung des Kaufpreises oder eines Teilkaufpreises einkalkuliert hat. Es ist daher notwendig, daß sich der Makler diese Mietverträge im einzelnen ansieht und darauf achtet, daß hier nicht Angaben von Brutto-Miete mit Kalt-Miete verwechselt werden. Beim einen, nämlich bei der Brutto-Miete, handelt es sich um die Grund- oder Kalt-Miete zuzüglich Vorauszahlungsleistungen auf die Nebenkosten sowie möglicherweise Zahlung von Mehrwertsteuer. Da sich die Mehrwertsteuer wie auch die Umlagen bei dem Eigentümer und Vermieter regelmäßig nur als durchlaufende Posten darstellen, die eigentliche Kalt-Miete aber das wesentliche Kalkulationsmerkmal ist, kommt es darauf an, daß hier vor Abschluß des Grundstückskaufvertrages klare Verhältnisse geschaffen und damit Streitigkeiten nach Kaufvertragsabschluß vermieden werden.

Insofern ist bei dem Kauf eines Renditeobjektes anzuraten, daß das Mietaufkommen (Summe der Kalt-Mieten) im Vertrage festgehalten wird. Dabei sollte auch eine Regelung der von Mietern hinterlegten Kaution getroffen werden.

4. Örtliches Baurecht

Der Wert eines Grundstücks, insbesondere eines Baugrundstücks, hängt wesentlich von der Bebaubarkeit ab. Ist die bauliche Ausnutzung nachhaltig eingeschränkt, so wird ein erheblich geringerer Kaufpreis gezahlt als bei einem Baugrundstück mit höchstmöglicher Ausnutzung. Wie ein Grundstück bebaut werden kann, geht nicht aus dem Grundbuch hervor. Daß ein Grundstück im Grundbuch im Bestandsverzeichnis als Bauplatz gekennzeichnet ist, sagt noch nichts Konkretes und Verbindliches über die Art der Bebauung. Diese richtet sich ausschließlich nach dem jeweiligen Baugesetz des Bundeslandes und der öffentlichen Bauvorschriften, insbesondere nach den etwa für das konkrete Baugebiet bestehenden Bebauungsplänen oder nach der örtlichen Umgebung. Ist nämlich ein Bebauungsplan nicht aufgestellt, so wird regelmäßig eine Bebauung zugelassen wie sie in unmittelbarer Nähe dieses Baugrundstücks durch bisherige Bebauung üblich ist (vgl. Anhang 16).

Das gilt aber nicht nur bei dem Kauf von unbebauten Grundstücken, vielmehr hat die Frage auch Bedeutung, wenn es sich um den Kauf eines bebauten Grundstückes handelt, die Bauwerke aber abgerissen und durch einen Neubau ersetzt werden sollen. Hierbei ist darauf zu achten, ob die Vorstellungen des Käufers hinsichtlich der Verwertung dieses Grundstückes sich in der Praxis realisieren lassen. So wird beispielsweise mit der Beseitigung des vorhandenen Gebäudes der Bestandsschutz hinsichtlich der Stellplatzsituation beseitigt. Befand sich auf dem Grundstück ein Haus, in dem eine Gastwirtschaft seit vielen Jahren betrieben wird und hatte diese Gastwirtschaft etwa 80 Sitzplätze, aber mangels eines weiteren Grundstücks keinen Parkplatz, so kann nach der gültigen Rechtslage die Gastwirtschaft aufgrund des Bestandsschutzes erhalten bleiben; wird das Gebäude jedoch abgerissen und neu aufgebaut, so entfällt damit auch der bisher gültige Bestandsschutz.

5. Denkmalschutz

Neben diesen baurechtlichen Situationen kommt auch in zunehmender Weise dem Denkmalschutz eine nachhaltige Bedeutung zu. Wurde früher, insbesondere in den Jahren nach dem Kriege, das besondere Augenmerk darauf gerichtet, daß möglichst viele Wohnungen wieder aufgebaut werden, ohne Rücksicht auf erhaltenswerte Bauwerke, so ist heute der Denkmalschutz in seiner gesetzlichen Ausgestaltung wesentlich weiter ausgeformt. In den meisten Gemeinden wird eine Liste geführt, in denen abgestuft nach der Denkmalwürdigkeit die Bauwerke eingetragen sind, die entweder überhaupt nicht abgerissen werden dürfen oder, daß ein Abriß oder eine wesentliche Veränderung der Bausubstanz nur mit Zustimmung des Amtes für Denkmalschutz und Denkmalpflege möglich ist.

Aus all dem geht hervor, daß es eine Vielzahl wertbestimmender Faktoren gibt, die aus dem Grundbuch nicht zu erkennen sind, weil sie dort nicht verzeichnet werden. Es ist Aufgabe des Maklers, sich mit diesen Umständen vertraut zu machen und den Kaufinteressenten darüber aufzuklären, selbst wenn er hierdurch vom Kauf des Grundstücks Abstand nimmt. Es ist in jedem Fall besser, daß der Käufer, der sich für den Grundbesitz interessiert hat von diesem wieder Abstand nimmt, als daß er wegen unterlassener oder falscher Information den Makler nachträglich auf Schadenersatz verklagt und dabei obsiegt.

Der Makler hat das Objekt verkaufsbereit aufzuarbeiten, sowohl hinsichtlich der tatsächlichen, wirtschaftlichen und rechtlichen Verhältnisse, und Verkäufer sowie Käufer bezüglich des Grundstückskaufvertrages umfassende Information zu erteilen, damit jede Partei auch tatsächlich das von ihr gesteckte Ziel erreicht. Aus allem folgt, daß diese wichtige Aufgabe des Maklers mit dem Zusammentragen von Informationen beginnt. So hat er durch Grundbucheinsicht die einzelnen Daten des zu verkaufenden Grundbesitzes festzustellen, die Rechtsverhältnisse im Eigentum zu klären und zu prüfen, wie das Grundstück in den Abteilungen II und III belastet ist, ob Rechte, die durch Fristablauf gegenstandslos geworden sind, gelöscht werden können und wie die verbleibenden vom Käufer zu übernehmenden Rechte inhaltlich ausgestaltet sind, damit dieser weiß, welche Belastungen auf ihn zukommen. Darüber hinaus hat der Makler, wie aufgezeigt, sich zu informieren, welche außergrundbuchlichen Belastungen bestehen, wie beispielsweise Miet- oder Pachtverhältnisse, öffentlich-rechtliche Baulasten oder Einschränkungen aufgrund des Denkmalschutzes.

Hat der Makler die Merkmale erfaßt und darüber hinaus das Objekt selbst substantiell bewertet und für die zukünftige Entwicklung eingeordnet, dann kann er überzeugend und verkaufsfördernd den Grundbesitz zum marktgerechten Preis verwerten, indem er den Vertrag zwischen Verkäufer und Käufer vermittelt, zustandebringt und damit eine Leistung von hohem, auch sozialem wirtschaftlichen Wert erbringt.

B. Vertragliche Grundlagen

Hat der Makler die Liegenschaft in oben dargelegter Weise aufgearbeitet und im Rahmen seiner nachweisenden bzw. vermittelnden Tätigkeit den Kaufinteressenten gefunden, so beginnt die Vorbereitung des notariellen Grundstückskaufvertrages.

Der Kaufvertrag über ein bebautes oder unbebautes Grundstück, über eine Eigentumswohnung oder über ein Erbbaurecht bedarf gemäß § 313 BGB der notariellen Form. Während früher nur die Verpflichtung zur Veräußerung unter den Formzwang des § 313 BGB fiel, ist seit 1973 auch die Begründung einer Erwerbsverpflichtung formbedürftig. Der Zweck des § 313 BGB liegt darin, daß mit dem Beurkundungszwang die am Vertrag Beteiligten auf die Bedeutung des von ihnen in Aussicht genommenen Geschäftes hingewiesen und damit ein unbedenkliches, übereiltes Eingehen von Verpflichtungen möglichst vermieden wird (sogen. Warnfunktion des § 313).

Darüber hinaus soll zugleich durch den Notarakt die getroffene Vereinbarung beweismäßig gesichert werden, weil bei einem solch wichtigen Rechtsgeschäft sich die Parteien und auch die Rechtsnachfolger auf die Gültigkeit der getroffenen Abmachungen verlassen müssen (Beweisfunktion und Gültigkeitsgewähr der Beurkundungsform).

Schließlich kommt der Beratungsfunktion beim Notarakt gemäß § 17 des Beurkundungsgesetzes eine besondere Bedeutung zu. Danach soll der Notar den Willen der Parteien erforschen, den Sachverhalt klären, die Beteiligten über die rechtliche Tragweite des Geschäftes belehren und ihre Erklärungen klar und unzweideutig in der Niederschrift wiedergeben. Dabei soll er insbesondere darauf achten, daß Irrtümer und Zweifel vermieden sowie unerfahrene und ungewandte Beteiligte nicht benachteiligt werden.

Es liegt im zielgerichteten Streben der Tätigkeit eines Maklers, daß er die Parteien, insbesondere den Käufer, in einem möglichst frühen Zeitpunkt binden will, damit nicht ein Kaufinteressent zusagt, das Objekt kaufen zu wollen, und dann der Kaufvertrag aber wochenlang nicht geschlossen wird, der Makler seine Verkaufsbemühungen im übrigen eingestellt und nach längerer Zeit der Kaufinteressent, nachdem ihm aus den verschiedensten Gründen nunmehr Zweifel gekommen sind, erklärt, er werde das Objekt doch nicht kaufen. Aus dieser Situation heraus ist der Makler bemüht, eine rechtliche Bindung des Käufers alsbald herbeizuführen. Dabei werden in der Praxis häufig ohne Beachtung der notariellen Form Verpflichtungserklärungen des Käufers aufgenommen. Insoweit muß festgestellt werden, daß solche Erklärungen des Käufers rechtlich irrelevant sind und daß nach der höchstrichterlichen Rechtsprechung ein Schadenersatz nicht gefordert werden kann, wenn der Käufer sich an diese formlos abgegebenen Erklärungen nicht mehr hält.

Anders dagegen gestaltet sich die Rechtslage, wenn eine Erklärung dahin verlangt wird, daß der Käufer die Absicht hat das betreffende Objekt zu kaufen und er hiermit den Makler beauftragt, einen bestimmten Notar im Namen des Käufers mit der Ausarbeitung des notariellen Vertrages zu betrauen. Wenn der Käufer danach nicht mehr bereit ist das Grundstück zu kaufen, hat er für die Kosten des Vertragsentwurfes jedenfalls einzustehen. Ist also der an sich kaufwillige Interessent aus verschiedenen Gründen noch nicht bereit den Kaufvertrag selbst zu unterschreiben, und hilft eine ohne Beachtung der notariellen Form nach § 313 BGB abgegebene Verpflichtungserklärung nichts, wird von den Maklern oft die Frage gestellt, ob nicht ein sogenannter Vorvertrag abgeschlossen werden kann, damit sichergestellt ist, daß auch der Hauptvertrag verwirklicht wird. Bei dem Vorvertrag, der natürlich rechtlich möglich ist, handelt es sich in gleicher Weise um die Eingehung eines Geschäfts zur Veräußerung bzw. zum Erwerb eines Grundstücks, wenngleich in diesem sogenannten Vorvertrag auf die Bedingungen des Hauptvertrages hingewiesen wird. Dennoch ist auch hier die Form des § 313 BGB erforderlich, mit anderen Worten, es fallen Notariatsgebühren in erheblicher Höhe, nämlich $^{20}/_{10}$ Gebühr aus dem Kaufpreis an. Es entfallen - im Gegensatz zum Hauptvertrag - nur die Vollzugsgebühren und die Kosten für ein Notar-Anderkonto. Der Vorvertrag ist außerordentlich kostspielig, weshalb ein vernünftiger Käufer in Kenntnis der Kostenpflicht einen solchen Vertrag nicht schließen wird.

Es bleibt dabei, daß der Makler eventuelle Hindernisse für die Protokollierung möglichst schnell für die Parteien beseitigt, eine umfassende Aufklärung unternimmt und dem Käufer dort die Hilfestellung anbietet, die er tatsächlich benötigt. Sind dann mit Hilfe des Maklers alle Voraussetzungen getroffen, ist darauf hinzuwirken, daß der Kaufvertrag beim Notar protokolliert wird.

Der eigentliche Grundstückskaufvertrag teilt sich auf in drei wesentliche Teile, nämlich einmal in das Rubrum, also die Eingangsbezeichnung des Vertrages auf dem Titelblatt, die Parteien, die entweder selbst erschienen sind oder sich vertreten lassen und der Hinweis, wer die Vollmachtsbestätigungen oder Genehmigungserklärungen beibringt; weiterhin in den schuldrechtlichen oder obligatorischen Vertrag, das Kernstück des Grundstückskaufvertrages, weil es die wirtschaftliche Abwicklung, also den Austausch der gegenseitigen Leistungen, enthält. Gibt der Verkäufer den Besitz und danach folgend das Eigentum ab, muß der Kaufpreis für ihn sichergestellt werden. Schließlich handelt es sich um den dinglichen Vertrag, die Auflassung mit Auflassungsvormerkung und den gesamten Grundbuchvollzug einschließlich der für die Vertragsergänzung oder inhaltliche Abänderung notwendigen Vollmachten und der rechtlich dem Erwerber oder einem sonstigen Bevollmächtigten eingeräumten Befugnis, den gekauften Grundbesitz zugunsten einer finanzierenden Bank mit Grundpfandrechten zu belasten, und durch Abtretung zu sichern, daß das Grundstück des Verkäufers nicht in Abteilung III des Grundbuches belastet wird, ohne daß ihm die Valuta zufließt.

Im Anhang 17 ist ein Kaufvertrag über ein bebautes Grundstück, im Anhang 18 ein Kaufvertrag über eine Eigentumswohnung, im Anhang 19 ein Erbbaurechtsvertrag abgedruckt. Es empfiehlt sich diese Verträge, die naturgemäß nur eine Art der Abfassung darstellen, also keine Vorgabe für jegliche Verträge sind, sondern einfach die notwendigen Erklärungen sammeln, die beim Abschluß eines solchen notariellen Vertrages zu beachten sind, durchzuarbeiten.

Der Makler, insbesondere natürlich der Notar, paßt den Vertrag alsdann den besonderen Gegebenheiten des konkreten einzelnen Falles an und wählt die Formulierung, die genau den Willen der Parteien widerspiegelt. Ein notarieller Vertrag ist nichts wert, wenn die Parteien zwar unterschreiben, jedoch erklären, sie hätten nichts oder nur wenig verstanden. In diesem Falle hat mindestens der Notar, aber auch der Makler seine Aufgabe nicht erfüllt.

Im folgenden sind die vertraglichen Grundlagen im wesentlichen zu besprechen, wobei nicht auf absolute Vollständigkeit geachtet wird, sondern vielmehr darauf, daß in Form eines Lesegespräches die einzelnen Vertragsabschnitte des notariellen Vertrages dargestellt und zur eigenen Handhabung verstanden werden.

I. Rubrum und Vertragsparteien

Der Grundstückskaufvertrag beginnt zunächst mit dem Rubrum, also dem Deckblatt mit den Aufschriften. Dort werden verzeichnet die Urkundenrollennummer der Protokollierung für das betreffende Jahr, der Ort, an dem die notarielle Verhandlung stattfindet, regelmäßig also der Amtssitz des Notars, das Datum der Protokollierung sowie Name und Amtssitz des Notars. Alsdann folgen die Parteien des Vertrages, üblicherweise zunächst der Veräußerer mit Familienname, Vorname, Geburtstag, Familienstand und Anschrift. Der Notar hat sich zu vergewissern, daß die Identität der Erschienenen gegeben ist durch Einsicht in den Personalausweis oder Reisepaß und hat dies im Rubrum zu vermerken. Danach wird in gleicher Weise der Käufer in das Rubrum aufgenommen. Aber auch andere Personen als Verkäufer und Käufer können im Vertragseingang zu den Erschienenen gehören, beispielsweise die Ehefrau des Veräußerers, der in Zugewinngemeinschaft verheiratet ist und einen Gegenstand verkauft, der das wesentliche Vermögen ausmacht. Sie hat im Vertrage den Erklärungen ihres Ehemannes zuzustimmen, ohne Verkäufer zu sein. Im Grundbuch ist für eine bestimmte Person ein Wohnrecht eingetragen, das bei Durchführung des Kaufvertrages gelöscht werden soll. Auch hier kann der Wohnrechtsinhaber als Erschienener im Rubrum aufgenommen werden, nicht etwa als Verkäufer, vielmehr als Berechtigter des in der zweiten Abteilung des Grundbuches eingetragenen Wohnrechtes mit dem Zweck, im Vertrage eine Löschungsbewilligung hinsichtlich vorgenannten Rechtes abzugeben.

1. Der Makler ist nicht Vertragspartei

Der Makler dagegen wird im Vertrage nicht bei den Erschienenen im Rubrum aufgenommen, weil er an dem eigentlichen Verkaufs- oder Erwerbsvorgang mit all seinen Modalitäten nicht beteiligt ist. Der Makler ist im gesetzlichen Leitbild der §§ 652 ff. BGB Dritter, er steht also weder auf der Seite des Veräußerers, noch auf der Seite des Erwerbers, sondern nimmt eine von den Verpflichtungen des Kaufvertrages unabhängige Stellung als Dritter ein. Das hat natürlich gewisse Rechtswirkungen hinsichtlich seiner im folgenden noch zu behandelnden Provisionsforderung. Ist er nicht am Vertrag selbst beteiligt, so kann in diesem Vertrag die zur Provisionszahlung eingegangene Verpflichtung auch nicht ihm gegenüber erklärt werden, weil Verpflichtungen im notariellen Vertrag nur unter den mitwirkenden Vertragsbeteiligten möglich sind. Das heißt aber andererseits nicht, daß dem Makler kein rechtlicher Anspruch aus dem notariellen Vertrag erwächst. Vielmehr kennt das Gesetz den sogenannten Vertrag zugunsten Dritter, also einen Vertrag, durch den eine

Leistung an einen Dritten mit der Wirkung bedungen wird, daß der Dritte unmittelbar das Recht erwirbt die Leistung zu fordern. Verpflichten sich die Vertragsparteien, nämlich Verkäufer und Käufer untereinander und gegenseitig zur Zahlung einer Provision an den Makler dergestalt, daß dieser die Leistung zu fordern berechtigt ist, so entsteht aus dem Vertrag zugunsten des Maklers die Forderung, ohne daß er selbst als Partei am Vertrag beteiligt ist.

2. Gleichzeitige Anwesenheit der Parteien – aber Vertretung möglich

Gemäß § 925 BGB muß die zur Übertragung des Eigentums an einem Grundstück nach § 873 BGB erforderliche Einigung des Veräußerers und des Erwerbers, also die Auflassung, bei gleichzeitiger Anwesenheit beider Teile vor dem Notar erklärt werden. Das heißt aber nicht, daß Verkäufer und Käufer in Person anwesend sein müssen, vielmehr können sich die Beteiligten auch vertreten lassen. Diese Vertretung kann vorgenommen werden mit einer vor Abschluß des Vertrages gefertigten Vollmacht in öffentlich beglaubigter Form. In diesem Falle ist darauf zu achten, daß in der Vollmacht das zu verkaufende oder auch zu kaufende Objekt grundbuchlich richtig umschrieben ist und daß die Vollmacht auch die Erteilung einer Untervollmacht abdeckt. Dies wird in der Praxis häufig versäumt, weshalb es beim Vollzug des Grundstückskaufvertrages, insbesondere bei der Finanzierung zu Schwierigkeiten kommt. Enthält nämlich der Vertrag eine Finanzierungsvollmacht, mit anderen Worten: erteilt der Veräußerer beispielsweise dem Bürovorsteher des Notariats Vollmacht, bereits vor Kaufpreiszahlung das Grundstück mit Finanzierungsgrundpfandrechten zu belasten, so kann diese Vollmacht nur dann genutzt werden, wenn der für den Verkäufer beim Abschluß des Vertrages auftretende Bevollmächtigte ausdrücklich in der Vollmachtsurkunde bevollmächtigt war, Untervollmacht zu erteilen. Ist dieser Passus nicht aufgenommen, kann die Finanzierungsvollmacht nicht, wie dargelegt, gebraucht werden. Es ist daher nicht ratsam, eine Vollmacht vor Abschluß des Kaufvertrages vorzulegen, weil diese meistens nicht alle Eventualitäten und Varianten des abzuschließenden Kaufvertrages erfaßt. Es reicht nämlich, wenn für den Verkäufer oder für den Erwerber eine andere Person auftritt und erklärt, sie werde eine Vollmachtsbestätigung oder auch Genehmigungserklärung unverzüglich nachreichen. Rechtlich gesehen macht dies allerdings einen Unterschied in der Wirksamkeit des Kaufvertrages. Legt der Bevollmächtigte eine ordentlich formulierte und öffentlich beglaubigte Vollmacht vor, so wird der Vertrag unverzüglich bei seiner Unterschrift wirksam, ist der für eine der Parteien Auftretende nur mündlich bevollmächtigt und muß er die Vollmacht in öffentlich beglaubigter Form nachreichen, wird der Vertrag erst in dem Moment wirksam, in dem die Vollmachts- oder Genehmigungsurkunde ausgehändigt und eine Kopie an den jeweils anderen Vertragspartner geschickt wird. In dieser Vollmachtsbestätigung oder Genehmigungsurkunde erklärt der Vollmachtgeber, daß der für ihn bei Vertragsschluß Auftretende bevollmächtigt war, sämtliche in der Vertragsurkunde enthaltenen Erklärungen mit Rechtswirkung für ihn abzugeben und er die Erklärungen des für ihn Aufgetretenen hiermit genehmigt.

Bei dem Handeln eines Vertreters für einen anderen ist auch zu beachten, daß der Auftretende einmal für sich in eigenem Namen tätig werden kann und zugleich als Vertreter für Dritte. Im Eingangsbeispiel könnte also bei Abwesenheit der Ehefrau des Veräußerers dieser in seiner Eigenschaft als Veräußerer mit Rechtswirkung für sich selbst auftreten und zugleich mit noch beizubringender Genehmigung nach § 1365 BGB für seine Ehefrau.

Steht das Grundstück im Eigentum zweier Personen je zur ideellen Hälfte, kann der Veräußerer der einen Hälfte insoweit für sich selbst Erklärungen abgeben und hinsichtlich der anderen Hälfte als Bevollmächtigter auftreten. Tritt er ohne Vollmacht auf, so verpflichtet er sich, Vollmachtsbestätigung bzw. Genehmigungserklärung nachzureichen.

Um unnötige Rückfragen und Komplikationen beim Grundbuchamt zu vermeiden, empfiehlt es sich in jedem Falle den Bevollmächtigten von den Beschränkungen des § 181 BGB (Verbot des Mitsichselbstkontrahierens) zu befreien, obwohl es aus rein rechtlichen Gesichtspunkten in den meisten Fällen nicht notwendig ist.

II. Vertragsgegenstand und obligatorischer Vertrag

Sind die Parteien im Vertrage aufgenommen, so wird der Vertragsgegenstand, das zu verkaufende bebaute oder unbebaute Grundstück, die Eigentumswohnung oder das Erbbaurecht, näher umschrieben. Dabei empfiehlt es sich immer, daß der Notar vor Protokollierung Grundbucheinsicht genommen hat, weil damit Vertragsergänzungen oder Vertragsänderungen, die meist zu Unstimmigkeiten zwischen den Parteien führen, vermieden werden können. Mit der Darstellung des Objektes gibt der Notar regelmäßig das Bestandsverzeichnis des Grundbuches wieder. Er nimmt im Vertrage auf, in welcher Gemarkung das Grundstück gelegen, in welchem Grundbuch der Grundbesitz verzeichnet und wie er im Bestandsverzeichnis mit seinen wesentlichen Merkmalen umschrieben ist.

Danach stellt der Notar fest, daß der hier erschienene Verkäufer oder die Verkäufer als Eigentümer des vorbezeichneten Grundbesitzes im Grundbuch eingetragen sind. Wenn dies nicht der Fall ist, werden Erklärungen hierzu im Vertrage aufgenommen, beispielsweise daß der zu 1) erschienene Verkäufer noch nicht im Grundbuch als Eigentümer eingetragen ist, weil dort noch der Erblasser Bucheigentümer ist. Der Notar wird sodann auf die Vorlage des Erbscheines hinweisen und die Parteien belehren, daß der Vertrag grundbuchlich erst zu vollziehen ist, wenn die entsprechende Urkunde vorliegt.

Nachdem die am Kaufvertrag Beteiligten, die tatsächlich Erschienenen, im Vertrage aufgenommen sind, der Grundbuchgegenstand, nämlich das Kaufobjekt näher umschrieben ist, folgt der obligatorische oder schuldrechtliche Teil des Vertrages, mithin die Darstellung der wirtschaftlichen Leistungen, die zwischen dem Verkäufer und dem Käufer ausgetauscht werden. Dabei muß sichergestellt werden, daß der Verkäufer den Kaufpreis und der Käufer das unbelastete Eigentum erhält.

1. Kaufpreis

Ist festgestellt, daß der Veräußerer den vorbezeichneten Grundbesitz an den Erwerber verkauft, so folgt die Festlegung des Kaufpreises, seine Höhe und Fälligkeit.

Gelegentlich wird von den Vertragsparteien gewünscht, daß der Kaufpreis nicht in der tatsächlichen Höhe im Vertrage angegeben wird. Motive hierfür können sein, daß der Erwerber über Schwarzgeld verfügt und dieses in Immobilien anlegen will oder, daß die Parteien Steuern oder Notargebühren sparen wollen. Manchmal wird aber auch der Kaufpreis höher angegeben als er tatsächlich ist, um eine Finanzierung des niedrigeren Kaufpreises zu erreichen, wenn Banken nicht bereit sind, 100% des im Kaufvertrag vorgesehenen Kaufpreises zu finanzieren.

Der Makler sollte sich nicht nur bei diesen Machenschaften heraushalten, sondern darauf einwirken, daß der im Vertrag protokollierte Kaufpreis tatsächlich dem zwischen den Parteien vereinbarten Preis entspricht. Abgesehen davon, daß er sich möglicherweise der Mitwirkung bei einer Steuerhinterziehung schuldig macht, wirkt sich eine unrichtige Protokollierung, ein sogenannter Schwarzkauf, zu seinen Ungunsten aus. Gemäß § 652 BGB erhält der Makler den Anspruch auf Provision nur dann, wenn durch seine nachweisende oder vermittelnde Tätigkeit der Vertrag nicht nur zustandekommt, sondern wirksam zustandekommt. Ist der Vertrag zwar geschlossen, aber nicht rechtsgültig, entfällt der Provisionsanspruch des Maklers. Juristisch gesehen handelt es sich beim sogen. Schwarzkauf, also wenn beispielsweise ein Grundstück nach dem Willen der Parteien zu DM 300.000,00 verkauft werden soll, aber lediglich DM 250.000,00 protokolliert werden um zwei Modalitäten, nämlich um einen Vertrag über DM 250.000,00, der gemäß § 313 BGB zwar notariell protokolliert worden ist, aber gemäß § 117 BGB als Scheingeschäft unwirksam ist. Wird nämlich eine Willenserklärung, die einem anderen gegenüber abzugeben ist, mit dessen Einverständnis nur zum Schein abgegeben, so ist diese nichtig. Also ist der Vertrag mit einem Kaufpreis von DM 250.000,00 zwar vor dem Notar beurkundet, aber als Scheingeschäft unwirksam.

Der andere Vertrag über DM 300.000,00 ist kein Scheingeschäft, weil die Parteien ja den Vertrag über DM 300.000,00 tatsächlich gewollt haben, er ist aber deshalb unwirksam, weil er nicht gemäß § 313 BGB notariell beurkundet ist.

Aus diesem Grunde sind beim sogenannten Schwarzkauf sowohl der gewollte und nicht protokollierte Vertrag, wie auch der nichtgewollte, aber protokollierte Vertrag unwirksam, so daß der Makler keine Provision verlangen kann.

Auch die Eintragung einer Auflassungsvormerkung aufgrund eines solchen Vertrages heilt den Mangel nicht. Vielmehr wird der Vertrag erst dann wirksam, wenn das Eigentum im Grundbuch auf den Erwerber eingetragen ist. Da dies aber erfahrungsgemäß monatelang dauert, läuft der Makler Gefahr, ständigen Einwendungen gegen seine Maklerforderungen ausgesetzt zu sein. Der Makler hat daher ein elementares Interesse daran, daß der Kaufvertrag mit dem tatsächlich vereinbarten Preis protokolliert wird. Im übrigen ist das Interesse an einem Schwarzkauf, nachdem die Grunderwerbsteuer von seinerzeit 7% auf jetzt 2% gemindert worden ist, in erheblichem Maße zurückgegangen.

2. Notar-Anderkonto

Das Notar-Anderkonto erleichtert den Parteien die Abwicklung des Vertrages, weil hier der Notar bei dem Austausch der wirtschaftlichen Leistungen tätig ist, dient also auch dem Käufer, da die finanzierenden Banken unkomplizierter die Darlehensvaluta auf das Notar-Anderkonto als an den Veräußerer direkt zahlen. Sie erteilen dem Notar einen Treuhandauftrag dahin, daß er über die Beträge nur verfügen darf, wenn die Eintragung der Grundpfandrechte und die spätere Eintragung der Eigentumsumschreibung gesichert sind. Für diese vermehrte Tätigkeit und das Führen des Notar-Anderkontos entstehen nach der Gebührenordnung zusätzliche Kosten. Diese belaufen sich bei Werten über DM 100.000,00 auf 2,5‰ zuzüglich DM 75,00. Der Makler sollte zurückhaltend sein den Parteien von der Einrichtung eines Notar-Anderkontos abzuraten, weil er hier wie in allen anderen Fällen keine Situation herbeiführen sollte, die zu Diskussionen zwischen ihm und dem Notar führt. Der amtierende Notar wird stets bei der Abfassung des Kaufvertrages das letzte Wort haben und der Makler dringt daher mit seiner Ansicht, aus Kostengründen kein Notar-Anderkonto einzurichten, nicht durch.

Ist das zu verkaufende Grundstück nachhaltig mit verschiedenen Grundpfandrechten belastet und muß der Notar die Löschungsbewilligungen hierfür einholen, erhält er diese regelmäßig im Treuhandauftrag dahingehend, daß er von den Löschungsbewilligungen nur Gebrauch machen darf, wenn der noch ausstehende Betrag nebst Kosten an die Gläubigerbank überwiesen ist.

Sind nicht nur diese Belastungen eingetragen, sondern wird auch der Kaufpreis möglicherweise mit verschiedenen Banken und ergänzend mit Bausparkassen finanziert, empfiehlt es sich in jedem Falle ein Notar-Anderkonto einzurichten und die Abwicklung dem Notar zu überlassen.

Nicht notwendig wäre ein Notar-Anderkonto, wenn es sich um ein unbelastetes Grundstück handelt und der Käufer in der Lage ist den Kaufpreis zu zahlen, ohne Grundpfandrechte eintragen zu lassen. Hier kann man auf die weitere Mithilfe des Notars verzichten, was allerdings nicht sehr häufig ist. Die Aufgabe des Maklers ist nicht, unter allen Umständen anzustreben, daß die Parteien jede Mark sparen, vielmehr hat er darauf zu achten, daß die wirtschaftliche Abwicklung gesichert ist, Verkäufer und Käufer kein Risiko eingehen und daher die ordnungsgemäße, zügige und für die Parteien unkomplizierte Vollziehung des Kaufvertrages gewährleistet ist.

3. Übernahme von Belastungen

Die Belegung des Kaufpreises oder eines Teiles des Kaufpreises kann auch dadurch erfolgen, daß der Erwerber im Grundbuch eingetragene Grundschulden mit den zugrundeliegenden Forderungen an Kapital und Zinsen der Bank gegenüber für den bisherigen Eigentümer als Selbst- und Alleinschuldner mit schuldbefreiender Wirkung für den Veräußerer übernimmt. Eine solche Belastungsübernahme kommt regelmäßig aber nur dann in Betracht, wenn vor Vertragsschluß die Übernahmekonditionen mit den Gläubigerbanken ausgehandelt sind. Die Bank ist nämlich auch bei festgeschriebenen Zinsen nicht verpflichtet, einer solchen Schuldübernahme zuzustimmen und wird regelmäßig einen niedrigen Zinssatz an das nun im Markt übliche Niveau anpassen. Gleichwohl kann die Übernahme der Belastung sich günstig für den Erwerber darstellen, weil ein Teil des Kaufpreises einfach dadurch erledigt wird, daß zu dem Übernahmezeitpunkt nunmehr neuer Schuldner dieses Kreditengagements der Erwerber ist und er nicht erst zeitraubende Kreditverhandlungen und auf seine Kosten durchzuführende Sachverständigenbewertungen der betreffenden Liegenschaft beibringen muß. Da die Bank sämtliche Unterlagen des Objektes hat, die Werthaftigkeit kennt, wirkt sich die Kreditumschreibung einfacher aus, weil die Objektbeurteilung entfallen kann. Darüber hinaus bedarf es nicht der Löschung der bisher für die Bank eingetragenen Grundschuld und der Neueintragung für diese Bank oder für eine andere Gläubigerin, so daß auch insoweit sowohl Notariatskosten hinsichtlich der Löschung und der Neubestellung der Grundschuld wie auch die entsprechenden Gerichtskosten beim Grundbuchamt gespart werden. Dabei ist jedoch darauf zu achten, daß sich der Schuldner, bisher also der Eigentümer und Verkäufer, entsprechend den üblichen Anforderungen der Bank, der sofortigen Zwangsvollstreckung in sein gesamtes Vermögen in der früheren Grundschuldbestellungsurkunde unterworfen hat. Die finanzierende Bank kann zwar aus der den Kredit absichernden Grundschuld die Zwangsversteigerung des Grundstückes betreiben und sich so aus dem Erlös befriedigen, ein Verfahren allerdings, das äußerst lange dauert. Deshalb räumen die Banken den Kredit nur ein, wenn sich der Schuldner der sofortigen Zwangsvollstreckung in sein gesamtes Vermögen in einer notariellen Urkunde unterwirft. Hier entsteht für die kreditgewährende Bank ein vollstreckbarer Titel, so daß sie, sollte der Schuldner mit der Zahlung der Annuitäten (Zinsen und Tilgung) in Verzug geraten, nicht erst einen Rechtsstreit führen muß, um ein vollstreckbares Urteil zu erlangen, nein, mit dieser Vollstreckungsunterwerfung ist die Bank bereits Inhaber eines vollstreckbaren Titels. Da dies Voraussetzung für die Kreditgewährung ist, sollte darauf geachtet werden, daß bei der Schuldübernahme die Vollstreckungsklausel in den notariellen Kaufvertrag aufgenommen wird, weil es sich hierbei um ein kostenfreies Nebengeschäft handelt (soweit der Übernahmewert dem Nominalwert entspricht), während, wenn die Vollstreckungsunterwerfung später in separater notarieller Urkunde erklärt wird, erneut Kosten anfallen. Die Schuldübernahme und Vollstreckungsklausel formuliert man zweckmäßigerweise wie folgt: „Unter Anrechnung auf den Kaufpreis übernimmt der Erwerber als Selbst- und Alleinschuldner mit schuldbefreiender Wirkung für den Veräußerer die in Abteilung III des Grundbuches unter lfd. Nr. X zugunsten der A-Bank in B. eingetragene, nach § 800 ZPO vollstreckbare Briefgrundschuld in Höhe von DM Y neben Z% Zinsen jährlich seit dem Tage der Eintragung im Grundbuch zum Valutawert per (Datum) in Höhe von DM ... Wegen aller der vorgenannten Grundschuld zugrundeliegenden Forderungen an Kapital und Zinsen unterwirft sich der Erwerber gegenüber dem jeweiligen Gläubiger der Grundschuld der sofortigen Zwangsvollstreckung in sein gesamtes Vermögen und gestattet die jederzeitige Erteilung einer vollstreckbaren Ausfertigung dieser Urkunde an den jeweiligen Gläubiger."

Die Belastungsübernahme hat regelmäßig nur dann für den Erwerber Sinn, wenn das Recht noch hoch valutiert ist und mithin ein großer Teil des Kaufpreises mit der Übernahme gedeckt werden kann. Ist dagegen das Recht nur noch geringfügig valutiert oder war das Recht überhaupt nominal nur sehr gering eingetragen, erscheint eine Übernahme dieser Grundschuld unter Anrechnung auf den Kaufpreis nicht als sinnvoll, weil eine weitere Finanzierung mit anderen Banken Probleme hinsichtlich der Rangfolge unter den Grundpfandrechten aufwirft, da jede Bank bestrebt ist für ihr Recht den besseren Rang zu erhalten.

4. Verrentung des Kaufpreises

Bei der Verrentung des Kaufpreises wird entweder keine Anzahlung oder nur ein geringer Teilkaufpreis erbracht. Der Restbetrag ist gestundet und wird ratenweise entweder auf eine gewisse Zeit, zum Beispiel auf fünfzehn Jahre, gerechnet ab dem Tage der Beurkundung, oder auf Lebenszeit des Veräußerers erbracht. Im letzten Fall endet die Zahlungspflicht mit dem Tode des Veräußerers. Ist die Leistungspflicht auf eine gewisse Zeit, wie im ersten Fall, beschränkt und stirbt der Veräußerer vor Ablauf dieser fünfzehn Jahre, so bleibt der Erwerber den Erben des Veräußerers gegenüber weiterhin zahlungspflichtig.

Die Werthaftigkeit der Forderung wird durch eine Wertsicherungsklausel, die an den Lebenshaltungskostenindex gebunden ist, abgesichert. Diese Problematik ist bereits oben bei der Behandlung der Reallast in der zweiten Abteilung des Grundbuches behandelt worden. Auf die dortigen Ausführungen wird verwiesen. Abgesichert wird die Zahlungspflicht im Grundbuch mit der Eintragung einer Reallast und einer Vormerkung hinsichtlich der Verpflichtung zur dinglichen Abänderung der Rentenhöhe.

5. Kaufpreisfälligkeit bei Teilgrundstücken

Wird das Grundstück nicht als Ganzes, wie es im Grundbuch eingetragen ist, veräußert, sondern nur eine noch zu vermessende Teilfläche und soll der Kaufpreis ganz oder teilweise finanziert werden, ist darauf zu achten, daß die Fälligkeit des Kaufpreises erst zu einem Zeitpunkt vereinbart wird, in dem der Erwerber auch die Möglichkeit hat, das Teilgrundstück mit Grundpfandrechten für die den Kaufpreis finanzierenden Banken zu belasten.

Zwar ist es auch denkbar, daß der Veräußerer zustimmt, zunächst das gesamte Grundstück mit Grundpfandrechten zu belasten, wenn von der finanzierenden Bank eine Verpflichtungserklärung vorliegt, daß diese bei durchgeführter Teilung des Grundstückes im Grundbuch die nicht mitverkaufte Parzelle aus der Pfandhaft entläßt. Die Praxis hat jedoch gezeigt, daß der Veräußerer solchen Globalbelastungen regelmäßig kritisch gegenübersteht. Stimmt er einer Gesamtbelastung nicht zu, muß berücksichtigt werden, daß das verkaufte Teilgrundstück erst dann mit Grundpfandrechten belastet werden kann, wenn es im Grundbuch verselbständigt ist. Rechtlich ist es unmöglich, einen nicht getrennten Teil eines Grundstücks für sich allein zu belasten. Grundschulden können also auf einem Grundstück entweder ganz oder gar nicht eingetragen werden.

Die Teilung eines unter einer bestimmten Flur- und Parzellennummer im Grundbuch verzeichneten Grundstücks erfolgt in der Weise, daß zunächst die zuständige Gemeinde die beabsichtigte Teilung auf Antrag genehmigt. Alsdann wird das Grundstück vom Katasteramt oder einem öffentlich bestellten Vermessungsingenieur vermessen und aufgrund dieser Vermessungsergebnisse erstellt das Katasteramt den sogenannten Veränderungsnachweis. Die Teilungsgenehmigung und der Veränderungsnachweis sind mit dem Antrag des Eigentümers die Grundlagen, damit das Grundstück im Grundbuch geteilt und nunmehr zwei Grundstücke jeweils unter einer eigenen laufenden Nummer des Bestandsverzeichnisses eingetragen werden.

Ist also das Grundstück jetzt im Grundbuch existent, kann es auch selbständig belastet werden. Aus diesem Grunde ist es empfehlenswert, bei dem Verkauf von noch zu vermessenden Grundstücken die Fälligkeit des Kaufpreises nicht früher als einen Monat nach Vorliegen des Veränderungsnachweises mit Teilungsgenehmigung zu vereinbaren.

6. Kaufpreisfälligkeit bei noch nicht im Grundbuch eingetragenem Veräußerer

Eine ähnliche Rechtssituation ergibt sich dann, wenn der Veräußerer selbst im Grundbuch noch nicht eingetragen ist. An sich ist der Verkauf durch den Berechtigten, allerdings im Grundbuch noch nicht Eingetragenen möglich. Ist noch Bucheigentümer beispielsweise der Erblasser und liegt der Erbschein auf den Veräußerer als Alleinerbe vor, so bedarf es, wenn der Alleinerbe nunmehr das Grundstück verkauft, nicht des Voreingetragenseins desselben. Vielmehr reicht es, die Kette der Berechtigung im Eigentum durch Urkunden, hier beispielsweise durch den Erbschein, nachzuweisen. Alsdann kann das Eigentum im Grundbuch direkt vom Erblasser auf den Käufer umgeschrieben werden.

Das gleiche gilt bei einem alsbaldigen Weiterverkauf des Grundstücks. Hat der Erwerber eine Immobilie gekauft und liegen alle zur Eigentumsumschreibung notwendigen Erklärungen und Genehmigungen vor, hat dieser Erwerber das Grundstück aber inzwischen an einen weiteren Käufer veräußert, so bedarf es an sich nicht der Zwischeneintragung des Ersterwerbers, weil hier die Berechtigung durch Vorlage der Urkunden, die in der Grundakte verbleiben, nachgewiesen ist.

Diese vereinfachte Grundbuchumschreibung ist aber dann nicht möglich, wenn der Zweiterwerber aufgrund einer Belastungsvollmacht beispielsweise den Kaufpreis über die Eintragung von Grundpfandrechten finanzieren will. In diesem Falle reicht die Belastungsvollmacht des nicht eingetragenen Rechtsnachfolgers des Bucheigentümers nicht aus, so daß zunächst der Veräußerer als Eigentümer im Grundbuch eingetragen werden muß, damit von der erteilten Belastungsvollmacht wirksam Gebrauch gemacht werden kann.

7. Kaufpreisauszahlung

Wird der Kaufpreis vom Erwerber direkt an den Veräußerer gezahlt, was an sich nur bei Lastenfreiheit des Grundstückes in Abteilung III des Grundbuches möglich ist oder wird der Kaufpreis oder verbleibende Restkaufpreis vom Notar-Anderkonto durch den amtierenden Notar an den Veräußerer ausgezahlt, so stellt sich die Frage, welche Voraussetzungen hierfür gegeben sein müssen.

Wird über das Geld des Erwerbers verfügt, so muß sichergestellt sein, daß dieser das Eigentum an dem Grundstück lastenfrei, mit Ausnahme der von ihm etwa übernommenen Belastungen und der von ihm veranlaßten Grundpfandrechte, erhält. Es muß also zunächst die Auflassungsvormerkung eingetragen sein, der keine anderen als die im Kaufvertrag erwähnten Rechte vorgehen dürfen. Ist so die Auflassung vorgemerkt und für den Erwerber gesichert, müssen die zur Umschreibung des Eigentums notwendigen Unterlagen, die den grundbuchlichen Vollzug gewährleisten, vorliegen. Dazu werden insbesondere die Verzichtserklärung bzw. die Negativbestätigung der Gemeinde bezüglich der Vorkaufsrechte aufgrund des Baugesetzbuches oder anderer Rechtsgrundlagen sowie bei dem Verkauf von Wohnungseigentum die etwa erforderliche Zustimmung des Verwalters oder die Zustimmung des Grundstückseigentümers bei der Veräußerung des Erbbaurechtes benötigt.

Darüber hinaus kann die lastenfreie Eigentumsumschreibung nur gesichert sein, wenn dem Notar die zur Ablösung der bisherigen vom Erwerber nicht übernommenen Belastungen in Abteilung III des Grundbuches notwendigen Löschungsunterlagen oder Pfandfreigabeerklärungen der Gläubiger vorliegen, selbst wenn mit dem Treuhandauftrag, die restlichen Valutenbestände nebst Kosten aus dem hinterlegten Kaufpreis an die Gläubiger zu zahlen sind. Ist schließlich die Löschung von Rechten in Abteilung II des Grundbuches vorgesehen, müssen auch diese Löschungsunterlagen bei Auszahlung des Kaufpreises vorliegen.

Die Unbedenklichkeitsbescheinigung des Finanzamtes ist zwar auch zur Umschreibung des Eigentums notwendig, hängt jedoch allein vom Verhalten des Erwerbers ab, der üblicherweise nach den Vereinbarungen der Parteien im Kaufvertrag die Grunderwerbsteuer an das Finanzamt zu entrichten hat, weshalb ihr Vorliegen nicht die Auszahlung des Kaufpreises bedingt. Zahlt nämlich der Erwerber die Grunderwerbsteuer in der gesetzlichen Höhe von 2% des Kaufpreises, so erteilt ihm die Finanzbehörde ohne Zögern die Unbedenklichkeitsbescheinigung, so daß hierauf der Veräußerer oder andere keinen Einfluß haben.

8. Absicherung des Veräußerers bei Nichtzahlung des Kaufpreises

a) Zwangsvollstreckungsklausel

Zur Absicherung des Veräußerers wird oft eine Zwangsvollstreckungsklausel im notariellen Kaufvertrag vereinbart, wonach der Erwerber sich hinsichtlich der Zahlung des Kaufpreises der sofortigen Zwangsvollstreckung in sein gesamtes Vermögen unterwirft und der jederzeitigen Erteilung einer vollstreckbaren Ausfertigung der Urkunde durch den Notar zustimmt.

Zahlt der Erwerber den Kaufpreis nicht, so ist der Veräußerer aufgrund der Zwangsvollstreckungsklausel nicht darauf angewiesen, in einem Rechtsstreit gegen den Erwerber ein vollstreckbares Urteil anzustreben, sondern er hat mit dem notariellen Vertrag sofort einen vollstreckbaren Titel. Dabei muß allerdings berücksichtigt werden, daß in fast allen Fällen der Kaufpreis nicht aus eigenen vorhandenen Mitteln erbracht, sondern durch Banken finanziert wird. Insofern ist aber die Auszahlung eines vielleicht noch nicht einmal genehmigten Kredites aufgrund eines Vollstreckungstitels nicht möglich. Der Titel nutzt nur dann etwas, wenn der Schuldner das Geld hat, das gepfändet werden kann. Wäre dies aber der Fall, würde er voraussichtlich zahlen. In der Praxis zeigt sich also, daß mit einer Vollstreckungsklausel der Kaufpreis nicht einzubringen ist. Sie dient nur dann als Druckmittel, wenn ein Grundstück von geringem Wert verkauft wird, und nunmehr der Erwerber, der den Kaufpreis sofort bezahlen könnte, dies aber wegen Kaufreue nicht macht, unter Druck gesetzt werden soll.

b) Rücktritt

Führt also die Zwangsvollstreckungsklausel regelmäßig nicht zum wirtschaftlichen Erfolg, daß der Kaufpreis belegt wird, muß der Veräußerer wenigstens die

Möglichkeit haben schnell und unkompliziert von dem geschlossenen Kaufvertrag loszukommen und sich damit der eingegangenen Verpflichtungen gegenüber dem Erwerber zu entledigen.

Ist bei einem gegenseitigen Vertrage der eine Teil mit der ihm obliegenden Leistung im Verzug, so kann ihm gemäß § 326 BGB der andere Teil zur Bewirkung der Leistung eine angemessene Frist mit der Erklärung setzen, daß er die Annahme der Leistung nach dem Ablauf der Frist ablehne. Danach ist er berechtigt, vom Vertrag zurückzutreten. Da nach dieser gesetzlichen Rücktrittsvorschrift der Veräußerer aber erst gehalten ist dem Erwerber eine Nachfrist mit Ablehnungsandrohung zu setzen ist es zweckmäßig, den Rücktritt nicht nach dieser gesetzlichen Vorschrift zu gestalten, sondern vertraglich zu vereinbaren. Wird der Kaufpreis nicht bei Fälligkeit oder nicht spätestens bis eine Woche nach Fälligkeit erbracht, so ist der Veräußerer berechtigt, vom Vertrag zurückzutreten. Entsprechend einer solchen Vereinbarung bedarf es keiner Fristsetzung mehr.

Es ist in der Rechtsprechung allgemein anerkannt, daß der Makler seinen Anspruch auf Zahlung der Provision durch einen Rücktritt nicht verliert, wie bei der Behandlung des zivilen Maklerrechtes im einzelnen noch darzulegen sein wird.

c) Keine Eigentumsumschreibung vor Kaufpreiszahlung

Wird der Kaufpreis nicht gezahlt, so muß jedenfalls sichergestellt sein, daß der Veräußerer sein Eigentum nicht verliert, da anderenfalls der eintretende Schaden groß sein kann. Aus diesem Grunde wird der Notar angewiesen, den Umschreibungsantrag beim Grundbuchamt erst zu stellen, wenn der Kaufpreis tatsächlich gezahlt ist.

9. Besitzübergang

Ist der Kaufpreis an den Veräußerer gezahlt oder wenigstens auf dem Notar-Anderkonto hinterlegt, so steht der Nutzen, d. h. auch die Zinsen ab diesem Zeitpunkt dem Veräußerer zu. Dem entspricht es wirtschaftlich, daß von diesem Zeitpunkt an der Besitz, nicht etwa das Eigentum, auf den Erwerber übergeht. Mit anderen Worten, die Zahlung des Kaufpreises soll im wesentlichen mit dem Besitzübergang übereinstimmen. Will der Erwerber nämlich zu einem bestimmten Zeitpunkt in das Haus einziehen, so wird der Veräußerer nicht bereit sein, ihm den Besitz einzuräumen, wenn der Kaufpreis nicht zuvor hinterlegt ist. Wird der Kaufpreis überhaupt nicht bezahlt und ist der Besitz bereits übergeben, wird der Veräußerer erhebliche Schwierigkeiten haben den Besitz seines Hausgrundstückes zurückzubekommen.

Der Zeitpunkt des Besitzübergangs ist auch der Termin, an dem der wirtschaftliche Nutzen wie auch die Lasten auf den Erwerber vereinbarungsgemäß übergehen, selbst wenn dies mit der gesetzlichen Situation nicht immer übereinstimmt. So fordert die Behörde Anlieger- und Erschließungsbeiträge, ferner Grundsteuer nicht etwa vom Besitzer, sondern nur vom eingetragenen Eigentümer.

Bei dem Übergang der Miet- und Pachtverhältnisse (§ 571 BGB) sollte nicht versäumt werden, daß die Parteien eine Regelung hinsichtlich der beim Veräußerer hinterlegten Kaution des Mieters treffen. Oft wird eine Regelung hierüber vergessen, was später zu erheblichen Schwierigkeiten führt, wenn der Mieter von dem neuen Eigentümer die Herausgabe der Kaution verlangt.

10. Sach- und Rechtsmängelhaftung

Handelt es sich um eine gebrauchte, d. h. ältere Immobilie, sei es ein Hausgrundstück oder eine Eigentumswohnung, wird die Haftung für Sach- und Rechtsmängel regelmäßig gänzlich ausgeschlossen. Da es sich insoweit um dispositives d.h. abdingbares Recht handelt, ist der Gewährleistungsausschluß zulässig. Die Erwerber bestehen allerdings gelegentlich auf einer Erklärung des Veräußerers, wonach dieser versichert, daß ihm schwerwiegende Substanzmängel nicht bekannt sind. Aus solchen Erklärungen sind Schadenersatzforderungen in der Praxis meist nicht erfolgreich herzuleiten.

Im übrigen entsteht mit diesem Gewährleistungsausschluß eine aus rechtspolitischen Gründen nicht ganz bedenkenfreie Situation, weil der Veräußerer, der den Gegenwert für das von ihm verkaufte Objekt erhält, praktisch in toto alle Haftungsansprüche ausschließen kann, während der Makler wegen mangelhafter Information hinsichtlich der vorhandenen Sachmängel dem Erwerber gegenüber haftet.

Die Rechtsprechung hat den Ausschluß der Gewährleistungsansprüche dort eingeschränkt, wo es sich um den Verkauf einer total renovierten Immobilie handelt, sei es nun ein Hausgrundstück oder eine Eigentumswohnung. Hier haftet der Veräußerer für Sachmängel und kann die Gewährleistung nicht gänzlich ausschließen.

In gleicher Weise gilt dies bei neu errichteten Objekten. Auch hier hat die Rechtsprechung festgestellt, daß ein gänzlicher Ausschluß der Gewährleistungsansprüche unzulässig ist, wobei in der Praxis die Frage entsteht, ob eine Beschränkung der Haftungszeit nach VOB auf zwei Jahre möglich ist oder ob sie der fünfjährigen BGB-Haftung unterliegt.

Wird in Kaufverträgen über ein neu errichtetes Haus oder über eine neu hergestellte Wohnung, mehrfach die gleiche Formulierung verwandt, so handelt es sich rechtlich um sogen. Formularverträge. Nach der vom Bundesgerichtshof in ständiger Rechtsprechung vertretenen Ansicht richtet sich die Gewährleistung beim sogenannten Bauträgervertrag nach den Bestimmungen über den Werkvertrag gem. §§ 631ff. BGB. Die damit verbundene fünfjährige Gewährleistungsfrist des § 638 kann formularmäßig nicht abgekürzt werden (§ 11 Nr. 10 lit. f. AGBG). Die Vereinbarung der VOB mit der zweijährigen Frist ist nur in sogenannten Individualverträgen möglich, also dann, wenn es sich nicht um einen notariellen Mustervertrag handelt, sondern beide Parteien ohne vorgegebene Formulare den Vertrag dergestalt aushandeln, daß nicht die eine Partei der anderen eine vorformulierte Vereinbarung vorgibt, vielmehr diese vertragliche Regelung nach den einzelnen Bedürfnissen des konkreten Falles gestaltet ist und jede Partei, insbesondere aber der Verkäufer, zu erkennen gibt, daß er auch hinsichtlich der Gewährleistungsansprüche zu Konzessionen bereit ist. In einem solchen Falle kann beispielsweise, wenn sich die Verminderung der Gewährleistungsfrist als zwischen den Parteien vereinbart erweist, diese auf die Höhe des Preises Einfluß nehmen, so daß im konkreten Falle beide Parteien auf einen Teil ihrer Interessenverwirklichung verzichten müssen. So kann der

Vertrag individuell gestaltet werden und dann auch eine verkürzte Gewährleistungsfrist wirksam beinhalten.

III. Dinglicher Vertrag und Grundbuchvollzug

Ist damit der schuldrechtliche Vertrag und der Austausch der wirtschaftlichen Leistungen im wesentlichen abgeschlossen, gilt es nunmehr den Vertrag im Hinblick auf die Durchführung zu gestalten.

Im dinglichen Vertrag sind die Parteien darüber einig, daß das Eigentum an dem bezeichneten Grundstück auf den Erwerber übergeht und der Veräußerer die Eigentumsumschreibung im Grundbuch bewilligt, der Erwerber sie beantragt.

Handelt es sich um den Verkauf eines Teilgrundstückes ist zu beachten, daß die Auflassung selbst noch nicht erklärt werden kann, weil das noch zu vermessende Grundstück im Grundbuch nicht existent ist. Hier bedarf es einer Vollmacht für den Bürovorsteher des Notariats zur Abgabe von Erklärungen, nämlich der Identitätserklärung und Auflassungsverhandlung in notarieller Form, wenn der Veränderungsnachweis mit Teilungsgenehmigung vorliegt und so die einzelnen Flurstücke beschrieben sind.

Neben der Auflassung hat der Veräußerer die Eintragung der Auflassungsvormerkung zu bewilligen und der Erwerber deren Eintragung im Grundbuch zu beantragen. Die Parteien haben sodann festzustellen, wann der Notar beauftragt sein soll, den Eintragungsantrag zum Grundbuchamt zu geben. In der Praxis wird dies unterschiedlich gehandhabt. Häufig wird die Auflassungsvormerkung erst im Grundbuch vermerkt, wenn der Kaufpreis auf dem Notar-Anderkonto hinterlegt ist; damit verliert allerdings die Vormerkung ihren wesentlichen Sinn und bringt nicht die gewünschte Sicherung des Käufers. Es empfiehlt sich daher die Auflassungsvormerkung sofort nach Abschluß des Vertrages im Grundbuch eintragen zu lassen, wobei allerdings bei den Vollmachten im Grundstückskaufvertrag eine Löschungsvollmacht für den Bürovorsteher vorzusehen ist (vergleiche hierzu auch die Ausführungen zur zweiten Abteilung, Auflassungsvormerkung).

1. Erforderliche Genehmigungen

Nach Abschluß des Kaufvertrages ist der Notar mit der Durchführung desselben betraut. Er hat die erforderlichen Genehmigungen einzuholen.

Bei der Vertretung eines der Vertragsbeteiligten ohne Vorlage der öffentlich beglaubigten Vollmacht hat er entweder die Vollmachtsbestätigung oder die Genehmigungserklärung des Berechtigten einzuholen.

Ist ein Minderjähriger beteiligt, bedarf es der Genehmigung des Vormundschaftsgerichtes.

Handelt es sich um eine Eigentumswohnung, so ist zu prüfen, ob die Zustimmung des Verwalters zur Veräußerung der Eigentumswohnung notwendig ist, was wie oben dargelegt, aus dem Bestandsverzeichnis des Grundbuches hervorgeht. Der Vertrag ist erst nach Erteilung dieser Zustimmung rechtswirksam. Die Verweigerung ist nur aus wichtigen, meist in der Teilungserklärung vorgesehenen Gründen möglich. Die Zustimmung des Verwalters kann jedoch durch die Zustimmung der Eigentümerversammlung ersetzt werden.

Beim Erbbaurecht bedarf die Übertragung der Zustimmung des Grundstückseigentümers, wenn dieses Erfordernis ausdrücklich im Bestandsverzeichnis des Grundbuches eingetragen ist.

Handelt es sich nicht um eine Eigentumswohnung, so ist für die Übertragung des Grundbesitzes die Verzichtserklärung oder die Negativbescheinigung der Gemeinde bezüglich des Vorkaufsrechtes nach dem Baugesetzbuch notwendig.

Die steuerliche Unbedenklichkeitsbescheinigung des Finanzamtes ist einzuholen. Sie wird erteilt, wenn die Grunderwerbsteuer bezahlt ist.

Handelt es sich um ein Grundstück von mehr als 2500 m^2 außerhalb eines Bebauungsplanes, so ist die Genehmigung der Landwirtschaftsbehörde einzuholen. (§ 2 Grdst VG i.V. mit den Vorschriften der Länder über die Genehmigungsfreiheit bei Grundstücken unter 0,25 ha).

Ist der Eigentümer im Grundbuch zwar als Alleineigentümer eingetragen, jedoch in Zugewinngemeinschaft verheiratet und handelt es sich um den wesentlichen Vermögensgegenstand, so ist die Genehmigung durch den Ehegatten einzuholen. Üblicherweise geschieht dies dadurch, daß der andere Ehegatte bei der Protokollierung des Kaufvertrages mitwirkt und darin zugleich die Genehmigung erteilt.

2. Durchführungsvollmachten

Im notariellen Kaufvertrag sind grundsätzlich noch unter den Schlußbestimmungen Vollmachten meist zugunsten von Kanzleiangestellten des Notars enthalten. Darunter fallen insbesondere solche Vollmachten zur Vertragsergänzung oder Änderungsvollmachten zur Beseitigung von Fehlern. Wichtig ist die Vollmacht zur Bestellung von Grundpfandrechten zugunsten finanzierender Gläubiger. Dabei wird die Vollmacht sowohl vom Veräußerer als auch vom Erwerber erteilt. Der Veräußerer stimmt nämlich zu, daß mit Hilfe der Vollmacht bereits vor Eigentumsumschreibung Grundpfandrechte für finanzierende Gläubiger im Grundbuch eingetragen werden, und der Erwerber bevollmächtigt zu Erklärungen, daß er die persönliche Schuldhaft für die der Grundschuld zugrundeliegenden Darlehensverpflichtungen übernimmt und sich der sofortigen Zwangsvollstreckung in sein gesamtes Vermögen unterwirft. Regelmäßig ist der Veräußerer bereit, derartige Belastungsvollmachten zu erteilen, weil er einerseits darauf vertraut, daß in der Abwicklung durch den Notar keine Fehler entstehen, andererseits weil er dadurch abgesichert wird, daß die Valuten dieser Grundschulden nicht an den Erwerber, den Schuldner der Bank, ausgezahlt werden dürfen; vielmehr dieser die Auszahlungsansprüche gegen die Bank an den Veräußerer abtritt mit der beiderseitigen Anweisung, die Valutenbeträge auf das vom Notar einzurichtende Notar-Anderkonto zu zahlen.

Der Notar erhält schließlich noch die allgemeine Vollmacht, die vorgenannten Genehmigungen und die zum Vollzug des Vertrages erforderlichen Erklärungen einzuholen, Genehmigungen, die ohne Bedingungen und Auflagen erteilt werden, für alle Beteiligten entgegenzunehmen, wobei alle zu dem Vertrag erforderlichen Genehmigungserklärungen mit ihrem Eingang beim Notar als zugegangen gelten und wirksam sein sollen und für die Durchführung des Vertrages zu sorgen.

3. Abschriften und Ausfertigungen der Urkunde

Da der Notar alleinverantwortlich den Vertrag grundbuchlich vollzieht, kann in der Urkunde aufgenommen werden, daß die Parteien, die an sich kraft Gesetzes ein eigenes Antragsrecht zum Vollzug eines Kaufvertrages haben, hierauf verzichten. Neben dieser Erklärung kann der Notar verhindern, daß die Parteien selbst Anträge stellen, indem er bis zur Zahlung des Kaufpreises keine beglaubigten Abschriften und Ausfertigungen der Urkunde an die Parteien herausgibt, sondern lediglich einfache Vertragsabschriften aushändigt. Eine Abschrift der Urkunde ist eine einfache Fotokopie, eine beglaubigte Abschrift ist eine Fotokopie, die mit Notarfaden gebunden und gesiegelt ist, mit dem Vermerk des Notars, daß diese Abschrift mit dem Original übereinstimmt. Eine Ausfertigung ist eine gebundene und gesiegelte Fotokopie der Urkunde mit dem Notarvermerk, daß es sich um eine Ausfertigung handelt. Sie ersetzt im Rechtsverkehr die bei dem Notar verbleibende Urschrift.

4. Kosten

Die Kosten des Vertrages und seiner Durchführung können von jeder der Parteien getragen werden, üblicherweise zahlt sie der Erwerber. Der Veräußerer hingegen trägt die Kosten der Lastenfreistellung, der nicht vom Erwerber übernommenen Belastungen in der zweiten und dritten Abteilung des Grundbuches, also die Kosten, die durch die Einholung der Löschungsbewilligungen durch den Notar mit entsprechendem Treuhandauftrag der Gläubiger, von den Gläubigern verlangte Kosten für die Erteilung der Löschungsbewilligungen und Gerichtskosten für die Löschung im Grundbuch entstehen.

Wird ein Teilgrundstück verkauft, so sollte nicht versäumt werden zu klären, wer von den Parteien die Vermessungskosten trägt.

Für Gerichts- und Notariatsgebühren haften kraft Gesetzes die Parteien gesamtschuldnersich. Die Regelung im Vertrag dient nur der Klarstellung zwischen dem Verkäufer und dem Käufer. Üblicherweise richtet sich der Notar danach und schickt seine Kostennote an denjenigen, der sich im Vertrag verpflichtet hat die Kosten zu tragen. Erlangt er von diesem jedoch keine Zahlung, so kann er die andere Partei in Anspruch nehmen. Die gleiche Rechtslage ist für die Steuerbehörde hinsichtlich der Grunderwerbsteuer gegeben. Auch hier haften nach dem Gesetz beide Parteien. Die Regelung, daß der Käufer - wie üblich - die Grunderwerbsteuer zahlt, ist auch hier nur eine zivilrechtliche Vereinbarung unter den Parteien, hat jedoch für die Steuerbehörde keine rechtliche Wirkung.

Die Gebühren des Notars sind gesetzlich in der Kostenordnung vorgeschrieben. Sie richten sich nach der jeweiligen Höhe der im Vertrag vereinbarten Gegenleistung, regelmäßig nach der Höhe des Kaufpreises. Die Höhe der Gebühren ist aus der Kostenordnung, die im Anhang 20 abgedruckt ist, zu entnehmen. Die normale Vertragsgebühr beträgt $^{20}/_{10}$, die Vollzugsgebühr $^{5}/_{10}$, beschränkt sich die Vollzugstätigkeit auf die Einholung der Erklärung der Gemeinde bezüglich des Vorkaufsrechtes nach dem Baugesetzbuch, so beträgt die Vollzugsgebühr nur $^{1}/_{10}$. Neben den Auslagen, Fotokopierkosten, Portokosten ist diesen Gebühren die Mehrwertsteuer in der jeweils gesetzlichen Höhe zuzurechnen.

5. Maklerprovision

Schließlich ist darauf zu achten, daß der notarielle Vertrag eine Regelung über die Maklergebühren enthält. Viele Makler beklagen, daß Notare sich nicht bereit zeigen, eine solche Klausel in den Vertrag aufzunehmen. Hierzu sind die Notare jedoch verpflichtet, weil die Regelung der Provision im Vertrag nicht nur im Interesse des den Vertrag vermittelnden Maklers aufgenommen wird, vielmehr auch die Parteien des Kaufvertrages, also Verkäufer und Käufer, ein Interesse daran haben, daß auch hinsichtlich dieser Forderungen Klarheit geschaffen wird.

Ist der Vertrag in einem Bundesland geschlossen, in dem üblicherweise der Erwerber die Provision allein trägt, wie beispielsweise in Hessen, so ist selbstverständlich dem Veräußerer daran gelegen, im Vertrag aufzunehmen, daß der Erwerber sich gegenüber dem Makler verpflichtet, die Provision in Höhe von 5% zuzüglich der gesetzlichen Mehrwertsteuer zu tragen, weil in dieser Festlegung klar zum Ausdruck kommt, daß er als Veräußerer nicht für die Provision des Maklers einzustehen hat. Aber auch in den Bundesländern, in denen eine geteilte Provisionszahlung üblich ist, also der Makler sowohl vom Veräußerer als auch vom Erwerber Provision durch Vereinbarung festgelegt hat, besteht ein allgemeines Interesse daran, Rechtssicherheit durch Regelung im Kaufvertrag zu schaffen. Der Makler hat die Parteien hierauf hinzuweisen und nachdrücklich darauf einzuwirken, daß der Notar eine solche Regelung im Vertrag aufnimmt.

Wie die Maklerklausel im Vertrag formuliert werden soll, ist vom Makler dem Notar vorzugeben, weil sie an die konkreten Bedürfnisse des Vertrages anzupassen ist. Es wurde bereits bei den Ausführungen in der zweiten Abteilung des Grundbuches beim dinglichen Vorkaufsrechtes darauf hingewiesen, daß bei eventueller Ausübung eines dinglichen Vorkaufsrechtes die Maklerklausel einer bestimmten Formulierung bedarf, nämlich der, daß sich der Erwerber dem Veräußerer gegenüber zur Provisionszahlung an die Immobilienfirma X verpflichtet, dergestalt, daß diese direkt anspruchsberechtigt ist. Das heißt also, die Verpflichtung zur Zahlung der Provision muß im Verhältnis Erwerber Veräußerer fixiert werden, da der Vorkaufsberechtigte kraft Gesetzes in alle vereinbarten Rechtsbeziehungen zwischen Erwerber und Veräußerer eintreten muß und damit auch die Provision zu zahlen hat.

Die Einzelheiten der Provisionszahlungsverpflichtung werden später im zivilen Maklerrecht behandelt, hier hat die Provisionsklausel nur allgemeine Bedeutung bei der Abfassung des Kaufvertrages, weshalb noch die Frage behandelt werden soll, ob der für die Provision Zahlungsverpflichtete sich der sofortigen Zwangsvollstreckung in sein gesamtes Vermögen zu unterwerfen hat. Natürlich ist eine solche Zwangsvollstreckungsklausel die optimale Absicherung der Provisionsforderung des Maklers. Doch ist hier die Grenze erreicht, wo der Makler sein persönliches Interesse in den Vertrag einbringen kann. Würden die Parteien, nach Belehrung durch den Notar, eine Zwangsvollstreckungsklausel hinsichtlich der Zahlung des Kaufpreises nicht vereinbaren, so ist es für den Notar kaum vertretbar, für die geringere und zwischen den Parteien nicht wirtschaftlich relevante Provisionsforderung des Maklers die Zwangsvollstreckungsklausel vorzusehen. Mit Recht wird in diesem Falle der Notar die Aufnahme einer solchen Sicherung ablehnen. Ist dagegen beim Kaufpreis die sofortige Zwangsvollstreckung vorgesehen, kann auch für die Provisionszahlung eine Vollstreckungsklausel vereinbart werden, wobei es nach nicht ganz unstreitiger Meinung ausreichend ist, daß die Parteien sich wegen aller in dem Vertrag niedergelegten Zahlungsverpflichtungen der sofortigen Zwangsvollstreckung unterwerfen. Dies gilt sowohl für den Kaufpreis als auch für die Zahlung der Provision, wobei rechtlich gegen eine solche pauschale Zwangsvollstreckungsklausel das Erfordernis der Bestimmtheit eingewandt wird.

Aus einem einfachen Kaufvertrag ist klar und deutlich ersichtlich, zu welchen Zahlungen sich die Parteien verpflichtet haben. Bei dem normalen Vertrag ist dies einerseits der Kaufpreis und andererseits die zu zahlende Maklerprovision jeweils in der im Vertrag tatsächlich bestimmten Höhe, so daß durchgreifende Zweifel an einer solchen Regelung nicht bestehen.

In der Einleitung dieser Schrift wurde darauf hingewiesen, wie wichtig für die Verkaufsförderung, für die Verhandlungen mit den Parteien und dem Notar die Kenntnisse vom Grundbuch sind. Vorstehend wurden dem Makler Hinweise und Anleitungen an Hand gegeben, daß er das Grundbuch in allen Variationen lesen und insbesondere verstehen kann und aufgrund dieser Erkenntnisse selbst den notariellen Kaufvertrag unter Berücksichtigung der Parteiinteressen erarbeiten kann. Ist der Makler soweit vorgedrungen, empfiehlt es sich nunmehr, die im Anhang 17, 18, 19 abgedruckten Verträge, das heißt einen Kaufvertrag über ein Grundstück, ein Wohnungseigentum und ein Erbbaurecht zu studieren, damit dieses ganzheitlich zu betrachtende Gebiet in sich abgeschlossen ist und der Makler höchstmögliche Erkenntnisse hieraus gezogen hat. Im Anhang 21 ist ein Formular zur Vorbereitung eines Kaufvertrages abgedruckt, das der Makler bei seiner vertragsvorbereitenden Tätigkeit verwenden sollte.

C. Öffentliches Maklerrecht

Die Tätigkeit des Maklers ist in zwei verschiedenen Rechtsbereichen geregelt. Soweit es sich um die Rechtsbeziehungen des Maklers zu seinem Auftraggeber handelt - Maklervertragsrecht - greift das Zivilrecht ein. § 652 BGB regelt das Zustandekommen des Maklervertrages sowie den Provisionsanspruch (§ 653 BGB). Diese Vorschriften des Bürgerlichen Gesetzbuches werden von Sonderbestimmungen über Maklerverträge ergänzt, so beispielsweise durch das Gesetz zur Regelung der Wohnungsvermittlung.

Neben dem zivilrechtlichen Bereich wird die Tätigkeit des Maklers durch öffentlich-rechtliche Vorschriften gestaltet und überwacht. Hierbei handelt es sich nicht um den Ausgleich zivilrechtlicher Interessen, sondern vielmehr um gewerbeordnendes Recht, also um die Rechtsbeziehung vom Makler zum Staat. Diese gesetzlichen Regeln bestimmen den Zugang zu dem Beruf des Maklers, den Bestand der Berufsausübung, die hoheitliche Überwachung der Maklertätigkeit, Tatbestände also, die zum Schutze der Allgemeinheit gesetzlich normiert werden. Dieser Teilbereich des Maklerrechtes, der im wesentlichen seine Grundlage in der Gewerbeordnung findet, ist Gegenstand der folgenden Ausführungen.

Bis zum Jahre 1973 war das öffentliche Maklerrecht nicht speziell geregelt. Entsprechend der grundgesetzlich garantierten Berufsfreiheit (Art. 12 GG) und der allgemein geltenden Gewerbefreiheit (§ 1 GewO) hatte jedermann ohne Einschränkung das Recht, den Betrieb des Maklergewerbes aufzunehmen.

Da es keine Zulassungsbeschränkungen gab, konnte gegen unlautere gewerbetreibende Makler nur gemäß der allgemeinen Vorschrift des § 35 GewO mit Hilfe der dort geregelten Gewerbeuntersagung eingeschritten werden, wenn diese schon etabliert waren. Wegen des in Rechtsprechung und Schrifttum anerkannten Bestandsschutzes eines eingerichteten und ausgeübten Gewerbebetriebes gestalteten sich die Gewerbeuntersagungsverfahren besonders langwierig. Entsprechend dem ursprünglichen Ziel des öffentlichen Rechtes, zukünftig eintretende Mißstände zu verhindern und nicht erst hoheitlich tätig zu werden, wenn ein Schaden für die Allgemeinheit eingetreten ist, ergab sich die Notwendigkeit, das öffentliche Maklerrecht gesetzlich zu regeln. Dies ist mit § 34 c der Gewerbeordnung und mit der Makler- und Bauträgerverordnung geschehen. In der Begründung zur Einführung des § 34 c GewO (BT-Drucksache VI/2588) wird ausgeführt: „In letzter Zeit sind insbesondere im Grundstücks- und Wohnungsmaklergewerbe Mißstände bekannt geworden. Die Betroffenen, zumeist Angehörige sozial schwacher Bevölkerungsschichten, werden hierdurch teilweise erheblich geschädigt. In das Maklergewerbe haben Personen Eingang gefunden, denen es an der für ihre Tätigkeit erforderlichen Zuverlässigkeit fehlt, oder die in ungeordneten Vermögensverhältnissen leben. Es handelt sich dabei zum Teil auch um vorbestrafte Personen oder in anderen Berufen gescheiterte Existenzen. Der Entwurf sieht daher die Zulassungsregelung für das Maklergewerbe vor, die sicherstellen soll, daß ungeeigneten Personen der Zugang zu diesem Gewerbe verwehrt werden soll. Dies hat zur Folge, daß Personen, die als Makler tätig sein wollen ihr Gewerbe nur aufnehmen dürfen, wenn hinsichtlich ihrer Zuverlässigkeit und ihrer Vermögensverhältnisse keine Bedenken bestehen."

I. Sach- und Fachkunde

Die Zulassungsregelung in § 34c GewO wurde vom Gesetzgeber nur halbherzig geregelt. Wie aus der oben dargelegten Begründung ersichtlich, sah der Gesetzgeber das Regelungsbedürfnis seinerzeit aufgrund der gewerberechtlichen Unzuverlässigkeit, die im wesentlichen auf ungeordnete Verhältnisse zurückgehe. Dieser Ausgangspunkt verkennt die tatsächlichen Verhältnisse. Vielmehr finden eine Vielzahl von Personen zum Maklerberuf Zugang, denen die notwendige fachliche Qualifikation fehlt. Da es bisher eine gesetzliche Berufszulassung nicht gab, handelt es sich bei dem Beruf des Maklers nicht um einen sogenannten Lehrberuf. Der Makler braucht daher nicht von Organisationen, Verbänden, Industrie- und Handelskammern, privaten Lehrveranstaltungsanbietern Unterrichtsprogramme anzunehmen, noch mangels staatlich vorgeschriebener Ausbildung, öffentlich-rechtlich eingerichtete Veranstaltungen zu besuchen. Dies wäre aber gerade bei der Berufsausbildung zum Makler zwingend notwendig, weil die Vergangenheit gezeigt hat, daß in den Beruf des Maklers Menschen streben, die aus gänzlich anderen Berufszweigen, oft nicht einmal mit kaufmännischer Vorbildung kommen und nunmehr einen Beruf zulässigerweise ausüben, für den mehr notwendig ist, als in geordneten Vermögensverhältnissen zu leben.

In den letzten Jahren sind darüber hinaus die fachlichen Anforderungen an die notwendige Sachkunde des Immobilienmaklers und Hausverwalters ganz erheblich gestiegen. Der Immobilienmakler wird auf einem für den durchschnittlichen Staatsbürger sehr wichtigen Wirtschaftszweig tätig, indem er ihm bei der Verwirklichung seines Eigenheimes mit Rat und Tat zur Seite steht. Es ist erwiesen, daß in den meisten Fällen der Makler seine Tätigkeit nicht etwa für Bauträger, Firmen oder Großanleger in der Immobilienwirtschaft entfaltet, vielmehr macht er den Markt für den einzelnen Käufer transparent, der die Immobilie für sich bzw. für seine Familie erwirbt. Alle Ersparnisse der vergangenen Jahre, die Früchte jahrelanger, meist gemeinsamer Arbeit wie auch die der Zukunft in Form von Schulden werden hier investiert. Mithin nimmt also der Makler beratend, fördernd an einem Geschäftsabschluß teil, der für den Käufer, die Familie überhaupt das wichtigste Geschäft ihres Lebens ist. Unter diesen Umständen ist es im Interesse der Allgemeinheit nicht nur wünschenswert, sondern notwendig, daß der Makler entsprechende Fach- und Sachkunde hat, damit insbesondere der Kleinanleger nicht durch falschen Rat Schaden erleidet.

An die Tätigkeit des Maklers werden außerordentlich hohe Anforderungen gestellt. Das gilt nicht nur von der konkreten Marktsituaion, sondern der Makler muß die Bausubstanz, die Nutzbarkeit und die Verwertbarkeit eines Objektes im allgemeinen beurteilen können. Neben diesen die Substanz betreffenden Fragen sind steuerliche Bewertungen, vertragliche Gestaltungsmöglichkeiten, Grundbuchwissen und umfangreiche Kenntnisse von der Finanzierung erforderlich, um eine sachgerechte Beratung durchzuführen.

Aus all diesen Gründen ist insbesondere zum Schutze der Allgemeinheit die Einführung eines generellen umfassenden Sach- und Fachkundenachweises notwendig. Dieses Begehren ist auch von maßgeblichen berufsständischen Verbandsorganisationen unterstützt worden. Die in der Sache federführend tätigen Bundesministerien haben jedoch die gesetzliche Regelung eines Sach- und Fachkundenachweises stets abgelehnt und damit begründet, daß eine solche Zulassungsvoraussetzung gegen Artikel 12 GG verstoße und daher unwirksam sei. Die Bundesregierung hat in einer Antwort vom 19. Januar 1990 ihren Standpunkt in dieser Sache nochmals wiederholt und hierzu ausgeführt:

„Der Sachkundenachweis stellt nach der Rechtsprechung des Bundesverfassungsgerichtes eine subjektive Zulassungsregelung dar. Sie schränkt die unternehmerische Betätigungsfreiheit ein und wirkt sich zwangsläufig als Marktzugangsbeschränkung mit der marktwirtschaftlich unerwünschten und den Grundprinzipien der freien Marktwirtschaftsordnung nicht angemessenen Nebenwirkung einer Wettbewerbsbeschränkung aus. Die Freiheit der Berufswahl darf jedoch nur eingeschränkt werden soweit der Schutz besonders wichtiger Gemeinschaftsgüter dies zwingend erfordert und andere Mittel, die das Grundrecht in Art. 12 GG weniger beeinträchtigen, nicht zur Verfügung stehen.

Empirisch belegbare Tatsachen, die eine derartige Einschränkung der Berufsfreiheit erfordern, sind nicht bekannt. Dies mag – wie schon bei der Beratung des Gesetzesentwurfs im Jahre 1972 – damit zu erklären sein, daß Schädigungen der Kunden in der Regel nicht auf fehlende Sachkunde, sondern auf strafrechtliche Verfehlungen und sonstige Verstöße zurückzuführen sind, die schon von dem Begriff der Unzuverlässigkeit (gemeint ist das Tatbestandsmerkmal in § 34 c GewO) erfaßt sind.

Die Verwirklichung der Forderung nach einer Fachkundeprüfung dürfte die fachliche Qualifikation der Makler zwar in einem gewissen Rahmen anheben und wohl auch das soziale Prestige des Berufsstandes etwas verbessern. Andererseits würde aber eine Sachkundeprüfung zur Abschottung von Newcomern führen.

Wie das Bundesverfassungsgericht in seiner Entscheidung vom 14. Dezember 1965 zum damaligen Einzelhandelsgesetz (mit der dieses Gesetz wegen darin aufgestellter Sachkundevoraussetzung für verfassungswidrig erklärt wurde) und, ihm folgend, der Wirtschaftsausschuß des Deutschen Bundestages bei der Beratung des Entwurfes des § 34 c GewO ausgeführt haben, ist es jedoch nicht Sache des Gesetzgebers dafür zu sorgen, daß die Gewerbetreibenden die fachlichen Voraussetzungen für die Berufsausübung besitzen.

Das Gewerbe hat eigenverantwortlich dafür zu sorgen, daß die Berufsangehörigen die für die Gewerbeausübung erforderlichen Voraussetzungen mitbringen und sich darüber hinaus fachlich weiterbilden."

Mit dieser Einstellung wird sich die Bundesregierung in den folgenden Jahren bei der Harmonisierung des Rechtes im Rahmen der Europäischen Gemeinschaft noch schwer tun. In fast allen europäischen Ländern ist die Ausübung des Berufes als Immobilienmakler nur möglich, wenn eine berufsspezifische Ausbildung vorliegt, Abschlußprüfungen bestanden wurden und Berufspraxis besteht. Es ist unwahrscheinlich, daß die anderen europäischen Länder von dieser sachlich notwendigen Ausbildung abgehen und nunmehr gleich dem deutschen Staat ihre Gesetze dahin ändern, daß für die Ausübung des Maklerberufes kein Sach- und Fachkundenachweis notwendig ist. Da nach den zu harmonisierenden Gesetzen ohnehin vorgesehen ist, daß der Verbraucher in der Europäischen Gemeinschaft von demjenigen, der eine Dienstleistung für ihn erbringen will, den Nachweis der Fachkunde verlangen kann, wird das Problem langfristig wohl dahin geregelt werden, daß der Zugang zum Maklerberuf nur nach erfolgter Ausbildung oder mehrjähriger Berufserfahrung möglich ist.

1. Berufsbild des Immobilienmaklers

In der Gewerbeordnung wird der Begriff des Maklers nicht verwandt, vielmehr wird verbal vom „Vermitteln" oder „die Gelegenheit zum Abschluß solcher Verträge nachzuweisen" gesprochen. Damit ist jedoch die Tätigkeit des „Maklers" gemäß der Begriffsbildung des Bürgerlichen Gesetzbuches bzw. entsprechend heutigem Sprachgebrauch umschrieben. Das Berufsbild des Maklers hat eine mehr als achthundertjährige Tradition. Der Begriff „Makler" hat sich aus dem Zeitwort „maken" entwickelt und bedeutet: Geschäftemachen von Vermittlern.

Als Vermittler steht der Makler zwischen zwei von mehreren Parteien, wobei er von einem - dem Auftraggeber - mit der Vermittlung eines Geschäftes betraut wird, d. h. mit der Suche nach Interessenten, auf die er einwirken soll, das Geschäft mit dem Auftraggeber zu schließen. An diesem Einwirken fehlt es bereits, wenn der Makler selbst Vertragspartei ist. Hieraus folgt, daß der weitere Begriff „Kaufmann" gemäß § 1 Abs. 1 und Abs. 2 Ziff. 7 HGB nur für den Handelsmakler, nicht aber in der Grundstücks- und Wohnungswirtschaft auf den Makler im Sinne des § 652 BGB, also den Grundstücksmakler, zutrifft. Hier bleibt der Makler mit Grund und Boden verbunden, erfüllt auch volkswirtschaftlich mit seiner Tätigkeit eine wichtige Funktion, die Interessen der Parteien im Vertrage zu vereinigen, die Partner also zusammenzuführen, die es allein nicht fertigbringen, weil die Lebensräume und konkreten Verhältnisse zu weit auseinanderliegen. Dieses Mitwirken bei dem Zusammenbringen und der Gestaltung von Verträgen über Bodenteile und mit ihnen fest verbundenen Bauten oder anderer fertiger Gegenstände ist daher etwas anderes als die Neuschaffung von Häusern und Wohnungen, etwas anderes auch als deren Verwaltung. Das Berufsbild des Immobilienmaklers ist und bleibt daher durch die Vermittlung von Beziehungen und Verträgen auch im Grundstücks- und Wohnungsbereich bestimmt, wobei es zum Berufsbild gehört, daß der Makler ein freier, nur seinem speziellen Auftraggeber verantwortlicher Unternehmer ist.

Demgegenüber umfaßt die Grundstücks- und Wohnungswirtschaft viele Tätigkeiten, die in das Berufsbild des Maklers nicht hineinpassen. Als Beispiel seien die Wohnungsunternehmer genannt, die sich als Bauträger oder Baubetreuer betätigen, die fortwährend Wohnungen erstellen und einen Wohnungsbestand bewirtschaften bzw. eine Betreuung hinsichtlich dieser beiden Hauptfunktionen ausüben. Dies sind bereits Tätigkeiten, bei denen die Unternehmer selbst als Vertragspartner auftreten, indem sie ihre Bauwerke verkaufen oder vermieten und daher eine Verwaltungstätigkeit übernehmen, bei der sie nicht nur vermitteln. Der Makler ist Zivilmakler nach § 652 BGB und der Wohnungsmakler unterliegt dem Gesetz zur Regelung der Wohnungsvermittlung. Hinsichtlich dieser Tätigkeiten ist der Makler nicht Kaufmann; er kann allerdings Kaufmann werden, wenn er die Tätigkeit in einem gewerblichen Unternehmen ausübt, das nach Art und Umfang einen in kaufmännischer Weise eingerichteten Geschäftsbetrieb erfordert und wenn er im Handelsregister eingetragen ist (§ 2 HGB). Auch aus diesem Grunde trifft die gelegentlich geäußerte Aussage, der Makler sei Kaufmann in der Grundstücks- und Wohnungswirtschaft in dieser Allgemeinheit nicht zu.

2. Aufgabe und Stellung des Maklers im sozialen Rechtsstaat

Die freie Entfaltung einer Maklertätigkeit ist durch das Grundgesetz garantiert. Dem entsprechen auch die berühmt gewordenen Entscheidungen des Bundesverfassungsgerichtes zur Berufsfreiheit (Art. 12 GG), in denen das Gericht den scheinbaren Widerspruch zwischen gesetzesfreier Berufswahl und gesetzlich einschränkbarer Berufsausübung dadurch überwunden hat, daß es in elastischer Weise die Nähe der Berufstätigkeit zur Berufswahl oder Berufsausübung als maßgeblich erkannte: Je näher die berufliche Tätigkeit zu der Berufswahl steht, umso weniger ist auf dieser Stufe eine gesetzliche Regelung, geschweige denn eine Einschränkung zulässig (sog. Stufentheorie des Bundesverfassungsgerichtes). Diese in Rechtsprechung und Schrifttum gesicherten Erkenntnisse gelten heute für jeden Beruf, daher auch, wie noch im einzelnen zu zeigen sein wird, für Makler. Diese sind überdies dem Gesetz der Nähe ganz besonders verhaftet. Denn es ist von jeher in Wirtschaft und Politik Aufgabe und Funktion des Maklers, verschiedenartige Wünsche und Bestrebungen zu vereinen, getrennte Interessen aus beruflicher, insbesondere gewerblicher, oft auch räumlicher Ferne in die Nähe von Verhandlungen und zu einem möglichst allseits befriedigenden Ausgleich und damit zur Einheit zu leiten. Der Makler erfüllt daher im sozialen Rechtsstaat eine besonders wichtige gesellschaftliche Aufgabe, nämlich Getrenntes zusammenzuführen, aufeinanderzustrebende Interessen aufzuspüren, zwischen ihren Trägern zu vermitteln, das die Einzelinteressen überhöhende gemeinsame Interesse herauszufinden und Belange und Bedürfnisse im Vertrage zu vereinigen und zu einen.

3. Verfassungslage

Ist so der Beruf des Maklers mit dem Streben nach harmonischem Einigsein verknüpft, so muß es verwundern, daß gelegentlich die Forderung erhoben worden ist, den Beruf des Maklers als Ganzen zu verbieten. So hat die SPD auf ihrem Parteitag 1973 in Hannover beschlossen – die Ausübung des Gewerbes zur Vermittlung von Grundstücken und Wohnungen ist gesetzlich zu unterbinden. Eine öffentliche Vermittlungsstelle ist einzurichten.

Eine solche Verhinderung der Berufswahl würde gegen Art. 12 Abs. 1 GG verstoßen. Denn das hier jedem Deutschen gewährte Recht, seinen Beruf und Arbeitsplatz frei zu wählen, verbietet es nicht nur, den einzelnen an der Wahl eines vorhandenen Berufes zu hindern, sondern schließt es auch aus, die Wahl eines Berufes dadurch zu vereiteln, daß der Beruf selbst in seinem Wesen verändert und dadurch in seiner bisherigen Struktur beseitigt wird.

In einer derartigen Maßnahme läge – ganz abgesehen von grundsätzlichen Bedenken gegen Maßnahmegesetze überhaupt – eine Verfassungsumgehung: Der Verfassung, hier der Grundrechtsvorschrift des Art. 12 Abs. 1 GG, würde durch die Verstaatlichung eines ganzes Berufes zuwidergehandelt werden.

Dies kann nicht rechtens sein. Würde also ein bislang selbstverantwortlich ausgeübter Beruf strukturell so verändert, daß er nur im abhängigen Beamten- oder Angestelltendienst in einer öffentlichen Körperschaft ausgeübt werden könnte, so wäre der vor seiner Berufswahl stehende Mensch in der Freiheit seiner Wahl bezüglich der von ihm gewünschten Tätigkeit entscheidend behindert. Er könnte zudem seine in Art. 12 Abs. 1 GG ebenfalls garantierte Arbeitsstätte und den Arbeitsplatz nicht mehr frei wählen. Mindestens läge im Sinne der eingangs erörterten Stufentheorie des Bundesverfassungsgerichtes der Weiterbestand des auszuübenden Berufes so nahe an der Freiheit der Berufswahl, daß auch nach jener Rechtsprechung die gesetzliche Behinderung der Freiheit, den freien Beruf eines Maklers auszuüben, unzulässig und unwirksam wäre.

Zu dem selben Ergebnis führt die Einsicht, daß die in Art. 12 Abs. 1 GG verbriefte Freiheit der beruflichen Tätigkeit nur ein Sonderfall der in Art. 2 GG jedem Deutschen eingeräumten Handlungsfreiheit ist. Diese Handlungsfreiheit darf und kann nicht dadurch ausgehöhlt werden, daß ein ganzer Beruf von der Freiheit und der Eigenverantwortlichkeit in die Abhängigkeit von Dienstleistungen überführt wird.

Überwiegende Interessen des Gemeinwohles, in welche die Grundrechte, auch die des Art. 12 Abs. 1 GG und des Art. 2 GG eingebettet sind, fordern eine solche Veränderung der Berufsstruktur nicht. Vielmehr ist das Gegenteil der Fall: Die Aufgabe, freie und selbstverantwortliche Menschen mit verschiedenen und dennoch einander anziehenden, oft aufeinander angewiesenen Interessen zum Ausgleich und Vertrag in gegliederter Fülle zu verbinden, setzt ein besonderes Maß von persönlicher Unabhängigkeit und Eigenverantwortlichkeit voraus, ganz zu schweigen von der Beweglichkeit und ständigen Bereitschaft zu wirken, die den Träger eines freien Berufes auszeichnen.

Die Sicherung der freien Berufstätigkeit gilt für künftige wie auch für arrivierte Makler. Diese genießen noch einen weiteren Schutz. In ständiger Rechtsprechung haben die Gerichte klargestellt, daß die Gewährleistung des Eigentums nach Art. 12 Abs. 1 GG auch das Recht am eingerichteten und ausgeübten Gewerbebetrieb und die hieraus erwachsende Rechtsstellung umfaßt. In Art. 14 GG ist nämlich das Eigentum nicht nur rein bürgerlich-rechtlich (§§ 903 ff. BGB), sondern materiell-wirtschaftlich zu sehen. Es umfaßt daher jede vermögenswerte Rechtsposition. Eine solche Rechtsposition ist auch der eingerichtete und ausgeübte Gewerbebetrieb in seiner Substanz. Dieses Recht könnte mithin dem Makler, welcher bislang sein kaufmännisches Gewerbe betreibt, nur gegen volle Entschädigung nach Art. 14 GG genommen werden. Ein Gesetz, welches mit der Rechtsentziehung nicht zugleich die Entschädigung regeln würde, wäre schon aus diesem Grunde unwirksam.

Dennoch ist nicht zu verkennen, daß der Bundesgesetzgeber, wenn auch in milderer Form, es unternommen hat, über die liberalen Vorschriften von §§ 652 ff. BGB hinaus in die Berufsausübung der Makler einzugreifen, und zwar beispielsweise auf dem Gebiete der Wohnungsvermittlung. In dem Gesetz zur Regelung der Wohnungsvermittlung finden sich eingehende Bestimmungen über Voraussetzungen und Grenzen des Anspruchs auf Entgelt für die Vermittlung oder den Nachweis der Gelegenheit zum Abschluß von Mietverträgen über Wohnräume (vgl. Anhang 22).

Hier stehen neben Selbstverständlichkeiten (§ 1 und § 2 Abs. 1) bedenkliche Vorschriften, wie beispielsweise § 2 Abs. 3, wonach ein Anspruch auf Entgelt dem Wohnungsvermittler gegenüber dem Wohnungssuchenden nicht zusteht, wenn der Mietvertrag über öffentlich geförderte Wohnungen oder über sonstige preisgebundene Wohnungen abgeschlossen wird, die nach dem 20. Juni 1948 bezugsfertig geworden sind. Ferner dürfen nach § 2 Abs. 4 keine Vorschüsse gefordert, vereinbart oder angenommen werden. Alle nach § 2 Abs. 2–4 getroffenen Vereinbarungen sollen unwirksam sein (§ 2 Abs. 5). Dies alles sind Eingriffe in die Vertragsfreiheit, die durch Art. 2 GG weitgehend geschützt ist.

Denselben Bedenken begegnet das Verbot von Vereinbarungen über die Vergütung von Nebenleistungen, die eine Monatsmiete nicht übersteigen in § 3 Abs. 2 Satz 1 und 2. Mit solchen Eingriffen in die Vertragsgestaltungen selbstverantwortlich handelnder Menschen greift der Staat in die grundgesetzlich geschützte Vertragsfreiheit ein und versucht sich als Wohlfahrtsstaat, anstatt sich im Rahmen des Rechts- und Sozialstaates (Art. 20, 28 GG) zu halten. Auch als Sozialstaat ist der Staat nicht Vormund seiner Bürger!

Stehen insoweit noch verfassungsrechtliche Klärungen aus, so muß festgestellt werden, daß dem Gesetzgeber trotz oder vielleicht auch gerade wegen seines Bestrebens, die von ihm normierte Unduldsamkeit der genannten Vereinbarungen praktisch durchzusetzen, ein beachtlicher Fehler unterlaufen ist.

Nach § 5 Satz 1 des Gesetzes zur Regelung der Wohnungsvermittlung vom 4.11.1971 kann die Leistung aufgrund einer vom Gesetz als unwirksam bezeichneten Vereinbarung nach den allgemeinen Vorschriften des bürgerlichen Rechts zurückgefordert werden. Hierbei ist zwar nach § 5 Satz 1 Halbsatz 2 des Gesetzes der § 817 Satz 2 BGB nicht anzuwenden. Wenn nun aber der Wohnungsvermittler seinen Auftraggeber darüber informiert hatte, daß das Gesetz den Auftraggeber von den erwähnten Leistungspflichten freigestellt hat und wenn der Auftraggeber als anständiger Mensch - ein Mann, ein Wort! - gleichwohl den gesamten Vertrag einschließlich Vereinbarungen über Nebenleistungen usw. erfüllt hat, so ist ein Rückforderungsrecht des Auftraggebers durch § 814 BGB ausgeschlossen, weil er - folgerichtig - gewußt hat, daß er zur Leistung nicht verpflichtet war. Im Gesetz von 1971 ist § 814 BGB im Gegensatz zu § 817 Satz 2 BGB nicht ausgeschlossen worden. Im übrigen ist es auch bezüglich § 817 Satz 2 BGB bedenklich, diese allgemeine grundsätzliche Bestimmung für eine bestimmte Gruppe von Staatsbürgern auszuschalten. Etwas Derartiges liegt im Grenzbereich des durch Art. 3 Abs. 1 GG gewährleisteten Gleichheitssatzes.

Ein weiterer Versuch, in die Berufstätigkeit des freien Maklers auf dem Gebiete der Wohnungsvermittlung einzugreifen, beinhaltet der Entwurf eines Gesetzes zur Begrenzung des Mietanstieges (MBG). Darin wird das Gesetz zur Regelung der Wohnungsvermittlung geändert und in § 2 als neuer Absatz 4 eingefügt: „Der Wohnungsvermittler darf vom Wohnungssuchenden für die Vermittlung oder den Nachweis der Gelegenheit zum Abschluß von Mietverträgen über Wohnräume ein Entgelt von höchstens bis zur Höhe von zwei Monatsmieten zuzüglich der jeweils geltenden Mehrwertsteuer fordern, sich versprechen lassen oder annehmen. Die Monatsmiete ist die vereinbarte Miete ohne die Nebenkosten, über die gesondert abzurechnen ist. Die Sätze 1 und 2 gelten entsprechend für Vereinbarungen, durch die der Wohnungssuchende verpflichtet wird, ein vom Vermieter geschuldetes Vermittlungsentgelt zu zahlen."

Zur Begründung dieser Gesetzesänderung und zur weiteren Einschränkung der Vertragsfreiheit des Maklers wird die Wohnungsknappheit herangezogen. Nach Jahren entspannter Wohnungsmarktsituation mit einem breiten Wohnungsangebot sei der Wohnungsmarkt in eine Phase zunehmender Anspannung und Beanspruchung getreten.

Den Anstoß zu dieser Entwicklung gab der starke Anstieg der Realeinkommen weiter Teile der Bevölkerung als Folge der guten Wirtschaftsentwicklung, der deutlichen Ausweitung der Beschäftigung und der Erhöhung der hohen Kaufkraft, auch infolge der Entlastung durch die Steuerreform. Verstärkt wurde die Entwicklung dadurch, daß die Zahl der Haushalte erheblich zunahm. Ursachen hierfür waren zum einen Veränderungen in der Alters- und Haushaltsstruktur der Bevölkerung, beispielsweise

- Haushaltsgründungen der geburtsstarken Jahrgänge,
- eine zunehmende Zahl von Ehescheidungen und
- ein längerer Verbleib älterer Menschen in der Wohnung,

zum anderen hat die Wohnungsnachfrage sich durch einen unerwartet starken Zustrom an Zuwanderern erhöht.

Mit diesem Nachfrageschub hat das Wohnungsangebot nicht Schritt halten können. Bund, Länder und Gemeinden haben zwar seit Beginn des Jahres 1989 verstärkt Anstrengungen unternommen, um durch verbesserte steuerliche Bedingungen, Förderung von Ausbau- und Umbaumaßnahmen sowie durch Aufstockung der Mittel im sozialen Wohnungsbau langfristig eine Entspannung der Situation auf dem Wohnungsmarkt zu erreichen.

Erfolge sind nicht ausgeblieben. So ist die Zahl der fertiggestellten Wohnungen ständig erheblich gestiegen. Die Baugenehmigungen stiegen in gleicher Weise und lassen erkennen, daß deutlich mehr neue Wohnungen zukünftig fertiggestellt werden. Mit dem wohnungsbaupolitischen Konzept der Bundesregierung wurden weitere Anstrengungen unternommen, um vor allem durch eine verbesserte Wohnungseigentumsförderung und im sozialen Wohnungsbau zusätzlich Impulse zur Schaffung neuen Wohnraums zu geben.

Gleichwohl wird es noch einige Jahre dauern, bis sich die Wohnungsmarktsituation nachhaltig entspannt. Die Entwicklung der letzten Jahre hat gezeigt, daß das Angebot auf dem Wohnungsmarkt, der im wesentlichen ein Bestandsmarkt ist, sich nur mit zeitlicher Verzögerung den raschen Veränderungen der Wohnungsnachfrage anpassen kann. Der Nachfrageüberhang führt somit zu relativ starken Preisaufschlägen, besonders auf dem Teil des Wohnungsmarktes, bei dem die Preise neu vereinbart werden.

Diese dargestellte Wohnungsknappheit hat, wie die Begründung zur Gesetzesänderung ausführt, auch dazu geführt, daß Wohnungsvermittler Wohnungssuchenden unter Ausnutzung des geringen Angebots hohe Vermittlungsgebühren abverlangen. Diese stehen oft in keinem vertretbaren Verhältnis mehr zur Dienstleistung der Vermittler, werden aber von den Wohnungssuchenden notgedrungen hingenommen. Vermittlungsentgelte von drei Monatsmieten und mehr sind keine Einzelfälle. Die für das Vermittlungsentgelt nach § 6 WiStG bestehende Beschränkung vermochte nach der Gesetzesbegründung diesem Mißstand nicht hinreichend entgegenzuwirken, zumal weithin Unsicherheit über die ortsüblichen Entgelte besteht. Die Änderung des § 2 des Wohnungsvermittlungsgesetzes soll daher nach der Begründung des Gesetzesentwurfs für die Courtage, die der Wohnungsvermittler dem Wohnungssuchenden in Rechnung stellen darf, eine Obergrenze von zwei Monatsmieten festlegen.

Damit wird das zulässige Vermittlerentgelt nicht abschließend bestimmt, sondern lediglich eine Obergrenze gesetzt. Bei der Vermittlung kurzer – z. B. auf wenige Monate – befristeter Mietverträge könnte auch ein Vermittlungsentgelt von zwei Monatsmieten unangemessen hoch sein. Eine besondere Regelung hierfür erschien aber dem Gesetzgeber nicht erforderlich. Die Obergrenze von zwei Monatsmieten soll nach dem Wortlaut der Begründung für das Entgelt ohne die jeweils geltende Mehrwertsteuer maßgebend sein. In Absatz 4 Satz 2 wird die in Satz 1 als Berechnungsgröße verwendete Monatsmiete näher definiert. Ausgangsgröße ist die zwischen Vermieter und Mieter im Einzelfall „vereinbarte Miete", worunter die unter Beachtung der geltenden Rechtsvorschriften (z. B. § 12 WiStG Mietpreisvorschriften für Wohnungen im Beitrittsgebiet oder für öffentlich geförderte Wohnungen) rechtswirksam vereinbarte Miete zu verstehen ist. Nebenkosten, über die gesondert abzurechnen ist, bleiben außer Betracht, da sie vor Beginn des Mietverhältnisses nicht feststehen, also auch nicht als Bezugsgröße genommen werden können. Der Begriff dieser Nebenkosten ist aus § 550 b Abs. 1 Satz 2 BGB entnommen und genauso auszulegen wie dort.

Abs. 4 Satz 3 trägt der verbreiteten Praxis Rechnung, daß ein Maklervertrag nur mit dem Vermieter abgeschlossen und der Wohnungssuchende zur Übernahme der vom Vermieter zu zahlenden Courtage verpflichtet wird. Auch bei dieser Vertragsgestaltung soll der Wohnungssuchende höchstens mit zwei Monatsmieten belastet werden dürfen.

Eingriffe in die Entgeltvereinbarung zwischen dem Wohnungsvermittler und dem Vermieter sieht der Entwurf nicht vor. In diesem Verhältnis ist ein besonderer Schutz des Maklerkunden nicht erforderlich.

Diese Gesetzesänderung zur Provisionsbegrenzung, die in die Vertragsfreiheit und in die Berufsausübung des Maklers nachhaltig eingreift, ist verfassungsrechtlich in hohem Maße bedenklich und wird einer möglichen Überprüfung durch das Bundesverfassungsgericht wohl kaum standhalten.

Der Regelung liegt nämlich ein gravierender Denkfehler zugrunde. Das von den politisch Verantwortlichen erkannte Problem ist ein akuter Mangel an Wohnungen bestimmter Preiskategorie und, was im Prinzip das gleiche ist, der wegen des Mangels an Wohnungen hervorgerufene Preisanstieg. Natürlich entspricht es der politischen Verantwortung, hier tätig zu werden mit dem Ziel, einen nach Angebot und Nachfrage ausgeglichenen Wohnungsmarkt zu schaffen. Ein untaugliches Mittel ist es jedoch, die Provision des Wohnungsvermittlers zu begrenzen, denn hierdurch entsteht nicht eine einzige Wohnung mehr. Auch der Titel des Gesetzes, der die Begrenzung des Mietanstieges umschreibt, hat mit der Provision des Wohnungsvermittlers nicht das geringste zu tun. Ist es also evident, daß das Problem des Wohnungsmangels und des Mietpreisanstieges auch nicht partiell über eine Begrenzung der Maklerprovision geregelt werden kann, ist es dem Staat aus verfassungsrechtlichen Gründen versagt, eingreifende preisrechtliche Vorschriften einzuführen.

In der Praxis wird eine Beschränkung der Provision des Wohnungsvermittlers unterschiedlich beurteilt. Tatsächlich gibt es Berufsorganisationen, die die gesetzliche Festlegung auf zwei Monatsmieten begrüßen, die Beschränkung hierauf sogar ihren eigenen Mitgliedern empfehlen, ohne daß diese letztlich der Empfehlung in der Praxis durchgängig nachkommen. Andere berufsständische Vertretungen weisen jedoch darauf hin, daß die Beurteilung der Höhe einer erfolgsabhängigen Leistung notwendigerweise voraussetzt, daß man sich eingehend mit dem Leistungsbild des Immobilienmaklers beschäftigt. Es kann nicht sein, daß der Staat obrigkeitlich das Entgelt für eine Leistung eines Gewerbetreibenden festsetzt, ohne daß er überhaupt weiß, was Inhalt der Leistung ist. Aus diesem Grunde ist mit Recht darauf hinzuweisen, daß eine gesetzliche Regelung der Provision zunächst voraussetzt, das Leistungsbild des Wohnungsvermittlers mit all seiner Sach- und Fachkunde zu definieren, die geldwerte Leistung verbraucherschützend zu umschreiben und dann erst die Bewertung in der Festsetzung des Höchstbetrages einer Provision gesetzlich zu regeln. Ohne diese Erhebungen und ohne Sachkenntnis wird hier ein Höchstbetrag der Provision gesetzlich festgeschrieben, deren Auswirkung im einzelnen nicht überblickt wird. Welche Grundlagen und welche Erkenntnisse führen den Gesetzgeber zur Begrenzung der Courtage auf zwei Monats-Kaltmieten? Wirtschaftliche Untersuchungen haben gezeigt, daß ein seriös und ordentlich arbeitender Wohnungsvermittler im Jahresdurchschnitt mit der Erhebung von zwei Monats-Kaltmieten zuzüglich gesetzlicher Mehrwertsteuer auch bei mäßigem Gewinnstreben nicht existieren kann. Was in der Rechtsprechung seit vielen Jahren verkannt wird, trifft offenbar auch auf den Gesetzgeber zu, der das Problem des Erfolgshonorars nicht sachgemäß beurteilt. Ein Erfolgshonorar muß notwendigerweise höher sein als das Entgelt einer in jedem Falle zu honorierenden Leistung.

Es ist praxisfern zu glauben, daß jeder Makler die ihm zur Vermietung angetragene Wohnung nur per Telefon oder Handzettel nachweisen muß und der Abschluß des Vertrages und damit sein Erfolgshonorar selbstverständlich sind. Von berufsständischen Organisationen durchgeführte Erhebungen zeigen, daß auch bei der Vermittlung von Wohnungen wie bei jeder anderen Immobilie ein Großteil der Bemühungen des Maklers nicht erfolgreich ist, aber dennoch nachhaltige Kosten, wie Büroeinsatz, Arbeitsaufwand, Telefon- und Portokosten sowie insbesondere Inserationskosten usw. verursachen, die von dem Honorar der erfolgsreich abgeschlossenen Geschäfte gedeckt werden müssen. Dieses Problem des Erfolghonorars, das in unserem Wirtschaftsrecht einmalig ist, wird oft mißverstanden.

Der mit dem tatsächlichen Maklergeschäft nicht Vertraute ist daher immer geneigt, nur die positiven, also erfolgreich abgeschlossenen Geschäfte zu beurteilen und in seine Wirtschaftslichkeitsüberlegungen einzubeziehen. Das ist aber falsch, und diesem Fehler unterliegen auch die Änderungen des Wohnungsvermittlungsgesetzes. Dabei muß besonders auf die neuen Bundesländer hingewiesen werden. Es ist bekannt, daß die Mietpreise dort vergleichsweise gering sind und in den kommenden Jahren auch gering bleiben werden. Die Kosten eines Maklerunternehmens sind aber in den östlichen Bundesländern die gleichen wie in den alten Bundesländern, weil die Anzeigenpreise der Zeitungen, die Unkosten für Kraftfahrzeuge und Büro sowie der Arbeitsaufwand in gleicher Weise hoch sind. Die Begrenzung auf zwei Monatsmieten kann daher für einen seriös arbeitenden Makler nur heißen, daß er sich nicht erfolgreich etablieren kann.

In der Begründung zum Gesetzesentwurf ist zu lesen, daß die Begrenzung auf zwei Monatsmieten notwendig sei, um den Auswüchsen entgegenzutreten, die einzelne Makler mit übertriebenen Honorarforderungen verursacht hätten. Zunächst einmal muß dazu festgestellt werden, daß der Gesetzgeber keine Erhebungen vorgelegt hat, die dies bestätigen. Es ist eine unbewiesene Behauptung, daß hier auf dem Gebiete mehr als in einem anderen Beruf Auswüchse vorgekommen sind, die eine gesetzgeberische Handhabe notwendigerweise veranlassen. Aber selbst wenn der eine oder andere Makler eine überhöhte Provisionsforderung gestellt hat oder, wie in der Presse hin und wieder zu lesen ist, sich Schwarzgeld hat geben lassen, so wird dies durch ein Gesetz welcher Art auch immer künftig nicht verhindert werden. Diese Makler, die sich auf solche Weise ungerechtfertigte und zu mißbilligende Vorteile verschaffen, schaden dem Berufsstand, werden aber durch das Gesetz nicht gehindert, ihre Handlungsweise fortzusetzen. Haben sie sich früher so verhalten, tun sie dies künftig auch. Das neue Gesetz fördert geradezu diese Machenschaften, weil es den seriösen Maklerunternehmen, die mit Angestellten arbeiten, die eine angemessene Entlohnung erhalten, den wirtschaftlichen Boden entzieht. Gerade in Ballungsgebieten werden sich diese Maklerunternehmen, die sich bisher mit der Wohnungsvermittlung noch beschäftigt haben, künftig bei der Begrenzung der Provision aus diesem Bereich zurückziehen und denen das Feld überlassen, die der Gesetzgeber mit seiner Vorlage treffen wollte. Die gesetzliche Begrenzung der Provision ist daher rechtspolitisch ein Fehlakt.

Neben diesen mehr berufsständischen Fragen ist auch darauf hinzuweisen, daß die gesetzliche Begrenzung der Maklerprovision eine unzulässige Preiskontrolle darstellt und nach hier vertretener Auffassung mit Art. 12 GG und Art. 14 GG sowie Art. 2 GG nicht vereinbar ist. Wirtschaftsverfassungsrechtlich besteht, wie allseits anerkannt, die Bedeutung der Berufsfreiheit insbesondere auch darin, im Rahmen des Schutzes von freier Berufswahl und freier Berufsausübung prinzipiell jede wirtschaftliche Tätigkeit und damit auch die Grundformen aller gewerblichen und unternehmerischen Betätigungen zu gewährleisten. Im Zusammenhang mit der allgemeinen Wirtschaftsfreiheit bzw. der Freiheit der unternehmerischen Betätigung sind grundsätzlich auch die Art. 12 GG und Art. 14 GG sowie sämtliche wirtschaftlichen Teilfreiheiten gewährleistet. Hierzu gehören neben der hauptsächlichen unternehmerischen Dispositionsfreiheit die unternehmerische Investitionsfreiheit und vor allen Dingen die unternehmerische Preisfreiheit. Werden durch den Staat Preisfestsetzungen mit großer Intensität betrieben, so daß in die allgemeine Unternehmensinitiative und damit in das freiheitliche Gewerbe nachhaltig eingegriffen wird, handelt es sich nicht nur um eine Regelung auf der Ebene der Berufsausübung, vielmehr wird sogar die freie Berufswahl auf der Stufe der objektiven Zulassungsvoraussetzung beeinträchtigt. Mindestens aber greifen Preiskontrollen als Berufsausübungsregelungen nachhaltig in das Grundrecht des Art. 12 GG in Verbindung mit Art. 2 GG und Art. 14 GG ein und sind daher in aller Regel unverhältnismäßig und demnach verfassungswidrig.

Greifen also Preiskontrollen in den Kern der wirtschaftlichen bzw. unternehmerischen Betätigungsfreiheit ein, so kommen sie nur in solchen Berufs- und Wirtschaftszweigen in Betracht, die einer entsprechenden Marktordnung oder staatlichen Planung unterliegen. Dies trifft beispielsweise bei der Mietpreisbindung zu, die eine verfassungsrechtlich statthafte Preiskontrolle beinhaltet.

Soweit allerdings ein Berufs- oder Wirtschaftszweig wettbewerblich geordnet ist, scheiden Preiskontrollen verfassungsrechtlich aus. Das ist in der verfassungsrechtlichen Literatur und auch in der Rechtsprechung des Bundesverfassungsgerichtes unstreitig.

Da der Makler sich in seiner Berufsausübung im freien Wettbewerb befindet und kein Makler oder die Summe aller Makler eine mißbrauchsgefährdende Unternehmensmacht darstellt, fehlt jede verfassungsrechtliche Grundlage für eine gesetzliche Preiskontrolle hinsichtlich der Provision des Wohnungsvermittlers.

Die Berufsfreiheit und die Eigentumsgarantie sowie die allgemeine Handlungsfreiheit sind grundrechtlich so ausgebildet, daß sie mit ihren Teilfreiheitsrechten in Form der Preisfreiheit dem Staatsbürger eine Abwehrsituation gegen den Staat sichern, wenn dieser versucht, in unzulässiger Weise mit Preisstop oder Preisdirigismus in die Berufsfreiheit, die Gewerbefreiheit, die allgemeine Handlungsfreiheit und die Eigentumsgarantie einzugreifen. Solche Regelungen, wie sie nunmehr gesetzgeberisch mit der Änderung des Wohnungsvermittlungsgesetzes vorliegen, werden, gemessen an diesen strengen grundgesetzlichen Prinzipien, keinen Bestand haben können.

Wenn auch die Berufswahl und die Berufsausübung des Maklergewerbes sowie der Bestand eines Maklerunternehmens verfassungsrechtlich garantiert sind, zeigt sich doch, daß der Gesetzgeber von Zeit zu Zeit in diese grundgesetzlich geschützte Betätigungsfreiheit des Maklers eingreift. Dabei kann festgestellt werden, daß manche Parteitagsbeschlüsse, gesetzliche Vorhaben und erlassene Gesetze den strengen Anforderungen der grundgesetzlich gewährleisteten Rechte nicht entsprechen und der Gesetzgeber sich gerade auf diesem Gebiete mehr Zurückhaltung auferlegen sollte.

II. § 34 c Gewerbeordnung

§ 34 c der Gewerbeordnung ist durch Gesetz zur Änderung der Gewerbeordnung vom 16. 8. 1972 in die Gewerbeordnung eingefügt worden. § 34 c GewO umfaßt das Gewerbe des Immobilienmaklers, des Darlehensvermittlers, des Vermögensanlagevermittlers, des Bauträgers sowie des Baubetreuers.

Diese Begriffe ergeben sich aus dem Wesen der mit der Ausübung des Gewerbes verbundenen Tätigkeit und sind in § 34 c Abs. 1 GewO im einzelnen beschrieben (vgl. Anhang 23).

1. Vermittlungs- und Nachweismakler im Sinne des § 34 c GewO

Die in § 34 c Abs. 1 Nr. 1a GewO umschriebene Tätigkeit des Immobilienmaklers umfaßt sowohl den sogenannten Vermittlungs- als auch den Nachweismakler und schließt sich damit an das in § 652 BGB festgelegte Rechtssystem an.

Wenn sich auch besonders in den letzten Jahren die Tätigkeit des Immobilienmaklers von einem bloßen Nachweis in zunehmendem Maße zur sachverständig beratenden Vermittlung hinsichtlich des Objektes, der Finanzierung und der Vertragsgestaltung entwickelt hat, so genügt doch für das Entstehen des Maklerlohnes gemäß § 652 BGB der infolge des bloßen Nachweises geschlossene Hauptvertrag. Somit entspricht die Regelung des § 34c GewO dem Grundsatz der Konsequenz, daß auch die einfachste Art der Maklertätigkeit - der Nachweis - in den gewerberechtlichen Tatbestand eingeordnet wird. Die Entwicklung des Berufsbildes zur sachverständigen Vermittlung spiegelt sich interessanterweise auch im Wortlaut des Gesetzestextes wider. Während das im Jahre 1900 geschaffene Bürgerliche Gesetzbuch in § 652 zunächst die Nachweistätigkeit nennt, gibt § 34c GewO der vermittelnden Tätigkeit Priorität und paßt so den Gesetzestext den geänderten Verhältnissen an.

a) Vermittlungstätigkeit

Den Abschluß von Verträgen zu vermitteln, beinhaltet die Suche von Interessenten, auf sie beratend einzuwirken, zu verhandeln und deren Vertragsbereitschaft herbeizuführen. Vermitteln im gewerberechtlichen Sinne ist also jede Tätigkeit, die auf Abschluß eines Vertrages abzielt. Dementsprechend kommt es nicht darauf an, ob der angestrebte Vertragsabschluß tatsächlich zustande kommt. Diese Frage hat lediglich zivilrechtliche Bedeutung im Sinne des § 652 BGB, weil hierdurch erst der Rechtsanspruch auf Maklerlohn entsteht. Die Gewerbeordnung als Teilbereich des öffentlichen Rechtes regelt nicht den Ausgleich ziviler Ansprüche, sondern dient dem Schutze der Allgemeinheit, indem das gewerberechtliche Tätigwerden rechtsordnend geregelt wird. Insofern erfaßt § 34c GewO die Vermittlertätigkeit als solche und stellt nicht auf deren Erfolg ab.

Vermittlung betreibt auch, wer Verträge aufgrund einer ihm von einer Vertragspartei (z.B. vom Grundstückseigentümer) erteilten Vollmacht auf deren Namen selbst abschließt. Deshalb bedarf auch ein selbständiger Handelsvertreter im Sinne des § 84 Abs. 1 HGB einer Erlaubnis nach § 34c Abs. 1 GewO, wenn er die Voraussetzungen im übrigen erfüllt. Da § 34c GewO also nicht allein auf die Tätigkeit eines sogenannten Zivilmaklers im Sinne des § 652 BGB abstellt, ist auch nicht entscheidend, ob dem Gewerbetreibenden für seine Tätigkeit eine Maklerprovision zusteht.

Einer Erlaubnis bedarf ferner ein selbständiger Hausverwalter, der Verträge über die von ihm verwalteten Wohnräume vermittelt. Auch ein Handelsvertreter, der z.B. Verträge über sogenannte Immobilien-Leasing, d.h. Verträge über Grundstücke vermittelt, bedarf der Erlaubnis nach § 34c Abs. 1 Satz 1 Nr. 1a GewO.

Kommt es also nicht darauf an, ob der angestrebte Vertrag zustande kommt, so ist das Einwirken des Maklers auf Dritte mit dem Ziel des Vertragsabschlusses für die gewerberechtliche Vermittlungstätigkeit im Sinne des § 34c GewO erforderlich; daraus folgt, daß ein Vermitteln nicht vorliegt, wenn der Makler selbst Vertragspartei ist. So hat die Rechtsprechung im Rahmen des § 652 BGB eine provisionsbegründende Maklertätigkeit verneint, wenn es sich um einen Vertrag zwischen Auftraggeber und Makler selbst handelt. In diesem Falle vermittelt der Makler keinen Vertrag, sondern macht in Wirklichkeit ein Eigengeschäft. Das gleiche gilt bei besonders enger oder wirtschaftlicher Verpflechtung zwischen dem Makler und dem späteren Verkäufer. So ist in der Rechtsprechung anerkannt, daß ein Maklervertrag nicht vorliegt, wenn der Kaufvertrag zwischen dem Auftraggeber und einer Kapitalgesellschaft abgeschlossen wird, deren Stammkapital die Maklerfirma in einem solchen Maße hält, daß Handlungen der Kapitalgesellschaft in ausschlaggebender Weise von der Maklerfirma bestimmt werden.

Diese in der zivilrechtlichen Rechtsprechung in erster Linie zur Frage des Provisionsanspruchs erläuterten Grundsätze finden wegen der prinzipiell gültigen Aussage zur Tätigkeit des Vermittlers auch im gewerberechtlichen Bereich Anwendung. Der Vermittler ist Dritter und nicht am Hauptvertrag unmittelbar Beteiligter. Tritt er als Vertragspartner des Hauptvertrages auf, so übt er keine vermittelnde Tätigkeit im Sinne des § 34c Abs. 1 Nr. 1 GewO aus.

Anders dagegen gestaltet sich die Rechtslage, wenn der Makler in Vollmacht für einen Vertragsbeteiligten einen Hauptvertrag abschließt. Hierbei betreibt er gleichwohl vermittelnde Tätigkeit, weil rechtlich seine in Vertretung vorgenommenen Handlungen nicht als seine, sondern als die des Vertretenen gelten, mithin Personenidentität im Rechtssinne nicht vorliegt.

b) Nachweistätigkeit

Die Gelegenheit zum Abschluß eines Vertrages nachzuweisen, bedeutet im Sinne des § 34c GewO, daß der Gewerbetreibende dem Auftraggeber einen bisher unbekannten Interessenten benennt oder ihm Objekt und künftigen Vertragspartner bekanntgibt, so daß es dem Auftraggeber von sich aus möglich ist, die Vertragsverhandlungen aufzunehmen.

Während das Vermitteln eines Vertrages Verhandeln mit beiden Parteien voraussetzt, beschränkt sich die Nachweistätigkeit des Gewerbetreibenden darauf, Parteien zu Angebot und Nachfrage zusammenzuführen. Auch bei der bloßen Nachweistätigkeit des Gewerbetreibenden kommt es im Sinne des § 34c GewO nicht darauf an, ob aufgrund dieses Nachweises (Ursächlichkeit) ein Vertrag zustande kommt. Erlaubnispflichtig ist vielmehr schon die Tätigkeit als solche, unabhängig davon, ob diese Erfolg hat oder nicht.

c) Verträge über Grundstücke

In § 34c GewO wird zunächst die Vermittlungs- bzw. Nachweistätigkeit hinsichtlich Verträgen über Grundstücke genannt. Es handelt sich hierbei um alle Vertragsgestaltungen, welche sich auf ein Grundstück beziehen. In erster Linie fallen hierunter Verträge, die den Kauf bzw. Verkauf eines Grundstücks zum Gegenstand haben, wobei das angestrebte obligatorische Geschäft ausreicht. Nicht erforderlich ist im Sinne der Gewerbeordnung, daß auch die Auflassung erklärt wird, weil dieses dingliche Geschäft lediglich der Eigentumsverschaffung dient.

Neben den Verkaufsverträgen werden tatbestandlich auch durchzuführende Grundstücksbelastungen erfaßt, und zwar sowohl solche in der zweiten Abteilung des Grundbuches, wie beispielsweise Nießbrauchsrechte, dingliche Wohnrechte, Dienstbarkeiten usw., als auch solche der dritten Abteilung des Grundbuches, wie Hypotheken und Grundschulden.

d) Verträge über grundstücksgleiche Rechte

Unter grundstücksgleichen Rechten sind Erbbaurechte zu verstehen, wonach gemäß der Verordnung über Erbbaurechte vom 15.1.1919 ein Grundstück in der Weise belastet werden kann, daß demjenigen, zu dessen Gunsten die Belastung erfolgt, das veräußerliche Recht zusteht, auf oder unter der Oberfläche des Grundstücks ein Bauwerk zu haben.

Ein grundstücksgleiches Recht ist auch das Wohnungseigentum, welches im Wohnungseigentumsgesetz vom 15.3.1951 geregelt ist. Nach Maßgabe dieses Gesetzes kann an Wohnungen das Wohnungseigentum, an nicht zu Wohnzwecken dienenden Räumen eines Gebäudes das Teileigentum begründet werden.

e) Verträge über gewerbliche Räume oder Wohnräume

Zu diesen Verträgen über gewerbliche Räume oder Wohnräume gehören alle Vereinbarungen, aufgrund welcher Räume überlassen werden, also Mietverträge einschließlich Untermietverträge oder Pachtverträge. Das gilt nicht, soweit Unterkünfte als vorübergehend benutzte Ferienwohnungen vermittelt oder nachgewiesen werden. Bei selbständigen Hausverwaltern, die Verträge über die von ihnen verwalteten Räume vermitteln, kann in der Tätigkeit als Vermittler ein so unbedeutender Annex der Tätigkeit als Hausverwalter liegen, daß die Anwendbarkeit des § 34c GewO ungerechtfertigt wäre wie beispielsweise dann, wenn vom Hausverwalter jährlich insgesamt nur zwei bis drei Wohnungen vermittelt werden. Ob dies der Fall ist, entscheidet sich stets nach den gesamten Umständen des Einzelfalles.

f) Darlehensvermittler

§ 34c Abs. 1 Nr. 1a GewO erfaßt neben dem Immobilienmakler auch den Darlehensvermittler, also den Gewerbetreibenden, der durch Vermittlung oder Nachweis den Abschluß von Verträgen gemäß § 607 BGB zwischen Darlehensgeber und Darlehensnehmer anstrebt.

Der Gesetzgeber stellt auch diese Tätigkeit unter Erlaubnisvorbehalt und ordnet damit eine weitgehende Überwachung der gewerblichen Darlehensvermittlung an und verbessert zugleich aufgrund der in § 34c GewO vorgesehenen Ermächtigungsnorm und ihrer Durchführungsbestimmungen die Verbraucherinformation. Diese Regelung wurde notwendig, weil sich gerade auf dem Gebiete der Darlehensvermittlung erhebliche Mißstände gezeigt haben. Besonders in einer Zeit, in der die Kreditwirtschaft im Interesse der Unterstützung der stabilitätspolitischen Bemühungen der Bundesregierung die Werbung für Konsumentenkredite eingeschränkt hat und in der durch die Politik des knappen Geldes der Deutschen Bundesbank das Zinsniveau relativ hoch ist, besteht die Gefahr, daß gewerberechtlich unzuverlässige Darlehensvermittler die Notlage, den Leichtsinn oder die Unerfahrenheit wirtschaftlich schwächerer Bevölkerungskreise ausnutzen. Aus diesem Grunde zeigt sich besonders die Notwendigkeit, eine gesetzliche Handhabe für das Überwachen der gewerblichen Darlehensvermittlung zu statuieren. Das ist mit § 34c GewO geschehen, weil Darlehensvermittler nicht der Aufsicht durch das Bundesaufsichtsamt für das Kreditwesen nach dem Gesetz über das Kreditwesen unterliegen, da die Darlehensvermittlung kein Bankgeschäft im Sinne des § 1 KVG darstellt. Auf den Darlehensvermittler findet jedoch die Verordnung über Preisangaben Anwendung, wonach er zur Angabe der effektiven Jahreszinsen verpflichtet ist.

g) Gewerbsmäßige Tätigkeit

Die vorstehend umschriebenen Tätigkeiten des Immobilien-, Wohnungs- und Darlehensvermittlers unterliegen jedoch nur dann dem Erlaubnisvorbehalt des § 34 c GewO, wenn die Tätigkeit gewerbsmäßig betrieben wird. Voraussetzung für eine solche gewerbsmäßige Tätigkeit ist, daß sie berufsmäßig, d. h. fortgesetzt durch Teilnahme am wirtschaftlichen Verkehr und auf Erwerb, d. h. auf Erzielung von Gewinn, gerichtet ist. Dabei genügt für die Gewerbsmäßigkeit die Absicht der Gewinnerzielung, so daß es nicht darauf ankommt, ob tatsächlich ein Gewinn erzielt wird. Unerheblich ist es auch, ob die Tätigkeit haupt- oder nebenberuflich ausgeübt wird. Die Absicht auf Gewinnerzielung liegt auch dann vor, wenn durch die in § 34 c GewO umschriebene Tätigkeit ein Vermögensvorteil nur mittelbar erstrebt wird, meist zur Hebung oder Erleichterung des Umsatzes in einem anderen Erwerbsgeschäft.

In der Praxis ist diese Fallgestaltung zumeist im Bereich der Darlehensvermittlung gegeben. So wird dem potentiellen Käufer zur Finanzierung des Kaufpreises die Vermittlung zum Abschluß eines Darlehensvertrages angeboten. Diese Darlehensvermittlung geschieht regelmäßig „kostenlos", weil es dem Verkäufer nur darauf ankommt, mit Hilfe der Darlehensvermittlung einen Anreiz zum Kaufabschluß zu erzeugen und den Kaufpreis sofort zu erhalten. Diese Darlehensvermittlung dient mithin der mittelbaren Gewinnerzielung und fällt unter den Erlaubnisvorbehalt des § 34 c GewO.

Nach obiger Definition muß es sich um eine fortgesetzte Tätigkeit handeln, die auf Gewinnerzielung gerichtet ist. Eine solche liegt nicht bei einer nur gelegentlich einmal ausgeübten Erwerbshandlung vor, weil hierdurch nicht fortgesetzt und nachhaltig am wirtschaftlichen Verkehr teilgenommen wird.

2. Erlaubnis, Inhaber der Erlaubnis, Personenmehrheit, juristische Personen und Altunternehmer

Der Erlaubnis bedarf derjenige, der eine in § 34 c Abs. 1 GewO umschriebene gewerbliche Tätigkeit selbständig, d. h. auf eigene Rechnung und unter eigener Verantwortung betreibt. Negativ bedeutet dies, daß der Gewerbetreibende weder Stellvertreter, der aufgrund vertraglicher oder gesetzlicher Vertretungsmacht den Betrieb anstelle des Gewerbetreibenden führt, noch Gewerbegehilfe, der in wirtschaftlicher und persönlicher Abhängigkeit des Gewerbetreibenden handelt, ist.

Unter eigener Verantwortung bedeutet, daß der Unternehmer die mit dem Betrieb verbundene Gefahr trägt, d. h., daß ihm sowohl die Gewinne zufließen, als auch etwa entstehende Verluste von ihm zu tragen sind. Die Rechtsprechung hat den Begriff des Gewerbetreibenden in seiner persönlichen Selbständigkeit dahin umschrieben, daß der gewerblich Tätige arbeiten kann, wann er will, also keine bestimmten Arbeitsstunden innezuhalten hat, daß er die Arbeit nicht notwendig selbst zu verrichten braucht, sondern durch andere ausführen lassen darf, daß er keiner Aufsicht des Arbeitgebers unterliegt und daß für ihn, abgesehen von dem Fall einer besonderen Vereinbarung, kein Recht und keine Pflicht zur weiteren Beschäftigung oder die Einhaltung einer Kündigungsfrist besteht.

Für die Eigenschaft als Gewerbetreibender ist es nicht entscheidend, ob er Eigentümer oder Pächter der zum Gewerbetrieb gehörenden Gegenstände oder Einrichtungen ist. Auch der Pächter trägt während der Dauer der Pacht die mit dem Betrieb verbundene Gefahr, weil er für die Pachtzeit der eigentliche Träger des Unternehmens ist.

Die in § 34c Abs. 1 GewO umschriebenen gewerbsmäßigen Tätigkeiten können sowohl von Einzelpersonen als auch von Personenmehrheiten und von juristischen Personen ausgeübt werden. Liegt eine Personenmehrheit vor, so z.B. eine Handelsgesellschaft, eine Kommanditgesellschaft oder eine Gesellschaft des bürgerlichen Rechtes, so bedarf jeder der Gewerbetreibenden für seine Person der Erlaubnis. Bei juristischen Personen, wie der Aktiengesellschaft, der Kommanditgesellschaft auf Aktien und der Gesellschaft mit beschränkter Haftung, ist der Gesellschaft, nicht etwa der vertretungsberechtigen Person die Erlaubnis zu erteilen. Dies gilt auch dann, wenn in dem Erlaubnisbescheid die vertretungsberechtigte Person oder eine Mehrheit von Personen aufgeführt sind. Die Erlaubnis kann sich nicht auf die Person beziehen, denn das hätte zur Folge, daß bei jedem Wechsel in der Vertretungsberechtigung die Erlaubnis nicht mehr wirksam wäre. Wird die vertretungsberechtigte Person in der Erlaubnisurkunde aufgenommen, was aus obigen Gesichtspunkten nicht zweckmäßig ist, so gilt die Erlaubnis gleichwohl für die Gesellschaft als erteilt und wirkt auch dann fort, wenn ein Wechsel in der vertretungsberechtigten Person eintritt.

Bei der sogenannten stillen Gesellschaft im Sinne des § 230 HGB ist nur der andere Gewerbetreibender im Sinne des Gesetzes, weil der stille Gesellschafter regelmäßig keine verantwortliche Beteiligung am Gewerbeunternehmen eingeht. Er ist daher nicht Gewerbetreibender und bedarf somit nicht der Erlaubnis des § 34c GewO.

Das gleiche gilt übrigens von anderen der stillen Gesellschaft artverwandten Vereinbarungen, in welchen eine finanzielle Beteiligung des Nichtverantwortlichen am Gewinn vereinbart ist. Auch hier fehlt es an dem für den Gewerbetreibenden wesensmäßigen Merkmal der Verantwortlichkeit und der hieraus resultierenden Konsequenz auch am Verlust teilzunehmen. Wird also beispielsweise ein Geschäft aus Altersgründen übergeben und als Gegenleistung eine Gewinnbeteiligung vereinbart, so ist der Übergeber nicht mehr Gewerbetreibender im Sinne des § 34c GewO.

Schwierig gestaltet sich oft die Rechtslage im Verhältnis zu Ehegatten, da hier meist ausdrückliche Vereinbarungen über ein Gesellschaftsverhältnis fehlen. Für den Verbraucher ist es darüber hinaus oft zweifelhaft, wer von beiden Ehepartnern der Gewerbetreibende ist oder ob sie gemeinsam das Unternehmen führen oder ob ein Ehegatte lediglich in dem von dem anderen Ehegatten gewerberechtlich allein betriebenen Erwerbsgeschäft mitarbeitet. Derartige Unklarheiten kommen in der Praxis besonders dann vor, wenn beispielsweise der Maklerbetrieb gewerberechtlich, also mit nach außen wirkender Firmenbezeichnung auf die Ehefrau lautet, während in den Geschäftsbeziehungen als eigentlicher Träger der Ehemann auftritt und der Rahmen der Mitarbeit bei weitem überschritten wird, so daß der gewerberechtliche Nichtbetriebsinhaber tatsächlich aber als Unternehmer erscheint.

Auch in diesen Fällen ist regelmäßig davon auszugehen, daß es sich bei der Tätigkeit des anderen Ehegatten lediglich um eine Mitarbeit in dem Gewerbebetrieb des Ehegatten handelt. Was die gesellschaftsrechtliche Beziehung der Ehegatten in einem solchen Fall betrifft, so hat der Bundesgerichtshof festgestellt, daß in dem

Falle, in dem eine Ehefrau in dem Geschäftsbetrieb ihres Ehemannes über den normalen Rahmen mitarbeitet, darin der stillschweigende Abschluß eines Gesellschaftsvertrages liegen kann. Wird in einem solchen Falle der Geschäftsbetrieb nach außen allein auf den Namen des Ehemannes geführt, so handelt es sich bei der Gesellschaft nicht um eine Außen-, sondern um eine Innengesellschaft. Gewerberechtlich bedarf jedoch nur derjenige, der mit Außenwirkung als Geschäftsinhaber auftritt, der Erlaubnis nach § 34c GewO.

Bei der Gesellschaft des bürgerlichen Rechtes und offenen Handelsgesellschaft sind grundsätzlich sämtliche Gesellschafter Gewerbetreibende. Dies gilt also nur dann, wenn sie nach der Lage des Einzelfalles gewerberechtlich Unternehmer sind. Hierfür ist, wie bereits ausgeführt, kennzeichnend, daß sie am Gewinn und Verlust des Unternehmens sowie verantwortlich an der Vertretung und Geschäftsführung beteiligt sind. Bei der bürgerlich-rechtlichen Gesellschaft kommt es ganz auf die tatsächlichen Verhältnisse des einzelnen Falles an. Ist im Vertrag bei einzelnen Gesellschaftern das Vertretungsrecht ausgeschlossen, und werden daher diese Gesellschafter nach außen hin nicht tätig, so sind sie nicht als Gewerbetreibende anzusehen und bedürfen daher nicht der Erlaubnis.

Bei der offenen Handelsgesellschaft haften die Gesellschafter kraft Gesetzes unbeschränkt (§ 128 HGB), womit ein Wesensmerkmal der Unternehmereigenschaft, nämlich der Beteiligung am Gewinn und am Verlust gegeben ist. Darüber hinaus sind kraft Gesetzes auch alle Gesellschafter der offenen Handelsgesellschaft zur Geschäftsführung und Vertretung befugt, wobei es an sich nicht darauf ankommt, ob sie auch tatsächlich hiervon Gebrauch machen. Da es sich jedoch bei diesen Vorschriften des Handelsgesetzbuches um abdingbares Recht handelt, kann im Gesellschaftsvertrag bestimmt werden, daß die Geschäftsführung einem oder mehreren Gesellschaftern übertragen wird, wodurch die übrigen von der Geschäftsführung ausgeschlossen werden (§ 114 Abs. 2 HGB). Wird ein Gesellschafter von der Geschäftsführung ausgeschlossen, fehlt ihm eine weitere Voraussetzung in der Eigenschaft als Gewerbetreibender, nämlich die verantwortliche Beteiligung an der Vertretung der Gesellschaft.

In diesen Fällen ist die gewerberechtliche Erlaubnis nach § 34c GewO nur für die mit Außenwirkung vertretungsberechtigten Gesellschafter notwendig.

Bei der Kommanditgesellschaft ist nach den gesetzlichen Regelungen lediglich der Komplementär zur Vertretung befugt. Er bedarf daher der Erlaubnis nach § 34c GewO, während der Kommanditist sich grundsätzlich nicht unternehmerisch im Sinne der Gewerbeordnung betätigt. Aber auch hier kommt es auf die Verhältnisse des Einzelfalles an, da die Vorschriften über die Kommanditgesellschaft nachgiebiges Recht sind. So nimmt das Bundesverwaltungsgericht eine unternehmerische Betätigung im gewerberechtlichen Sinne des Kommanditisten trotz seines gesetzlichen Ausschlusses von der Vertretungsmacht und der Geschäftsführung an, wenn aufgrund der tatsächlichen Umstände er einen maßgeblichen Einfluß auf den Geschäftsbetrieb hat, was insbesondere dann anzunehmen ist, wenn der Kommanditist gegenüber dem Komplementär ein erhebliches Übergewicht an der finanziellen Beteiligung hat. Die Geschäftsführung kann dem Kommanditisten gem. § 164 HGB durch Gesellschaftsvertrag übertragen werden, so daß er in diesem Fall die Merkmale des Gewerbetreibenden erfüllt und insoweit der Erlaubnis nach § 34c GewO bedarf.

§ 34c GewO gilt mit Wirkung vom 1.2.1973. Da dieser Vorschrift keine rückwirkende Kraft zukommt, bedarf derjenige keiner Erlaubnis, der die in § 34c Abs. 1 umschriebene Tätigkeit bei Inkrafttreten des § 34c GewO bereits ausgeübt hat und heute noch ausübt. Der Altunternehmer bedarf daher auch keiner besonderen weiteren Genehmigung, wenn er über die bisherige gewerbliche Tätigkeit seinen Betrieb im Geltungsbereich des Gesetzes erweitert, weil die Erlaubnis einheitlich für die Bundesrepublik Deutschland gilt.

a) Die Rechtsnatur der Erlaubnis

Bei der Erlaubnis nach § 34c GewO handelt es sich um eine persönliche Erlaubnis. Sie wird grundsätzlich für alle in § 34c GewO genannten gewerberechtlichen Tätigkeiten erteilt. Die Erlaubnis ist weder raum- noch ortsgebunden. Da es sich jedoch um eine persönliche Erlaubnis handelt, ist der Inhaber nicht berechtigt, die Erlaubnis auf eine juristische Person zu übertragen und dort beispielsweise als Leiter der juristischen Person mit dieser Erlaubnis für die Gesellschaft tätig zu werden. Hier bedarf es vielmehr, wie bereits oben dargelegt, der Erlaubnis für die Gesellschaft selbst.

Die Erlaubnis ist unbefristet. Daher ist es nicht zulässig, die Erlaubnis unter einer auflösenden Bedingung zu erteilen, etwa mit dem Inhalt, daß die Erlaubnis erlischt, wenn nicht innerhalb einer bestimmten Zeit das Gewerbe tatsächlich aufgenommen wird. Unzulässig ist auch eine Erlaubnis mit einem Widerrufsvorbehalt, z.B. wenn der Antragsteller eine zeitlich beschränkte Erlaubnis beantragt. Dies ist als Gesuch auf Erteilung einer unbefristeten Erlaubnis auszulegen.

b) Auflagen und inhaltliche Beschränkungen

Gemäß § 34c GewO kann die Erlaubnis inhaltlich beschränkt oder zum Schutze der Allgemeinheit und der Auftraggeber unter Auflagen erteilt werden.

Kraft Gesetzes ist es auch zulässig, Änderungen und Ergänzungen von Auflagen nachträglich beizufügen. Daraus geht zunächst hervor, daß die Erlaubnis im Sinne des § 34c GewO nicht unter einer auflösenden oder aufschiebenden Bedingung erteilt werden kann. Die Bedingung greift nämlich, selbst als unselbständiger Teil der Erlaubnis (Verwaltungsakt) die Wirksamkeit der Genehmigung selbst an. Während bei der sogenannten aufschiebenden Bedingung die Wirksamkeit der Genehmigung erst mit einem künftigen Ereignis eintritt, erlischt bei der auflösenden Bedingung die Erlaubnis kraft Gesetzes mit Eintritt der Bedingung. Diese sogenannte echte Bedingung führt also stets zu einer Rechtsunsicherheit im Hinblick auf die Wirksamkeit der Erlaubnis. Da die Bedingung als Tatbestandsmerkmal in § 34c GewO nicht aufgeführt ist, kann die Behörde das Wirksamwerden oder das Erlöschen der Erlaubnis von einer echten Bedingung nicht abhängig machen. Von dieser im gesetzlichen Tatbestand nicht ausgenommenen Bedingung ist die oben erwähnte inhaltliche Beschränkung oder Auflage zu unterscheiden.

Auflagen sind die einem begünstigenden Verwaltungsakt beigefügten Anordnungen, durch die ein bestimmtes Tun oder Unterlassen des Begünstigten vorgeschrieben wird. Bei der Auflage ist im Unterschied zur Bedingung die Genehmigung unbedingt erteilt und daher von Anfang an wirksam. Die Auflage ist zwar auch von der Genehmigung abhängig, sie stellt aber nicht unmittelbar und ursprünglich die

Erlaubnis in Frage, sondern gewinnt selbständige Bedeutung, wenn ihr Tatbestand erfüllt ist. Dann nämlich kann aus der Nichtbefolgung der Auflage, das Gebot oder Verbot, welches in der Auflage umschrieben ist, hoheitsrechtlich durchgesetzt werden.

Auflagen sind mit dem in Art. 12 Abs. 1 GG gewährleisteten Grundrecht der Berufsfreiheit prinzipiell vereinbar, soweit sie nicht tatsächlich die Berufsausübung unmöglich machen. Das entspricht der höchstrichterlichen Rechtsprechung. Die Auflage regelt nicht die Zulassung zu einem bestimmten Beruf, sie wirkt sich demnach nicht auf die Berufswahl aus. Die Auflage bestimmt lediglich, in welcher Art und Weise der Inhaber seine Berufstätigkeit zu gestalten hat. Dementsprechend sind Auflagen mit Art. 12 Abs. 1 GG nur dann unvereinbar, wenn sie den Inhaber übermäßig belasten und für ihn unzumutbar sind. Hierin würde ein Verstoß gegen den Grundsatz der Verhältnismäßigkeit liegen, der nach der Rechtsprechung des Bundesverfassungsgerichtes Verfassungsrang genießt. Da aber die Berufsausübung gleichfalls nur unter ganz bestimmten Voraussetzungen eingeschränkt werden darf, hat die Behörde in jedem Einzelfall sorgfältig bei Abwägung des Allgemeinwohls und der Interessen des Gewerbetreibenden zu prüfen, ob im konkreten Fall tatsächlich das Erteilen einer Auflage notwendig ist. Keinesfalls ist aus dem Gesetzestext, wonach Auflagen zulässig sind, zu schließen, daß die Behörde dem Unternehmer beliebig Auflagen erteilen kann. Das Wort „kann" bedeutet lediglich, daß der Verwaltungsbehörde in den zur Beurteilung anstehenden Fällen ein Ermessensspielraum eingeräumt ist. Bei Ausübung dieses Ermessens hat die Behörde sachfremde Erwägungen und außerhalb des Gesetzes liegende Gründe außer acht zu lassen, sie darf also nicht willkürlich handeln. Auflagen sind demnach im Einzelfall nur dann zulässig, wenn sie zum Wohle der Allgemeinheit auch bei Berücksichtigung der Einzelinteressen des Gewerbetreibenden sachlich gerechtfertigt sind.

Neben diesen Auflagen kann nach dem Wortlaut des Gesetzes die Erlaubnis auch inhaltlich beschränkt werden, d. h. die Erlaubnis kann für einzelne Sparten der in § 34c Abs. 1 GewO umschriebenen Gewerbearten erteilt werden, wenn dies der Schutz der Allgemeinheit oder der Auftraggeber fordert. Eine weitere inhaltliche Beschränkung als auf die einzelnen Sparten, z. B. des Wohnungs- und Immobilienmaklers, des Darlehensvermittlers, des Bauträgers oder Baubetreuers, ist nicht möglich; dies würde nämlich zur Einschränkung des Grundrechts der freien Berufswahl führen. Aber auch mit der Beschränkung auf bestimmte Gewerbezweige, die in § 34c GewO umschrieben sind, ist besondere Vorsicht geboten. Eine solche Einschränkung ist nur zulässig, wenn der Antragsteller diese selbst beantragt, also beispielsweise nur als Wohnungs- und Immobilienmakler die Erlaubnis zu erhalten wünscht oder wenn Interessen des öffentlichen Wohles eine solche Beschränkung zwingend erfordern.

c) Das Erlaubnisverfahren

Die Bundesgesetze werden durch die Länder vollzogen. Aus diesem Grunde ergibt sich die Zuständigkeit der Behörde, die über den Erlaubnisantrag entscheidet aus dem jeweiligen Landesrecht. Regelmäßig ist die Gewerbebehörde zuständig, in deren Bezirk der Antragsteller seinen Wohnsitz und in Ermangelung eines solchen seinen dauernden Aufenthalt hat. Liegt einer der noch nachstehend zu erörternden

Versagungsgründe vor, so hat die Behörde die Erlaubnis zu versagen und dem Antragsteller die Gründe ihrer Entscheidung mitzuteilen. Gegen diese Entscheidung ist im verwaltungsrechtlichen Vorverfahren innerhalb einer vierwöchigen Frist Widerspruch einzulegen und, wenn die vorgesetzte Behörde dem belastenden Verwaltungsakt nicht abhilft ist das Rechtsmittel der verwaltungsgerichtlichen Klage in Form der Verpflichtungsklage zulässig. Die Verpflichtungsklage bezweckt einerseits die Aufhebung des versagenden Verwaltungsaktes und zugleich die Verurteilung der Behörde zum Erlaß eines begünstigenden Verwaltungsaktes, nämlich der Erlaubnis. In der Praxis wird in vielen Fällen Streit darüber bestehen, ob die Umstände in der Person des Antragstellers eine gänzliche Versagung rechtfertigen oder ob zum Schutz der Allgemeinheit und der Auftraggeber eine Auflage in Form eines Gebotes oder Verbotes ausreichend ist. In Zweifelsfällen hat die Behörde zwar den Schutzzweck des Gesetzes hinreichend zu berücksichtigen, jedoch im Hinblick auf die grundgesetzlich gewährte Berufsfreiheit zu Gunsten des Antragstellers zu entscheiden. Auch hier gilt der verfassungsrechtlich anerkannte Grundsatz der Verhältnismäßigkeit. Dieses Prinzip kommt in § 34c GewO zum Ausdruck, daß im Zweifelsfall die Erlaubnis auflagenfrei und ohne inhaltliche Beschränkung zu erteilen ist. Stellen sich nachträglich Mißstände heraus oder konkretisieren diese sich und liegt damit ein Verstoß gegen den Schutzzweck des Gesetzes vor, so kann nunmehr aufgrund des ausdrücklichen Wortlautes von § 34c GewO nachträglich noch eine Auflage oder eine inhaltliche Beschränkung hinzugefügt werden.

Gleiches gilt in dem oben erörterten Fall, in dem nämlich im Zweifelsfall die mit Auflagen belastete Erlaubnis zu erteilen ist und, wenn sich später herausstellt, daß der Gewerbetreibende doch nicht die notwendige, zunächst gerade noch angenommene Zuverlässigkeit besitzt, die Ausübung des Gewerbes zu untersagen ist (§ 35 GewO). In allen anderen Fällen, in denen eine Versagung nicht in Betracht kommt, hat die Behörde die beantragte Erlaubnis zu erteilen, und zwar gegebenenfalls unter Auflagen, wenn die oben erörterten Voraussetzungen gegeben sind.

Für die Erteilung der Erlaubnis hat § 34c GewO keine besondere Formvorschrift statuiert. Die zuständigen Landesbehörden stellen den Bescheid jedoch in Form einer sogenannten Erlaubnisurkunde aus. In diesem Bescheid sind etwaige Auflagen im einzelnen aufzuführen wie auch inhaltliche Beschränkungen. Ist dies nicht der Fall, gilt die Erlaubnis als inhaltlich nicht beschränkt und auflagenfrei erteilt.

Verfahrensrechtlich ist bei Stellung des Antrages auf Erteilung der Erlaubnis anzugeben, welche der in § 34c Abs. 1 GewO genannten Tätigkeiten ausgeübt werden soll. Nicht entscheidend ist, welche Berufsbezeichnung der Antragsteller führt. Entscheidend ist vielmehr, ob und welche Merkmale des § 34c Abs. 1 GewO die Tätigkeit konkret erfüllt.

So kann z.B. hinter der Bezeichnung „Immobilienkontor" ein Immobilienvermittler, ein Bauträger oder ein Baubetreuer stehen, der nach den Umständen des Einzelfalles eine Erlaubnis für eine oder mehrere der in § 34c Abs. 1 GewO genannten Tätigkeiten benötigt.

Dem Antrag sind beizufügen:

- Ablichtung eines Auszuges aus dem Handelsregister oder Genossenschaftsregister, soweit das Unternehmen im Register eingetragen ist. Handelt es sich um eine

GmbH & Co. KG., so ist eine entsprechende Ablichtung für die GmbH und die KG einzureichen.
- Unbedenklichkeitsbescheinigung des Finanzamtes
- Führungszeugnis für Behörden gem. § 28 Abs. 5 des Bundeszentralregistergesetzes und Auskünfte aus dem Gewerbezentralregister für sich und seinen Ehegatten, falls dieser nicht getrennt von ihm lebt, sowie gegebenenfalls für die mit der Leitung des Betriebes oder einer Zweigniederlassung beauftragten Personen.
Bei juristischen Personen sind die Unterlagen für alle nach Gesetz, Satzung oder Gesellschaftsvertrag vertretungsberechtigten Personen (z. B. Geschäftsführer, Vorstandsmitglieder) und ihre Ehegatten, falls diese nicht getrennt von ihnen leben beizubringen.

Beteiligungen anderer Stellen

Vor der Erteilung der Erlaubnis hat die zuständige Erlaubnisbehörde in der Regel folgende Stellen zu dem Antrag zu hören:
- Die Wohnsitzgemeinde.
Wohnen der Antragsteller oder die mit der Leitung des Unternehmens oder von Zweigniederlassungen beauftragten Personen noch nicht länger als drei Jahre in der Gemeinde, so sind auch die Gemeinden, in denen der Antragsteller oder die mit der Leitung des Betriebes oder der Zweigniederlassungen beauftragten Personen in den letzten drei Jahren gewohnt haben, zu hören.
- Die Industrie- und Handelskammern.
- Wird eine gewerberechtliche Tätigkeit im Sinne des § 34c GewO in Verbindung mit einem handwerklichen oder handwerksähnlichen Betrieb ausgeübt, so ist außerdem die Handwerkskammer zu hören.
- Die Amtsgerichte, in deren Bezirk der Antragsteller in den letzten fünf Jahren vor der Antragstellung seinen Wohnsitz oder eine gewerbliche Niederlassung gehabt hat, wegen der Fragen, ob über das Vermögen des Antragstellers ein Vergleichs- oder Konkursverfahren eröffnet oder ein Eröffnungsantrag mangels Masse abgewiesen worden ist, der Antragsteller die in § 807 der Zivilprozeßordnung erwähnte eidesstattliche Versicherung abgegeben hat oder gegen ihn Haft zur Erzwingung der Abgabe der eidesstattlichen Versicherung angeordnet worden ist.

Auf die Erteilung der Erlaubnis besteht ein Rechtsanspruch, wenn ein Versagungsgrund des § 34c GewO nicht gegeben ist. Bei ausländischen Antragstellern sind die Erlasse der Bundesländer für die Anwendung des Gewerberechtes auf Ausländer zu beachten. Danach gelten für die Ausübung eines Gewerbes durch Ausländer oder ausländische juristische Personen grundsätzlich die allgemeinen gewerberechtlichen Vorschriften. An die persönliche Zuverlässigkeit eines Ausländers sind daher grundsätzlich die gleichen Anforderungen wie bei Deutschen im Sinne des Artikels 116 Abs. 1 GG zu stellen.

d) Versagungsgründe

Unzuverlässigkeit

Nach § 34c Abs. 2 GewO obliegt der Erlaubnisbehörde die Verpflichtung, die Zuverlässigkeit des Antragstellers und der mit der Leitung oder Zweigniederlassung beauftragten Personen zu überprüfen. Gemäß der Amtlichen Begründung schien dem Gesetzgeber die Einbeziehung der Betriebs- und Zweigstellenleiter notwendig, um zu verhindern, daß die Erlaubnispflicht von unzuverlässigen Personen umgangen wird. Vielfach hatten Makler eine Gewerbeuntersagung dadurch zu vereiteln versucht, daß sie das Gewerbe abmeldeten und es auf den Namen eines Strohmannes - zumeist auf den Namen eines nahen Verwandten - wieder anmeldeten. An der tatsächlichen Leitung des Betriebes hatte sich hierdurch jedoch nichts geändert. Derartige Manipulationen sollen durch die vorgesehene Regelung weitgehend verhindert werden.

Gemäß dem Gesetzeswortlaut ist also die Erlaubnis zu versagen, wenn Tatsachen die Annahme rechtfertigen, daß der Antragsteller oder eine der anderen dort genannten Personen die für den Gewerbebetrieb erforderliche Zuverlässigkeit nicht besitzen.

Beispielhaft werden alsdann in § 34c Abs. 2 Ziff. 1 2. Halbsatz GewO strafrechtliche Tatbestände genannt, deren geschütztes Rechtsgut regelmäßig das Vermögen anderer ist. Damit ist die gesetzgeberische Absicht gekennzeichnet. Demzufolge ist unter dem Begriff „für den Gewerbebetrieb erforderliche Zuverlässigkeit" für die in § 34c Abs. 1 GewO umschriebenen Gewerbearten die subjektive Zulassungsvoraussetzung des Antragstellers gemeint, mit welcher der Gesetzgeber Gefahren ausschließen will, die sich aus der Ausübung der vorgenannten Tätigkeiten durch unzuverlässige Gewerbetreibende für die Personen ergeben könnten, die die Dienste dieser Unternehmer in Anspruch nehmen.

Aus dem in dem Gesetz selbst gekennzeichneten Schutzzweck ergibt sich, daß vor allem Verstöße gegen die Strafgesetze, insbesondere das geschützte Vermögen und Eigentum anderer, die Zuverlässigkeit in Frage stellen. Dieser Schutzzweck durchzieht den gesamten § 34c GewO wie auch die auf seiner Grundlage erlassene Makler- und Bauträgerverordnung. Man denke nur an die zu stellenden Sicherheiten bei der treuhänderischen Verwaltung fremder Vermögenswerte.

Bei der Auslegung dieser Vorschrift ist nur die Intension des Gesetzgebers niedergelegt. Entsprechend dem Wortlaut spricht daher eine tatsächliche Vermutung (in der Regel) gegen die Zuverlässigkeit, wenn der Antragsteller gegen einen der dort vorgesehenen Tatbestände in den letzten fünf Jahren vor Stellung des Antrages rechtskräftig verurteilt ist. Doch gilt es im Erlaubnisverfahren besondere Sorgfalt walten zu lassen. So hat die Verwaltungsbehörde im konkreten Fall zu prüfen, ob die gesetzliche Vermutung im Rahmen des § 34c GewO aufgrund des rechtskräftig abgeschlossenen Strafverfahrens bestätigt wird. Eine schematische Übernahme des Ergebnisses des Strafverfahrens und damit die notwendige Konsequenz auf die gesetzliche Vermutung würde, da keine sachliche Prüfung angestellt ist, einen Ermessensmißbrauch bedeuten und könnte zur Aufhebung des die Erlaubnis versagenden Verwaltungsaktes im gerichtlichen Verfahren führen. Das Gesetz hat der Verwaltungsbehörde nur eine allgemeine Auslegungsregel an die Hand gegeben und die Behörde ist verpflichtet diesen gesetzlichen Tatbestand im Einzelfall mit ihrem Ermessen auszufüllen.

In der Praxis bedeutet dies, daß die Gewerbebehörde das etwa vorliegende Strafurteil in seinem Tatbestand prüft und nunmehr im Rahmen des eingeräumten Ermessensspielraumes abwägt und schließlich entscheidet, ob durch dieses Urteil die gesetzliche Vermutung, nämlich die Unzuverlässigkeit des Betroffenen zu bejahen ist. Neben dieser aus strafrechtlicher Verurteilung bzw. den dieser zugrunde liegenden Tatbeständen folgenden Unzuverlässigkeit ist sie allgemein aber auch dann nicht gegeben, wenn nach dem Gesamtbild des Verhaltens nicht die Gewähr dafür vorliegt, daß das vom Antragsteller beabsichtigte Gewerbe ordnungsgemäß betrieben wird. Nicht ordnungsgemäß ist die Gewerbeausübung durch eine Person, die nicht Willens oder nicht in der Lage ist, die im öffentlichen Interesse zu fordernde einwandfreie Führung ihres Gewerbes zu gewährleisten. Im Rahmen der Zuverlässigkeit müssen die zur Last gelegten Verstöße gegen das geltende Recht von erheblichem Gewicht sein. Eine Vielzahl kleinerer Verstöße rechtfertigt die Annahme der Unzuverlässigkeit jedoch dann, wenn aus ihnen ein eingewurzelter Hang zur Mißachtung der Berufspflichten ersichtlich ist.

Mangelnde Fachkunde

Der Begriff der Zuverlässigkeit im Sinne des § 34c Abs. 2 GewO geht nach dem gesetzgeberischen Willen über die dort aufgeführte charakterliche Zuverlässigkeit hinaus. Die gewerberechtliche Zuverlässigkeit ist jedoch auch dann fraglich, wenn der Gewerbetreibende nicht die notwendige Sach- und Fachkunde besitzt. Doch kann von der Behörde, welche die Erlaubnis zu erteilen hat, ein Sach- und Fachkundenachweis in Form einer irgendwie gearteten Prüfung nicht verlangt werden, weil dies nicht gesetzliche Zulassungsvoraussetzung ist. Wenn sich der Gesetzgeber aus verfassungsrechtlichen Gründen - wenn auch zu Unrecht - gescheut hat, in den Negativkatalog des § 34c Abs. 2 GewO eine weitere Voraussetzung der mangelnden Sach- und Fachkunde aufzunehmen, so darf die Behörde nicht über das verwaltungsmäßige Verfahren einen solchen Nachweis einführen.

Versagung wegen ungeordneter Vermögensverhältnisse

Entsprechend der amtlichen Begründung zu § 34c GewO sollen durch den Versagungsgrund nach Abs. 2 Nr. 2 solche Personen, die in ungeordneten Vermögensverhältnissen leben, von dem Gewerbe ferngehalten werden. Die Erfahrungen haben gezeigt, daß Personen, denen die erforderlichen Mittel für die Aufrechterhaltung ihrer wirtschaftlichen Existenz fehlen nicht zur Wahrnehmung fremder Vermögensinteressen geeignet sind. Vielmehr sind sie in verstärktem Maße der Versuchung ausgesetzt sich an ihnen anvertrauten Vermögenswerten zu vergreifen. Die Annahme ungeordneter Vermögensverhältnisse ist in der Regel begründet, wenn über das Vermögen des Antragstellers der Konkurs eröffnet ist oder wenn er in das vom Konkursgericht oder vom Vollstreckungsgericht zu führende Verzeichnis eingetragen ist. Ist der Tatbestand des Konkurses oder des in dem Verzeichnis Eingetragenseins erfüllt, so spricht eine gesetzliche Vermutung dafür, daß ungeordnete Vermögensverhältnisse gegeben sind. Diese gesetzliche Vermutung ist von der Verwaltungsbehörde jedoch nicht automatisch zu unterstellen, vielmehr ist der Gegenbeweis zulässig. Die Behörde hat also im konkreten Einzelfall die Umstände zu prüfen und die Entscheidung zu treffen, ob die Eröffnung des Konkurses oder des Vergleichsverfahrens die gesetzliche Vermutung bestärken. Wenn das der Fall ist, kann allerdings der Antragsteller selbst den Nachweis führen, daß durch besondere, regelmäßig neue Umstände die gesetzliche Vermutung nicht gegeben und dem Antrag daher stattzugeben ist.

In allen anderen Fällen ist bei den im Gesetz bezeichneten Umständen die Erlaubnis nach § 34c GewO zu versagen.

Ungeordnete Vermögensverhältnisse liegen aber nicht nur in den vom Gesetz ausdrücklich aufgestellten Tatbeständen vor. Diese gelten vielmehr nur beispielhaft als besonders gravierende Fälle, in welchen der Gesetzgeber davon ausgeht, daß mit Sicherheit ungeordnete Vermögensverhältnisse vorliegen. Der Begriff ist aber weiter gefaßt, wobei hier jedoch die Frage zweifelhaft ist, ob allein der objektive Tatbestand der ungeordneten Vermögensverhältnisse ausreicht oder ob, wie beispielsweise bei dem Begriff der Zuverlässigkeit, die Umstände auch subjektiv mit einem charakterlichen Mangel in Verbindung stehen, der die Unzuverlässigkeit des Gewerbetreibenden erkennen läßt. Der Gesetzgeber geht entsprechend der in der Amtlichen Begründung niedergelegten Intension offenbar davon aus, daß von demjenigen, der in ungeordneten Vermögensverhältnissen lebt eine gewisse Gefahr für den Vertragspartner besteht, der ihm Geld anvertraut. Insofern könnte aus dem Gesetzeswortlaut geschlossen werden, daß allein der objektive Tatbestand der nicht geordneten Vermögensverhältnisse ausreicht.

Andererseits ist jedoch zu berücksichtigen, daß zwar Ziffer 2 zu einem selbständigen Tatbestandsmerkmal geworden ist, sich jedoch als ein Unterfall der gewerberechtlichen Unzuverlässigkeit darstellt. Insofern wird man wohl dem das gesamte Gewerberecht durchziehenden Rechtsgedanken auch hier den Vorzug geben müssen, daß der Tatbestand gem. Ziffer 2 nur dann vorliegt, wenn aus den objektiven Umständen auf einen charakterlichen Mangel geschlossen werden kann. Ist das nämlich nicht der Fall, so wird man den charakterlichen Mangel des Antragstellers nicht unterstellen können. Daraus folgt, daß derjenige, der unverschuldet in wirtschaftliche Schwierigkeiten geraten und hierdurch in seiner finanziellen Leistungsfähigkeit eingeschränkt ist, nicht in ungeordneten Vermögensverhältnissen lebt.

Fraglich ist, ob der Tatbestand der Ziffer 2 auch dann gegeben ist, wenn erhebliche Steuer- und Abgabeschulden bestehen. Auch dieser objektive Umstand allein rechtfertigt keine Versagung. Vielmehr kann der gesetzliche Tatbestand der ungeordneten Vermögensverhältnisse nur dann angenommen werden, wenn in der Nichtzahlung von Steuern sich die Gesinnung des Gewerbetreibenden offenbart, daß er zu solchen und ähnlichen Handlungen neigt. Kann nämlich aus seinem Verhalten darauf geschlossen werden, daß es ihm für die Ausübung seines Gewerbes an dem erforderlichen Willen, die öffentlichen Berufspflichten zu erfüllen, fehlt, so ist auch subjektiv der Tatbestand der ungeordneten Vermögensverhältnisse gegeben, der Schutzzweck des Gesetzes hiermit aufgehoben, solche Berufsbewerber von der gewerblichen Tätigkeit auszuschließen, da tatsächlich von ihnen die konkrete Gefahr ausgeht, es auch mit den vertraglichen Pflichten, insbesondere den Treuepflichten gegenüber den Auftraggebern, nicht genau zu nehmen. Die Behörde, die das Antragsverfahren durchführt hat also bei etwaigen Steuer- und Abgabeschulden neben der objektiven Seite zu prüfen, ob der Berufsbewerber in geradezu hartnäckiger Weise hier seine öffentlich-rechtlichen Berufspflichten vernachlässigt hat. Wenn dies der Fall ist, können die Umstände ausreichend sein, gemäß § 34c Abs. 2 Ziff. 2 GewO die Erlaubnis zu versagen.

Das gleiche gilt auch dann, wenn der Antragsteller möglicherweise in einem anderen Gewerbezweig von dem Lohn einbehaltene Sozialversicherungsbeiträge nicht abgeführt hat. Auch hier handelt es sich letztlich um ihm anvertraute Gelder, die, sollten sie nicht ordnungsmäßig abgeführt werden, den Schluß nahelegen, er werde auch mit anderen Geldern nicht die notwendige, von ihm zu verlangende Sorgfalt und Verantwortung walten lassen.

e) Erlöschen der Erlaubnis

Da sich die Erlaubnis nach § 34c GewO auf die Person des Gewerbetreibenden bezieht erlischt diese mit dem Tode des Erlaubnisinhabers. Bei Gesellschaften, wie der bürgerlich-rechtlichen Gesellschaft, der Offenen Handelsgesellschaft oder bei juristischen Personen erlischt die Erlaubnis mit der Auflösung der Gesellschaft und ihrer Liquidation. Ferner kann von der Erlaubnis kein Gebrauch mehr gemacht werden, wenn die Behörde gemäß § 35 GewO die Ausübung des Gewerbes wegen Unzuverlässigkeit ganz oder teilweise versagt.

III. Makler- und Bauträgerverordnung (MaBV)

Aufgrund der in § 34c Abs. 3 GewO enthaltenen Ermächtigungsgrundlage ist die Verordnung über die Pflichten der Makler, Darlehens- und Anlagevermittler, Bauträger und Baubetreuer (Makler- und Bauträgerverordnung - MaBV -) erlassen worden und gilt heute in der Neufassung der Bekanntmachung vom 7. November 1990 (BGBl. I S. 2480ff.).

1. Verbraucherschutz der MaBV

Die Verordnung ist im Anhang 24 abgedruckt. Sie regelt zunächst in § 1 den Anwendungsbereich, wonach die Verordnung für alle Gewerbetreibende gilt, die nach § 34c Abs. 1 GewO der Erlaubnis bedürfen. Zum Schutz des Verbrauchers wird in § 2 bestimmt, daß der Gewerbetreibende, der zur Ausführung seines Auftrages Vermögenswerte des Auftraggebers erhält, in Höhe der entsprechenden Vermögenswerte Sicherheit zu leisten oder eine zu diesem Zweck geeignete Versicherung abzuschließen hat. In § 3 werden die besonderen Sicherungspflichten für Bauträger geregelt, damit die Käufer von noch zu errichtenden Gebäuden ihr an den Bauträger gegebenes Geld nicht verlieren. Früher konnte im Rahmen der Vertragsfreiheit der Bauträger mit seinem Auftraggeber die Zahlung beliebig vereinbaren. Der Auftraggeber hatte so nicht die Möglichkeit zu kontrollieren, daß die dem Bauträger anvertrauten Gelder auch tatsächlich für sein Objekt verwandt wurden, vielmehr lief er bei Vermögensverfall Gefahr, daß seine finanziellen Mittel verloren waren.

Das gleiche galt, wenn die Banken zunächst mit Globalbelastungen ihre Forderungen abgesichert hatten und der Auftraggeber nicht sicher war, daß im Falle der Nichtvollendung des Objektes dieses lastenfrei übergeben werden konnte. Dieser Schutzgedanke ist in § 3 MaBV normiert worden. Der Gewerbetreibende darf danach beim Abschluß eines Vertrages über noch zu errichtende Bauwerke Gelder entgegennehmen, wenn der Auftraggeber hinreichend abgesichert ist, d.h., wenn die Baugenehmigung für das Objekt tatsächlich vorliegt, darüber hinaus die Auflassungsvormerkung zugunsten des Erwerbers im Grundbuch eingetragen ist und eine Freistellungserklärung der Gläubigerbanken vorliegt. Im Rahmen von Globalbelastungen werden von den Banken die Kredite abgesichert, die zum Ankauf des Objektes, für die Vorbereitung des Bauvorhabens wie Erschließungskosten, Anliegergebühren und Ingenieurleistungen notwendig sind.

Mit der Freistellungserklärung versichert die Bank, daß sie Pfandfreigabe bezüglich der zu ihren Gunsten eingetragenen Grundpfandrechte erteilen wird, wenn und soweit der Kaufpreis vom Erwerber an sie gezahlt ist. Damit wird sichergestellt, daß in jedem Fall der Erwerber das vom Bauträger erworbene Objekt lastenfrei erwerben wird, auch dann, wenn es noch nicht in vollem Umfange fertiggestellt ist.

Wichtig ist in § 3 die Regelung, daß der Gewerbetreibende die Vermögenswerte, also die Geldleistungen, höchstens in den nach dem Baufortschritt festgesetzten Teilbeträgen zu den jeweils angegebenen Terminen entgegennehmen darf, also nach Vorliegen der obigen Voraussetzungen:

30% der Vertragssumme bei Grundstücksübertragung nach Beginn der Erdarbeiten
und von der restlichen Vertragssumme (also 70% = 100)
40% nach Rohbaufertigstellung
25% nach Fertigstellung der Rohinstallation einschließlich Innenputz
15% nach Fertigstellung der Schreiner- und Glaserarbeiten
15% nach Bezugsfertigkeit und Zug um Zug gegen Besitzübergabe
und die restlichen
5% nach vollständiger Fertigstellung.

Hinsichtlich der letzten 5%, die der Bauträger nicht vor vollständiger Fertigstellung entgegennehmen darf, wird oft vereinbart, daß dieser Betrag auf ein Notar-Anderkonto zu hinterlegen ist. Diese Regelung ist unzulässig.

Der Käufer der Wohnimmobilie soll sich von den restlichen 5% Vermögenswerten trennen, damit er bei etwaigen Mängeln am neugebauten Objekt kein Zurückbehaltungsrecht ausübt.

Das Verlangen, auf Notar-Anderkonto zu zahlen, stellt eine Verschlechterung gegenüber der gesetzlichen Rechtslage nach der MaBV dar und ist deshalb unwirksam. Die Notare sind angehalten derartige Klauseln nicht zu protokollieren.

§ 4 MaBV stellt nochmals sicher, daß der Gewerbetreibende die Vermögenswerte des Auftraggebers nur zweckgebunden verwenden darf. Darüber hinaus hat der Gewerbetreibende gemäß § 5 MaBV sicherzustellen, daß sein Hilfspersonal, das mit der Ausführung der Aufträge ermächtigt wird, die Bestimmungen der MaBV in gleicher Weise einhält. Vermögenswerte, die der Gewerbetreibende zur Ausführung des Auftrages erhält, hat er von seinem eigenen Vermögen und dem Vermögen der anderen Auftraggeber getrennt zu verwalten.

In § 8 MaBV wird der Gewerbetreibende zur Rechnungslegung verpflichtet, d.h. er hat über alle zur Ausführung des Auftrages erhaltenen Vermögenswerte dem Auftraggeber nach Beendigung des Auftrages über die Verwendung im einzelnen Rechnung zu legen. Ergibt sich dies bereits aus den zivilrechtlichen Beziehungen der Parteien untereinander, so ist hier hoheitlich, öffentlich-rechtlich diese Rechnungslegungspflicht nochmals zum Schutze des Verbrauchers gesetzlich normiert.

2. Buchführungspflicht

Eine wesentliche Bedeutung für den Immobilienmakler beinhaltet die in § 10 MaBV niedergelegte Buchführungspflicht. Danach hat der Gewerbetreibende von der Annahme des Auftrages an Aufzeichnungen zu machen sowie Unterlagen und Belege übersichtlich zu sammeln. Aus diesen Aufzeichnungen und Unterlagen müssen Name und Vorname oder die Firma, die Anschrift des Auftraggebers sowie das für die Vermittler- oder Nachweistätigkeit zu entrichtende Entgelt ersichtlich sein - Wohnungsvermittler haben das Entgelt in einem Bruchteil oder Vielfachen der Monatsmiete anzugeben wie auch die Vertragsdauer.

Aus den Aufzeichnungen müssen bei der Vermittlung oder dem Nachweis der Gelegenheit zum Abschluß von Verträgen über den Erwerb von Grundstücken oder grundstücksgleichen Rechten Angaben ersichtlich sein über die Lage, Größe und Nutzungsmöglichkeit des Grundstücks, Art, Alter und Zustand des Gebäudes, Ausstattung, Wohn- und Nutzfläche, Zahl der Zimmer, Höhe der Kaufpreisforderung einschließlich zu übernehmender Belastungen, Name, Vorname und Anschrift des Veräußerers.

Handelt es sich nicht um Verträge zur Übertragung des Eigentums, sondern um den Nachweis oder die Vermittlung von Nutzungsverträgen, so sind anstelle der Hinweise auf die Kaufpreisforderung die Höhe der Mietzinsforderung sowie gegebenenfalls Höhe eines Baukostenzuschusses, einer Kaution, einer Mietvorauszahlung, eines Mieterdarlehens oder einer Abstandszahlung anzugeben.

Entsprechend dem Zweck der Verordnung und Ermächtigungsgrundlage soll diese gewerberechtliche Buchführung einen doppelten Sinn haben. Einerseits wird die behördliche Nachschau, die im einzelnen in der Verordnung geregelt ist, ermöglicht, zum anderen ist die Buchführung Grundlage der dem Auftraggeber zu erteilenden Information und dient damit umfassend dem Verbraucherschutz.

Die in § 10 MaBV festgelegte Buchführungspflicht steht nämlich in engem Zusammenhang mit der in § 11 MaBV niedergelegten Informationspflicht, wonach der Gewerbetreibende dem Auftraggeber bis spätestens zur Aufnahme der Vertragsverhandlungen die Informationen zu erteilen hat, die Gegenstand seiner oben dargestellten Buchführungspflicht gem. § 10 MaBV sind. Dabei entsteht die Frage, wie weit diese Buchführungspflicht und damit konsequenterweise auch die Informationspflicht geht. Es ist selbstverständlich, daß der Makler, der einen Vertrag über ein Objekt nachweist oder vermittelt dem Interessenten die erforderliche Auskunft über das Objekt gibt. Das galt auch schon vor Inkrafttreten der Makler- und Bauträgerverordnung nämlich aufgrund des bestehenden Auftragsverhältnisses, die Einzelheiten des Objektes, insbesondere die wertbestimmenden Merkmale, möglichst umfassend darzulegen und so den Kaufinteressenten ganzheitlich zu informieren. Durch die MaBV wird der Gewerbetreibende jedoch gezwungen zunächst die einzelnen in der Verordnung näher beschriebenen Objektmerkmale in der gewerberechtlichen Buchführung schriftlich festzuhalten und dann diese Informationen gemäß § 11 MaBV gleichfalls schriftlich dem Auftraggeber zu erteilen. Zu der Selbstverständlichkeit der Information aus der Natur des Maklergewerbes heraus und über die zivilrechtliche Verpflichtung hinaus ist also in der MaBV die öffentlichrechtlich normierte Pflicht enthalten die entsprechenden Informationen zu erteilen, wobei das Erfordernis der Schriftlichkeit beweisführenden Charakter hat. Führen Anpreisungen des Maklers zu Schäden, kann der Verbraucher seine hieraus entstehenden Forderungen nur durchsetzen, wenn er die unrichtige Information auch beweisen kann. So dient auch hier die Schriftlichkeit der Beweiserleichterung des Auftraggebers, weshalb einmal mehr der Makler gehalten ist, nur solche Erklärungen abzugeben, die er aus eigener Erkenntnis als richtig festgestellt hat. In der Praxis treten dabei Kollisionslagen zwischen dem öffentlichen Recht einerseits und den zivilrechtlichen Verpflichtungen andererseits auf. Manche Auftraggeber haben ein besonderes Interesse daran, daß ihr Name bei Beginn der Vertragsverhandlungen zwischen dem Makler und dem Kaufinteressenten nicht genannt wird. Eine solche zivilrechtliche Verpflichtung, die durchaus gerechtfertigten Interessen des Eigentümers entsprechen kann und im Rahmen der Vertragsfreiheit durchaus möglich ist führt zur Unvereinbarkeit mit der öffentlich-rechtlich niedergelegten Pflicht gem. §§ 10, 11 MaBV spätestens bei der Aufnahme der Vertragsverhandlungen Name und Anschrift des Veräußerers zu benennen.

3. Informationspflicht

Hinsichtlich den in § 10 MaBV im einzelnen umschriebenen Tatbestandsmerkmalen entsteht die Frage, in welchem Umfang die Buchführungspflicht und die daraus resultierende Informationspflicht erfüllt werden muß. Wie soll beispielsweise der Makler den Zustand des Gebäudes umschreiben. Im Sinne des Verbraucherschutzes, der durch Gesetz und Rechtsprechung ständig weiter ausgelegt wird muß die Information allumfassend sein, d. h. der Vermittler müßte, will er wirklich über den Zustand Buch führen und Auskunft geben ein Gutachten über das Gebäude erstellen oder in Auftrag geben.

In vielen Fällen wird der Makler aus eigener Sachkunde ein solch verläßliches Gutachten nicht fertigen können. Daraus folgt, daß es nicht Sinn der MaBV sein kann, die Buchführungs- und Informationspflicht so weit auszulegen, daß hierfür Sachverständigenwissen notwendig ist. Damit würde der Verordnungsgeber öffentlich-rechtliche Pflichten an Personen eines Berufsstandes stellen, die weit über das hinausgehen, was dem normalen Gewerbetreibenden subjektiv möglich ist. Der Verordnungsgeber kann aber von Rechts wegen nicht die Anforderungen an einen Spezialberuf, beispielsweise an den eines Bausachverständigen in das Berufsbild eines gänzlich anders gelagerten Berufs hineintragen und dies als rechtliche Voraussetzung für die Gewerbeausübung verlangen. Sinn und Zweck der MaBV kann nur so verstanden werden, daß der Makler in der Buchführung und darauf basierend in der Informationserteilung über die wesentlichen Merkmale Auskunft gibt, die ein ordnungsgemäß ausgebildeter und korrekt arbeitender Makler selbst feststellen kann. Sicherlich darf er sich nicht damit begnügen, daß er in die Buchführung nur mangelhafte Informationen vom Hausverkäufer aufnimmt und es dabei beläßt. Nein, die Informationspflicht geht viel weiter. Sie begründet nicht nur die Pflicht zur Weitergabe der vom Veräußerer angegebenen Objektdaten, sondern vielmehr eine eigene Informationspflicht des Maklers, die ihm auferlegt, die wertbestimmenden Merkmale selbst zusammenzutragen, sei es vom Veräußerer, sei es aufgrund der vom Veräußerer erteilten Vollmacht bei der Baubehörde, der Brandversicherungskammer usw.

Der Gesetz- und Verordnungsgeber wollte mit dieser gesetzlichen Regelung die inhaltliche Ausgestaltung der Informationspflicht nicht erweitern, sondern er ging davon aus, daß der Makler aus dem Bestreben, den Vertrag zustande zu bringen, ohnehin sämtliche Informationen über das Objekt preisgibt. Der Makler sollte also nicht mit Inkrafttreten der Verordnung verpflichtet werden, andere oder weitergehende Informationen zu geben als es der bisherigen Ausübung seines Berufes entsprach. Es sollte nachprüfbar festgelegt werden, welche Informationen der Makler gegeben hat, die möglicherweise für den Kaufabschluß bestimmend waren und die in einer schriftlich abzugebenden Erklärung Beweischarakter für den Erwerber haben. Daraus geht hervor, daß die Tatbestandsmerkmale, die sich gemäß § 10 MaBV auf das Objekt beziehen, in ihrer inhaltlichen Ausgestaltung nicht übertriebenen Anforderungen unterliegen. Vielmehr greift eine natürliche Betrachtungsweise, wonach die Lage des Grundstücks durch den Ort, die Straße und die Hausnummer bestimmt wird. Bei der Größe des Grundstücks handelt es sich um Quadratmeterzahlen, wobei in der Literatur vielfach die Auffassung vertreten wird, daß lediglich ungefähre Quadratmeterangaben ausreichen. Dieser Ansicht kann nicht gefolgt werden. Grund und Boden ist heute der wesentliche Wertfaktor einer Liegenschaft und schlägt sich im Preis ganz besonders nieder. Aus diesem Grunde wird bei den beginnenden Vertragsverhandlungen, ähnlich wie bei der beabsichtigten Anmietung eines Gewerberaumes, sofort vom interessierten Käufer gefragt, was der Quadratmeter dieses Grundstückes kostet. Das gilt nicht nur beim unbebauten Grundstück, sondern vielmehr auch bei solchen Grundstücken, auf denen bereits ein Bauwerk errichtet ist. Hier zeigt sich, daß die Werthaftigkeit, ja der Marktpreis einer Liegenschaft, insbesondere vom Grundstückspreis bezogen auf den einzelnen Quadratmeter bestimmt wird. Hat dieser aber eine solche Bedeutung, nutzen dem Kaufinteressenten ungefähre Angaben nichts. Deshalb ist der Makler verpflichtet, die Größe des Grundstückes exakt anzugeben. Er darf sich dabei sowohl rechtlich als auch kaufmännisch nicht allein auf die Angaben des Veräußerers verlassen, sondern hat anhand von Unterlagen, notfalls durch Grundbucheinsicht, die tatsächliche Größe genau festzustellen.

Die Angabe einer ungefähren Grundstücksgröße schadet dem Makler im übrigen. Stellt sich nämlich spätestens bei der Protokollierung des notariellen Vertrages heraus, daß die Grundstücksgröße kleiner ist als vom Makler angegeben, wird der Kaufinteressent nicht mehr bereit sein ohne Nachgeben des Preises den Vertrag zu schließen. Da der Veräußerer dem Erwerber keine bestimmte Größe mitgeteilt hat, also der Verkäufer seinen Kaufpreis nicht mindert, wird der Erwerber die Provision des Maklers mindern, womit sich dieser letztlich einverstanden erklärt, damit der Vertrag überhaupt geschlossen wird.

Das Tatbestandsmerkmal der Nutzungsmöglichkeit verlangt zunächst die Umschreibung des Grundbesitzes wie dieser vom Erwerber rechtlich genutzt werden kann. Handelt es sich beispielsweise um ein Baugrundstück, so ist die Information darüber notwendig, ob für das Gebiet, in dem dieses Grundstück liegt, ein rechtskräftiger Bebauungsplan aufgestellt ist. Trifft dies zu, ist zu prüfen, welche bauliche Ausnutzung zulässig ist. Dabei kommt der Grundflächenzahl, also der überbaubaren Fläche, wie auch der Geschoßflächenzahl, der Gesamtzahl der Nutzungfläche, eine wesentliche Bedeutung zu, weil hieraus der Erwerber erst ersehen kann, ob er das von ihm geplante Bauvorhaben in der vorgesehenen Größe errichten darf. Handelt es sich nicht um ein Grundstück für das ein Bebauungsplan besteht, ist die Frage zu prüfen, ob ein Aufstellungsbeschluß durch die Gemeinde erfolgt ist und ob eine Veränderungssperre besteht. Dies ist für den Erwerber von erheblicher Bedeutung, weil er hierdurch möglicherweise viele Jahre gehindert sein kann, ein Bauwerk auf dem erworbenen Grundstück zu errichten. Die Aufstellung eines Bebauungsplanes dauert mindestens drei Jahre und kann durch Veränderungssperren, also durch das Verbot, bis zur Aufstellung oder zur fortgeschrittenen Reife des Bebauungsplanes ein Bauwerk zu errichten, verlängert werden. Liegt weder ein in Aussicht genommener Bebauungsplan noch ein rechtskräftiger Bebauungsplan vor, richtet sich die Bebaubarkeit des Grundstückes regelmäßig nach der umliegenden Bebauung, so daß vom zuständigen örtlichen Bauamt oder der Kreisaufsichtsbehörde die bauliche Nutzbarkeit erfragt werden kann (vgl. Anhang 16).

Handelt es sich dagegen um ein Grundstück, das bereits bebaut ist, so beinhaltet die Umschreibung der Nutzungsmöglichkeit den Charakter des Bauwerkes, beispielsweise als Einfamilienhaus oder Mehrfamilienhaus, Reihenhaus, Reiheneckhaus oder möglicherweise auch Hochhaus. Bei diesen bestehenden Bauwerken kommt der tatsächlichen Nutzungsmöglichkeit eine besondere Bedeutung zu. Entscheidend ist, ob das Bauwerk in seinen Teilen lediglich zu Wohnzwecken oder auch gewerblich genutzt werden darf. Von diesen Rechtssituationen hat der Erwerber zumeist keine Kenntnisse und bedarf daher der eingehenden Belehrung durch den Makler. So kann also ein Haus, ob groß oder klein, das zu Wohnzwecken genehmigt ist, nicht ohne behördliche Erlaubnis anders, d. h. gewerblich genutzt werden. Der Käufer ist daher gehindert aus diesen Räumen Büroräume für seinen eigenen Gewerbebetrieb zu machen oder die Räumlichkeiten als Büro- oder Praxisräume zu vermieten. Hier bedarf es der bauaufsichtlich genehmigten Nutzungsänderung. Dabei ist zu beachten, daß eine solche Nutzungsänderung in bestimmten Städten überhaupt nicht genehmigt wird, weil die Zweckentfremdung von Wohnungen die Wohnungsknappheit noch weiter verstärkt oder, wenn die Umwandlung prinzipiell möglich ist, einzelne Anforderungen bauaufsichtlicher Art zu erfüllen sind. So ist beispielsweise die Stellplatzfrage außerordentlich wichtig, weil nach den Stellplatzordnungen der Gemeinde regelmäßig für eine Wohnung ein, maximal zwei Kraftfahrzeugstellplätze notwendig sind, während bei Büro- und Praxisräumen je nach Publikumsverkehr im Durchschnitt für zwanzig bis dreißig Quadratmeter ein Stellplatz erforderlich ist. Aus diesen Gründen kann schon beim Kauf des Grundstücks feststehen, daß eine Umwandlung von Wohn- in Gewerberäume aus den tatsächlich gegebenen Umständen überhaupt nicht in Betracht kommt, wenn die örtliche Stellplatzordnung keine Ablösung für tatsächlich nicht zu schaffende Stellplätze vorsieht. All dies gehört zu dem Begriff der Nutzungsmöglichkeit und der Art des Grundstücks und unterliegt daher nicht nur der gewerberechtlichen Buchführungspflicht des § 10 MaBV, sondern auch der Informationspflicht nach § 11 MaBV. Angaben über das Alter des Bauwerkes ergeben sich regelmäßig aus den beim Veräußerer vorhandenen Bauunterlagen. Hieraus ist zu ersehen, wann das Bauwerk erstmals errichtet, umgebaut oder Teile angebaut worden sind.

Handelt es sich jedoch um ein älteres Bauwerk und verfügt der Eigentümer nicht über entsprechende Bauunterlagen, so kann sie der Eigentümer oder der bevollmächtigte Makler in der sog. Hausakte bei der Gemeinde einsehen, die dort von der ersten Errichtung eines Bauwerkes an geführt wird. Außerdem verfügen Bauaufsichtsbehörde, Brandkassen oder Brandversicherungsanstalten über Unterlagen, aus denen das Alter des Bauwerkes zu ersehen ist. Bei dem Tatbestandsmerkmal „Zustand des Gebäudes" ist das oben Ausgeführte zu beachten, wonach die Beschreibung des Maklers nicht mit einem Sachverständigengutachten zu verwechseln ist. Aus diesem Grunde kann der Zustand mit allgemeinen Bezeichnungen umschrieben werden, wie „neu" oder „neuwertig", „reparaturbedürftig" usw. Über diese allgemeinen Umschreibungen hinaus wird der Zustand des Gebäudes aber dann näher präzisiert werden müssen, wenn das Gebäude im positiven wie im negativen Sinne Merkmale aufweist, die für die Kaufentscheidung des Erwerbers erkennbar wichtig sind. Stellt der Makler mit seinem sach- und fachkundigen Wissen und dem Kennen allgemeiner Baumängel fest, daß der Keller feucht ist, weil das Haus vor 1900 gebaut und nicht ordnungsgemäß isoliert ist, so hat er ausdrücklich auf diesen gravierenden Mangel hinzuweisen. Das gleiche gilt, wenn es sich um ein vom Makler erkennbar stark reparaturbedürftiges Dach handelt oder wenn die Fenster keine Isolierverglasung aufweisen. Mit anderen Worten heißt dies, der Makler hat das Gebäude in die allgemeine Umschreibung eines guten oder schlechten, neuwertigen oder reparaturbedürftigen Zustandes einzuordnen, und muß besonders schwerwiegende Umstände, die auf die Kaufentscheidung wesentlichen Einfluß haben, benennen.

Der Begriff der Ausstattung beinhaltet die Wesensmerkmale des Gebäudes, die auf die Wohnqualität einen besonderen Einfluß haben, beispielsweise, ob eine Zentralheizung vorhanden ist, die gasbefeuert oder als Ölheizung betrieben wird, mit welchem Material und in welchem Zustand die Böden belegt sind, ob besondere Einbauten über die normale Ausstattung eines Gebäudes hinaus bestehen und daher den Wohnwert besonders anheben oder ob das Haus über ökologische Einrichtungen verfügt, die nach heutigen Vorstellungen die Werthaftigkeit nicht unerheblich beeinflussen. Schließlich sind die Wohn- und Nutzfläche und die Zahl der Räume anzugeben. Das beim Zustand des Gebäudes Erörterte gilt hier gleichermaßen. Jedoch ist vom Makler nicht zu verlangen, daß er eine Aufstellung nach DIN erbringt, weil dafür die Kenntnisse eines Sachverständigen notwendig sind. Erforderlich ist lediglich die Angbe der Größenverhältnisse, die einer normalen Aufmessung von Räumlichkeiten entsprechen. Üblicherweise wird der Makler sich diese Größenangaben vom Veräußerer aus den Bauakten geben lassen und in Fotokopie dem Erwerber übergeben. Es ist nicht üblich, daß der Makler über die Räumlichkeiten ein eigenes Aufmaß erstellt und dem Erwerber für die Richtigkeit einstehen muß. Vielmehr ist der Makler gehalten darauf hinzuwirken, daß der Veräußerer ihm die vom Erwerber nachprüfbaren Urkunden gibt, aus denen die Wohn- und Nutzfläche ersichtlich ist.

Bei der Wohn- und Nutzfläche liegt die Problematik aber nicht nur in der Größenangabe, sondern oft darin, ob es sich überhaupt rechtlich um eine Wohnfläche handelt, d. h. ob die Räumlichkeiten baurechtlich zu Wohnzwecken oder auch zu gewerblichen Zwecken genehmigt sind. Vielerorts werden die baurechtlichen Bestimmungen dadurch umgangen, daß beispielsweise bei einem Hanggrundstück zunächst ein Teil nur als Kellerräume genehmigt sind und auch baurechtlich abgenommen werden. Danach wird das Bauwerk hangseitig freigegraben, baurechtswidrig Fenster eingesetzt und nunmehr als Einliegerwohnung genutzt. Solange der Eigentümer selbst diese Nutzung vornimmt und der baurechtswidrige Zustand von Nachbarn nicht angezeigt wird, geschieht in den folgenden Jahren nichts. Verkauft der Eigentümer aber das Objekt und vermietet nunmehr der Käufer die sogenannte Einliegerwohnung in der Absicht, mit dem Mietvertrag die Kaufpreisfinanzierung für die ersten Jahre zu erleichtern, wird er häufig dadurch überrascht, daß die Baubehörde ihn darauf hinweist, daß diese Räume zu Wohnzwecken nicht genehmigt sind und er diese daher nicht als solche vermieten darf. Es ist fraglich, ob der Erwerber gegen den Veräußerer, der im notariellen Vertrag jegliche Haftung für Gewährleistungsansprüche ausgeschlossen hat, Schadenersatzansprüche durchsetzen kann. Sicherlich wird man der Auffassung zuneigen, daß der Veräußerer einer Liegenschaft trotz Gewährleistungsausschluß einen solch erheblichen Mangel aus nebenvertraglichen Pflichten nach Treu und Glauben nicht verschweigen darf und daher möglicherweise haftet. Dennoch ist die Frage entscheidend, ob der Makler im Rahmen des Tatbestandsmerkmales der Wohn- und Nutzfläche den „versteckten" Mangel hätte erkennen und hierüber Auskunft geben müssen.

Zweifellos wird man bei der Auslegung des § 10 MaBV zum Ergebnis kommen, daß die Tatbestandsmerkmale bei den verschiedenen Objekten unterschiedliches Gewicht haben können. Hält der Makler das um 1900 gebaute Objekt baurechtlich für unbedenklich, weil ein An- oder Umbau seit der ersten Errichtung offensichtlich nicht vorgenommen worden ist, wird die Angabe zur Wohn- und Nutzfläche relativ einfach sein. Ergeben sich aber bei einem nach 1950 errichteten Haus Anhaltspunkte dafür, daß dieses hinsichtlich der Souterrainräume ausgebaut wurde und nunmehr zu Wohnzwecken genutzt wird, steigen die Anforderungen an die Informationspflicht des Maklers.

Was schließlich die Zahl der Zimmer betrifft, so sind diese, dem normalen Sprachgebrauch folgend, als Wohn-, Schlaf-, Kinderzimmer, als Arbeitsräume, Küche, Bäder, Toiletten, Kellerräume, Hausanschlußräume, Wirtschaftsräume aufzuzeichnen.

Neben der Höhe der Kaufpreisforderung unterliegen der Buchführungs- und Informationspflicht auch Angaben bezüglich zu übernehmender Belastungen. Dies ist eine etwas theoretische Anforderung der Makler- und Bauträgerverordnung. Der Gesetz- und Verordnungsgeber erwartet, daß der Makler hier genaue Ausführungen in seine Buchführung aufnimmt, damit der Verbraucher möglichst umfassend und vor allen Dingen auch verläßlich über die Einzelheiten informiert wird.

Andererseits ist diese Regelung inkonsequent, weil der Makler kein eigenes Recht hat, die Belastungshöhe selbst festzustellen, da auch die Regelung des § 10 MaBV das berechtigte Interesse zur Grundbucheinsicht nicht begründet. Erteilt der Veräußerer dem Makler keine Vollmacht zur Grundbucheinsicht, ist es ihm überhaupt nicht möglich, die eingetragenen und eventuell vom Erwerber zu übernehmenden Belastungen festzustellen. Er ist daher lediglich auf die Angaben des Veräußerers angewiesen und kann, ohne eigene Nachprüfung, das ihm vom Veräußerer Mitgeteilte in der gewerberechtlichen Buchführung aufzeichnen und an den Erwerber weitergeben.

Der Vollständigkeit halber ist darauf hinzuweisen, daß aus dem Grundbuch lediglich die Nominalbelastungen hervorgehen, also die Höhe der Grundpfandrechte, wie sie im Zeitpunkt der Eintragung, also vielleicht vor Jahren bestanden haben. Die Höhe der Kredite, d. h. wie hoch also die Valuten sind, ist aus dem Grundbuch nicht zu erkennen. Es müssen Verhandlungen mit den Gläubigern der Grundpfandrechte geführt werden. Diese sind meistens nicht bereit, die Frage der Übernahme von Grundbuchbelastungen mit dem Makler zu besprechen, weil hier das angestrebte Ergebnis nicht erreicht werden kann. Die Zustimmung zur Belastungsübernahme hängt nämlich in erster Linie von der Bonität des Erwerbers ab, über die der Makler regelmäßig keine gesicherten Erkenntnisse hat. Er ist jedenfalls nicht berechtigt, die Banken über die konkrete Situation zu informieren. Insofern werden die Banken dem Makler gegenüber eine verbindliche Erklärung weder abgeben können noch abgeben wollen. Im übrigen entspricht es der täglichen Praxis, daß die Übernahme der Belastungen vor Abschluß des Vertrages nicht hinreichend sicher geprüft werden kann, weil der Grundstückskaufvertrag oft unter Zeitdruck abgeschlossen wird und die Banken für die Prüfung längere Zeit zur Entscheidungsfindung benötigen.

Somit muß also bei den Verpflichtungen aus den §§ 10, 11 MaBV die Praxis, insbesondere die seit Jahrhunderten üblichen Usancen im Maklergewerbe, die durch die Makler- und Bauträgerverordnung in ihrem Wesen ja nicht geändert werden sollten, berücksichtigt werden, und es dürfen nach richtiger Auffassung auch zukünftig nicht trotz allseitigem Verbraucherschutz dem Gewerbetreibenden Verpflichtungen auferlegt werden, die er aus eigenem Können, selbst wenn es sich um ordentliche Gewerbetreibende handelt, nicht erbringen kann. Vom Gesetz- und Verordnungsgeber sind daher in der Buchführungs- und Informationspflicht nur solche Beurteilungen und Objektbeschreibungen zu verlangen, die vernünftigerweise von einem zuverlässigen, mit der Sach- und Fachkunde vertrauten Gewerbetreibenden erbracht werden können und die den überlieferten und gefestigten Usancen des Maklergewerbes entsprechen. Jede weitere Anforderung, die Kenntnisse eines besonderen Berufes und dort eines Spezialisten, wie beispielsweise eines vereidigten Bausachverständigen verlangen würde, wäre aus oben genannten Gründen rechtswidrig, ja geradezu verfassungswidrig, weil damit gegen den Grundsatz der Verhältnismäßigkeit im Rahmen des Art. 12 GG verstoßen würde.

4. Inseratensammlung und Pflichtprüfung

Gemäß § 13 MaBV hat der Gewerbetreibende eine sogenannte Inseratensammlung anzulegen. In ihr ist je ein Stück sämtlicher Veröffentlichungen und Werbeschriften, Inserate und Prospekte, in denen der Gewerbetreibende Tätigkeiten ankündigt, die den Vorschriften der Makler- und Bauträgerverordnung unterliegen, aufzubewahren. Sie müssen den Hinweis auf die Bezeichnung der Druckschrift und den Tag des Erscheinens enthalten. Sämtliche der gewerberechtlichen Buchführung nach § 10 MaBV unterliegenden Geschäftsunterlagen sowie auch die Inseratensammlung sind gemäß § 14 MaBV fünf Jahre in den Geschäftsräumen aufzubewahren und gemäß § 15 MaBV hat der Gewerbetreibende dem Beauftragten der zuständigen Behörde die für die Überwachung des Geschäftsbetriebes erforderlichen mündlichen und schriftlichen Auskünfte zu erteilen und zu dulden, daß während der Geschäftszeit die von der Behörde beauftragten Personen Prüfungen und Besichtigungen durchführen können.

Gemäß § 16 MaBV ist jeder Gewerbetreibende verpflichtet, sich jährlich auf seine Kosten prüfen zu lassen, ob er die Verpflichtungen nach den §§ 2–14 MaBV eingehalten hat. Geeignete Prüfer sind hierfür bestellt und werden auf Anfrage von der Industrie- und Handelskammer oder von den zuständigen Berufsorganisationen, wie beispielsweise vom Verband Deutscher Makler, benannt. Der Prüfungsbericht muß einen Vermerk darüber enthalten, ob Verstöße des Gewerbetreibenden festgestellt worden sind. Diese Prüfungsergebnisse sind der zuständigen Gewerbebehörde vorzulegen. Werden diese Prüfungen, die vom Makler selbst zu veranlassen sind, nicht vorgenommen oder enthalten die Prüfungsberichte erhebliche Mängel in der Einhaltung der Verpflichtungen nach der Makler- und Bauträgerverordnung, so kann bei nachhaltigem Verstoß gegen gesetzliche Vorschriften, und zwar nicht nur dann, wenn es sich um gravierende Verfehlungen handelt, sondern auch, wenn sich kleinere Verstöße in einer solchen Weise häufen, daß auf eine nicht gesetzesgetreue Einstellung geschlossen werden kann, die Zuverlässigkeit im Sinne des Gewerberechtes neu geprüft werden. Dabei kann die Behörde zu dem Ergebnis kommen, daß der Gewerbebetrieb untersagt wird. Das gleiche gilt, wenn aus den Unterlagen, insbesondere aus der Inseratensammlung hervorgeht, daß der Makler hartnäckig gegen wettbewerbsrechtliche Vorschriften verstößt.

D. Wettbewerbsrecht in der Immobilienwerbung

Der Wettbewerb setzt eine marktwirtschaftliche Ordnung voraus. Zum Nutzen aller kann der Werbetreibende sich prinzipiell entfalten. Die Mitbewerber werden jedoch vor dem Mißbrauch wirtschaftlicher Freiheit durch die einschlägigen wettbewerbsrechtlichen Gesetze geschützt. Für Makler ist das Recht des unlauteren Wettbewerbs - UWG - mit Nebengesetzen, die Zugabeverordnung, Rabattgesetz und Preisangabenverordnung wesentlich, insbesondere im UWG die Generalklausel des § 1 und die irreführende Werbung des § 3. Neben dem deliktrechtlichen Konkurrenzschutz steht der Schutz der Interessen der Allgemeinheit und der Verbraucher. Wie im Maklerrecht stellt das UWG nur Grundsätze auf, die von der Rechtsprechung unter Berücksichtigung der Veränderung im Marktgeschehen angewandt werden. Dies führt zu einer schwierig überschaubaren Differenzierung, hat aber den Vorteil, daß Einzelgesichtspunkten Rechnung getragen werden kann und muß.

Zu den einschlägigen Vorschriften des UWG sowie zur Preisangabenverordnung vergleiche den Gesetzestext im Anhang 25 u. 26.

I. Abmahnung

Die liberale freiheitliche Wirtschaftsordnung unseres Grundgesetzes hat sich in der Praxis nicht durchgängig bewährt. Der Gesetzgeber ist davon ausgegangen, daß durch Wettbewerbsverstöße des einzelnen Gewerbetreibenden die staatliche Ordnung gestört wird und die Wiederholung durch Sanktionen zu verhindern ist. Doch hat der Staat gleichzeitig erkannt, daß durch Wettbewerbsverstöße auch der sogenannte Mitbewerber in seiner gewerblichen Entfaltung gehindert wird und hat ihm sowie Vereinen, die sich um die Aufrechterhaltung der wettbewerblichen Ordnung kümmern Rechte an die Hand gegeben, um gegen Gewerbetreibende, die gegen das Wettbewerbsrecht verstoßen, vorzugehen. So ist in § 13 UWG eine Unterlassungspflicht mit Schadenersatzansprüchen und Klagebefugnis vorgesehen für den Gewerbetreibenden, der Waren oder gewerbliche Leistungen gleicher oder verwandter Art vertreibt oder rechtsfähigen Verbänden, die die gewerblichen Interessen fördern, oder zu deren satzungsgemäßen Aufgaben es gehört, die Interessen der Verbraucher durch Aufklärung und Beratung wahrzunehmen. Schließlich sind diese Rechte auch den Industrie- und Handelskammern sowie den Handwerkskammern eingeräumt worden.

Dabei ging der Gesetzgeber davon aus, daß der Mitbewerber, stellt er von seinem Konkurrenten einen ihn schädigenden Wettbewerbsverstoß fest, diesen entweder selbst abmahnt oder, wenn die Rechtsmaterie erhebliche Schwierigkeiten aufweist, diesen mit Hilfe eines Rechtsanwaltes abmahnen läßt, mit dem Ergebnis, daß der gegen das Wettbewerbsrecht verstoßende Gewerbetreibende zukünftig solche Verstöße unterläßt, die zum großen Teil ja nicht aus Böswilligkeit, sondern aus rechtlicher Unkenntnis vorgenommen worden sind. Gesetzliche Zielvorstellung war mithin, daß in besonders liberaler Weise der Staat bei solchen Gesetzesverstößen nicht hoheitlich vorgeht, sondern Verstöße gegen die Wettbewerbsordnung künftig dadurch unterbunden werden, daß der Mitbewerber, der in hohem Maße daran interessiert ist, daß der Konkurrent eine solche Art der Werbung unterläßt, ihn abmahnt und die Angelegenheit damit erledigt ist.

In der Praxis wird das Abmahnen jedoch als eigenes Geschäft betrieben, nicht etwa um ungestört in der gleichen Branche sich betätigen zu können, sondern um mit einer Vielzahl von Abmahnungen über Kostenerstattungsansprüche nachhaltig Gewinne zu erzielen.

Leider ist die Rechtsprechung gerade in den ersten Jahren dieses Unwesens nicht hellwach gewesen und hat die Aktiv-Legitimation solcher „Mitbewerber" oder „Wettbewerbsvereine" ohne weitere Prüfung unterstellt und damit die haltlose Abmahnung und klageweise Auseinandersetzung dieser auf Gebührenschneiderei ausgerichteter Abmahnunternehmen geradezu gefördert. Hinzu kommt, daß diese Abmahnunternehmen tagtäglich neue Abmahngründe gesucht und mit Hilfe der Rechtsprechung auch gefunden haben. Dieses vom Gesetz nicht vorgesehene Verhalten hat sich in bedenklicher Weise ausgebreitet. Nachdem die Rechtsprechung allmählich die hierdurch aufgetretenen Mißstände erkannt hat, setzt sie der rechtlich zu prüfenden Klagebefugnis sachgemäß engere Grenzen, was aufgrund der gesetzlichen Vorschrift des § 13 Abs. 5 UWG durchaus möglich ist. Danach kann der Anspruch auf Unterlassung nicht geltend gemacht werden, wenn dies unter Berücksichtigung der gesamten Umstände mißbräuchlich ist, insbesondere wenn die Geltendmachung vorwiegend dazu dient, gegen den Zuwiderhandelnden einen Anspruch auf Ersatz von Aufwendungen oder Kosten der Rechtsverfolgung entstehen zu lassen. Die Klagebefugnis, also die Aktiv-Legitimation kann nach der heute geltenden Rechtsprechung dem Abmahner jedoch nicht allein deswegen abgesprochen werden, weil er in einer ungewöhnlichen Vielzahl von Fällen Wettbewerber abmahnt, da dieses mit dem Allgemeininteresse, das aufgrund der Regelung des § 13 Abs. 1 UWG gewahrt werden soll, nicht im Widerspruch steht. Die Verfolgung von Wettbewerbsverstößen durch Mitbewerber entspricht nämlich dem Ziel des § 13 Abs. 1 UWG. Diese Bestimmung räumt dem Mitbewerber die Klagebefugnis nicht nur zur Verfolgung ihrer eigenen Interessen ein, sondern auch zur Wahrung des Allgemeininteresses, um möglichst viele Wettbewerbsverstöße zu unterbinden. Ein Mitbewerber handelt daher grundsätzlich in Übereinstimmung mit dem Sinn und Zweck der gesetzlichen Regelung, wenn er gegen Verletzer vorgeht. Das gilt vor allem dann, wenn es sich um einen Verstoß gegen § 3 UWG handelt.

Kommt es innerhalb einer Branche vielfach zu Verstößen, so entspricht es dem Gesetzeszweck, daß dagegen in möglichst gleicher Vielzahl vorgegangen wird. Der Verletzer verdient grundsätzlich keinen Schutz. Wer gegen wettbewerbsrechtliche Bestimmungen verstößt, muß es sich grundsätzlich gefallen lassen, daß Mitbewerber gegen ihn vorgehen und Unterlassung verlangen. Anders gestaltet sich die Rechtslage allerdings dann, wenn der Abmahnende die gewerbliche Tätigkeit, die Voraussetzung des § 13 Abs. 1 UWG ist, nur zum Schein ausübt, nämlich um abmahnen zu können. In diesem Fall handelt es sich überhaupt nicht um einen echten Wettbewerber, so daß er sich die Klagebefugnis / Aktiv-Legitimation rechtsmißbräuchlich verschafft hat.

Zusammenfassend kann daher festgestellt werden, daß nach § 13 Abs. 5 UWG ein Unterlassungsanspruch nicht geltend gemacht werden kann, wenn die Rechtsverfolgung vorwiegend dazu dient, gegen den Zuwiderhandelnden einen Anspruch auf Ersatz von Aufwendungen oder Kosten der Rechtsverfolgung entstehen zu lassen. Durch diese Vorschrift soll dem Mißbrauch der Klagebefugnis durch sogenannte Gebührenvereine und durch Gewerbetreibende im Zusammenwirken mit Rechtsanwälten begegnet werden. Ein solcher Mißbrauch liegt insbesondere dann vor, wenn ein Gewerbetreibender die Klagebefugnis nicht im Interesse des eigenen Geschäftsbetriebes einsetzt, sondern sie ihm oder einem nahestehenden mit ihm zusammenwirkenden Anwalt als selbständige Erwerbsquelle dient. Hat der Gewerbetreibende einen Wettbewerbsverstoß begangen, ist er deswegen abgemahnt worden und hat er eine Unterwerfungserklärung dergestalt unterzeichnet zurückgeschickt, daß er sich verpflichtet, es zukünftig zu unterlassen, in der geschehenen Form zu werben und im Falle der Wiederholung eine Vertragsstrafe in bestimmter Höhe an den Abmahner zu zahlen, kann von ihm wegen desselben Wettbewerbsverstoßes regelmäßig keine erneute Unterwerfung von einem anderen Abmahner verlangt werden. In diesem Falle fehlt nämlich die für den Unterlassungsanspruch notwendige Wiederholungsgefahr. Es handelt sich hierbei um die Beurteilung eines tatsächlichen und im wesentlichen nicht rechtlichen Vorganges, wobei davon ausgegangen werden muß, daß die Wiederholungsgefahr nur einheitlich und nicht etwa unterschiedlich im Verhältnis zu verschiedenen Verletzten betrachtet werden kann. So würde die Annahme einer im Verhältnis zu mehreren Verletzten unterschiedlich bestehenden Wiederholungsgefahr gegen die Denkgesetze verstoßen; es ist nicht denkbar, daß ein und derselbe Verstoß einem Verletzten - den Vertragsstrafegläubiger - gegenüber unterlassen, anderen gegenüber aber nochmals begangen werden kann. Ist demnach das erste Unterlassungsversprechen als ernst gemeint und als hinreichend strafbewehrt zu beurteilen, so ist die Vermutung der Wiederholungsgefahr widerlegt und zwar schlechthin mit Wirkung gegenüber jedem, der durch die Verletzungshandlung betroffen ist. Aus dem Wettbewerbsverstoß an sich ergibt sich noch nicht zwingend eine Erstattungsverpflichtung hinsichtlich der dem Abmahner tatsächlich oder angeblich entstandenen Aufwendungen. In der Rechtsprechung wird die hierfür erforderliche Rechtsgrundlage regelmäßig aus den Vorschriften über Aufwendungsersatzansprüche nach §§ 670, 683 BGB hergeleitet. Es ist allerdings fraglich, ob der Abmahner tatsächlich bei seiner Tätigkeit ein Geschäft des Gewerbetreibenden, der gegen wettbewerbsrechtliche Vorschriften verstoßen hat, in dessen Interesse geführt hat. Die zu treffenden Maßnahmen dienen, jedenfalls soweit es sich bei dem Abmahner um einen Wettbewerbsverein handelt, dem satzungsmäßigen Zweck dieses Verbandes. Durch die Tätigkeit erhält der Verein gerade erst die Rechtfertigung seiner eigenen Existenz. Dabei handelt es sich aber prinzipiell bei den entstehenden Kosten nicht um Aufwendungen, die der Verein zum Zwecke der Geschäftsführung für einen Dritten erbringt, vielmehr handelt es sich dabei um das tatsächliche Wirken des Verbandes entsprechend seinem Vereinszweck, mithin also um eine ureigenste Aufgabe und keinesfalls um eine Fremdgeschäftsführung. Der Erstattungsanspruch ist auch kaum aus § 28 Abs. 1 BGB herzuleiten, weil der Verein keinen Gewerbebetrieb führt und damit nicht unmittelbar durch den Wettbewerbsverstoß in seinen Rechten betroffen ist. Ein Anspruch aus § 823 Abs. 1 BGB entfällt, da das UWG kein Schutzgesetz zugunsten von Verbänden ist, sondern den Schutz der Verbraucher und Mitbewerber bezweckt.

II. Geschäftsbezeichnungen

Hat sich also gezeigt, daß die Rechtsproblematik des Wettbewerbsrechtes in der Immobilienwerbung wegen der unterschiedlichen Rechtsprechung zur Klagebefugnis und zu den Kostenerstattungsansprüchen vielschichtig ist, hat es wenig Sinn, daß der Makler sich mit Abmahnvereinen in langwierigen Prozessen vor Gericht streitet. Vielmehr muß er sich mit den rechtlichen Anforderungen an die Immobilienwerbung vertraut machen und seine Werbemaßnahmen rechtlich so absichern, daß diese den gesetzlichen Vorschriften entsprechen und der Makler daher nicht Gefahr läuft abgemahnt zu werden. Aus diesem Grunde sollen im folgenden die wesentlichen Fälle behandelt werden, wobei diese wegen der Vielzahl und der sich ständig ändernden Rechtsprechung und der neu hinzukommenden Wettbewerbsverstöße naturgemäß nicht vollständig und abschließend dargestellt sein können. Vielmehr werden die wesentlichen rechtlichen Anforderungen und die Rechtsprechung hierzu im Anhang 27 abgedruckt.

1. Rechts- und Geschäftsverkehr und Werbung

Im Rechts- und Geschäftsverkehr hat der Makler als Gewerbetreibender seinen Familiennamen und mindestens einen ausgeschriebenen Vornamen zu verwenden (§ 15 b Abs. 1 GewO) und vom Namen getrennt auf die Maklertätigkeit hinzuweisen. Zulässig ist also die Bezeichnung: „Hans Muster Immobilien“.

Nicht im Handelsregister eingetragene Makler, sogenannte Minderkaufleute, dürfen Geschäftsbezeichnungen mit einheitlichem, schlagkräftigem Namen und Inhaberzusatz verwenden, sofern diese nicht firmenähnlich sind.

Zulässig ist also die Bezeichnung: „Immobilien-Muster, Inh. Hans Muster“.

Im Handelsregister eingetragene Maklerunternehmen (Handelsgesellschaften und auf Antrag Minderkaufleute mit größeren Umsätzen) dürfen nur die eingetragene Bezeichnung gebrauchen. Erforderlichenfalls mit zusätzlichen Hinweisen auf die Maklertätigkeit.

Gelten diese Regelungen im allgemeinen Rechts- und Geschäftsverkehr, so können in der Werbung Kurzbezeichnungen gebraucht werden. Zum Beispiel: „Immobilien Muster“.

Firmenähnliche Bezeichnungen sind regelmäßig unzulässig, wie beispielsweise,
„Immobilien-Muster“ (Bindestrich – Firmenbezeichnung)
„Muster & Müller GbR“ (kaufmännisches Zeichen „&“ für Vollkaufmann statt „und“ für Minderkaufmann)
oder
Muster „und Partner“ GbR (Bezeichnung für eine OHG)

2. Gewerbliche Maklertätigkeit

Sowohl bei der Interessenten- als auch bei der Objektsuche muß auf die Maklereigenschaft durch Zusätze wie „Immobilien“, „Makler“ oder ähnliche unzweideutige Bezeichnungen hingewiesen werden.

Die Abgrenzung zu den privaten Anbietern ist zwingend erforderlich. Für den Makler ist es daher unzulässig, Anzeigen unter Chiffre oder Telefon und Postfachnummer ohne Maklerzusatz zu veröffentlichen.

Die Klarstellung der Maklertätigkeit ist daher notwendig. Unzureichend sind Abkürzungen wie: Mkl., Hsm., Im., Imm., Imb., gew., im Anschluß an den Familiennamen und „Verm." usw.

Unzureichend ist auch der alleinige Hinweis auf die Zugehörigkeit zu einem Berufsverband der Makler.

Diese Verpflichtung der Immobilienmakler, in ihren gewerblichen Anzeigen das von ihnen ausgeübte Gewerbe genau zu bezeichnen, beruht nicht in erster Linie auf der möglichen Provisionspflichtigkeit der Angebote, sondern vielmehr auf der Überlegung, daß bereits vor der Aufnahme geschäftlicher Kontakte der Interessent Kenntnis davon haben soll, daß es sich bei seinem Verhandlungspartner um eine geschäftlich erfahrene, vermutlich sprachgewandte und insbesondere die Marktverhältnisse gut kennende Person handelt und er sich bei den Verhandlungen über die betreffende Immobilie hierauf einstellen kann.

Muß also bei Angeboten eines Immobilienunternehmens dessen gewerblicher Charakter ersichtlich sein, sind nichtssagende Namen, die beim Publikum den unzutreffenden Eindruck eines Verkaufs aus Privathand erwecken, wettbewerbsrechtlich gemäß § 3 UWG unzulässig. Dies gilt nach gesicherter Rechtsprechung in gleicher Weise, wenn es sich um ein eigenes Angebot des Immobilienmaklers handelt. Auch hierbei kann der Verbraucher getäuscht werden, weil er von einem günstigeren Privatangebot ausgeht, das Objekt aber vielmehr von einem mit nachhaltigen Marktkenntnissen vertrauten Anbieter stammt.

3. Sonderbezeichnungen

Zulässig ist die Benutzung akademischer Grade, soweit sie selbst erworben sind. Frühere Berufsbezeichnungen müssen die besondere Leistungsfähigkeit rechtfertigen und mit der Ausübung des Maklergewerbes in unmittelbarem Zusammenhang stehen. Dies wird jedoch in der Rechtsprechung sehr unterschiedlich beurteilt.

a) Sachverständiger

Die Bezeichnung als „Sachverständiger" ist bei einem Immobilienmakler regelmäßig unzulässig. Zwar ist der Begriff des Sachverständigen nicht besonders gesetzlich geschützt, dennoch ist die Verwendung dieses Begriffes geeignet den Verbraucher im Geschäftsverkehr zu täuschen, weil er unter dem Begriff des Sachverständigen eine besonders ausgebildete, unabhängige, nicht interessenvertretende Vertrauensperson sieht. Der Begriff des Sachverständigen ist nicht zusammen mit dem Begriff des Maklers zu verwenden. So kann der Makler, selbst wenn er auch die Voraussetzungen eines Sachverständigen erfüllt, keine Visitenkarte ausgeben, in der er sich als Makler und zugleich als Sachverständiger darstellt. Die Rechtsprechung hat hier zutreffend festgestellt, daß diese Berufe ihrer Natur nach unterschiedlich sind. Das gilt insbesondere für die Ausbildung, Fachkundenachweise und Prüfungen, aber auch für die besonderen Tätigkeitsmerkmale, die den Berufen immanente Interessenvertretung bzw. Neutralität und dem unterschiedlich gewichteten Gewinnstreben.

Stimmen also diese Berufsbilder des Sachverständigen und des Maklers nicht überein, sondern widersprechen sie sich in der dargelegten Weise, so können sie nicht zusammen verwandt werden, weil hierdurch der Verbraucher getäuscht wird. In den Beruf des Immobilienmaklers, der auf dem Briefbogen oder auf der Visitenkarte ausgewiesen ist, würden die nicht in das Berufsbild des Maklers passenden Wesensmerkmale des Berufes eines Sachverständigen suggeriert und damit dem Verbraucher ein falsches Bild von seinem Vertragspartner vermittelt, was durch das Gesetz zum Schutze des Wettbewerbes verhindert werden soll.

Auch die alleinige Verwendung der Bezeichnung Sachverständiger setzt voraus, daß eine über das allgemeine Maß beispielsweise eines Immobilienhändlers oder eines Maklers hinausgehende besondere Sachkunde nachgewiesen ist. Diese kann nicht nur in einem Universitätsstudium erworben werden, sondern auch in vielfältigen anderen Lehrveranstaltungen. Doch muß die besondere Fachkunde durch abgelegte Prüfungen nachgewiesen und das Prüfungsverfahren satzungsgemäß vorgeschrieben sein und aus ihm die vermittelte fachliche Qualifikation hervorgehen, also beispielsweise bei Vereinen durch eine mit den Industrie- und Handelskammern abgestimmte Prüfungssatzung, wobei der Prüfer oder die Mitglieder der Prüfungskommission nicht, insbesondere nicht gegen Entgelt, die Lehrveranstaltungen selbst vorgenommen haben dürfen, weil hier eine Interessenkollission vorliegt, die Zweifel an dem Vorhandensein einer die besondere Sachkunde nachweisenden Prüfung aufkommen läßt.

Darüber hinaus muß in der Berufstätigkeit Unabhängigkeit bestehen, d.h. der Sachverständige darf nicht Interessenvertreter einer Partei sein, sondern muß unparteiisch mit seinem Fachwissen die Lebenstatbestände beurteilen und bewerten. Er muß neben ausreichender Berufserfahrung die Fähigkeit zur Gutachtenerstellung und zum überzeugenden Vortrag bei Gerichtsverhandlungen haben. In Zeitungen werden oft Privatseminare angeboten von Veranstaltern, die ein Seminar für nur wenige Tage durchführen und ohne vorgenommene Prüfung oder mit selbst vorgenommener Prüfung Urkunden den Teilnehmern aushändigen, die sie zum Sachverständigen ausweisen. Benutzt der Makler, der solche unzureichenden Kurzlehrgänge besucht, den Begriff des Sachverständigen in der Werbung, verstößt er gegen § 3 UWG.

b) Spezialmakler

Der Hinweis auf eine spezielle gewerbliche Ausrichtung auf ein bestimmtes Gebiet und damit die Umschreibung als Spezialmakler ist prinzipiell dann zulässig, wenn der Gewerbetreibende besondere Kenntnisse und Erfahrungen auf dem von ihm angegebenen Gebiet hat. So gibt es beispielsweise den Spezialmakler für Gewerbeobjekte, der sich ausschließlich mit dem Nachweis oder der Vermittlung von Verträgen solcher Objekte beschäftigt ja, noch differenzierter, Spezialmakler für die Vermittlung von Ladenlokalen oder Supermärkten. Das gleiche gilt, wenn der Makler sich als Spezialmakler für Objekte der Gastronomie, von Gaststätten oder Hotels ausweist. In der Praxis kommt häufig auch der Hinweis des Maklers vor, daß gerade er sich speziell mit der Vermittlung landwirtschaftlicher Objekte befaßt.

All diese Hinweise auf das Spezialgebiet selbst oder auf den Makler als Spezialisten für dieses Gebiet sind zulässig, wenn der Makler hier besondere Kenntnisse und vor allen Dingen jahrelange Erfahrungen hat. So kommen also bei Vermittlungsverträgen von Ladenlokalen, Gaststätten oder auch Hotels dem Umsatz, den der Verkäufer oder dessen Pächter bisher gehabt hat eine besondere Bedeutung zu und deshalb auch der Absicherung im Kaufvertrage, weil der frühere Umsatz ein wesentliches Merkmal für die Finanzierung des Kaufpreises ist. Darüber hinaus sind beispielsweise einwirkende Vertragssituationen aus anderen Bereichen zu beurteilen, wie Getränkelieferungsverträge und deren mögliche Absicherung im Grundbuch. Hat der Makler ein besonderes Wissen auf diesen Gebieten, kann er, ohne daß der Verbraucher getäuscht wird, dieses Wissen werbend in seinen Inserationen herausstellen.

III. Wettbewerbsbeanstandungen

1. Angebot ohne Zustimmung des Berechtigten

Häufig erfährt der tagtäglich im Immobilienmarkt arbeitende Makler, daß der Eigentümer einer Liegenschaft diese zu verkaufen beabsichtigt, ohne jedoch ihm oder einem Kollegen den Auftrag zu geben, einen Kaufvertrag nachzuweisen oder zu vermitteln. Nimmt der Makler sich dennoch dieses Grundstücks an und bietet er es ohne Auftrag des Veräußerers, mithin ohne Zustimmung des Verfügungsberechtigten an, so liegt hierin ein Verstoß gegen § 1 UWG. Die Rechtsprechung sieht die Grundregeln des geschäftlichen Anstandes verletzt, weil einmal durch das Verhalten des nicht mit der Grundstücksverwertung beauftragten Maklers dem Grundstücksberechtigten eine unverlangte Leistung aufgedrängt wird, vor allem aber deshalb, weil dem Schmarotzen an fremder Leistung Tür und Tor geöffnet würden. Ließe man das Verhalten zu, so brauchte sich der nichtbeauftragte Makler nur das Exposé seines beauftragten Kollegen übersenden zu lassen, es abzuschreiben und als eigenes Angebot zu verwenden, um dadurch eine Provision zu erzielen. Da es sich bei Grundstücken oft um einen Nachfragemarkt handelt, beruht der geschäftliche Erfolg des Maklers ganz entscheidend darauf, Grundstücke anbieten zu können. Wer diese Lage ausnutzt, um an der erforderlichen Akquirierung eines anderen teilzunehmen, wendet im Geschäftsverkehr zu mißbilligende Methoden an.

Das gilt aber nicht nur, wenn ein anderer Makler mit der Vermittlung eines Vertrages beauftragt ist. Ein solcher Verstoß liegt auch dann vor, wenn der Makler ohne Zustimmung des Berechtigten Grundstücke anbietet, mit deren Verkauf kein anderer Makler beauftragt ist. Nimmt nämlich ein Kaufinteressent diese Maklerdienste in Anspruch, muß er an den Makler nach Kaufvertragsabschluß Provision zahlen. Dieses verstößt gegen die wirtschaftlichen Interessen des Grundstücksverkäufers, auch dann, wenn ausschließlich der Käufer die Provision schuldet. Der Grundstücksberechtigte muß die Möglichkeit haben, sein Grundstück auch ohne Einschaltung eines Maklers verkaufen zu können und bei den Kaufvertragsverhandlungen darauf hinzuweisen, daß aus diesem Grunde nicht weitere finanzielle Belastungen auf den Käufer zukommen.

Mithin ist festzustellen, daß das Angebot eines Objektes ohne Zustimmung des Verfügungsberechtigten eine Irreführung der Marktbeteiligten und eine Behinderung der Mitbewerber darstellt und daher wettbewerbsrechtlich unzulässig ist. Ob der Makler, der mit dem Verkauf des Objektes nicht beauftragt ist, diesen aber dennoch vornimmt, Anspruch auf Provision hat, wird später beim zivilen Maklerrecht zu behandeln sein.

2. Wohnungsvermittler ohne Auftrag

Bei dem Nachweis oder der Vermittlung von Mietverträgen über Wohnräume regelt die vorbehandelte Frage § 6 des Wohnungsvermittlungsgesetzes (WoVermittG) (vgl. Anhang 22).

Danach darf der Wohnungsvermittler Wohnräume nur anbieten, wenn er dazu einen Auftrag von dem Vermieter oder einem anderen Berechtigten hat. Der andere Berechtigte i. S. des § 6 WoVermittG kann der Bevollmächtigte des Vermieters, der Hausverwalter oder der Mieter selbst sein. Wird der Mieter aus beruflichen Gründen gezwungen, die Wohnung vorzeitig aufzugeben, so muß er die Möglichkeit haben, dem Vermieter einen akzeptablen Nachmieter zu präsentieren, damit er aus den eigenen Verpflichtungen zur Erfüllung des Mietvertrages frei wird.

Wird gegen § 6 WoVermittG verstoßen, begeht der Wohnungsvermittler eine Ordnungswidrigkeit im Sinne des § 8 Abs. 1 Ziff. 2 WoVermittG und kann gemäß Abs. 2 mit einer Geldbuße bis zu DM 5.000,00 belegt werden. Dabei ist darauf zu achten, daß ein solcher Gesetzesverstoß im Wiederholungsfalle Anlaß für die Gewerbebehörde sein kann zu prüfen, ob dieser Wohnungsvermittler noch zuverlässig im Sinne des § 34 c GewO ist.

3. Preisangaben

Hat der Makler den Auftrag erhalten einen Kaufvertrag über die Liegenschaft nachzuweisen oder zu vermitteln, sucht er u. a. auch mit Hilfe von Inserationen einen Käufer. Hier stellt sich die Frage, ob er verpflichtet ist, den vom Veräußerer angestrebten Kaufpreis in die Objektbeschreibung aufzunehmen. Dabei ist zu unterscheiden zwischen der „Werbung" und dem „Angebot".

a) Werbung ohne Preisangabe

Bei der Werbung ist eine Preisangabe nicht notwendig. Die Werbung ist eine allgemeine Beschreibung der Geschäftsgelegenheit ohne konkretes Angebot. Weist also die Immobilienfirma in ihrer werbenden Anzeige lediglich darauf hin, daß sie in ihrem Angebot Liegenschaften beispielsweise in Hamburg, Berlin, Frankfurt und München hat und spezifiert sie nicht das einzelne Objekt, so handelt es sich lediglich um eine allgemeine Werbeaussage, die ohne konkrete Preisangabe zulässig ist.

b) Angebot mit Preisangabe

Anders gestaltet sich dagegen die Verpflichtung zur Preisangabe bei einem Angebot, in dem die Preisangabe zwingend erforderlich ist. Das „Angebot" beinhaltet eine konkrete Beschreibung der Geschäftsgelegenheit, ohne daß weitere wesentliche Informationen erforderlich sind. Wird also von dem Immobilienmakler ein Villengrundstück in Heidelberg unter Angabe der Lage, der Grundstücksgröße, des

Baujahres, der Zahl der Zimmer, der Nähe zu öffentlichen Verkehrsmitteln, der Ausstattung usw. umschrieben, so sind keine wesentlichen Informationen für den Kaufinteressenten mehr erforderlich. Er braucht nur noch zu wissen, ob ihm das Objekt von der Sicht her gefällt, kann aber sonst schon aufgrund der Detailbeschreibung in der Zeitungsanzeige beurteilen, ob dieses Objekt für ihn brauchbar ist oder nicht. Es handelt sich dabei also um eine weit über eine Werbemaßnahme hinausgehende Anzeige, die ein konkretes Angebot enthält und daher die Preisangabe zwingend erforderlich macht.

c) Endpreis

Gemäß § 1 der Preisangabenverordnung (PAngV) ist bei Preisangaben für Grundstücksangebote der Endpreis einschließlich aller Preisbestandteile wie beispielsweise Mehrwertsteuer usw. anzugeben. Das ist der Preis, der im notariellen Kaufvertrag als Kaufpreis vereinbart wird. Nicht zu diesem Endpreis gehören beispielsweise die Maklerprovision, die Grunderwerbsteuer oder die Notariats- und Gerichtskosten. Dementsprechend reicht es also nicht aus, daß beim Angebot eines Grundstücks nur der Preis des einzelnen Quadratmeters benannt wird, vielmehr ist der Endpreis auszurechnen und anzugeben, also beispielsweise: Baugrundstück 600 m^2, DM 500,00/m^2, Kaufpreis DM 300.000,00.

Das gleiche gilt bei dem Angebot von Eigentumswohnungen. Auch hier ist es nicht zulässig nur den Quadratmeterpreis anzugeben. In jedem Falle ist der Endpreis zu bezeichnen und zwar der Endpreis für die Eigentumswohnung.

Bei mehreren Einheiten eines Objektes sind beispielhafte Angaben über Preise bzw. Größe der Einheiten zulässig. Wird also der Immobilienmakler mit dem Verkauf verschieden großer Eigentumswohnungen in einem Bauwerk beauftragt, so kann er sich einerseits nicht darauf beschränken, in seiner konkreten Werbung nur den Quadratmeterpreis der verschiedenen Wohnungen anzugeben, wie er auch andererseits nicht verpflichtet ist, den Endpreis für alle in dem Objekt befindlichen Wohnungen, die der Größe nach angegeben sind, zu bezeichnen. Es reichen also beispielhafte Angaben über Preise aus. So kann er z. B. darauf hinweisen, daß sich in dem Bauwerk Eigentumswohnungen in der Größe von 40 m^2, 80 m^2 und 120 m^2 befinden und kann dafür ein Berechnungsbeispiel in seine Werbung aufnehmen: Eigentumswohnung, 80 m^2, DM 5.000,00/m^2, Kaufpreis DM 400.000,00.

Auch bei Grundstücken ist es nicht zulässig nur Quadratmeterpreise anzugeben, selbst wenn die Grundstücke noch nicht endgültig vermessen und geteilt sind, sondern der Makler hat dem Verbraucher Berechnungsbeispiele aufzuzeigen. Eine Ausnahme hiervon besteht bei Grundstücken, die noch nicht parzelliert sind und dem Kaufinteressenten die Wahlmöglichkeit hinsichtlich der Größe der Grundstücke eingeräumt wird.

Zum Beispiel:

5.000 m^2 Baugrundstück, beliebig teilbar, DM 100,00/m^2 oder:

Aus Gesamtfläche Grundstücke verschiedenen Zuschnittes zu erwerben, m^2-Preis DM 100,00.

Bei Angabe von Bestandteilen eines Objektes ist der Endpreis hervorzuheben, sofern nur ein Gesamterwerb in Betracht kommt und eine Wahlmöglichkeit ausscheidet.

Die Verbindung der Preise für Eigentumswohnung und Garage durch ein Pluszeichen im Inserat schafft nicht ohne weiteres eine Koppelung beider Objekte.

Eine Verbindung mit der Bezeichnung „mit“ bzw. „zzgl.“ weist dagegen auf Koppelung hin.

d) „VB“ und „VHS“

Die Abkürzungen VB für Verhandlungsbasis und VHS für Verhandlungssache sind gem. § 1 Abs. S. 3 Preisangabenverordnung zulässig. Es wird mit diesen Bezeichnungen darauf hingewiesen, daß über die Höhe des angegebenen Preises noch verhandelt werden kann. Anstelle dieser Abkürzungen kann auch der angegebene Preis als „Kaufpreisforderung“ bezeichnet werden.

e) Notarieller Festpreis

Auch ohne konkrete Preisbenennung ist die Bezeichnung „notarieller Festpreis“ regelmäßig irreführend. Bei einem nicht unerheblichen Teil der angesprochenen Verkehrskreise wird der Eindruck erweckt, daß der Notar als Amtsträger bei der Preisgestaltung - Ermittlung oder Bildung des Preises - mitwirkt bzw. dessen Einhaltung überprüft.

Irreführend ist auch: „notarielle Vermietungsgarantie“.

Zulässig dagegen ist die Bezeichnung „Festpreis“ oder „garantierter Festpreis“.

f) Preisvorschriften bei Wohnraumvermittlung

Bei der Vermittlung von Wohnungen ist die Spezialvorschrift des § 6 Abs. 2 WoVermittG zu beachten. Danach hat der Wohnungsvermittler, der Wohnräume anbietet, den Mietpreis der Wohnräume anzugeben und darauf hinzuweisen, ob Nebenkosten besonders zu vergüten sind. Bei „Vermietung“ kommt eine Zusammenfassung der Mietpreise für Wohnung und Garage nicht in Betracht, da bei „Anmieten“ wohl der Mietpreis für Wohnraum nach § 6 Abs. 2 WoVermittG anzugeben und die Garage nicht dem Wohnraum zuzuschlagen ist. Diese Sonderregelung des Wohnungsvermittlungsgesetzes geht der Preisangabenverordnung (Benennung und Hervorhebung des Endpreises) vor (vgl. Anhang 22).

g) Nettomiete, Kaltmiete

Die Begriffe Nettomiete und Kaltmiete werden in der Rechtsprechung meist als unklar, mißverständlich und daher als irreführend im Sinne des § 3 UWG angesehen. So wird in der Rechtsprechung darauf hingewiesen, daß als Nettomiete nach dem Sprachgebrauch nicht die Miete ohne eventuell zusätzlich zu bezahlender Beträge für Betriebskosten zu verstehen ist. Vielmehr sieht man Nettomiete im Gegensatz zu Bruttobeträgen ohne Mehrwertsteuer. Insofern empfiehlt es sich auf diese Bezeichnungen ganz zu verzichten und die Anzeige wie folgt zu gestalten:
Miete DM 800,00 + NK oder
Miete DM 1.000,00 inkl. NK

Wird eine Garage mitangeboten, so ist nach dem oben Dargelegten die Anzeige wie folgt zu fassen:
Miete DM 1.000,00 + NK, Garage DM 80,00.

h) Gewerbeobjekte

Ob die Preisangabenverordnung (PrAngVO) für Preisangaben gegenüber dem gewerblichen Letztverbraucher nach § 7 Abs. 1 Nr. 1 nicht anzuwenden ist, hängt davon ab, an wen das Angebot aus der Sicht des durchschnittlichen Lesers gerichtet ist. Soweit das Angebot sich schwerpunktmäßig an den Selbstnutzer richtet, können Preisbestandteile sowie die Mehrwertsteuer getrennt angegeben werden. Die Rechtsprechung hat jedoch teilweise für sogenannte Geschäftsgründungswillige entschieden, daß die Preisangabenverordnung zu beachten ist. Da die Rechtssituation wegen dieser Rechtsprechung etwas unklar ist, die Grenzen in der Praxis nicht genau gezogen werden können, empfiehlt es sich, die Mehrwertsteuer in den Mietpreis einzubeziehen und dabei mit dem Vermerk zu versehen, daß die Miete inklusiv Mehrwertsteuer zu verstehen ist, also beispielsweise:

Laden, 100 m^2, DM 1.150,00 (einschließlich Mehrwertsteuer).

Sofern der Endverbraucher als Kapitalanleger angesprochen ist, ist nach § 1 Abs. 1 PrAngVO der Endpreis immer mit Mehrwertsteuer auszuweisen.

4. Wohn- und Nutzfläche

Die Sammelbezeichnung Wohn- und Nutzfläche und die üblicherweise in der Werbung bzw. im Angebot gebrauchte Kurzbezeichnung „Wfl/Nfl" wird von der Rechtsprechung überwiegend als nicht zulässig angesehen. Dies wird damit begründet, daß die Zusammenfassung von Wohn- und Nutzfläche zu einer Größenangabe jedenfalls bei einem nicht unerheblichen Teil der angesprochenen Verkehrskreise den Eindruck hervorrufen kann, daß die genannte Quadratmeterzahl die zu Wohnzwecken bestimmte Fläche wiedergibt, was in Wirklichkeit nicht zutrifft. Selbst bei Interessenten, die den Unterschied zwischen Wohnfläche und Nutzfläche kennen, kann der Eindruck hervorgerufen werden, es bestehe ein besonders günstiges Verhältnis von Wohnfläche zu Nutzfläche; der Anteil der Nutzfläche sei so gering, daß er der Erwähnung nicht wert sei und deshalb nicht angegeben werde. Wird mit dieser Begründung die Zusammenfassung von Wohn-/Nutzfläche als nicht zulässig erachtet, wird andererseits auch die Meinung vertreten, daß die Sammelbezeichnung dann zulässig ist, wenn sie sich im Rahmen der üblichen Flächenaufteilung halte, nämlich ⅔ Wohnfläche, ⅓ Nutzfläche.

Die Ausweisung der Netto-Wohnfläche ist in der Anzeigenwerbung nicht erforderlich, weil der Makler nach §§ 11 Satz 1 Nr. 1a, 10 Abs. 3 Nr. 1–4 der MaBV spätestens bei Aufnahme von Vertragsverhandlungen über den vermittelten oder nachgewiesenen Vertragsgegenstand u. a. die Größe der Wohn- und Nutzfläche bekanntzugeben hat. Weil die Anzeigenwerbung nicht bereits als Aufnahme von Verhandlungen gesehen werden kann, bedarf es also in der Anzeige nicht des Hinweises auf die Wohnfläche.

Aus gleichen Erwägungen hat die Rechtsprechung es für zulässig erachtet, sämtliche Flächen zu einer Gesamtfläche zusammenzufassen und diese als Nutzfläche zu bezeichnen, ohne die Wohnfläche im einzelnen aufzuführen. Insbesondere ist hierin keine irreführende Werbung im Sinne des § 3 UWG zu sehen, weil auch durch diese Vorschrift nicht die Verpflichtung begründet wird, die reine Wohnfläche gesondert auszuweisen. Die Zusammenfassung als solche ist daher nicht irreführrend, weil sie nicht geeignet ist Fehlvorstellungen über die Größe der Wohnfläche zu wecken, jedenfalls dann nicht, wenn das Verhältnis zwischen Wohnfläche und sonstiger Nutzfläche der übrigen Raumaufteilung entspricht. Eine Irrtumserregung kann auch nicht wegen Verletzung einer Aufklärungspflicht angenommen werden. Zur Angabe bestimmter Umstände ist der Werbende nur verpflichtet, wenn aus dem Fehlen dieser Angabe falsche Schlüsse bezüglich bestimmter verkehrswesentlicher Eigenschaften gezogen werden können.

5. Neubau bzw. Neubauprojekt

Mit diesen Begriffen wird nicht deutlich gemacht, daß das Bauwerk noch nicht erstellt ist. Diese Werbung ist unzulässig, insbesondere ist die Abkürzung: „Proj." mißverständlich. Notwendig ist vielmehr der Hinweis in der Anzeige auf den Fertigstellungstermin, so daß die Anzeige etwa wie folgt gestaltet werden kann:
Eigentumswohnung, Bauvorhaben, Fertigstellung September 1993
oder
Einfamilienhaus, Neubau, Fertigstellung Dezember 1993.

6. Hinweis für nicht sofort beziehbare Wohnimmobilien

In der Rechtsprechung ist allgemein anerkannt, daß im geschäftlichen Verkehr bei der Werbung ein entsprechender Hinweis erforderlich ist, daß die Wohnimmobilie nicht sofort beziehbar ist. Zwar besteht grundsätzlich keine Pflicht bereits in Zeitungsannoncen das Angebot umfassend zu beschreiben. Dieser Grundsatz findet jedoch dann keine Anwendung, wenn der nicht genannten Tatsache aus der Sicht des Interessenten für die Kaufentscheidung maßgebliches Gewicht zukommt. Das führt bei Inseraten, mit denen Immobilien beworben werden, zu der Verpflichtung, auf eine fehlende Beziehbarkeit hinzuweisen, weil sich sonst viele Menschen mit der Werbemaßnahme befassen, die ausschließlich an sofort beziehbaren Objekten interessiert sind. Das Kammergericht hat festgestellt, daß diese Interessenlage nicht nur bei erst in der Pflanung befindlichen Wohnimmobilien, also bei Neubauten, sondern vielmehr auch für die Werbung bereits bewohnter Häuser oder Eigentumswohnungen gilt. Denn auch bei diesen verhält es sich so, daß die ihnen entgegengebrachte Wertschätzung ganz entscheidend durch die Frage, ob das jeweilige Objekt bezugsfrei oder bewohnt, insbesondere vermietet ist, bestimmt wird. Dies gilt einmal für die Personen, die eine Wohnimmobilie zum Zwecke des Selbstbezuges suchen und die deswegen daran interessiert sind, sofort oder alsbald einzuziehen. Es gilt darüber hinaus auch für Kapitalanleger, denn mindestens im Hinblick auf vermietete Häuser oder Wohnungen kann davon ausgegangen werden, daß diese sich einer geringeren Wertschätzung als freie Objekte erfreuen, was sich im Kaufpreis niederschlägt. Für diesen Bereich ist zur Bestimmung der Preisgünstigkeit oft in einer Offerte von grundlegender Bedeutung, ob die beworbene Immobilie vermietet ist oder ob sie zum Zwecke des Bezuges freisteht.

Nicht wesentlich anders verhält es sich nach Überzeugung des Kammergerichtes bei Wohnobjekten, die zum Zeitpunkt des Verkaufs von ihrem Eigentümer bewohnt werden und bei denen dieser die Absicht hat, erst geraume Zeit nach der Veräußerung, beispielsweise nach einem Jahr, auszuziehen. Keiner näheren Ausführung bedarf dies im Hinblick auf die Wertschätzung des Angebotes durch den Verbraucher, der lediglich am Erwerb zum Zwecke des sofortigen oder alsbaldigen Beziehens interessiert ist. Denn für diesen Personenkreis macht es erkennbar keinen Unterschied, ob der Bewohner nach dem Kauf der frühere Eigentümer des Objektes oder der Mieter ist, weil zum einen in beiden Fällen keine Möglichkeit besteht, eine sofortige Räumung zu erzwingen und weil zum anderen das Interesse dieser Verkehrskreise ganz entscheidend durch die Möglichkeit umgehender Eigennutzung bestimmt ist.

Bei der Anzeigengestaltung ist also der Hinweis auf die nicht sofortige Beziehbarkeit des Objektes notwendig und kann etwa wie folgt formuliert werden:

Eigentumswohnung, vermietet...
oder
Einfamilienhaus, frei ab August 1993.

7. Sonn- und feiertags kein Verkauf, keine Beratung

Die Besichtigungswerbung muß klarstellen, daß an Sonn- und Feiertagen kein Verkauf und keine Beratung vorgenommen wird. Eine Werbung ohne diesen Hinweis, in der lediglich auf eine Besichtigungsmöglichkeit am Sonntag hingewiesen wird, ist irreführend im Sinne des § 3 UWG, weil nach der Rechtsprechung die Kenntnis, daß an Sonn- und Feiertagen Objekte nur besichtigt werden können, bei einem nicht unerheblichen Teil der beteiligten Verkehrskreise nicht ohne weiteres vorausgesetzt werden kann. Vielmehr neigt die Rechtsprechung der Ansicht zu, daß die Werbung mit einer Besichtigungsmöglichkeit auch am Samstagnachmittag und am Sonntag ohne den klarstellenden Hinweis, daß keine Beratung stattfindet irreführend ist, da sie geeignet ist, bei dem angesprochenen Publikum den unrichtigen Eindruck hervorzurufen, daß auf Wunsch Beratung geboten werde.

Diese Irreführung wird auch nicht ausgeschlossen durch die Verwendung des Wortes „nur" vor dem Wort „Besichtigung". Der Verbraucher weiß aufgrund der Formulierung „nur Besichtigung" allenfalls, daß eben kein Verkauf stattfindet. Zur Vermeidung und Irreführung ist es deshalb notwendig, eindeutig darauf hinzuweisen, daß bei der nach dem Ladenschlußgesetz ausnahmsweise zulässigen Besichtigung außerhalb der gesetzlichen Öffnungszeit auch keinerlei Beratung und sachkundige Erläuterung erwartet werden darf. Die Anzeige kann daher beispielsweise wie folgt formuliert werden:

Eigentumswohnungen, Neubau, Fertigstellung Juli 1993
Baustellenberatung Mo.–Sa. von 17.00–18.00 Uhr, Sonntag nur Besichtigung (keine Beratung, kein Verkauf) von 10.00–16.00 Uhr.

8. Kredite

Der Begriff „Umschuldung" ist irreführend. Durchschnittsleser verstehen hierunter nicht nur Kreditvermittlung, sondern, daß alle erforderlichen Leistungen einschließlich Rechtsberatung hierfür erbracht werden.

„Günstige Finanzierung“ in der Anzeige eines Maklers ist zulässig, da hierunter nicht die Bereitstellung eines Kredites aus eigenen Mitteln, sondern die Vermittlung eines Darlehens durch Kreditinstitute zu verstehen ist.

In der Anzeige eines Bauträgers ist die Aussage irreführend, da wegen der üblichen Zahlungsmodalitäten in diesem Geschäft nicht ohne weiteres die Finanzierungsvermittlung verstanden wird.

Als Kreditanzeige muß die „Vermittlung“ als Abgrenzung zur Kreditvergabe herausgestellt werden. Abkürzungen wie „Verm.“ reichen nicht aus.

Bei Krediten mit variablen Konditionen muß ein Effektiv-Zinssatz angegeben werden. Da die Kreditinstitute sich vielfach eine Änderung des Zinssatzes vorbehalten, können nur die „Anfangskonditionen“, der anfängliche effektive Jahreszins angegeben werden.

Abkürzungen müssen verständlich bleiben. Die sogenannten preisbestimmenden Faktoren für die Zinsberechnung sind in § 4 Abs. 2 PrAngVO festgelegt worden.

Es muß angegeben werden, wann eine Änderung möglich ist und für welchen Zeitraum Einmalkosten, z. B. Bearbeitungsgebühr, Agio oder Disagio, Vermittlungsprovisionen und dergleichen verrechnet werden. Eine verständliche Abkürzung wie „anfängl. effekt. Jahreszins“ ist zulässig, nicht dagegen „Anf. eff. Jahreszins“.

9. Hinweise auf Rendite

Auch die Hinweise, die auf eine konkret bezifferte oder allgemein auf eine „hohe Rendite“ hinweisen sind oft irreführend, jedenfalls, wenn die vom Verbraucher in diese Begriffe gesetzten Erwartungen nicht gegeben sind. Ob eine solche Angabe irreführend ist, d. h., zur Irreführung geeignet ist, beurteilt sich danach, ob der Sinn, den der durchschnittliche Betrachter aus dem angesprochenen Verkehrskreis der Aussage bei der für die Aufnahme von Werbeanzeigen üblichen, oberflächlichen Betrachtungsweise beimißt.

Aus der Bezeichnung „hohe Rendite“ muß der durchschnittliche Leser nämlich auf eine über dem bei sonstigen Anlageformen liegenden Ertrag schließen. Eine tatsächliche Rendite von ca. 4% bis 5% kann nicht als „hohe“, das heißt über der bei sonstigen mit ähnlichen Risiken wie Grundstücksgeschäften belasteten Kapitalanlagen liegenden Rendite angesehen werden. Eine Rendite von ca. 4% entspricht lediglich dem Zinssatz, der für jederzeit kündbare Spareinlagen gezahlt wird und der bei der Anlage des Kapitals auf Festgeldkonten weit übertroffen wird. Eine etwaige Steigerung des Bodenwertes muß nach der Rechtsprechung bei der Ermittlung der Rendite unberücksichtigt bleiben. Ein etwaiger Veräußerungsgewinn gehört nicht zum Begriff der „Rendite“.

Auch eine Bezeichnung mit „Netto-Rendite 14%“ verstößt gegen § 3 UWG, wenn diese Rendite nicht durch langfristig gesicherte Mietverträge zukünftig erwartet werden kann. Dies ist jedenfalls bei der Vermietung von Ferien-Appartements nach der Erfahrung nicht der Fall, so daß die angesprochenen Verkehrskreise durch diese Bezeichnung getäuscht werden.

10. Werbung mit Selbstverständlichkeiten

Die Ankündigung eines Maklers, die Versendung von Exposés, die Besichtigung und auch die Finanzierungsberatung erfolgten kostenlos ist eine Werbung mit Selbstverständlichkeiten und ruft bei einem nicht unbeachtlichen Teil der angesprochenen Verkehrskreise den unzutreffenden Eindruck hervor, als sei sein Angebot besonders vorteilhaft, da die anderen Immobilienmakler für die genannten Leistungen eine Vergütung verlangten.

11. Provision, Entgelt

In der Werbung sind diese Angaben in der Regel nicht erforderlich. Die Provision ist ebenso wie Gerichtsgebühren und behördliche Kosten kein Bestandteil des Kaufpreises, sondern für den Erwerber gehören sie zu den allgemeinen Werbungskosten, die daher von der Grunderwerbsteuer nicht erfaßt werden. Die Provision ist nur dann Preisbestandteil und muß benannt werden, sofern der Erwerber gegenüber dem Veräußerer zur Provisionszahlung verpflichtet ist. Die Provision ist regelmäßig als Verrechnungssatz einschließlich Mehrwertsteuer (§ 1 Abs. 2 PrAngVO) bzw. als Bruchteil oder dem Vielfachen der Monatsmiete einschließlich Mehrwertsteuer (§ 3 WoVermittG) anzugeben.

a) Keine Provision

Die Werbeaussage „keine Provision“ galt früher stets als unzulässig, weil der Leser der Anzeige glauben konnte, daß der Makler hier ohne jedes Entgelt tätig würde. Tatsächlich erhält der Makler aber in diesen Fällen die Provision vom Veräußerer. Die neuere Rechtsprechung jedoch sieht diese Rechtsproblematik ausschließlich aus der Sicht des Kaufinteressenten, der die Werbeaussage so auslegt, daß die Eigentumswohnung oder das angebotene Reihenhaus DM 500.000,00 kostet und keine Provision, d. h. für ihn keine weitere zusätzliche Provision anfällt. Da er die Inseration in dieser Weise auffaßt, wird er tatsächlich nicht irregeführt, weil er außer dem Kaufpreis, in dem natürlich die Verkäuferprovision schon enthalten ist, keine zusätzlichen Entgelte an den Makler zahlen muß. Wirtschaftsrechtlich ist diese heute wohl als gesichert anzusehende Rechtsprechung nicht überzeugend, weil hierbei nicht das Geschäft ganzheitlich beurteilt wird, sondern dem Wortlaut der Anzeige folgend dem Leser glaubhaft gemacht wird, er zahle tatsächlich überhaupt keine Provision, was wirtschaftlich falsch ist. Würde nämlich in dem angegebenen Kaufpreis ein Entgelt für den Makler nicht enthalten sein, wäre der von dem Veräußerer angestrebte Verkaufserlös regelmäßig niedriger angesetzt.

b) Keine zusätzliche Provision

Der Hinweis „keine zusätzliche Provision“ ist zulässig, da hierdurch nicht zum Ausdruck gebracht wird, daß der Makler überhaupt kein Entgelt erhält, sondern lediglich, daß er eine kostenlose Tätigkeit gegenüber einer Vertragspartei anbietet, was zulässig und bei der wirtschaftlichen Abwicklung der Maklerverträge üblich ist.

c) Für Verkäufer, Vermieter kostenlos

Die Aussage „für Verkäufer/Vermieter u. a. kostenlos“ enthält keinen Verstoß gegen die Zugabeverordnung, weil nichts „zusätzlich“ gewährt wird, sondern nur eine Hauptleistung versprochen (Beschaffung von Mietern usw.) oder ein Gesamtservice (Besichtigung, Mietenkalkulation, Abfassung der Mietverträge) angeboten wird.

IV. Wettbewerbsregeln der Verbände

Neben den gesetzlichen Vorschriften, die das Wettbewerbsrecht ausgestalten, haben auch berufsständische Maklerverbände Wettbewerbsregeln für ihre Mitglieder aufgestellt. So hat der Verband Deutscher Makler sich Wettbewerbsregeln gegeben für Immobilien-, Hypotheken- und Finanzierungsmakler, die den Makler verpflichten, die Regeln des lauteren Wettbewerbs zu beachten und alles zu unterlassen, was den guten Sitten widerspricht. Die Regeln dieses lauteren Wettbewerbes werden bestimmt durch die aus der Verkehrsanschauung und der redlichen Berufsauffassung sich bildenden Maßstäbe und dienen dem Zweck, einen leistungsgerechten Wettbewerb sicherzustellen. Diese Wettbewerbsregeln sind allgemeine Auslegungsregeln der gesetzlichen Vorschriften, soweit es auf Usancen ankommt. Sie gelten darüber hinaus zwischen den Mitgliedern des Verbandes Deutscher Makler. Im Anhang 28 sind diese Wettbewerbsregeln abgedruckt.

Eine Übersicht über die rechtlich als zulässig oder unzulässig einzuordnenden Werbemaßnahmen gemäß der Rechtsprechung ist systematisch aufgearbeitet im Anhang 27 abgedruckt und zur genauen Beachtung empfohlen.

E. Ziviles Maklerrecht

Wurden bisher das für die Vertragsgestaltung notwendige Grundbuchrecht, danach das öffentliche Maklerrecht sowie das Wettbewerbsrecht besprochen, so gelten die nachfolgenden Ausführungen dem zivilen Maklerrecht, also dem Interessenausgleich zwischen dem Makler und seinem Auftraggeber. Dabei geht es wesentlich um die Sicherung der Provisionsansprüche des Maklers. Hier zeigt sich ein ganz wesentlicher Unterschied zu sonstigen rechtlich geordneten Wirtschaftsbereichen. Während bei dem normalen Leistungsaustausch die Zahlung der Vergütung als Gegenleistung selbstverständlich ist, ist das Maklerrecht vom Prinzip des Erfolgshonorars überlagert. Demnach hat der Makler, mit Ausnahme von Aufwandsentschädigungen im Rahmen von Individualvereinbarungen, einen Anspruch auf Provision nur dann, wenn seine Arbeit tatsächlich erfolgreich war, d.h. die Parteien den Hauptvertrag wirksam geschlossen haben. Alle Mühe des Maklers ist umsonst, besser vergeblich, wenn er zwar eine umfassende Tätigkeit entfaltet hat, jedoch der angestrebte Vertrag zwischen Veräußerer oder Vermieter und Erwerber oder Mieter nicht zustandekommt.

I. Erfolgshonorar

Das Erfolgsprinzip wird, weil es im deutschen Recht einmalig ist, weithin sowohl von dem Verbraucher als auch von den Gerichten verkannt. Dem Verbraucher erscheint die Maklerprovision oft zu hoch, weil er in Einzelfällen das vereinbarte Entgelt in das Verhältnis zu der erbrachten Leistung setzt. Hierin liegt ein Denkfehler, weil beim Erfolgshonorar nicht die Abgeltung eines bestimmten Zeitaufwandes, für Personaleinsatz und Büroaufwand erbracht wird, vielmehr der für den Mieter oder Käufer eingetretene wirtschaftliche Erfolg bewertet wird, wobei zu berücksichtigen ist, daß die Provision der erfolgreich abgeschlossenen Fälle naturgemäß auch die entstehenden Kosten der Tätigkeiten ausgleichen muß, die nicht zum Erfolg geführt haben. Da der Verbraucher regelmäßig aber nur sein eigenes Geschäft und seine eigenen wirtschaftlichen Interessen im Auge hat, verkennt er diesen notwendigen finanziellen Ausgleich, weil er natürlich vom Prinzip her nicht erfolglose Bemühungen für einen anderen mitbezahlen will.

Dieses nicht leicht zu verstehende Prinzip des Erfolgshonorars wird auch von den Gerichten vielfach verkannt. Es liegt wohl darin begründet, daß nur die vom Makler erfolgreich abgeschlossenen Aufträge Gegenstand von Rechtsstreitigkeiten sind. Wird der Makler für jemanden tätig und verursacht er umfangreiche Kosten, führt jedoch sein Wirken nicht zum Abschluß eines Vertrages, so entsteht kein Provisionsanspruch, die Beteiligten erhalten keine Rechnung und dieser Fall wird nicht Gegenstand eines Rechtsstreites. Das heißt, all die Fälle, die erhebliche Kosten verursachen, aber nicht erfolgreich abgeschlossen sind, werden nicht in einem Gerichtsverfahren behandelt, so daß der Richter nur die Fälle zu entscheiden hat, in welchen der Makler tatsächlich Anspruch auf Provision hat, jedenfalls nach seinem Vortrag die Voraussetzungen schlüssig darlegt. Auch bei dem erkennenden Gericht entsteht daher allzuoft der Eindruck, daß der Makler für eine vom Gericht übrigens nicht in allen Einzelheiten zu beurteilende Leistung erhebliche Provisionsbeträge erhält, weil auch hier nicht hinreichend berücksichtigt wird, daß viele Fälle, die Kosten verursacht haben, nicht zum Erfolg führen.

Ist der Kaufvertrag abgeschlossen, hat der Erwerber sein wirtschaftliches Ziel erreicht, empfindet er regelmäßig die in Rechnung gestellte Provision des Maklers als unschönen Ballast, weshalb er versucht, mit allerlei Einwänden dieser Forderung zu entgehen. Da die Rechtsprechung nicht besonders maklerfreundlich ist, muß der Makler damit rechnen, daß er seiner aus wirtschaftlicher Sicht berechtigten Forderung verlustig geht. Sichert er also seine Provisionsforderung nicht hinreichend ab, steht die wirtschaftliche Existenz auf dem Spiel. Aus diesem Grunde muß sich der Makler in der täglichen Praxis mit den Rechtsfragen um seine Provisionsforderung eingehend beschäftigen und sich rechtlich so absichern, daß jeder Versuch die Forderung zu umgehen, scheitern muß. Dazu ist es notwendig, daß er die gesetzliche Situation und die hierzu ergangene Rechtsprechung kennt. Dabei ist nicht erforderlich, daß er jedes höchstrichterliche Urteil in seinen differenzierenden Gründen erfaßt hat, vielmehr muß er in den wesentlichen Grundzügen die das Maklerrecht betreffenden Rechtsprinzipien erkannt haben und in der täglichen Praxis anwenden können.

II. Gesetzliche Grundlagen

Das zivile Maklerrecht ist in den §§ 652, 653, 654 BGB niedergelegt (vgl. hierzu den Wortlaut im Anhang 29). Dabei regelt § 652 BGB das Entstehen der Provisionsforderung und bestimmt, daß derjenige, der für den Nachweis der Gelegenheit zum Abschluß eines Vertrages oder für die Vermittlung eines Vertrages einen Maklerlohn verspricht, zur Entrichtung des Lohnes verpflichtet ist, wenn der Vertrag infolge des Nachweises oder infolge der Vermittlung des Maklers zustande kommt. Der Maklerlohn gilt gemäß § 653 BGB als stillschweigend vereinbart, wenn die dem Makler übertragene Leistung den Umständen nach nur gegen Vergütung zu erwarten war und für den Fall, daß die Höhe der Vergütung zwischen den Parteien nicht vereinbart wird, gilt gemäß § 653 Abs. 2 BGB die ortsübliche Provision, d. h. der Provisionssatz, der bei dem betreffenden Geschäft in der Region von den Maklern üblicherweise in Rechnung gestellt wird. Schließlich regelt § 654 BGB die Verwirkung des Provisionsanspruches sowie Ansprüche auf Ersatz von Aufwendungen, wenn der Makler dem Vertrage zuwider auch für den anderen Teil tätig geworden ist. Es ist ersichtlich, daß mit diesen drei Paragraphen nicht das gesamte Maklerrecht geregelt ist oder geregelt werden kann. Auch haben sich seit dem Jahre 1900 der Inhalt von Maklerverträgen und ihre konkrete Ausgestaltung geändert, so daß die gesetzlichen Tatbestände den tatsächlichen Anforderungen nicht mehr gerecht werden. Entsprechend diesen aufgezeigten Mängeln des geltenden Rechtes hatte die Bundesregierung 1982 den Entwurf eines Gesetzes über Maklerverträge vorgelegt. Er sah eine in vier Unterabschnitten gegliederte Neufassung und Erweiterung der BGB-Vorschriften über den Maklervertrag (§§ 652 ff. BGB) vor. Schwerpunkte der allgemeinen Vorschriften waren dabei die zwingende Feststellung des Prinzips des Erfolgshonorars, eine Neuregelung des Alleinauftrages sowie Vorschriften über den

Ausschluß eines Maklerhonorars in den Fällen wirtschaftlicher Verflechtung zwischen dem Makler und der anderen Vertragspartei.

Gerade der Regelung des Alleinauftrages kam in diesem Entwurf besondere Bedeutung zu. Nach dem Wortlaut wurde zunächst der Alleinauftrag inhaltlich so ausgestaltet:

- Hat der Auftraggeber während einer bestimmten Zeit die Inanspruchnahme eines anderen Maklers zu unterlassen (Alleinauftrag), so ist der Makler verpflichtet, während dieser Zeit auf die Vermittlung oder den Nachweis der Gelegenheit zum Abschluß eines Vertrages hinzuwirken. Handelt der Auftraggeber der in Satz 1 bezeichneten Verpflichtung zuwider, so kann der Makler, wenn durch die Inanspruchnahme eines anderen Maklers ein Vertrag mit dem Dritten zustandekommt, Schadenersatz verlangen. Im Vertrag kann eine angemessene vom Nachweis eines Schadens unabhängige Entschädigungspauschale vereinbart werden. Diese darf, wenn der Vertrag auf die Vermittlung oder den Nachweis der Gelegenheit zum Abschluß eines Kaufvertrages gerichtet ist, zweieinhalb vom Hundert des Kaufpreises nicht übersteigen.
- Hinsichtlich des sogenannten Selbstverkaufs durch den Veräußerer war folgende Regelung im Entwurf vorgesehen:
- Der Auftraggeber bleibt berechtigt, den Vertrag mit einem Dritten ohne Inanspruchnahme des Maklers abzuschließen. Jedoch kann vereinbart werden, daß der Auftraggeber eine angemessene Vergütung auch dann zu leisten hat, wenn er den Vertrag ohne Inanspruchnahme des Maklers abschließt. Die Vergütung darf, wenn der Vertrag auf die Vermittlung oder den Nachweis der Gelegenheit zum Abschluß eines Vertrages gerichtet ist, zweieinhalb vom Hundert des Kaufpreises nicht übersteigen. -

Dieser Entwurf, der die rechtliche Ausformung des Maklerrechtes im Bürgerlichen Gesetzbuch erheblich gefördert hätte und Erkenntnisse aus der Rechtsprechung, wie es der Aufgabe des Gesetzgebers obliegt, in die normative Kraft gefaßt hätte, ist nicht Gesetz geworden, sondern an den politischen Mühlen der Gesetzesbürokratie gescheitert. Dennoch ist der Entwurf nicht ganz unbeachtlich, vielmehr können die Regelungen, die dort vorgesehen waren, heute per Individualvertrag vereinbart werden, und es ist bei der rechtlichen Beurteilung solcher Vereinbarungen davon auszugehen, daß sie einen vernünftigen Interessenausgleich enthalten, weil sie bereits Gegenstand der Gesetzesvorlage waren. Kein Gericht wird auf den Gedanken kommen solche, zwar nicht in Gesetzeskraft erwachsene Regelungen, sondern vielmehr kraft Vereinbarung geltende Bestimmungen als inhaltlich unwirksam oder gar sittenwidrig oder doch mindestens grob leistungsungerecht anzusehen, wenn sie in ihrer Geltung fast gesetzliche Normenkraft erlangt hätten.

III. Anspruch auf Provision

Der Anspruch des Maklers auf Vergütung entsteht unter den folgenden Voraussetzungen.

Zunächst ist erforderlich, daß ein gültiger Maklervertrag zustandekommt. Weiterhin hat der Makler seine Leistung zu erbringen und schließlich muß der gewünschte Hauptvertrag rechtsgültig abgeschlossen sein und zwar aufgrund, d. h. in ursächlichem Zusammenhang der dem Auftraggeber bekannten Maklertätigkeit.

Der Abschluß des Hauptvertrages muß sich zumindest auch als Ergebnis einer für den Erwerb wesentlichen Maklerleistung darstellen. Es genügt nicht, daß die Maklertätigkeit auf anderem Wege für den Erfolg adäquat kausal geworden ist. Der Makler wird also nicht für den Erfolg schlechthin, sondern für seinen Arbeitserfolg belohnt.

1. Auftrag des Veräußerers

Erforderlich ist zunächst das gültige Zustandekommen eines Maklervertrages. Dies kann also der formale Auftrag, wie ihn § 652 BGB voraussetzt, sein, wonach der Eigentümer dem Makler anträgt, einen Kaufvertrag über das ihm gehörende Objekt nachzuweisen oder zu vermitteln und ihm für den Fall des ursächlich vermittelten Abschluß eines Kaufvertrages Provision verspricht. Bei dem gewöhnlichen Maklerauftrag ist der Auftraggeber nicht gehindert das Objekt selbst zu verkaufen, also einen Kaufinteressenten zu suchen und mit ihm direkt ohne Hinzuziehung des Maklers den Kaufvertrag abzuschließen. In diesem Falle erhält der Makler keine Provision, weil er den Kaufvertrag nicht ursächlich zustande gebracht hat. Darüber hinaus ist beim normalen Maklerauftrag der Veräußerer auch nicht gehindert einen oder mehrere weitere Makler mit der Vermittlung oder dem Nachweis von Verträgen zu beauftragen. Geht also der Auftraggeber keine besonderen Verpflichtungen gegenüber dem Makler ein, so korrespondiert auf der Seite des Maklers auch nicht eine Pflicht zum Tätigwerden.

2. Alleinauftrag

Anders dagegen gestaltet sich die Rechtslage beim sogenannten Alleinauftrag. Sein Wesen besteht in der eingeschränkten Widerrufsfreiheit des Auftraggebers und in dem verminderten Pflichtenkreis des Maklers.

Der Auftraggeber verzichtet auf sein Recht die Dienste mehrerer Makler zugleich in Anspruch zu nehmen und den Maklervertrag jederzeit zu widerrufen. Vielmehr gibt er den Nachweis oder die Vermittlung des Objektes einem bestimmten alleinigen Makler regelmäßig für eine bestimmte Zeit fest an die Hand. Ist keine bestimmte Frist vereinbart, so gilt eine angemessene, wobei hier die branchenübliche Zeit der Verwertung für dieses Objekt anzusetzen ist. Eine zeitlich unbegrenzte Bindung ist dagegen unwirksam, führt aber nicht zur Nichtigkeit des Maklervertrages, sondern lediglich zur Vertragsbindung auf eine angemessene Zeit. Nicht ausgeschlossen werden kann das Widerrufsrecht aus einem wichtigen Grunde, zum Beispiel dann, wenn der Makler über längere Zeit untätig bleibt, möglicherweise auch wenn dem Veräußerer unseriöse Interessenten durch den Makler zugeführt werden. Bei Abschluß dieses Vertrages entsteht jedoch auch eine Pflichtenvermehrung auf der Seite des Maklers.

So begründet der Alleinauftrag für den Makler vor allen Dingen die Pflicht, im Interesse des Auftraggebers nachhaltig tätig zu werden. Der Makler hat daher alles in seinen Kräften Stehende zu tun, um einen für seinen Auftraggeber vorteilhaften

Vertragsabschluß zu erreichen, vor allem beim Verkauf einer Liegenschaft einen möglichst günstigen Kaufpreis zu erzielen. Dabei ist er auch verpflichtet, seinen Auftraggeber sachkundig zu beraten und zwar hinsichtlich des Objektes selbst, der Verwertbarkeit, des zu erzielenden Preises, der Marktlage, der Zeit des Vertragsabschlusses usw.

Auch beim Alleinauftrag bleibt der Auftraggeber im Zweifel berechtigt sich selbst um den Vertragsabschluß zu bemühen und zwar ohne Einschaltung des Maklers, der Alleinauftrag beinhaltet also nicht von vornherein das Verbot von sogen. Eigengeschäften oder Direktabschlüssen.

Es steht ihm daher frei, ob er das vermittelte oder nachgewiesene Geschäft abschließen will oder nicht. Dabei kann allerdings im Rahmen von Individualvereinbarungen zwischen dem Makler und dem Auftraggeber festgelegt werden, daß der Auftraggeber dann eine Vergütung zu zahlen hat, wenn er sich nach Abschluß des Alleinauftrages entschließt die Verkaufsabsicht aufzugeben.

3. Qualifizierter Alleinauftrag

Bleibt beim Alleinauftrag der Veräußerer befugt das Objekt selbst zu verkaufen, ist es ihm beim sogenannten erweiterten oder qualifizierten Alleinauftrag untersagt, Eigen- oder Direktgeschäfte vorzunehmen, d. h. ohne Einwilligung des Maklers mit einem Interessenten den Hauptvertrag abzuschließen. Ein solchermaßen erweiterter oder qualifizierter Alleinauftrag, der dem Auftraggeber auch das Eigengeschäft untersagt kann nicht aufgrund allgemeiner Geschäftsbedingungen mit dem Makler vereinbart werden, sondern bedarf eines individuellen Aushandelns zwischen den Parteien.

4. Vertrag mit dem Kaufinteressenten

Gelten diese Ausführungen dem Auftrag des Eigentümers, so kommt auch der Maklervertrag mit dem Kaufinteressenten durch zwei ausdrücklich übereinstimmende Willenserklärungen des Auftragsgebers einerseits und des Maklers andererseits zustande (Angebot und Annahme). Für die konkludente Willenserklärung ist ein Verhalten erforderlich, das den auf Abschluß eines Maklervertrages gerichteten Willen eindeutig erkennen läßt. In der Zeitungsanzeige eines Maklers liegt beispielsweise kein Angebot, denn die Anzeige dient lediglich der Interessentensuche.

Der Leser kann davon ausgehen, daß der Makler vom Verkäufer beauftragt und auch von diesem bezahlt wird. Nicht jedes Sichgefallenlassen von Maklerdiensten führt daher zum Abschluß eines Maklervertrages. Erforderlich ist vielmehr, daß jemand Maklerdienste entgegennimmt und dabei weiß oder wissen muß, daß der Makler hierfür von ihm eine Vergütung verlangt, wenn es zum Vertragsabschluß kommt. Es ist ausschließlich Sache des Maklers klare Verhältnisse zu schaffen. Jede Unklarheit über einen stillschweigenden Vertragsabschluß geht zu seinen Lasten. Insofern hat auch die Auslegung des § 653 BGB, wonach der Maklerlohn als stillschweigend vereinbart gilt, wenn die dem Makler übertragene Leistung den Umständen nach nur gegen eine Vergütung zu erwarten ist, in der höchstrichterlichen

Rechtsprechung der letzten Jahre eine einengende Auslegung erfahren. Der Kaufinteressent kann demzufolge davon ausgehen, daß der Makler vom Veräußerer bezahlt wird, wenn er nicht ausdrücklich Provisionszahlung mit ihm vereinbart.

5. Nachweis oder Vermittlung

Der Makler ist entweder als Nachweismakler oder als Vermittlungsmakler tätig. Um einen Nachweis handelt es sich, wenn der Makler dem Auftraggeber einen bisher unbekannten Interessenten für das angestrebte Geschäft benennt, ihm Objekt und künftigen Vertragspartner bekannt gibt. Inhaltlich muß der Nachweis hinsichtlich der Person und des Objektes, insbesondere also der Lage des Objektes und grundbuchmäßigen Bezeichnung so hinreichend bestimmt sein, daß es dem Auftraggeber möglich ist, von sich aus Vertragsverhandlungen aufzunehmen. Ohne ausdrückliches Verlangen müssen Name und Anschrift des wahren Eigentümers bzw. Verfügungsberechtigten bekannt gegeben werden. Die Rechtsprechung macht von diesen Erfordernissen nur dann eine Ausnahme, gesteht dem Makler also den Provisionsanspruch bei späterem Zustandekommen des Geschäftes auch bei der bloßen Bekanntgabe der Lage des Objektes zu, wenn es dem Auftraggeber ersichtlich auf die Person des Eigentümers nicht ankommt, weil er sich erst einmal über das Objekt Gedanken machen will. Vermittlung dagegen ist die bewußte Herbeiführung der Abschlußbereitschaft des Vertragspartners. Vermitteln heißt verhandeln mit dem Vertragspartner des Auftraggebers, also auf diesen einwirken, damit er den in Aussicht genommenen Hauptvertrag abschließt.

6. Rechtsgültiger Hauptvertrag

Der vom Makler nachgewiesene oder vermittelte Vertrag muß gültig zustande gekommen sein und zwar auch in der vom Gesetz vorgeschriebenen Form des § 313 BGB. Sind diese Voraussetzungen nicht erfüllt, entsteht kein Provisionsanspruch, auch dann nicht, wenn das Grundstück tatsächlich bereits an den Erwerber überlassen ist oder ein Vorvertrag abgeschlossen ist, selbst dann, wenn eine Anzahlung geleistet wurde. Verstößt der vermittelte Vertrag gegen ein gesetzliches Verbot, so hat der Makler keinen Anspruch auf Provision, beispielsweise bei der Vermittlung eines Architektenvertrages, der wegen Koppelung zwischen Grundstückserwerb und Architektenauftrag nichtig ist. Beim genehmigungsbedürftigen Vertrag ist für den Provisionsanspruch die Erteilung der Genehmigung für den Vertrag erforderlich. Wird sie versagt, erhält der Makler keine Vergütung, weil der Grundstückskaufvertrag nicht gültig und damit nicht durchführbar ist. Zwischen der Maklerleistung und dem Vertragsschluß muß ein Kausalzusammenhang bestehen, d. h., die Tätigkeit des Maklers muß ursächlich für den Abschluß des Hauptvertrages sein, was aus dem Tatbestandsmerkmal „infolge" des § 652 BGB abgeleitet wird. Die vom Makler entfaltete Vermittlungs- oder Nachweistätigkeit muß also der Grund für den Vertrag sein, d. h. sie muß gerade auf den Abschluß dieses Vertrages gerichtet sein. Dazu gehört beim Nachweismakler der Nachweis der Gelegenheit und der in angemessener Zeit folgende Vertragsabschluß, außer der Interessent weist besondere Umstände für die fehlende Ursächlichkeit nach. Verhandlungen und Einwirken auf die Vertragsparteien müssen beim Vermittlungsmakler dazu geführt haben, daß der Vertrag zustande gekommen ist.

Aus all dem ergibt sich, daß der Anspruch des Maklers auf Provision gemäß § 652 BGB nur dann gegeben ist, wenn ein gültiger Maklervertrag besteht, in dem die Provisionszahlung vereinbart ist, der Makler seine Maklerleistung in Form des Nachweises oder des Vermittelns erbracht hat und diese Tätigkeit ursächlich dafür war, daß der Hauptvertrag gültig zustandegekommen ist. Darüber hinaus dürfen Gegenansprüche des Auftraggebers den Provisionsanspruch nicht zunichte machen.

Diese Rechtserkenntnisse und Auslegungsregeln zu § 652 BGB sind in der Rechtsprechung seit vielen Jahren gesichert. Umso erstaunlicher ist es, daß der Makler in der täglichen Praxis diese Regeln nicht hinreichend beachtet und dadurch seinen Provisionsanspruch in erheblichem Maße gefährdet. Im Wirtschaftsleben gilt es nicht als moralisch verwerflich, die Provisionsansprüche der Makler zu unterlaufen, wenn sich rechtlich hierfür eine Handhabe zeigt. Hat der Erwerber das wirtschaftliche Ergebnis erreicht, indem er den Kaufvertrag über den Erwerb der Liegenschaft geschlossen hat, versucht er häufig, die berechtigten Ansprüche des Maklers abzuwehren, um so seine Kostenlast gering zu halten.

7. Beispiele aus der Praxis

Der Kaufinteressent erscheint im Büro des Maklers und begehrt die Besichtigung eines in der Zeitung von dem Makler inserierten Objektes. Über die Provision wird nicht gesprochen, insbesondere bringt der Makler nicht zum Ausdruck, daß er seine Leistung nur gegen Zahlung einer Vergütung erbringen will. Nachdem der Vertrag über das Objekt protokolliert worden ist, stellt der Makler die Provisionsforderung in Rechnung, die der Erwerber zu bezahlen ablehnt. Bei dieser Fallkonstellation kann sich der Makler nach der heute allgemein gültigen Rechtsprechung nicht auf § 653 Abs. 1 BGB berufen, wonach der Maklerlohn stillschweigend vereinbart ist, wenn die Leistung des Maklers nur gegen Entgelt zu erwarten ist. Zwar handelt es sich bei dem aufgesuchten Makler um einen Gewerbetreibenden, was dem Kaufinteressenten bekannt ist, gleichwohl muß er nicht davon ausgehen, daß der Makler von ihm ein Entgelt verlangt, wenn dies nicht ausdrücklich vereinbart war.

Er kann vielmehr annehmen, daß der Makler vom Veräußerer honoriert wird. In vielen Fällen begnügt sich der Makler damit, die Provision in bestimmter Höhe nur vom Veräußerer zu erhalten, weil er in erster Linie für ihn tätig wird. Gerade in den letzten Jahren wird dies in der Praxis immer häufiger, weil die Provision in den Kaufpreis mit eingerechnet wird und dann mit der wettbewerbsrechtlich zulässigen Bezeichnung:
„DM 500.000,00 Kaufpreis, keine zusätzliche Provision"
dem Kaufinteressenten suggeriert wird, er bezahle den Makler nicht. In diesem Fall hat also der Makler gegen den Erwerber keinen Anspruch auf Provision.

8. Zeitpunkt für den Provisionshinweis

In der Rechtsprechung ist allgemein anerkannt, daß das Provisionsverlangen des Maklers gestellt werden muß, bevor er seine eigentliche Maklerleistung erbracht hat, die darin besteht, das zu verkaufende Objekt zu beschreiben, dem Kaufinteressenten Informationen über Lage, Art, Baujahr, Ausstattung, Kaufpreis usw. zu geben, Name und Anschrift des Veräußerers mitzuteilen und die Besichtigung durchzuführen. Wird die Maklerleistung, ohne auf die Provisionspflicht hinzuweisen erbracht, kann der Makler das Provisionsverlangen rechtlich gesichert nicht mehr nachschieben. Der Makler ist also gehalten, bevor er seine Leistung zu Gunsten des Auftraggebers erbringt die Provisionsvereinbarung zu schließen.

9. Aushändigung des Exposés

Nicht einheitlich wird in der Rechtsprechung die Frage beurteilt, ob eine Provisionsvereinbarung zustande kommt, wenn der Makler das Exposé, in dem auf die Provisionspflicht hingewiesen ist, dem Kaufinteressenten aushändigt, beide Parteien über die Provision im übrigen nicht reden und der Kaufinteressent, das Exposé nutzend, den Kaufvertrag abschließt. Das Exposé und der darin enthaltene Hinweis auf die Provisionspflicht stellt sich rechtlich als ein Angebot dar. Eine vertragliche Vereinbarung kommt erst zustande, wenn das Angebot tatsächlich auch angenommen ist, was ausdrücklich oder auch stillschweigend geschehen kann.

Früher wurde angenommen, daß der Erwerber aufgrund des inhaltlich ausgestalteten Exposés konkret wissen mußte, daß er die Maklerleistung nur gegen entsprechende Provision erhält, wenn es zum Abschluß des Hauptvertrages kommt.

In der neueren Rechtsprechung dagegen wird im Abschluß des Hauptvertrages kein konkludenter Vertragsschluß gesehen. Es wird damit argumentiert, daß der Käufer mit dem Abschluß des Hauptvertrages ein Grundstück erwerben will, keineswegs aber damit zum Ausdruck bringen will, mit dem Kauf auch bereit zu sein, Provision an den Makler zu zahlen.

Die Entgegennahme des Angebots und des Zustandekommens des Hauptvertrages reichen allein nicht aus. Es müssen darüber hinaus besondere Umstände hinzukommen, damit in dem Gebrauchmachen von dem übersandten Nachweis und dem Abschluß des Hauptvertrages die Bekundung des Annahmewillens gesehen werden kann.

In der täglichen Rechtspraxis wird der Makler, der die Provision begehrt und daher für alle Voraussetzungen beweispflichtig ist, erhebliche Schwierigkeiten haben, die in der Person des Kaufinteressenten liegenden Umstände vorzutragen und zu beweisen, aus denen der Annahmewille unzweideutig abzuleiten ist.

Ein Maklervertrag kommt auch nicht dadurch zustande, daß dem Kaufinteressenten laufend unaufgefordert Objektbeschreibungen zugesandt werden und er diese stillschweigend entgegennimmt. In einem solchen Verhalten ist nicht der Annahmewille zu erkennen, einen Maklervertrag abzuschließen. Dies kann auch nicht mit dem Hinweis erreicht werden: „In der Entgegennahme des Angebotes erkennt der Empfänger ausdrücklich sein Einverständnis zu diesen Bedingungen an". Durch Zugang eines Vertragsangebotes können die Bedingungen des später abzuschließenden Vertrages nicht bindend festgesetzt werden.

Aber auch die telefonische Anfrage eines Kaufinteressenten beinhaltet kein Angebot zum Abschluß eines Vertrages. Wird aufgrund einer solchen Anfrage eine „Kurzinformation mit Hinweis auf die Provisionspflicht" übersandt, so liegt, wie oben dargelegt, erst hierin ein Angebot auf Abschluß eines Maklervertrages, das zwar konkludent angenommen werden, aber noch nicht aus dem späteren Erwerb des Objektes abgeleitet werden kann.

Zusammenfassend läßt sich also feststellen: Ein Maklervertrag muß nicht durch ausdrückliche Erklärung geschlossen werden, sondern die Provisionsabrede kann auch „stillschweigend" durch schlüssiges Verhalten getroffen werden. Dafür genügt es aber nicht, daß der Kaufinteressent die Leistung des Maklers entgegennimmt. Ein Interessent, der sich an den Makler wendet, der mit Angeboten werbend im geschäftlichen Verkehr auftritt, erklärt nämlich damit noch nicht schlüssig seine Bereitschaft zur Zahlung einer Provision für den Fall, daß ein Vertrag über das angebotene Objekt zustandekommt. Der Interessent darf vielmehr davon ausgehen, daß der Makler das Objekt vom Verkäufer an die Hand bekommen hat und deshalb mit der angetragenen Weitergabe von Informationen eine Leistung für den Anbieter erbringen will. Allerdings kann sich ein Verhalten des Kaufinteressenten, das als Inanspruchnahme oder Gefallenlassen von Maklerdiensten in Kenntnis von deren Entgeltlichkeit verstanden werden kann, als ein stillschweigendes Provisionsversprechen darstellen. Es ist aber Sache des Maklers in dieser Hinsicht für klare Verhältnisse zu sorgen, wobei das geeignete Mittel ein ausdrückliches Provisionsverlangen mit der ihm folgenden Provisionsabrede ist.

10. Schriftliche Provisionsvereinbarung

Es hat sich also gezeigt, daß die Provisionsforderung nur dann hinreichend rechtlich abgesichert ist, wenn sie schriftlich getroffen wird. Fraglich ist, wie dies in der Praxis in einfacher Form vorgenommen werden kann. Dabei tritt die Problematik nicht so sehr auf der Seite des Verkäufers auf, jedenfalls in den Fällen nicht, in denen üblicherweise nur Käuferprovision berechnet wird, der Makler also für den Veräußerer der Liegenschaft kostenfrei arbeitet. Wird dagegen beiderseitige Provision berechnet oder zahlt der Veräußerer die Provision, weil sie letztlich in den Kaufpreis eingerechnet wird, hat der Makler im Auftrag mit dem Veräußerer die Provision schriftlich zu vereinbaren. Da heute regelmäßig Alleinaufträge geschlossen werden und diese zu Beweiszwecken ohnehin schriftlich fixiert sind, zeigt sich die Vereinbarung der Provision zwischen dem Veräußerer und dem Makler als in der Praxis weithin unproblematisch.

Anders dagegen gestaltet sich die tatsächliche Situation gegenüber dem Käufer. Sowohl bei Provision auf beiden Seiten als auch nur bei Käuferprovision soll der Erwerber in jedem Falle zahlungspflichtig sein. Diese Provisionsvereinbarung ist nicht in einem umfangreichen, allzuoft kleingedruckten Formular vorzunehmen, weil der Kaufinteressent beim ersten Kontakt mit dem Makler sehr zurückhaltend ist, eine Unterschrift zu leisten. Er glaubt irgendwelche Verpflichtungen einzugehen, also möglicherweise Aufwendungsersatz zahlen zu müssen, auch dann, wenn der Vertrag nicht zustandekommt. Es ist daher Aufgabe des Maklers, diese Vereinbarung inhaltlich so kurz wie möglich und so übersichtlich wie möglich zu gestalten, damit dem Interessenten durch kurzen Einblick klar wird, daß er lediglich im Falle des Abschlusses eines Kaufvertrages Provision zu zahlen hat.

So muß also diese Vereinbarung kurz formuliert sein und als Mindestinhalt aufweisen, daß der Makler die Liegenschaft dem Kaufinteressenten heute nachgewiesen hat, daß dem Kaufinteressenten nicht bekannt war, daß dieses Objekt zum Verkauf steht, und daß er bereit ist, im Falle des tatsächlichen Kaufvertragsabschlusses Provision in ortsüblicher oder besser in bestimmter Höhe an den Immobilienmakler zu zahlen. Mit einer solchen Formulierung ist festgestellt, daß der Makler dieses Objekt dem Kaufinteressenten nachgewiesen hat, daß er vor allen Dingen auch den Namen und die Anschrift des Veräußerers genannt hat, daß der Kaufinteressent keine Vorkenntnis hatte, daß mithin die Tätigkeit des Maklers ursächlich war für den Kaufabschluß und daß deshalb der Erwerber entsprechend der eingegangenen Vertragsverpflichtung die Provision an den Makler zu zahlen hat.

Eine solche Vereinbarung sollte nicht, wie es in der Praxis üblich ist, als „Besichtigungsbestätigung" bezeichnet werden.

Einige Gerichte leiten aus dieser unzutreffenden Überschrift ab, daß der die Unterschrift leistende Kaufinteressent davon ausgehen konnte, lediglich einen Nachweis des Besichtigungstermins gefertigt zu haben, mit dem aber weder eine Provisionszahlungsverpflichtung noch ein Maklervertrag verbunden war.

Aus diesem Grunde empfiehlt es sich sehr klar diese Vereinbarung zu überschreiben mit

Provisionsverpflichtung

1.) Die Immobilienfirma X hat Unterfertigtem heute die Liegenschaft Königstein, Sonnenhofstraße 6 (Eigentümer Dr. Helmut Muster) zum Kauf angeboten.
2.) Unterfertigtem war diese Liegenschaft als zum Verkauf stehend nicht bekannt.
3.) Im Falle des Abschlusses eines Kaufvertrages verpflichtet sich Unterfertigter zur Zahlung einer Maklerprovision in Höhe von 5% des Kaufpreises zuzüglich der gesetzlichen Mehrwertsteuer an die Immobilienfirma X.

Ort, Datum, Unterschriften

11. Vorkenntnis

Bei dieser kurz formulierten Provisionsvereinbarung ist es außerordentlich wichtig die Vorkenntnis tatsächlich auszuschließen.

Ist Vorkenntnis gegeben, fehlt es an der von § 652 BGB vorausgesetzten Ursächlichkeit, die Tätigkeit des Maklers kann nicht für den Abschluß des Vertrages kausal sein. Allerdings schließt eine allgemeine Kenntnis von der Möglichkeit eines bestimmten Objektes die Ursächlichkeit ihres Nachweises nicht aus. Die Tätigkeit des Nachweismaklers braucht nicht die einzige oder hauptsächliche Ursache für den Abschluß des Hauptvertrages zu bilden. Der Nachweis braucht insbesondere nicht mitursächlich für die erstmalige Kenntnisnahme von der Kaufgelegenheit zu sein. Die Nachweistätigkeit muß aber den Kaufentschluß des Maklerkunden gefördert haben, was eine für den Erwerb wesentliche Maklerleistung voraussetzt. Der Kunde muß durch den Hinweis des Maklers den Anstoß bekommen haben, sich konkret um das nachgewiesene Objekt zu bemühen. Sind diese Voraussetzungen nicht gegeben, schließt die Vorkenntnis den Provisionsanspruch aus. Dabei ist zu beachten, daß der Maklerkunde entsprechend der Rechtsprechung des Bundesgerichtshofes nach dem gesetzlichen Leitbild nicht verpflichtet ist, bei einem Angebot den Makler darüber zu unterrichten, daß ihm das angebotene Objekt bereits bekannt ist. Diese Vorkenntnis kann er auch noch später, d. h. nach Klageerhebung des Maklers zur Erlangung der Provision einwenden. Eine Unterrichtungspflicht des Kaufinteressenten von seiner Vorkenntnis läuft, wie die Rechtsprechung des BGH festgestellt hat, seinen Interessen regelmäßig zuwider. Sie eröffnet dem Makler die Möglichkeit, sich in bereits laufende Verhandlungen einzuschalten, was den Grundstückserwerb für den Maklerkunden verteuern kann. Das Provisionsinteresse des Maklers ist bereits bei der Beweislastverteilung berücksichtigt. Da der Maklervertrag gemäß § 652 BGB nur bei Kausalität des Nachweises oder der Vermittlung die Provisionsverpflichtung auslöst, hat der Makler darzulegen und zu beweisen, daß der von seinem Kunden abgeschlossene Vertrag infolge seiner Tätigkeit zustande gekommen ist. Diese Vortrags- und Beweislast wird ihm bei zeitlichem Zusammenhang seiner Tätigkeit und des Vertragsschlusses erleichtert, während der Maklerkunde eine die Kausalität ausschließende Vorkenntnis vortragen und beweisen muß, wobei hier erhebliche Anforderungen an den zu führenden Beweis zu stellen sind. Hierbei hat der Makler immer noch die Möglichkeit, die Mitursächlichkeit seiner Tätigkeit, die für den Provisionsanspruch des § 652 BGB ausreicht, zu beweisen. Diese Beweislastverteilung berücksichtigt die berechtigten Interessen, die Beweisschwierigkeit der am Maklervertrag beteiligten Parteien in angemessener Weise. Demgemäß ist der Maklerkunde nach dem gesetzlichen Leitbild nicht verpflichtet, bereits bei einem Angebot den Makler darüber zu informieren, daß ihm das angebotene Objekt schon bekannt ist, sondern er kann den Einwand der Vorkenntnis auch noch nach Abschluß des Vertrages, nach Erhalt der Provisionsrechnung des Maklers erheben.

Aus diesem Grunde ist es von besonderer Bedeutung, in der zuvor kurz formulierten Provisionsabrede klarzustellen, daß keine Vorkenntnis besteht. Hat nämlich der Kaufinteressent urkundlich festgestellt, daß ihm das Objekt als zum Verkauf stehend bis heute nicht bekannt war, wird er bei den von der Rechtsprechung gestellten Anforderungen nachhaltige Schwierigkeiten haben, sich später entgegen eigener Bekundung auf Vorkenntnis zu berufen.

Gegen die Handhabung einer solchen kurz formulierten Provisionsvereinbarung wird von manchen Maklern vorgetragen, sie sei in der Praxis schwer durchzubringen, weil der Kaufinteressent sich häufig weigere, eine solche Erklärung zu unterschreiben. Dieses Argument kann nicht greifen. Ist der Kaufinteressent an einem Objekterwerb ernsthaft interessiert, und wird der Inhalt dieser Vereinbarung vom Makler klar und eindeutig mit der Kraft seiner Persönlichkeit vorgetragen, so wird der Kaufinteressent eine solche geradezu selbstverständliche Vereinbarung unterschreiben.

Weigert er sich tatsächlich, ist dies eher ein Beweis dafür, daß der Makler nicht stark genug auf den Interessenten mit umfassender Information eingewirkt hat. Entscheidet sich der Kaufinteressent trotz allen redlichen Bemühens gegen diese Abrede, so muß der Makler für sich entscheiden, ob er mit ihm weitere geschäftliche Beziehungen pflegt oder nicht besser auf diese verzichtet. Oft bringt der Makler nicht mit genügender Überzeugung zum Ausdruck, daß die Provision das angemessene wirtschaftliche Entgelt für einen tatsächlichen Leistungserfolg darstellt. Die Makler, die nicht davon überzeugt sind, daß ihre Tätigkeit, ihre Leistung, die schließlich im erfolgreichen Abschluß eines Kaufvertrages gipfelt, die Provision wert ist, werden auch nicht mit der notwendigen Kraft die wirtschaftliche Einsicht beim Kaufinteressenten herstellen.

Die Praxis, insbesondere die Erfahrung hat gezeigt, daß nur der Makler langfristig erfolgreich ist, der eine gute überzeugende Leistung erbringt und nicht auf die Provision oder Teile davon im Wege des Abhandelns verzichtet. Gute Leistung kostet Geld, und dies ist gerade im Maklergewerbe eine elementare Erkenntnis, weil in vielfältiger Weise Leistungen ohne Erfolg erbracht werden, die aber auch von den erfolgreichen Vertragsabschlüssen finanziell abgedeckt werden müssen. Insofern muß der Makler in der täglichen Praxis den Abschluß einer Provisionsvereinbarung zur Grundlage seiner Tätigkeit machen.

IV. Provisionsanspruch bei Nachweis oder Vermittlung ohne Auftrag

1. Wohnungsvermittlung

Hat der Makler Kenntnis davon erlangt, daß eine Wohnung zur Vermietung ansteht, hat er jedoch keinen Auftrag, bei dem Abschluß eines Mietvertrages nachweisend oder mitvermittelnd tätig zu werden, entsteht die Frage, ob er einen Provisionsanspruch hat, wenn er einem interessierten Mieter die Gelegenheit zum Abschluß des Vertrages nachweist. Hier greift § 6 des WoVermittG ein, wonach der Wohnungsvermittler die Wohnräume nur dann anbieten darf, wenn er vom Berechtigten hierfür einen Auftrag hat. Berechtigter im Sinne dieser Vorschrift ist nicht nur der Vermieter, sondern auch der von dem Vermieter beauftragte Hausverwalter oder auch der derzeitige Mieter selbst, der wegen Wohnsitzwechsels einen Nachmieter sucht, um diesen dem Vermieter vorzuschlagen, damit er aus den Verpflichtungen des Mietvertrages entlassen wird (vgl. Anhang 22).

Hat also der Makler tatsächlich keinen Auftrag für die Vermietung der Wohnung, so ist er nicht berechtigt Provision zu fordern, auch dann nicht, wenn der Vertrag durch seinen Nachweis zustande kommt. Hat er entgegen dieser Vorschrift gleichwohl die Provision vereinnahmt, kann der Mieter, der den Vertrag geschlossen hat, gemäß § 5 des WoVermittG die erbrachte Leistung gemäß den Vorschriften über die ungerechtfertigte Bereicherung zurückverlangen.

2. Immobilienvermittlung

Handelt es sich nicht um die Vermietung einer Wohnung, sondern um den Verkauf einer Eigentumswohnung oder eines Hausgrundstücks und hat der Makler auch hier keinen Auftrag des Eigentümers, so entsteht die Frage, ob er bei dennoch vorgenommenem Nachweis einen Provisionsanspruch hat.

Die frühere Rechtsprechung hat dem Makler in diesem Falle einen Anspruch auf Vergütung zugestanden mit der Begründung, daß es sich um zwei unterschiedlich zu beurteilende Rechtsverhältnisse handelt. Die Frage, ob der Makler einen Auftrag vom Eigentümer hat, ist für die Frage des Nachweises der Kaufgelegenheit für den

Kaufinteressenten nicht relevant. In dieser letzteren Beziehung kommt es nämlich darauf an, ob durch die Leistung des Maklers der Erfolg, nämlich die Vertragsabschlußmöglichkeit, gegeben ist und ob der Kaufinteressent hiervon Gebrauch macht. Kauft er das Objekt und hat er die Kenntnis durch den Nachweis des Maklers erlangt, so ist nach der früheren Rechtsprechung kein Zweifel daran, daß er dem Makler die Provision zahlen muß, weil der Erfolg nach § 652 BGB durch die kausale Tätigkeit des Maklers eingetreten ist. Richtig ist auch, daß man den Provisionsanspruch in diesem Falle nicht aus einer Rechtsanalogie zu § 6 Wohnungsvermittlungsgesetz versagen kann. Die Regelung, daß bei der Wohnungsvermittlung der Makler einen Auftrag haben muß, normiert nicht einen allgemein gültigen Rechtsgedanken, sondern gilt nur für den Bereich der als Mangelware zu bezeichnenden Wohnungen. Dieser Regelung liegt der Rechtsgedanke zugrunde, daß der Makler, der keinen Auftrag hat, einen Mietvertrag zu vermitteln oder nachzuweisen, vom Verfügungsberechtigten auch keine Information darüber erhält, wann die Wohnung tatsächlich wieder zu vermieten ist. Der nicht beauftragte Makler wird daher in dieser Unkenntnis die Wohnung weiter anbieten und Wohnungssuchende werden ständig erneut bei dem Vermieter oder dem Berechtigten vorsprechen, um die Wohnung zu mieten. Sie werden in ihrer sozialen Einstellung als wohnungssuchende Menschen frustriert und glauben zuletzt, daß es für sie gar keine Wohnung mehr gibt. Um dies zu verhindern, hat der Gesetzgeber § 6 WoVermittG geschaffen. Dieser Gedanke gilt selbstverständlich nur für Wohnungen, nicht aber für Eigentumswohnungen, Villen usw., an denen ein Mangel noch nie geherrscht hat. Insofern läßt sich eine analoge Anwendung der Vorschriften des WoVermittG auf andere Objekte nicht vornehmen.

Dennoch wird, wie bereits im Wettbewerbsrecht behandelt, gegen den Provisionsanspruch eingewandt, daß das Verhalten des Maklers ohne Auftrag wettbewerbsrechtlich unzulässig wie allgemein sittenwidrig ist, weil er, wie das Kammergericht ausdrücklich gesagt hat, in geradezu schmarotzerhafter Weise das vorhandene Objektpotential seiner Kunden ohne eigene Leistung übernimmt und nunmehr rundherum anbietet, um dann abzuwarten, ob ein Vertrag geschlossen wird. Ist ein solches Verhalten als wettbewerbswidrig, ja sogar sittenwidrig anzusehen, ist es andererseits nicht möglich den Makler dafür zu honorieren. Höchstrichterlich ist dieser Fall nach den heutigen Erkenntnissen noch nicht entschieden, der Verfasser geht jedoch davon aus, daß der Provisionsanspruch auch bei der Vermittlung von Immobilienobjekten dann nicht gegeben ist, wenn der Makler keinen Auftrag vom Verfügungsberechtigten hat.

V. Die Verwendung eines Tonträgers

Bei dem Abschluß eines Maklervertrages kennt jeder Makler in der täglichen Praxis die schwierige Situation, den Vertragsabschluß und damit die vereinbarte Provision später vor Gericht zu beweisen. Da der Makler den Provisionsanspruch geltend macht, obliegt ihm die Beweisführung. Das ist bei schriftlichen Aufträgen kein großes Problem, weil mit der Urkunde der Beweis geführt werden kann. In vielen Fällen wird aber zunächst keine schrifltiche Vereinbarung getroffen, weil der Interessent für den Verkauf einer Immobilie oder die Anmietung einer Wohnung sich oft telefonisch meldet und dabei den Auftrag erteilt und hierbei eine Provisionsvereinbarung für den Abschluß des Kauf- oder Mietvertrages schließt. Schickt der Makler daraufhin das Exposé, in dem er auf die Provisionspflicht hinweist und schließt der Auftraggeber nachher den Hauptvertrag, ist seine Provision ohne schriftliche Bestätigung nach den obigen Ausführungen nicht hinreichend abgesichert, weil manche Gerichte verlangen, eine Handlungsweise des Auftraggebers zu beweisen, aus der unzweideutig zu erkennen ist, daß letzterer mit der Provisionsvereinbarung einverstanden war. Dies ist oft sehr schwierig, da auch der Makler in Beweisnot kommen kann, weil er als Kläger nicht zugleich Zeuge des Telefongespräches über die Provisionsvereinbarung sein kann. Die Vernehmung als Partei, die möglich wäre, hat im Prozeß nicht eine der Zeugenvernehmung vergleichbare beweiskräftige Funktion, weil der Makler als Partei und Kläger selbstverständlich am Prozeßausgang zu seinen Gunsten interessiert ist.

Unter Ausnutzung technischer Möglichkeiten sind daher manche Makler dazu übergegangen, die Telefongespräche mit ihren Auftraggebern auf ein mit dem Telefon gekoppeltes Tonband aufzunehmen, um damit vor Gericht den Beweis für die getroffenen Vereinbarungen zu führen.

Der Bundesgerichtshof hat sich mit diesem Problem beschäftigt und im Ergebnis festgestellt, daß das heimliche Mitschneiden von Telefongesprächen prinzipiell auch für Besprechungen über geschäftliche Angelegenheiten unzulässig ist. Die Widerrechtlichkeit eines Eingriffs in das Recht zur Selbstbestimmung über das gesprochene Wort entfällt auch nicht durch das Interesse des Verwenders, die ungenehmigten Tonbandaufzeichnungen in einem Rechtsstreit zur Durchsetzung zivilrechtlicher Ansprüche zu verwenden.

Der BGH hat festgestellt, daß es für mündliche Äußerungen, sei es in einem Gespräch unter vier Augen oder in einem Telefongespräch charakteristisch ist, daß diese im Bewußtsein der Flüchtigkeit des gesprochenen Wortes und seiner jederzeitigen Korrigierbarkeit gemacht werden. Nichts anderes gilt für telefonische Besprechungen über geschäftliche Angelegenheiten. Prinzipiell kennzeichnet auch sie die Individualität der an dem Gespräch Beteiligten in Gedanken, Ausführung und Ausdruck, soweit es nicht um die bloße Übermittlung von geschäftlichen Zahlen oder Daten, um von der persönlichen Sphäre des Sprechenden völlig losgelöste Erklärungen wie reine Bestellungen von Waren oder Dienstleistungen oder um ähnlich standardisierte Nachrichten geht. Deshalb greift die Fixierung und Konservierung auch eines sich nur mit geschäftlichen Dingen befassenden Telefongespräches in einer Tonbandaufnahme, weil mit ihr der aus der Spontaneität formulierte Gedanke in dieser Verfestigung mit der Möglichkeit der jederzeitigen Abrufbarkeit und Wiederholbarkeit objektiviert wird, in das Recht zur Selbstbestimmung über das gesprochene Wort so intensiv ein, daß die Aufzeichnung ebenso wie ihre Verwertung grundsätzlich nur mit Einwilligung des Betroffenen als rechtmäßig angesehen werden kann.

Die aufgezeigten Grundsätze werden auch nicht durch eine sich der Möglichkeiten des technischen Fortschritts bedienende Praxis des geschäftlichen Verkehrs in Frage gestellt. Auch im Geschäftsleben ist, von den dargelegten Ausnahmen abgesehen, das gesprochene Wort von der Individualität des Sprechenden nicht zu trennen, und deshalb geht es auch in diesem Bereich um den höchstpersönlichen Schutz des Individuums in der Gemeinschaft.

Diese auch der Strafvorschrift des § 201 StGB zugrunde liegende Betrachtung ist in der Rechtsprechung seit langem anerkannt.

VI. Formulierung der Provisionsabrede im Kaufvertrag

Wird der notarielle Kaufvertrag vorbereitet, so hat der Makler zunächst einmal sicherzustellen, daß er bei der Protokollierung selbst anwesend ist. Das gilt nicht nur im eigenen, sondern insbesondere auch im fremden Interesse. Nachweisen oder Vermitteln heißt tätig zu werden, damit schließlich der Kaufvertrag formuliert, unterschrieben, mithin geschlossen wird. Es ist daher nicht nur zweckmäßig, sondern geradezu notwendig, daß der Makler seine Tätigkeit bis zum die Provision auslösenden Schlußakt seiner Tätigkeit, dem notariellen Vertrag entfaltet, also auch bei der Beurkundung durch den Notar zugegen ist. Das gilt umso mehr, weil der Makler mit den Parteien z.T. einseitig Vorverhandlungen geführt und alle für den Vertrag relevanten Umstände besprochen hat. Er weiß auch aus eigener Erkenntnis am besten auf welche Wesensmerkmale es dem Käufer bei dem Objekt ankommt und wo die Parteien bereit sind, vertragliche Zugeständnisse zu machen. Für alle im Rahmen der Vorverhandlungen diskutierten Fragen, die regelmäßig beim notariellen Abschluß nochmals relevant werden, ist die Anwesenheit des Maklers notwendig, um die unterschiedlichen Interessen vertragsvorbereitend zu koordinieren, damit nicht zum Schluß Ungereimtheiten auftreten, die den vertraglichen Abschluß gefährden. Darüber hinaus sind häufig auch mündliche Zusagen vom Veräußerer im Rahmen von Vorverhandlungen gegenüber dem Makler für den Erwerber abgegeben worden. Diese im Vertrag zu fixieren, hat der Käufer ein natürliches Interesse, und es zeigt sich erfahrungsgemäß, daß der Veräußerer gerne von seinen mehr im gesellschaftlichen Rahmen mündlich gemachten Zusagen in dem Moment abgehen will, wenn sie Gegenstand des Kaufvertrages werden sollen. Auch hier ist der Interessenausgleich aus der neutralen Sicht des Maklers vorzunehmen, und er kann mehr dazu beitragen als der amtierende Notar, der an den Vorverhandlungen nicht teilgenommen hat. Im übrigen beschränken sich manche Notare gern auf den notariellen Vertrag und den reinen Grundbuchvollzug. Fordert also das Leistungsbild des Maklers bei der Beurkundung des von ihm nachgewiesenen oder vermittelten Geschäftes im Interesse der Vertragsparteien zugegen zu sein, so entspricht es der Koinzidenz der Interessen, daß er auf die Absicherung seiner Provision im notariellen Vertrag achtet.

Die Vertragsparteien haben ein Interesse an der Regelung der Provisionszahlungspflicht, damit nicht später zwischen ihnen und dem Makler Meinungsverschiedenheiten auftreten. So ist also bei der Vereinbarung von Käuferprovision für den Veräußerer wichtig, daß im Vertrag festgeschrieben wird, daß der Erwerber sich gegenüber dem Makler verpflichtet die anfallende Provision zu zahlen. Aber auch bei beiderseitig vereinbarter Provisionspflicht haben Veräußerer und Erwerber ein erhebliches Interesse daran, die Höhe der Provision vertraglich zu fixieren, damit später hierüber nicht gestritten wird. Das Interesse des Maklers an einer solchen Regelung ist selbstverständlich, so daß es im allseitigen Interesse liegt, daß die Provisionsfrage im Beurkundungsakt nicht nur besprochen, sondern auch Vertragsbestandteil wird.

Zögert der amtierende Notar mit der Aufnahme einer solchen Regelung im Vertrag, sollte der Makler nachhaltig darauf aufmerksam machen, daß die Parteien es wünschen, auch für diese Verpflichtungen Klarheit zu schaffen, denn allzuoft ist der amtierende Notar der Ansicht eine Provisionsregelung diene nur den Interessen des Maklers, brauche daher nicht protokolliert zu werden, weil der Makler nicht Partei des notariellen Vertrages ist.

Bei der Formulierung der Provisionsklausel im notariellen Vertrag ist zunächst festzustellen, daß dieser Vertrag durch die nachweisende oder die vermittelnde Tätigkeit des Maklers ursächlich zustandegekommen ist. Damit wären regelmäßig drei für die Provisionszahlungspflicht erforderliche Merkmale nachgewiesen, nämlich einerseits, daß der Makler überhaupt einen Auftrag der Parteien oder von einer der beiden Parteien hatte, daß er aufgrund dieses Auftrages tätig geworden ist, also seine Maklerleistung erbracht hat und diese auch ursächlich für den Vertragsabschluß, mithin erfolgreich im Sinne des § 652 BGB war.

Ist also festgestellt, daß der Vertrag infolge der Tätigkeit des Maklers zustandegekommen ist, muß ermittelt werden, wer zur Zahlung der Provision in welcher Höhe verpflichtet ist. Handelt es sich lediglich um die vereinbarte Käuferprovision, wird sich ausschließlich der Erwerber verpflichten an den Makler die Provision (beispielsweise) in Höhe von 5% des Kaufpreises zuzüglich der gesetzlichen Mehrwertsteuer zu entrichten.

Ist beiderseitige Provision vereinbart, verpflichten sich sowohl der Verkäufer als auch der Erwerber gegenüber dem Makler zur Zahlung von jeweils (beispielsweise) 3% des Kaufpreises zuzüglich der gesetzlichen Mehrwertsteuer.

Allein diese Zahlungsverpflichtung der Parteien reicht jedoch nicht aus damit dem Makler ein rechtswirksamer Zahlungsanspruch zuteil wird. Das soll nicht heißen, daß in diesem Falle eine solche Klausel überflüssig oder gar sinnlos ist; sie dient vielmehr lediglich zu Beweiszwecken dafür, daß der Makler vor Beurkundung des notariellen Vertrages einen Maklervertrag mit einer der Parteien oder mit den Parteien geschlossen hat, in welchem die Provisionspflicht gegenüber dem Makler rechtlich bereits wirksam vereinbart wurde.

Es ist nochmals festzustellen, daß der Makler nicht Vertragspartei des Hauptvertrages ist und daher einen Rechtsanspruch nur über das Institut des Vertrages zugunsten Dritter erlangen kann, und zwar nur dann, wenn es sich um einen echten Vertrag zugunsten Dritter im Sinne des § 328 BGB handelt. Die Maklerforderung ist gesichert, wenn die Parteien des Kaufvertrages die Zahlung des Maklerhonorars mit der Wirkung bedungen haben, daß der Makler unmittelbar das Recht erworben hat die Leistung von den Parteien zu fordern (§ 328 Abs. 1 BGB). Ergibt sich aber aus dem Wortlaut nicht ausdrücklich, daß die Parteien die Provision dergestalt vereinbart haben, daß der Makler einen unmittelbaren Rechtsanspruch erworben hat, so greift § 328 Abs. 2 BGB. Danach ist in Ermangelung einer besonderen Bestimmung aus den Umständen, insbesondere aus dem Zweck des Vertrages zu entnehmen, ob der Dritte, hier der Makler, ein eigenes Recht erwerben soll.

In der Rechtsprechung ist anerkannt, daß im Hinblick auf die Auslegungsregel des § 328 Abs. 2 BGB strenge Maßstäbe bei der Entscheidung der Frage anzulegen sind, ob ein eigenes Forderungsrecht des Dritten anzunehmen ist oder nicht. Formulierungen wie „Der Käufer zahlt an den Makler eine Maklergebühr in Höhe von 5 %, zu zahlen bei Vertragsschluß.", genügen diesen Anforderungen eines echten Vertrages zu Gunsten Dritter nicht. Auch der bloße Verweis auf die Bestimmungen des § 328 BGB vermag keinen eigenen Anspruch des Maklers zu begründen. Vielmehr haben die Kaufvertragsparteien eindeutige Formulierungen zu wählen, beispielsweise die ausdrückliche Vereinbarung, daß „die Maklerfirma einen eigenen Anspruch erhält". Zusätzlich kann auf § 328 BGB verwiesen werden. Sind solche Formulierungen gebraucht, daß der Makler einen unmittelbaren Anspruch aufgrund der Vereinbarung erwirbt, steht einer solchen Erklärung regelmäßig nicht ein etwa später erhobener Einwand des Zahlungspflichtigen entgegen, er wollte sich bei Vertragsschluß überhaupt nicht gegenüber dem Makler verpflichten. Bei der Auslegung von Willenserklärungen kommt es zwar maßgeblich auf den Parteiwillen an, ein bloßer innerer Vorbehalt bleibt jedoch unerheblich. Willenserklärungen sind gemäß §§ 133, 157 BGB so auszulegen, wie sie der Erklärungsempfänger nach Treu und Glauben unter Berücksichtigung der Verkehrssitte verstehen muß. Es kommt mithin auf den objektiven Erklärungswert, nicht auf einen möglicherweise entgegenstehenden Willen des Erklärenden an.

Mit einer solchen Formulierung wird der zur Provisionszahlung Verpflichtete auch mit späteren Einwendungen ausgeschlossen, der Makler habe für ihn keine Maklerdienste erbracht ja, solche auch überhaupt nicht erbringen sollen. Den Parteien eines Kaufvertrages bleibt es unbenommen, im Wege eines Vertrages zu Gunsten Dritter sich zur Courtagezahlung zu verpflichten, auch wenn der Makler nur für eine der Kaufvertragsparteien tätig geworden ist. Verpflichtet sich der Käufer im notariellen Kaufvertrag zur Zahlung einer Maklerprovision, obwohl er weiß, daß der Makler ihm keine Leistung erbracht hat, so liegt hierin nicht die Übernahme einer Provisionsverpflichtung, sondern die Begründung eines von einer echten Maklerleistung unabhängigen Schuldgrundes in der Form eines Vertrages zu Gunsten Dritter.

Die Provisionsregelung erfordert im Vertrag die Feststellung, daß der Makler den hier geschlossenen Vertrag vermittelt oder nachgewiesen hat, daß er also durch seine Tätigkeit zustande gekommen ist, daß der Käufer oder auch beide Parteien sich zur Zahlung der Provision in einer bestimmten Höhe verpflichten und nun ganz wichtig:

„dergestalt, daß die Immobilienfirma X einen unmittelbaren Zahlungsanspruch erwirbt".

Mit diesen Worten wird der Zweifel des Gesetzes beseitigt und klargestellt, daß es sich um einen echten Vertrag zu Gunsten Dritter, nämlich des Maklers, handelt mit der Folge, daß er einen einklagbaren Zahlungsanspruch gegen die zahlungspflichtige Partei oder beide am Kaufvertrag Beteiligten erwirbt.

Ist also der Courtageanspruch dem Grunde und auch der Höhe nach geregelt, so bleibt nur noch festzustellen, wann die Forderung des Maklers fällig ist. Ohne weitere Bestimmung ist der Provisionsanspruch mit seiner Entstehung fällig, d. h. erst dann, wenn der Hauptvertrag in vollem Umfange rechtlich wirksam geworden ist (§§ 158, 184 BGB).

Da das Einholen der Genehmigungen regelmäßig Wochen, möglicherweise sogar Monate dauert, der Notar aber üblicherweise dem Makler hiervon keine Nachricht gibt, ist es unzweckmäßig die Fälligkeit nach dem Gesetz eintreten zu lassen. Vielmehr ist der Fälligkeitszeitpunkt vorzuverlegen, und zwar auf den Zeitpunkt des Vertragsabschlusses, weil mit diesem auch die ursächlich erfolgreiche Tätigkeit des Maklers beendet ist. Es empfiehlt sich daher, hinsichtlich der Fälligkeit im Vertrag aufzunehmen, daß die „Provision bei Abschluß des Vertrages verdient und fällig ist". Diese Formulierung sichert nach der Rechtsprechung des Hanseatischen Oberlandesgerichtes den Courtageanspruch in hohem Maße, weil hierdurch die Forderung auf Maklerlohn bereits bei Vertragsschluß eingeräumt wird, die Fälligkeit also im frühestmöglichen Zeitpunkt festgeschrieben ist und zugleich mit dieser Formulierung spätere Einwendungen, die auf den Bestand des Vertrages wirken, nicht mehr gebracht werden können.

Die gleichzeitige Verwendung der Worte „verdient" und „fällig" verdeutlicht, daß nicht nur eine Vereinbarung über einen Vorschuß getroffen wird, sondern daß darüber hinaus auch die Entstehung der Forderung geregelt werden sollte. Für eine solche Auslegung dieser Worte im Vertrag spricht, daß die Parteien dieses Provisionsversprechen in Kenntnis von etwa noch ausstehenden Genehmigungen oder aufschiebenden Bedingungen abgegeben haben. Wissen aber die Parteien, daß die Wirksamkeit eines Kaufvertrages von der Erteilung behördlicher Genehmigungen abhängt und räumen sie dem Makler dennoch einen Anspruch auf Maklerlohn bereits bei Vertragsabschluß ein, so soll dieser Anspruch auch unabhängig von dem weiteren rechtlichen Schicksal des Kaufvertrages bestehen.

Nach dieser durchaus für den Makler positiven Rechtsprechung empfiehlt es sich dringend die Fälligkeit der Provisionsforderung so zu vereinbaren, daß der Anspruch auf Courtage mit Abschluß des Vertrages verdient und fällig ist.

Zusammenfassend läßt sich also die Maklerklausel dahin formulieren:

„Dieser Vertrag ist durch die Vermittlung der Immobilienfirma X zustandegekommen. Der Käufer verpflichtet sich zur Zahlung der Provision in Höhe von 5% des Kaufpreises zuzüglich der gesetzlichen Mehrwertsteuer an die Immobilienfirma X dergestalt, daß diese unmittelbar forderungsberechtigt ist. Die Provision ist bei Abschluß des Vertrages verdient und fällig."

Oder bei beiderseits vereinbarter Provision wie folgt:

„Dieser Vertrag wurde durch die Immobilienfirma X nachgewiesen. Sowohl der Käufer als auch der Verkäufer verpflichten sich jeweils zur Zahlung einer Provision in Höhe von jeweils 3% des Kaufpreises zuzüglich der gesetzlichen Mehrwertsteuer an die Immobilienfirma X, und zwar in der Weise, daß ein unmittelbarer Rechtsanspruch begründet wird. Die Provisionsforderungen sind bei Abschluß des Vertrages verdient und fällig."

Hat der Makler vor der Besichtigung des Objektes und vor der Bekanntgabe des Namens und der Anschrift des Veräußerers eine kurz formulierte Vereinbarung dahin getroffen, daß er dieses Objekt dem Kaufinteressenten angeboten hat und hat letzterer bestätigt, daß ihm das Objekt als zum Verkauf stehend nicht bekannt war und er im Falle des Abschlusses des Kaufvertrages Provision in einer bestimmten Höhe an die Immobilienfirma X zahlen wird und hat der Makler dafür gesorgt, daß darüber hinaus die oben formulierte Provisionsregelung im notariellen Vertrag in der Weise aufgenommen worden ist, daß seine Maklertätigkeit, die ursächlich für den Vertrag war, nochmals bestätigt wird, die Provisionszahlungspflicht dem Grunde und der Höhe nach festgelegt wird, und zwar dergestalt, daß für den Makler ein unmittelbares Forderungsrecht begründet wird und ist schließlich die Provisionsforderung mit Abschluß des Vertrages als verdient und fällig gestellt, so hat der den Vertrag nachweisende oder vermittelnde Makler nicht nur das wirtschaftliche Ergebnis für die Vertragsparteien erreicht, sondern auch hinreichend seine Interessen abgesichert und zwar so, daß er die Provision auch tatsächlich erhält und nicht befürchten muß, daß er wegen mangelnder rechtlicher Absicherung leer ausgeht.

VII. Reservierungsvereinbarung

Die Reservierungsvereinbarung, in der Praxis relativ häufig, kommt dem Interesse des Käufers entgegen, der, aus welchen Gründen auch immer, den Kaufvertrag zur Zeit noch nicht abschließen kann, sondern hierfür erst Voraussetzungen schaffen muß. Die Finanzierung des Gesamtobjektes muß geklärt werden, weil die Bank vor einer Kreditzusage entsprechende Sachverständigengutachten oder Wirtschaftlichkeitsberechnungen verlangen kann oder der Käufer will sich aus einem anderen finanziellen Engagement lösen, hierfür Verträge oder Festgelder kündigen oder er ist erst bereit eine Kaufvertragsverpflichtung einzugehen, wenn er ein anderes ihm gehörendes Objekt verkauft.

Dies sind alles Fälle, in denen der Kaufinteressent zwar grundsätzlich seine Kaufbereitschaft erklärt hat, die Verpflichtungen im notariellen Vertrag aber erst dann eingehen will, wenn die oben dargelegten Lebenstatbestände in ihrer unterschiedlichsten Form zu dem von dem Kaufinteressenten vorgestellten Ergebnis geregelt sind. Sein Interesse geht also dahin, daß der Makler das betreffende Baugrundstück, die Liegenschaft oder auch die Eigentumswohnung nicht weiteren Interessenten anbietet, sondern aus dem Markt nimmt, dem Kaufinteressenten also für eine gewisse Zeit an Hand gibt, mithin reserviert. Kommt in der hierfür vorgesehenen Frist der notarielle Kaufvertrag nicht zustande, so hat sich der Makler jedenfalls für die eingeräumte Frist der sogenannten Verkaufschance begeben, weil er anderen Interessenten das Objekt nicht anbieten konnte.

Aus diesem Grunde wird für den Fall, daß der Erwerber den Kaufvertrag nicht schließt, eine sogenannte Reservierungsgebühr vereinbart, die entgegen dem Leitbild des durch das Erfolgsbild geprägten § 652 BGB gerade dann zur Zahlung fällig wird, wenn der vom gesetzlichen Tatbestand vorausgesetzte Erfolg des Maklers nicht eingetreten ist, weil der Vertrag nicht zustandekommt.

In der Rechtsprechung wird auf die mangelnde Werthaftigkeit dieser Reservierungsvereinbarung hingewiesen, weil durch sie kaum eine durchsetzbare Rechtsposition zu Gunsten des Kaufinteressenten geschaffen wird und auch sonst rechtlich nicht unerhebliche Bedenken bestehen. Ausschlaggebend hierfür ist zunächst die Erwägung, daß der Makler eine verbindliche Reservierung, die dem Kaufinteressenten eine sichere Rechtsposition verschafft, gar nicht vornehmen kann. Das trifft zunächst einmal für die Fälle zu, in denen der Makler keinen Alleinauftrag für das nachgewiesene oder vermittelte Objekt hat. Hier ist es nämlich jederzeit trotz einer Reservierungszusage möglich, daß der Auftraggeber selbst oder ein weiterer von ihm beauftragter Makler den Vertragsabschluß herbeiführt. Aus diesem Grunde scheidet ein Reservierungsvertrag dann aus, wenn der Makler keinen Alleinauftrag hat.

Dementsprechend ist in der Literatur für die Zulässigkeit der Reservierungsvereinbarung regelmäßig das Vorliegen eines qualifizierten Alleinauftrages Voraussetzung, bei dem die Zulässigkeit eines Eigengeschäftes des Eigentümers durch individuelle Vereinbarung ausgeschlossen ist. Dabei ist aber auch zu beachten, daß eine solche Abrede lediglich schuldrechtliche Wirkung zwischen Auftraggeber und dem Makler erzeugt, die in der Praxis lediglich dazu führt, daß der Auftraggeber gehalten ist, bei ihm vorsprechende Interessenten an den Makler zu verweisen. Ein vom Auftraggeber erfolgter direkter Vertragsabschluß kann aber seitens des aus der Reservierungsvereinbarung Begünstigten nicht verhindert werden.

Weitere grundsätzliche Bedenken gegen die Reservierungsvereinbarung selbst bei einem qualifizierten Auftrag folgen vor allem aus der bestehenden Gefahr, daß der Makler mit der Einhaltung der Reservierungszusage die Interessen seines Auftraggebers hintenanstellen müßte und damit gegen die ihm obliegende Treuepflicht gegenüber dem Auftraggeber verstoßen würde. Der Makler gerät bei der Möglichkeit, besser liegende Angebote wegen der Reservierungsvereinbarung unbeachtet zu lassen oder schon durch längeres Zuwarten die Durchführung des Auftrages zu Lasten seines eigentlichen Auftraggebers zu verzögern, in den Bereich einer Doppeltätigkeit.

Unter diesen Umständen muß der Begünstigte aus der Reservierungsvereinbarung damit rechnen, daß der Makler im Ernstfall doch zu seinem früheren Auftraggeber steht und die Reservierungsvereinbarung nicht einhält.

Darüber hinaus hat die Rechtsprechung darauf hingewiesen, daß auch im übrigen der aus der Reservierungszusage Begünstigte bei ihrer Nichteinhaltung eine sehr schwache Rechtsposition hat. Zwar mag ihm bei Nichteinhaltung der Reservierungszusage ein Schadenersatzanspruch dem Grunde nach zustehen. Die Einwendungen gegen diesen Schadenersatzanspruch sind aber meist sehr beachtlich. Hat der Eigentümer ohne Wissen des Maklers den Vertrag abgeschlossen, könnte der Makler eine Pflichtverletzung seinerseits, zumindest aber ein Verschulden, in Abrede stellen. Hat er sich selbst über die Zusage hinweggesetzt, ist ein Schaden des Begünstigten aus der Reservierungsvereinbarung schwer zu begründen, da er zwar das Grundstück nicht erhält, aber andererseits auch den Kaufpreis nicht zahlen muß.

Neben diesen allgemeinen Erwägungen, die für eine Reservierungsvereinbarung einen Alleinauftrag voraussetzt, muß der Veräußerer, wenn auch nicht in einer bestimmten Form, doch zu Beweiszwecken am besten schriftlich, der Reservierung des Maklers zugunsten des Kaufinteressenten zustimmen.

So ist gewährleistet, daß während dieser Zeit kein anderer Makler das Objekt weiteren Kaufinteressenten anbietet, daß der Veräußerer, der der Reservierungsvereinbarung zugestimmt hat, kein Direktgeschäft vornimmt, der Makler seine Treuepflicht gegenüber seinem Auftraggeber nicht verletzt, daß die allseitigen Interessen ganzheitlich gewahrt sind.

Dabei ist jedoch auch zu beachten, daß die Höhe der Reservierungsgebühr selbst in einer Individualvereinbarung nicht beliebig vereinbart werden kann, weil ohne notarielle Beurkundung ein Kunde mit einer Entgeltvereinbarung auch bei Nichtzustandekommen des Hauptvertrages nicht in seiner Entschlußfreiheit beeinträchtigt werden darf.

Insbesondere nach der Rechtsprechung des Bundesgerichtshofes gilt der Formzwang des § 313 BGB für Verträge, mit denen über die Vereinbarung eines empfindlichen Nachteils ein unmittelbarer Zwang ausgeübt werden soll oder wird, Immobilien zu erwerben oder zu veräußern.

Eine solche Vereinbarung liegt insbesondere dann vor, wenn mit einem Vertragsstrafeversprechen oder einer ähnlichen Zusage in dem Maße Druck ausgeübt werden kann, daß der Schutzzweck des § 313 BGB gefährdet wird. Demgemäß kann der für einen Verkaufs- oder Erwerbsinteressenten tätige Makler sich ohne Beurkundung im Rahmen des dispositiven Maklerrechtes zwar den Ersatz seiner konkret für diesen Kunden erbrachten, dem Geschäftsumfang angemessene Aufwendungen ausdrücklich versprechen lassen; formfrei kann er sich aber nicht zusagen lassen, daß sein Kunde außerdem einen ins Gewicht fallenden Betrag gerade im Falle des Nichtzustandekommens des Hauptvertrages zahlen wird, wenn diese Zusage den Kunden erkennbar so in seiner Entschlußfreiheit beeinträchtigt, daß er unter Verkaufs- oder Erwerbszwang steht. Das gilt trotz des verständlichen Interesses des Maklers, sich gegen völlig willkürliche Entscheidungen seines Kunden zu sichern, für den er Mühe und Arbeit aufgewendet hat. Dieses Maklerinteresse bewertet das Gesetz geringer als den Schutz desjenigen, der sich beim Erwerb von Immobilien frei entscheiden und sachkundig beraten lassen will und soll; denn das Gesetz macht die Entstehung des Maklerlohnes im Prinzip vom Zustandekommen des Hauptvertrages abhängig. Danach kann die Zusage von Maklerlohn für ergebnislos gebliebene Bemühungen – oder gar eine Vertragsstrafe – nur dann formlos gültig sein, wenn und solange durch sie der Maklerkunde nicht unangemessen unter Druck gesetzt wird, daß seine freie Entscheidung ernsthaft gefährdet ist.

Hierzu hat der Bundesgerichtshof ausgeführt, daß neben dem Ersatz der konkreten Aufwendungen ohne notarielle Beurkundung kein Entgelt versprochen werden könne, welches 10% der vereinbarten Provision übersteigt, sofern das nicht durch außergewöhnliche Umstände gerechtfertigt ist. Diese Grenze gilt jedoch nicht schematisch für alle Fälle, daß die Entgeltvereinbarung dem Formzwang dann nicht mehr unterliegt, wenn der Prozentsatz 10% der vereinbarten Provision nicht übersteigt. Vielmehr sind der Schutzzweck und sein Gewicht im Einzelfall gegenüber der Grenzlinie vorrangig. Deshalb kommt es auf die Einzelfallbetrachtung an, also auf die Höhe der vereinbarten Provision, die Ausgestaltung der Reservierungsvereinbarung im übrigen sowie auch auf die finanziellen Verhältnisse des Versprechenden.

Deshalb kann die 10%-Grenze nur ein Anhaltspunkt für die konkrete Bestimmung im Einzelfall sein, bei dem alle obigen Erwägungen berücksichtigt werden und in die Höhe der Reservierungsgebühr Eingang finden müssen und diese auf einen angemessenen Betrag festschreiben.

Zusammenfassend läßt sich also sagen, daß bei der Abfassung der Reservierungsvereinbarung größte Sorgfalt geboten ist und zwar sowohl in der rechtlichen Ausge-

staltung als auch in der Festsetzung der Höhe der Reservierungsgebühr, wobei die folgenden Voraussetzungen gegeben sein müssen:
Alleinauftrag, besser qualifizierter Alleinauftrag, Zustimmung des Veräußerers zu der im Einzelfall vorgenommenen Reservierung, Reservierung auf eine angemessene Zeit, Höhe der Reservierungsgebühr unter Berücksichtigung aller relevanten Tatsachen und konkreten Verhältnisse, maximal 10% der vereinbarten Provision.

Wird der Grundstückskaufvertrag nach der Reservierungsvereinbarung geschlossen, so geht die vereinbarte Reservierungsgebühr in der Provisionszahlung auf, diese Gebühr wird also nicht neben einer Courtage aufgrund des geschlossenen Vertrages fällig, denn die Reservierungsgebühr ist ja gerade für den Fall des Nichtzustandekommens eines Vertrages vereinbart worden.

VIII. Allgemeine Geschäftsbedingungen – Formulare – Individualvereinbarung

1. Rechtsprechung

Ein großer Teil der zwischen dem Makler und seinem Auftraggeber getroffenen Vereinbarungen ist deshalb unwirksam, weil auf dem Markt eine Vielzahl vorgedruckter Formulare sind, die den Anforderungen der Rechtsprechung nicht standhalten. Die Makler benutzen solche Formulare zum Teil bedenkenlos und müssen später feststellen, daß die mit ihren Auftraggebern getroffenen Abreden unwirksam sind. Dadurch wird in der Praxis fast nie dem Auftraggeber ein Schaden zugefügt, vielmehr verliert regelmäßig der Makler die durch die Vereinbarung gewollte Sicherheit zur Erlangung seiner Maklerprovision. Es ist wirtschaftlich falsch, in die Aufbereitung des zu verkaufenden Objektes sowie in die sich anschließende Werbung erheblichen Zeitaufwand und insbesondere finanzielle Mittel zu investieren, ohne aber hinreichend Mühe darauf zu verwenden, die eigene Rechtsposition ordentlich zu sichern. Insofern kann nur dringend angeraten werden, daß der tüchtige Makler mit der eigentlichen nachweisenden oder vermittelnden Tätigkeit erst beginnt, wenn das Auftragsverhältnis ordentlich abgeschlossen wurde. Dazu reicht es eben nicht aus, daß irgendwelche marktgängigen Formulare gekauft und verwendet werden, ohne daß sich der Makler selbst Gedanken darüber macht, ob die von ihm gewünschten Abreden in allgemeinen Geschäftsbedingungen enthalten sein können.

Es ist auch unkaufmännisch, ja unwirtschaftlich, all diese Fragen dem anwaltlichen Rat zu überlassen. Ein Kaufmann kann nicht wegen einer normalen, im täglichen Geschäftsleben ständig vorkommenden Auftragsabwicklung einen Anwalt konsultieren. Abgesehen davon, daß es nur Sinn hätte, einen Rechtsanwalt zu bemühen, der sich mit der Rechtsprechung des Bundesgerichtshofes auf diesem Gebiet beschäftigt hat, ist Rechtsrat insoweit überhaupt nicht notwendig, da es sich um Erkenntnisse handelt, die jeder Makler nachvollziehen und für das konkret abzuwickelnde Geschäft selbst entscheiden kann. Dazu ist erforderlich, daß man sich mit der Rechtsprechung hinsichtlich der Formularverträge vertraut macht.

Nach der inzwischen gefestigten Rechtsansicht findet gegenüber allgemeinen Geschäftsbedingungen eine an den Maßstäben von Treu und Glauben (§ 242 BGB) ausgerichtete richterliche Inhaltskontrolle statt. Unter diesem Gesichtspunkt ist einseitig aufgestellten Klauseln die Anerkennung zu versagen, wenn sie den im dispositiven Recht enthaltenen, ausgewogenen Ausgleich widerstreitender Interessen der Vertragspartner verdrängen, ohne dem Kunden in anderer Weise einen angemessenen Schutz zu sichern. Ebenso können Klauseln keinen Bestand haben, deren Einfügung die Vertragsbeziehungen für den Kunden eine Überraschung bedeuten muß, wie es insbesondere dann der Fall ist, wenn der Inhalt auf eine dem Leitbild des gewählten Vertragstyps widersprechende Regelung hinausläuft. In der zum Maklerrecht ergangenen Rechtsprechung ist festgestellt, daß allgemeine Geschäftsbedingungen sowie jedenfalls umfangreiche, vorformulierte Klauseln in Formularverträgen unwirksam sind, soweit in ihnen von den gesetzlichen Vertragstypen abweichende Regelungen getroffen werden, in denen die mißbräuchliche Verfolgung einseitiger Interessen auf Kosten des möglichen Geschäftspartners zum Ausdruck kommt und daher bei Abwägung der Interessen der Billigkeit widersprechen.

Im Gegensatz zu Individualvereinbarungen gibt der Verwender von AGB oder Vertragsformularen damit nach allgemeiner Verkehrsanschauung zu verstehen, er sei nicht bereit von seinen vorgedruckten, abschließend formulierten Konditionen abzuweichen und sie eventuell den gegenläufigen Interessen des Partners anzupassen oder sie zu ergänzen; entweder werde der Vertrag zu seinen Bedingungen abgeschlossen oder er komme überhaupt nicht zustande.

Diesen objektiven Erklärungswert der Verwendung von AGB oder Vertragsformularen muß der Verwender bei den Vertragsverhandlungen beseitigen, wenn er sich später darauf berufen will, der Vertrag sei entgegen dem äußeren Anschein doch ganz oder teilweise ausgehandelt, also individuell vereinbart worden. Dabei bedeutet aushandeln mehr als verhandeln. Es genügt hierfür nicht, daß das Formular dem Vertragspartner bekannt ist und nicht auf Bedenken stößt, daß der Inhalt lediglich erläutert oder erörtert wird und den Vorstellungen des Vertragspartners entspricht. Vielmehr kann von Aushandeln im Sinne von § 1 Abs. 2 AGBG nur dann gesprochen werden, wenn der Verwender zunächst den in seinen AGB formulierten gesetzesfremden Kerngehalt, also die den wesentlichen Inhalt der gesetzlichen Regelung ändernden oder ergänzenden Bestimmungen inhaltlich ernsthaft zur Disposition stellt und dem Verhandlungspartner Gestaltungsfreiheit zur Wahrung eigener Interessen einräumt mit zumindestens der tatsächlichen Möglichkeit, die inhaltliche Ausgestaltung der Vertragsbedingungen zu beeinflussen.

Der Verwender muß sich also deutlich und ernsthaft zur gewünschten Änderung einzelner Klauseln bereit erklären.

In aller Regel schlägt sich eine solche Bereitschaft auch in erkennbaren Änderungen des vorformulierten Textes nieder. Unter besonderen Umständen kann ein Vertrag allerdings auch dann als Ergebnis eines Aushandelns gewertet werden, wenn es schließlich nach gründlicher Erörterung bei dem gewünschten Entwurf verbleibt, weil er den Kunden von der sachlichen Notwendigkeit überzeugt hat.

Aus diesen vom Bundesgerichtshof formulierten Grundsätzen läßt sich sagen, daß in Formularverträgen nur solche Abreden enthalten sein dürfen, die dem gesetzlichen Leitbild des Maklerrechtes entsprechen. Dem liegt der Gedanke zugrunde, daß der Verbraucher, der mit den Usancen in verschiedenen Wirtschaftsbereichen nicht vertraut ist und die rechtlichen Auswirkungen vorformulierter Erklärungen beim nur flüchtigen Durchlesen nicht erkennt, geschützt werden soll. Es dürfen also nur solche Erklärungen in Formulare aufgenommen werden, die sich unmittelbar aus dem Gesetz ergeben. Dabei geht die Rechtsprechung davon aus, daß durch eine solche formularmäßig getroffene Vereinbarung dem Verbraucher kein Schaden zugefügt wird. Ist nämlich nichts vereinbart, so gelten gleichwohl die Vorschriften des BGB.

Der Verwender von Formularen ist daher nicht gehindert diese Vereinbarungen, die in den Vorschriften der §§ 652, 653 und 654 BGB enthalten sind in die Formularverträge aufzunehmen.

Aber alles, was nicht in diesen gesetzlichen Vorschriften zu lesen steht, kann nicht Gegenstand solcher Formularverträge sein und schon gar nicht Vereinbarungen, die dem Leitbild des Gesetzes inhaltlich widersprechen.

Von diesen Grundsätzen ausgehend, kann man daher zunächst einmal positiv feststellen, welche Erklärungen in einem Formularvertrag enthalten sein können; nämlich alle, die in den Vorschriften der §§ 652 ff BGB enthalten sind. Dort ist zunächst auch überschriftlich von Maklervertrag die Rede, also ist der Verwender eines Formulares, der Makler, berechtigt seine Vereinbarungen mit Maklervertrag zu überschreiben und, da zu einem Vertrag beide Parteien gehören, werden danach beispielsweise der Verkäufer der Liegenschaft als Auftraggeber mit Namen und Anschrift sowie die Firma des Maklers genannt. Alsdann folgt der Inhalt des Vertrages, wonach der Auftraggeber den Makler damit beauftragt, einen Kaufvertrag über die Liegenschaft nachzuweisen oder zu vermitteln.

Da ein Vertrag regelmäßig befristet ist, ist es durchaus zulässig und sinnvoll in dem Formularvertrag die Dauer des Vertrages festzusetzen. In § 652 BGB ist darüber hinaus vorgesehen, daß der Auftraggeber dem Makler für den Erfolgsfall eine Provision versprechen kann, so daß die Entgeltabrede in den Formularvertrag aufgenommen werden kann, weil diese im Erfolgsfalle dem gesetzlichen Leitbild entspricht.

Schließlich kann auch entsprechend der inhaltlichen Vorgabe des § 652 Abs. 2 BGB im Formularvertrag enthalten sein, daß Aufwendungen dem Makler zu ersetzen sind, insbesondere dann, wenn der Vertrag nicht zustandekommt. Es wird später dabei noch zu besprechen sein, was unter Aufwendungen zu verstehen ist, nämlich nur die tatsächlich erfolgten Auslagen, nicht aber eine Vergütung für Zeitaufwand.

Hieraus geht hervor, daß das Leitbild des Maklervertragsrechtes nur sehr dürftig im Gesetz geregelt ist, dementsprechend nach oben erarbeiteten Grundsätzen nur wenig in vorformulierte Verträge aufgenommen werden kann. Die folgenden Beispiele mögen dies verdeutlichen.

2. Vergütung ohne Abschluß des Hauptvertrages

Alle pauschalen Vergütungen, wie beim Reservierungsvertrag, verstoßen für den Fall der erfolglosen Maklertätigkeit gegen das gesetzliche Leitbild des Maklervertrages, wonach die Provision erst mit Abschluß des Vertrages über das nachgewiesene bzw. vermittelte Objekt entsteht (§ 652 Abs. 1 BGB). Aus diesem Grunde sind solche Regelungen gemäß § 9 AGBG unwirksam. Es ist heute gesicherte Rechtsprechung, daß erfolgsunabhängige Provisionen in einem Maklervertrag jedenfalls nicht formularmäßig vereinbart werden können. Dabei spielt die Bezeichnung für die Vergütung ohne Abschluß des Hauptvertrages keine Rolle und es kommt nicht darauf an, ob diese Vergütungen als pauschaler Schadenersatz, Vertragsstrafe oder pauschale Aufwandsentschädigung genannt werden. Aus diesem Grunde ist auch die Reservierungsvereinbarung nur in Form einer Individualvereinbarung zulässig.

3. Vorformulierte Verlängerungsklausel bei befristetem Maklervertrag

In Maklerverträgen, die formularmäßig vorbereitet sind, findet sich gelegentlich die Klausel, daß der Maklervertrag für eine festgelegte Zeit vereinbart ist und danach „der Ablauf des Vertrages sich nach dieser Frist stillschweigend verlängert, jedoch von diesem Zeitpunkt an mit Monatsfrist schriftlich kündbar ist".

Die Rechtswirksamkeit einer solchen Verlängerungsklausel ist gemäß § 3 AGBG zweifelhaft. Nach dieser Vorschrift werden Bestimmungen in allgemeinen Geschäftsbedingungen, die nach den Umständen, insbesondere nach dem äußeren Erscheinungsbild des Vertrages so ungewöhnlich sind, daß der Vertragspartner des Verwenders nicht mit ihnen zu rechnen braucht, nicht Vertragsbestandteil (überraschende Klauseln). Der ungewöhnliche Charakter einer Klausel ist insbesondere dann zu bejahen, wenn die Vereinbarung einer Bestimmung dieser Art nach dem konkreten Vertragstyp nicht üblich ist, wobei § 3 AGBG auch die Begründung oder wesentliche Modifizierung von Hauptverpflichtungen umfaßt.

Von Bedeutung ist also, ob die betreffende Klausel branchenüblich ist oder der Verkehrssitte entspricht, und ob sie im Widerspruch zum Inhalt der Vertragsverhandlungen steht. Das Vorliegen des Überraschungsmomentes richtet sich nach den für den Verwender erkennbaren subjektiven Umständen in der Sphäre des Kunden. Der Auftraggeber hat den Maklerauftrag mit dem vorgesehenen Datum des Vertragsendes ausdrücklich befristet. Deshalb kann er bei Vertragsschluß davon ausgehen, daß der Maklervertrag ohne weiteres Zutun zu diesem Zeitpunkt endet und er von seinen eingegangenen Verpflichtungen zu diesem Zeitpunkt frei ist. Daß sich der Vertrag aber über diesen Fristablauf hinaus zunächst verlängert, er also erst später gekündigt werden muß, um rechtlich gegenstandslos zu werden, ist eine überraschende Klausel, mit der er nicht rechnen muß.

Allgemein kann gesagt werden, daß Verlängerungsklauseln erheblichen rechtlichen Bedenken begegnen. Eine solche Vereinbarung kann regelmäßig nicht in Formularverträgen vorgesehen werden, vielmehr ist ein Aushandeln im Einzelfall und Formulieren im Rahmen einer Individualvereinbarung notwendig.

4. Schadenersatzanspruch des Maklers bei unberechtigter Weitergabe der Information.

Nach der Rechtsprechung des Bundesgerichtshofes hält eine AGB-Klausel, nach der ein Maklerkunde einem Nachweismakler auch dann Provision schuldet, wenn er den erhaltenen Nachweis an einen Dritten weitergibt und dieser den Hauptvertrag abschließt, der Inhaltskontrolle stand. Eine solche Vereinbarung kann daher in AGB getroffen werden und es ist hierfür eine individuell zwischen den Parteien ausgehandelte Vertragsvereinbarung nicht erforderlich. Maßgeblich für die Beurteilung dieser Frage ist nach § 9 AGBG, ob die Bestimmung den Maklerkunden entgegen den Geboten von Treu und Glauben unangemessen benachteiligt. Bei dieser Prüfung sind die Interessen beider Vertragspartner zu berücksichtigen und gegeneinander abzuwägen. Es ist einerseits darauf abzustellen, ob der Verwender ein berechtigtes Interesse an der vom Gesetz abweichenden Regelung hat, zum anderen darauf, ob dieser Regelung schutzwürdige Interessen des Kunden entgegenstehen. Die gesetzliche Regelung des Maklerrechtes bringt die Gefahr mit sich, daß der eigentliche Interessent einen anderen vorschiebt, der einen Maklervertrag abschließt und die vom Makler erhaltenen Informationen an den Interessenten weitergibt.

Daß sich die Makler gegen solche Manipulationen schützen wollen, ist verständlich. Der Schutz, den ihnen das Gesetz gewährt, ist nicht in jeder Hinsicht ausreichend. Zwar wird man dann, wenn der formelle Vertragspartner des Maklers von vornherein die Absicht hatte, die erhaltene Information an einen Dritten weiterzugeben, also persönlich am Abschluß des Hauptvertrages nicht interessiert war, dem Makler auch dann einen Provisionsanspruch zubilligen müssen, wenn der Hauptvertrag mit diesem Dritten zustandekommt. Es wird dem Makler jedoch meist recht schwer fallen, das Vorliegen dieser Voraussetzung zu beweisen. Ein Schadenersatzanspruch wird ihm nicht weiterhelfen, da der Schaden nur schwer nachzuweisen ist.

Auf der anderen Seite entstehen dem Maklerkunden durch eine Klausel der hier in Rede stehenden Art keine schwerwiegenden Nachteile. Daß er die vom Makler erhaltenen Informationen vertraulich behandeln muß, also nicht an Dritte weitergeben darf, ergibt sich bereits aus dem Wesen des Maklervertrages und aus der gegenseitigen vertraglichen Treuepflicht. Wenn der Kunde sich vertragstreu verhält, braucht er keine zusätzliche finanzielle Belastung zu befürchten.

Mit dem Leitbild des Maklervertrages ist eine solche Regelung vereinbar. Sie ändert an dem Grundgedanken des § 652 BGB nichts, nach dem eine Maklertätigkeit nur dann eine Provisionspflicht begründet, wenn sie zum Abschluß des gewünschten Hauptvertrages geführt hat. Sie modifiziert ihn lediglich dahin, daß unter bestimmten, eng begrenzten Voraussetzungen auch der Abschluß des Hauptvertrages durch einen Dritten genügt. Diese Abweichung liegt jedoch noch im Rahmen dessen, was § 9 Abs. 2 Nr. 1 AGBG zuläßt. Eine völlige Übereinstimmung von Gesetz und AGB verlangt diese Vorschrift nicht. Dies wäre auch sinnwidrig, weil gerade der Zweck der AGB darin besteht, die Rechtslage in einer von den gesetzlichen Bestimmungen abweichenden Weise zu regeln.

Aus diesem Grunde ist es also zulässig, den Schadenersatzanspruch des Maklers bei unberechtigter Weitergabe der Informationen durch den Auftraggeber in einem Formularvertrag zu regeln, weil hierdurch nicht gegen das Leitbild des Maklervertrages im Sinne des § 652 BGB verstoßen wird.

5. Verweisungs- oder Hinzuziehungsklauseln

Beim Alleinauftrag wird der Makler entsprechend den vertraglichen Verpflichtungen kostenverursachend tätig. Wenn er das ihm anvertraute Objekt aufbereitet, das Objekt in der Öffentlichkeit werbend anbietet, bleibt es nicht aus, daß durch die Beschreibung im Inserat, besonders in ländlichen Gebieten oder in kleineren Gemeinden es offenbar wird, um welches Objekt es sich hierbei handelt. Kaufinteressenten, die also mittelbar durch die Tätigkeit des Maklers von der Gelegenheit zum Kauf erfahren, wenden sich unter diesen Umständen nicht an den Makler, sondern direkt an den Veräußerer. Andererseits geben die zum Schein als Kaufinteressenten aufgetretenen Personen oder auch wirkliche Kaufinteressenten, die aber das Objekt letztlich nicht kaufen, die erhaltenen Informationen unberechtigt weiter, so daß letztere auch die Möglichkeit haben, unter Umgehung des Maklers sich unmittelbar an den Veräußerer zu wenden. Da in solchen Fällen der Makler rechtlich kaum seine Provision erhalten wird, versucht er durch sogenannte Hinzuziehungs- oder Verweisungsklauseln in den Maklerverträgen zu verhindern, daß der Veräußerer mit Kaufinteressenten, die ihn auf diese Weise ansprechen, direkt abschließt. Der Makler verpflichtet ihn solche Interessenten an ihn zu verweisen, damit er die Möglichkeit hat, mit dem Kaufinteressenten eine Provisionsvereinbarung zu treffen. Verstößt der Auftraggeber gegen eine vereinbarte Hinzuziehungs- oder Verweisungsklausel, so steht nach den üblichen Vereinbarungen dem Makler ein Schadenersatzanspruch wegen positiver Vertragsverletzung zu, der auf Ersatz seiner vergeblichen Aufwendungen und auf entgangenen Gewinn gerichtet ist, d. h. der Auftraggeber, der das Geschäft ohne Hinzuziehung des Maklers abschließt, hat mehr oder weniger die volle Provision zu zahlen. Damit wird ein Tatbestand geregelt, der vom Leitbild des Gesetzes nicht mehr überlagert wird. Während nach der gesetzlichen Vorstellung der Veräußerer stets berechtigt ist, den Kaufvertrag, auch bei Vorliegen eines Alleinauftrages, selbst mit einem Interessenten abzuschließen, wird er nunmehr verpflichtet, solche nicht durch den alleinbeauftragten Makler gewonnene Interessenten diesem zuzuführen.

Eine solche Hinzuziehungs- und Verweisungsklausel und die für den Fall der Zuwiderhandlung bestimmte Sanktion kann nicht durch einen Formularvertrag vereinbart, sondern muß, um rechtlich wirksam zu sein, im Rahmen einer Individualvereinbarung im einzelnen ausgehandelt werden.

6. Selbstverkauf

Auch ohne ausdrückliche Vereinbarung einer Hinzuziehungs- oder Verweisungsklausel kann im Maklervertrag vereinbart werden, daß der Selbstverkauf durch den Veräußerer ausgeschlossen ist, er sich also bei den Verkaufsbemühungen völlig inaktiv verhält und, wenn er hiergegen verstößt, eine Vergütung von beispielsweise 2,5 % des Kaufpreises zuzüglich Mehrwertsteuer zu zahlen hat. Es ist letztlich eine Form der Hinzuziehungsklausel, wenngleich sie auch in der rechtlichen Ausgestaltung etwas anders gelagert ist. Da normalerweise das gesetzliche Leitbild den Selbstverkauf zuläßt, während er durch obige Klausel verboten und bei Verstoß hiergegen mit der Zahlungspflicht für eine Vergütung sanktioniert wird, ist eine solche Regelung nicht in einem Formularvertrag möglich. Sie kann nur individuell vereinbart werden.

7. Aufgabe der Verkaufsabsicht

Auch beim Alleinauftrag bleibt nach dem gesetzlichen Leitbild der Veräußerer grundsätzlich berechtigt, seine Verkaufsabsicht aufzugeben und das Objekt weiter in seinem Eigentum zu behalten. Der Makler ist jedoch nicht gehindert, entgegen diesem gesetzlichen Leitgedanken mit dem Auftraggeber zu vereinbaren, daß dieser eine Vergütung an den Makler zu zahlen hat, wenn er während der Dauer des Alleinauftrages seine Verkaufsabsicht aufgibt. Ein solches Verlangen des Maklers ist durchaus gerechtfertigt, weil er für den Auftraggeber kostenverursachend tätig geworden ist in der Erwartung, daß er die Chance hat, bei Abschluß des Vertrages den Provisionsanspruch zu erlangen. Werden aber Kosten investiert und nimmt der Vertragspartner, der Auftraggeber, dem Makler die Chance, die Provision zu erlangen, ist es wirtschaftlich angemessen, wenn eine Vereinbarung getroffen wird, wonach der Auftraggeber nicht nur die entstandenen Auslagen zu ersetzen hat, sondern dem Makler auch für den entgangenen Gewinn eine Vergütung zu zahlen hat. Da diese Regelung aber gleichfalls vom gesetzlichen Leitbild abweicht, ist sie im Rahmen eines Formularvertrages nicht zulässig.

8. Ersatz- und Folgegeschäfte

In der Praxis hat sich die Notwendigkeit gezeigt, Regelungen zu finden, wenn nicht das von den am Maklervertrag Beteiligten vorgesehene Geschäft, sondern ein anderes zustandekommt oder beispielsweise nach dem vorgesehenen Geschäft ein Folgegeschäft eintritt.

Betraut der Eigentümer einer Eigentumswohnung den Makler mit dem Nachweis oder der Vermittlung eines Mietvertrages und bringt der Makler einen solchen Interessenten, werden sich die Parteien des Hauptvertrages in den weiteren Verhandlungen dann aber nicht über einen Mietvertrag einig, sondern schließen einen Kaufvertrag, so hat der Makler nicht das Geschäft vermittelt, das nach dem Maklervertrag vorgesehen war und er erhält keine Provision.

Wenn der Makler einen Mietvertrag über eine Eigentumswohnung nachweist und nach acht Wochen Mietzeit ein Kaufvertrag über das gleiche Objekt mit den gleichen Parteien geschlossen wird, so erhält der Makler nach dem gesetzlichen Leitbild des § 652 BGB für das Folgegeschäft - den Kaufvertrag - gleichfalls keine Provision.

Aus dem Grunde hat der Makler ein wirtschaftliches Interesse daran, mit einer Klausel auch die sog. Ersatz- und Folgegeschäfte zu erfassen. Zivilrechtlich ist dies auch zulässig; es handelt sich jedoch um Vertragsarten, die den gesetzlich vorgesehenen Vertragstypen der §§ 652 ff. BGB nicht entsprechen.

Aus diesem Grunde kann eine solche Regelung nicht in einem Formularvertrag vereinbart werden. Es bedarf vielmehr auch hier einer Individualvereinbarung.

9. Provisionsvereinbarung für Erwerb in der Zwangsversteigerung

Eine vertragliche Vereinbarung des Inhalts, daß bei Erwerb des Grundstücks in der Zwangsversteigerung Provision zu zahlen ist, begegnet keinen tiefgreifenden zivilrechtlichen Bedenken. Eine solche Vereinbarung ist zwischen dem Makler und seinem Auftraggeber zulässig, jedoch nicht im Rahmen eines Formularvertrages, weil nach § 652 BGB die Leistung des Maklers prinzipiell darin besteht, dem Kunden die Gelegenheit zum Abschluß eines Vertrages zu vermitteln. Es wird also nicht etwa ein

Objekt nachgewiesen, wobei es unerheblich ist, auf welche Weise, ob durch Vertrag oder Zuschlag in der Zwangsversteigerung das Eigentum erworben wird nein, der Erwerbsvorgang „Abschluß eines Vertrages" ist in § 652 BGB wesentliches Tatbestandsmerkmal, weshalb die Provisionsvereinbarung für den Fall des Erwerbs in der Zwangsversteigerung nur im Rahmen einer Individualvereinbarung möglich ist.

Ist also deutlich geworden, daß alle Regelungen, die vom gesetzlichen Leitbild des § 652 BGB erfaßt und inhaltlich ausgestaltet sind in AGB bzw. Formularverträgen wiederholend dargestellt und vereinbart werden können, sind all die Regelungen, die außerhalb des gesetzlichen Leitbildes des Maklervertrages liegen oder diesem sogar widersprechen, nicht in Formularverträgen zu vereinbaren, weil der flüchtige Leser solche Regelungen nicht erwartet und von ihnen nicht überrascht werden darf.

10. Individualvereinbarungen in der Praxis

Fraglich ist also, wie die Individualvereinbarungen, das gegenseitige Abwägen der Interessen und das Aushandeln im konkreten Fall, in der Praxis tagtäglich geschehen soll. Dafür gibt es verschiedene Lösungsmöglichkeiten, die der Makler je nach seiner persönlichen Einstellung für sein Geschäftsgebaren wählen muß.

So kann er einen Formularvertrag benutzen für die Regelungen, die im Rahmen des gesetzlichen Leitbildes zulässigerweise vereinbart werden können, also eine Vereinbarung mit der Überschrift „Maklervertrag", mit der Bezeichnung der am Maklervertrag beteiligten Parteien, der Beschreibung des Objektes, des vom Veräußerer angestrebten oder vorausgesetzten Kaufpreises, der Laufzeit des Auftrages, entweder auf unbestimmte Zeit oder zeitlich genau begrenzt und der Frage, ob und in welcher Höhe Provision im Erfolgsfalle zu zahlen ist, wie auch, ob der Makler für den Käufer gegen Entgelt tätig wird oder nicht (§ 654 BGB).

All diese Fragen können auf einem Formular vorbereitet werden auf dem genügend Platz gelassen ist für individuelle ergänzende Abreden.

Um es noch einmal ganz klar zu machen, Formularvertrag ist all das, was der Makler mehr als dreimal in gleichem Wortlaut benutzt, unabhängig von der Frage, ob das Formular gedruckt, kopiert, fotografiert, durch Schreibcomputer vervielfältigt oder sonstwie hergestellt ist.

Hat er also diese allgemeinen Feststellungen des Vertrages, die im gesetzlichen Leitbild enthalten sind, zulässigerweise vorangestellt, kann er nun die für den konkreten Fall noch erforderlichen Bestimmungen mit seinem Vertragspartner aushandeln. Also er kann beispielsweise die Verweisungspflicht vereinbaren, diese mit dem Auftraggeber diskutieren und dann gemeinsam einen Konsens finden, so daß ersichtlich ist, daß hier nicht der Makler die Vertragsbestimmung vorgegeben hat und nicht bereit war, diese zu ändern, sondern daß aus der Urkunde beweisend ersichtlich wird, daß hier beide Parteien an dem Wortlaut gearbeitet und sich deshalb über die Vertragsbestimmung individuell aushandelnd geeinigt haben.

In der Praxis hat sich jedoch eine andere Formgestaltung des Maklervertrages bewährt und wird vom Verfasser dieser Schrift empfohlen. Sind die Verhandlungen zwischen dem Makler und seinem Auftraggeber beendet und sind in diesen Gesprächen alle im Maklervertrag zu vereinbarenden Umstände besprochen und übereinstimmend ausgehandelt, kann der Makler den Vertrag in Form eines quittierten Bestätigungsschreibens zustandebringen. So wird er beispielsweise nach Abschluß der Verhandlungen dem Veräußerer einen Brief des Inhaltes schicken:

Sehr geehrter Herr Dr. Schön,
für die freundliche Aufnahme in Ihrem Hause darf ich mich sehr herzlich bedanken und der Ordnung halber nachfolgend bestätigen, was wir vereinbart haben. Hinsichtlich des vorbezeichneten Objektes (Anschrift) haben Sie mir mit Wirkung vom 1.1.1993 bis zum 31.8.1993 einen Alleinauftrag für den Nachweis bzw. die Vermittlung eines Kaufvertrages erteilt. Der von Ihnen angestrebte Kaufpreis soll ca. DM 1.200.000,00 betragen.

Ich werde bemüht sein, diesen Auftrag mit der Sorgfalt eines ordentlichen Kaufmannes zu bearbeiten und werde Sie jederzeit von den getroffenen Werbemaßnahmen unterrichten sowie Ihnen mitteilen, welche Kaufinteressenten für die weiteren Verhandlungen in Frage kommen. Ich glaube, daß gerade dieses Objekt in guter Lage und gutem Zustand alsbald zu verkaufen ist, weil die Grundstücksgröße und die Anzahl der Zimmer Raum für eine größere Familie gibt.

Da durch die Werbemaßnahmen viele Interessenten unmittelbar angesprochen werden, haben wir vereinbart, daß Sie, sehr geehrter Herr Dr. Schön, alle Kaufinteressenten, die sich direkt an Sie wenden, an mich verweisen.

Für den Fall des Selbstverkaufes oder bei Aufgabe der Verkaufsabsicht, haben wir vereinbart, daß Sie eine Vergütung von 2,5% des Kaufpreises zuzüglich Mehrwertsteuer an mich zahlen.

Wird der Kaufvertrag, wie vorgesehen, durch mich nachgewiesen oder vermittelt, zahlen Sie die bei Abschluß des Vertrages verdiente und fällige Provision in Höhe von 3% des Kaufpreises zuzüglich Mehrwertsteuer.

Aufgrund unserer eingehenden Verhandlungen habe ich das Exposé inhaltlich vorbereitet und füge es diesem Schreiben bei. Ich darf Sie bitten, die darin enthaltenen Angaben zu überprüfen und zum Zeichen der Richtigkeit das Exposé zu unterschreiben und mir zurückzuschicken.

Gleichzeitig darf ich Sie bitten, die Kopie dieses Schreibens zum Zeichen Ihres Einverständnisses zu unterzeichnen und mir gleichfalls zurückzureichen. Nach Erhalt dieser Unterlagen werden wir unverzüglich mit den Verkaufsbemühungen beginnen und Sie ständig auf dem laufenden halten.

Mit freundlichen Empfehlungen
Ihr Makler

Hierin kommt deutlich zum Ausdruck, daß es sich nicht um einen Vertrag handelt, der in der gleichen Formulierung ständig wiederholend vom Makler benutzt wird, sondern es werden Verhandlungen geführt und das Ergebnis dieser Verhandlungen, auf das sowohl der Makler als auch der Auftraggeber einwirkt, in diesem Schreiben zusammengefaßt und bestätigend dem Auftraggeber mitgeteilt. Hinzu kommt, daß dieser in aller Ruhe, also nicht nur flüchtig, die zu treffende Vereinbarung durcharbeiten und im Falle der Richtigkeit durch Unterschrift und Rückgabe bestätigen kann. Hier sind alle Voraussetzungen eines individuellen Aushandelns gegeben und Vorsorge getroffen, daß der Auftraggeber nicht ohne seine Kenntnis und ohne seinen Willen von Regelungen überrascht wird, die dem gesetzlichen Leitbild nicht entsprechen.

IX. Provision bei Vorkaufsrecht

Wie sich der Provisionsanspruch des Maklers gestaltet, wenn ein Vorkaufsrecht in Rede steht, ist bereits bei den Ausführungen zum Grundbuchrecht in Abteilung II behandelt worden. Insoweit kann darauf verwiesen werden.

Zusammenfassend ist hier folgendes festzustellen:
Der Käufer eines mit einem Vorkaufsrecht belasteten Grundstücks, der für den Nachweis der Gelegenheit zum Abschluß des Vertrages oder für dessen Vermittlung einen Maklerlohn versprochen hat, ist nicht zur Entrichtung des Maklerlohnes verpflichtet, wenn das Vorkaufsrecht ausgeübt wird. In diesem Fall erweist sich der Kaufvertrag in Ansehung einer dem Kaufgegenstand bereits bei Vertragsabschluß anhaftenden Belastung als ein wirtschaftlicher Mißerfolg der Maklertätigkeit. In Ermangelung einer entgegenstehenden Vereinbarung wird es dem Willen der Vertragschließenden entsprochen haben, den Anspruch des Maklers nur dann entstehen zu lassen, wenn das Vorkaufsrecht nicht ausgeübt wird. Dies ist also Geschäftsgrundlage des Maklersvertrages und wenn das Vorkaufsrecht ausgeübt wird, entfällt die wesentliche Grundlage des Vertrages.

Gegen den Vorkaufsberechtigten besteht jedoch ein Anspruch, wenn die Verpflichtung Inhalt des Kaufvertrages geworden, also losgelöst vom Maklervertrag ist, und für den Makler ein direkter Anspruch begründet wurde. Vereinbaren die Parteien in einem Grundstückskaufvertrag, daß der Käufer an den den Kaufvertrag vermittelnden Makler eine Provision zahlt und ist diese Verpflichtung Inhalt des Kaufvertrages, so ergibt die Auslegung, daß auch ein Vorkaufsberechtigter nach Ausübung des Vorkaufsrechtes zur Zahlung der Maklerprovision verpflichtet ist.

Voraussetzung dafür, daß der Makler eine Provision von dem Vorkaufsberechtigten verlangen kann, ist also, daß das Versprechen des Erstkäufers, dem Makler eine Courtage zu zahlen, Bestandteil des zwischen ihm und dem Verkäufer geschlossenen Kaufvertrages ist, so daß dieser einen Anspruch auf Erfüllung dieses Versprechens hat und daß der Makler selbst durch den Kaufvertrag einen Rechtsanspruch auf Zahlung der Provision gegen den Erstkäufer erlangt hat.

X. Provision bei Anfechtung des Hauptvertrages

Wird der von dem Makler nachgewiesene oder vermittelte Hauptvertrag wirksam angefochten, entfällt der Provisionsanspruch, weil die Anfechtung rückwirkende Kraft hat. Das gilt nicht nur, wenn der Auftraggeber getäuscht wird, sondern auch dann, wenn der Vertragsgegner wegen arglistiger Täuschung durch den Auftraggeber wirksam angefochten hat, denn bei ordnungsgemäßem Verhalten des Auftraggebers wäre überhaupt kein Vertrag zustande gekommen.

XI. Provision bei Rücktritt vom Vertrag

Nach § 652 Abs. 1 Satz 1 BGB entsteht der Lohnanspruch des Maklers, wenn der Vertrag zwischen seinem Auftraggeber und dem Dritten infolge seines Nachweises oder seiner Vermittlung zustandekommt. Eine Ausnahmeregelung gibt das Gesetz nur in § 652 Abs. 1 Satz 2 BGB für den Fall eines unter einer aufschiebenden Bedingung abgeschlossenen Vertrages. Bei diesem ist der Maklerlohn erst mit Eintritt der Bedingung verdient. Der Grund hierfür liegt darin, daß dieser Vertrag noch nicht als ein vollkommen abgeschlossener Vertrag im Sinne des § 652 Abs. 1 Satz 1 BGB anzusehen ist, da seine gewollte Wirkung von dem Eintritt der aufschiebenden Bedingung abhängt. Dagegen enthält das Gesetz keine spezielle Regelung für den Fall des Rücktritts vom Vertrag. Ein Rücktrittsrecht kann sich aus den allgemeinen Vorschriften der §§ 325, 326 BGB ergeben oder es kann vertraglich vereinbart sein.

Übt ein Vertragsteil wegen einer von dem anderen Vertragsteil zu vertretenden Leistungsstörung das gesetzliche Rücktrittsrecht aus, so berührt das den bei Vertragsabschluß entstandenen Maklerlohnanspruch nicht, weil nach der gesetzlichen Regelung der Abschluß des Vertrages, nicht seine Ausführung, Voraussetzung für den Maklerlohnanspruch ist. Das Risiko der nicht sachgerechten Erfüllung des Vertrages trägt der Auftraggeber im Verhältnis zum Makler, es sei denn, daß im Maklervertrag oder im Hauptvertrag etwas anderes vereinbart worden ist.

Die gleiche Rechtslage ergibt sich auch, wenn ein Rücktrittsrecht zwar vertraglich vereinbart ist, aber nur das beinhaltet, was dem Vertragsteil ohnehin schon aufgrund des gesetzlichen Rücktrittsrechtes zusteht, wenn es diesem also nur nachgebildet ist. Auch die vertraglich vorbehaltene Rücktrittserklärung kann immer nur auf eine von dem anderen Vertragsteil zu vertretende Leistungsstörung zurückgehen. Sind damit die Voraussetzungen für die Ausübung des Rücktrittsrechtes die gleichen, so kann es rechtlich keinen erheblichen Unterschied machen, ob das Rücktrittsrecht kraft Gesetzes oder kraft des vertraglich vereinbarten Rücktrittsrechtes ausgeübt wird.

Anders gestaltet sich die Rechtslage jedoch dann, wenn das vertraglich vereinbarte Rücktrittsrecht unter zeitlicher Befristung an keinen Vorbehalt gebunden ist, also innerhalb der vorgesehenen Frist nach Belieben ausgeübt werden kann. Die Rechtsbeständigkeit des Vertrages ist hierbei in gleicher Weise mit einem Unsicherheitsfaktor belastet wie es bei einem unter einer aufschiebenden Bedingung abgeschlossenen Vertrag der Fall ist. Es ist daher gerechtfertigt, den vertraglich vereinbarten vorbehaltlosen Rücktritt im Hinblick auf den Maklerlohnanspruch rechtlich nicht anders zu beurteilen als eine im Vertrag enthaltene aufschiebende Bedingung. Die Vergütung des Maklers kann daher erst entstehen, wenn der Rücktritt in der vorgesehenen Frist nicht ausgeübt wird oder vorher seine Nichtausübung schon mit Sicherheit feststeht.

Mit anderen Worten heißt das, daß der Makler seinen Provisionsanspruch behält, wenn der Verkäufer vom Vertrag zurücktritt, weil der Erwerber seine Leistung, meist die Zahlung des Kaufpreises, nicht erbringt. Dabei ist es unerheblich, ob dieser Rücktritt aufgrund des gesetzlichen in §§ 325 ff. BGB geregelten Rücktrittsrechtes oder aufgrund des vertraglich vereinbarten, dem Gesetz aber inhaltlich nachgebildeten Rücktrittsrechts erfolgt.

In den übrigen Fällen ist die Auslegungsfrage zu beurteilen, ob die Unvollkommenheit des Vertrages mit der Rücktrittsvereinbarung von vornherein dem Vertrag immanent ist. Wenn dies der Fall ist, stand der Vertrag hinsichtlich seiner Wirksamkeit letztlich unter der Bedingung, daß das Rücktrittsrecht nicht ausgeübt werde. Insofern war durch das Rücktrittsrecht der Vertrag von vornherein nicht vollkommen, so daß auch der Provisionsanspruch bis zur Entscheidung über die Ausübung des Rücktrittsrechtes in der Schwebe bleibt.

Handelt es sich nicht um die Ausübung eines Rücktrittsrechtes, sondern vereinbaren die Parteien nach Abschluß des Vertrages aufgrund neu eingetretener Umstände oder anderer Interessensituationen eine Wiederaufhebung des abgeschlossenen notariellen Vertrages, so bleibt der Provisionsanspruch des Maklers bestehen.

XII. Kausale Tätigkeit des Maklers

Die Kausalität hat in der Rechtsprechung des Maklerrechtes eine wesentliche Bedeutung, weil in ihr das Tatbestandsmerkmal „infolge" des § 652 BGB umschrieben wird. Der Makler erhält also die Provision nur dann, wenn seine Tätigkeit kausal, d. h. ursächlich für den abgeschlossenen Vertrag war, wobei auch Mitursächlichkeit ausreicht. In der Praxis wird stets versucht den Provisionsanspruch des Maklers auszuhebeln mit dem Einwand, daß der Makler zwar eine Tätigkeit entfaltet, diese aber letztlich nicht zum Vertrage geführt hat, beispielsweise weil Vorkenntnis gegeben war oder andere die Kausalität beeinträchtigende Umstände vorgelegen hätten.

An einem Beispielsfall soll die Problematik der Kausalität näher erörtert werden. Dieser Fall ist von der Rechtsprechung entschieden. Ein Kaufinteressent spricht bei dem Makler vor und interessiert sich für ein Objekt, das mit DM 120.000,00 angesetzt ist. Im Rahmen eines Maklervertrages wird die Provision vereinbart. Der Kaufinteressent besichtigt mit dem Makler zusammen die Liegenschaft und ist bereit, den Kaufvertrag zu schließen, jedoch nicht zu dem angebotenen Preis von DM 120.000,00, sondern bietet DM 100.000,00 an. Der Makler lehnt dies ab, erklärt, daß der Veräußerer keinesfalls zu diesem niedrigen Preis verkaufen werde und beendet damit die Verhandlungen mit dem Kaufinteressenten. Eine Woche später inseriert der Veräußerer selbst, worauf sich der gleiche Kaufinteressent bei ihm meldet, und beide Parteien werden darüber einig, daß das mit dem Makler bereits besichtigte Objekt für DM 100.000,00 protokolliert wird. Die Provisionsrechnung des Maklers wird nicht bezahlt mit dem Hinweis, der Makler habe keine ursächliche Tätigkeit entfaltet, die zum Vertragsschluß geführt habe. Mit dieser Einwendung dringt der Erwerber des Objektes zu Recht durch.

Zwar sind die Verhandlungen im konkreten Falle durch den Makler begonnen worden, die Tätigkeit wurde auch fortgesetzt im Rahmen der Besichtigung des Objektes, jedoch ist die Kausalkette in dem Moment unterbrochen worden, als der Makler erklärt hat, der Erwerber könne das Objekt für DM 100.000,00 nicht kaufen, weil der Veräußerer in keinem Falle bereit sei, zu diesem Preis zu veräußern. Das Interesse des Kaufinteressenten an dem Erwerb des Objektes wurde in diesen Verhandlungen beendet und ist erst in dem Augenblick neu aktualisiert worden, als er das Inserat des Verkäufers in der Zeitung sah.

Aufgrund dieser Anzeige ist das Kaufinteresse neu geweckt worden, so daß diese Inseration kausal für den späteren Kaufvertragsabschluß war und nicht etwa die früheren Verhandlungen mit dem Makler.

Ebenfalls mangelnde Kausalität ist in einem Rechtsstreit angenommen worden, in dem der Makler eine Wohnung zu einer Monatsmiete von DM 330,00 angeboten hatte und bei der Besichtigung ihm der Mietinteressent erklärt hat, er sei lediglich bereit, hierfür DM 300,00 monatlich zu zahlen, worauf der Makler ihm erwiderte, daß die Angelegenheit damit erledigt sei, weil der Vermieter einen Mietvertrag nicht unter DM 330,00 monatlich abschließe. Auch hier kam es dennoch zum Vertragsabschluß und zwar aufgrund einer etwas später vom Vermieter selbst aufgegebenen Zeitungsanzeige, auf die sich der Mietinteressent direkt beim Vermieter gemeldet hat. Auch hier war die Kausalkette unterbrochen und damit war die Tätigkeit des Maklers nicht mehr ursächlich für den Vertragsabschluß.

In beiden Fällen ist die Unterbrechung der Kausalkette ausschließlich auf das Verschulden des Maklers zurückzuführen, weil dieser die Verhandlungen beendet hat, ein Fehler, der einem versierten Makler nicht passieren sollte. Es gilt stets die Regel, daß der Veräußerer oder auch der Vermieter zu einem Geschäft, zu dem er heute noch nein sagt, morgen oder spätestens übermorgen ja sagt; insofern darf der Makler nicht die Verhandlungen abbrechen mit Vorstellungen, die der Auftraggeber heute noch hat, morgen aufgrund der Marktlage aber schon aufgibt. Er hat stets die Verhandlungen weiterzuführen, so schlecht sie auch stehen und sorgsam darauf zu achten, daß sie nicht unterbrochen werden. In beiden Fällen hätte der Makler erklären müssen, daß er weiterhin bemüht sein wird, entsprechend den Interessen des Mieters und des Kaufinteressenten zu versuchen nach ihren Vorstellungen einen Vertragsabschluß zu vermitteln. Hätte er dies getan, wäre die Tätigkeit mindestens mitursächlich gewesen und hätte den Provisionsanspruch ausgelöst. Die wesentliche Aufgabe des Maklers ist es, wie nicht oft genug betont werden kann, dafür zu sorgen, daß die begonnene ursächliche Tätigkeit als solche anhält, auch dann, wenn die Verhandlungen zeitweilig unterbrochen werden oder gar zum Stillstand kommen; der Makler muß sie beleben und die Parteien letztlich im Vertrage zusammenführen, denn nur hierfür erhält er seine Vergütung.

XIII. Identität zwischen vorgestelltem und tatsächlich geschlossenem Vertrag

Ist der Makler damit beauftragt, die Gelegenheit zum Abschluß eines Vertrages nachzuweisen oder zu vermitteln, sei es nun ein Mietvertrag oder ein Kaufvertrag über ein bestimmtes Objekt zu einem bestimmten Mietzins oder Kaufpreis, so hat er darauf zu achten, daß der zu schließende Hauptvertrag mit dem nach dem Maklerauftrag in Aussicht genommenen Vertrag identisch ist.

Es ist in der Rechtsprechung und Rechtslehre allgemein anerkannt, daß die Maklerprovision nur verdient ist, wenn das vermittelte oder nachgewiesene Geschäft demjenigen entspricht, von dessen Nachweis oder Vermittlung das Entstehen der Provision abhängig sein soll.

Bestehen zwischen dem nachgewiesenen und dem nachzuweisenden Geschäft Abweichungen, so berührt das den Anspruch des Maklerhonorars nur dann nicht, wenn die Parteien des Maklervertrages das zustandegekommene Geschäft als gleichwertig mit dem beabsichtigten Geschäftsabschluß ansehen.

Von diesen Grundsätzen ausgehend, hat der Makler darauf zu achten, daß die vorgestellten und die tatsächlich abgeschlossenen Geschäfte sowohl vom Objekt her als auch hinsichtlich des Preises im wesentlichen identisch sind, weil er sonst keinen Anspruch auf Provision hat.

Dabei stellt die Rechtsprechung sehr hohe Anforderungen an die wirtschaftliche Identität. Das Problem tritt sowohl auf der Verkäufer- oder Vermieterseite wie auch auf der Käufer- oder Mieterseite auf, so daß der Makler auf das Problem der wirtschaftlichen Identität achten muß, wenn er Verkäuferprovision oder eine Courtage vom Vermieter erhalten will.

Das gilt also zunächst hinsichtlich des Objektes und des in Aussicht genommenen Vertrages. Bietet der Makler einen Mietvertrag für eine Immobilie an, entschließt sich der Interessent in den Verhandlungen mit dem Eigentümer zum Kauf, so fehlt es für die Provision an der rechtlichen Identität.

Der Makler hätte also im Rahmen einer Individualvereinbarung das Ersatzgeschäft provisionsrechtlich absichern sollen. Da er dies nicht getan hat, hat er in diesen Fällen keinen Anspruch auf Provision, und zwar weder vom Verkäufer noch vom Erwerber.

Neben dieser rechtlichen Identität über die Vertragsgestaltung ist es auch notwendig, daß die Identität des Objektes gegeben ist. Wird also ein Ladenlokal auftragsgemäß vom Makler zum Verkauf oder auch zur Miete angeboten, nimmt aber der Interessent dieses durch eine Planskizze konkretisierte Ladenlokal nicht, sondern entschließt er sich, in diesem Haus auf einer ganz anderen Seite und in anderer Größe einen Laden zu mieten oder zu kaufen, so ergeben sich nachhaltige Zweifel, ob hier die wirtschaftliche Identität gegeben ist.

Zwar sagt der Bundesgerichtshof in ständiger Rechtsprechung, daß die Abweichungen den Provisionsanspruch dann nicht berühren, wenn die Parteien des Maklervertrages das zustandegekommene Geschäft als gleichwertig mit dem beabsichtigten Geschäftsabschluß ansehen. Die Rechtsprechung stellt an diese im Ermessen der Parteien liegende Gleichwertigkeit zu hohe Anforderungen, so daß der Makler auch hier allzuoft den Provisionsanspruch verliert, obwohl die Parteien durch ihn ursächlich das wirtschaftliche Ergebnis erreicht haben.

Die Rechtsprechung ist übertrieben, auch dogmatisch angreifbar, aber dies alles hilft dem Makler in der täglichen Praxis nicht. Erkennt er in den Verhandlungen oder bei der Anbahnung des Geschäftes, daß auch noch andere im Eigentum oder in der Verfügungsgewalt des Verkäufers oder Vermieters befindliche Objekte in Frage kommen, ist es notwendig, daß der Makler seine Verträge so gestaltet, daß er die Provision für alle in Betracht kommenden Objekte und Vertragsmodalitäten absichert und tatsächlich auch den Interessenten umfassend nach Rechtsgestaltung und Objektauswahl den Nachweis oder die Vermittlung der Verträge nahebringt.

Diese Erwägungen sind zu beachten, weil einige Oberlandesgerichte sich in der Auslegung der Gleichwertigkeit besonders kleinlich zeigen.

So ist in einem entschiedenen Fall ein Ladenlokal zur Vermietung durch den Makler angeboten worden. Der Mietinteressent hat, nachdem ihm dieses Objekt nachgewiesen wurde in den Verhandlungen mit dem Vermieter nicht das ganze Ladenlokal, sondern nur einen Teil desselben angemietet. Das Oberlandesgericht hat in Verkennung der wirtschaftlichen Interessenlage entschieden, daß der Mietinteressent keine Provision zu zahlen hat, weil er das Ladenlokal, wie es im Grundrißplan eingezeichnet war, nicht angemietet hat. Er habe lediglich etwa die Hälfte des Raumes angemietet. Werde das Objekt, auf das sich der im Maklervertrag vorgesehene Hauptvertrag beziehe, nachträglich ohne Einschaltung des Maklers aufgrund der Verhandlungen zwischen dem Interessenten und dem Vermieter geteilt und miete der Interessent nur die Hälfte an, so reiche dies nicht aus, um eine wirtschaftliche Identität zu bejahen.

Das Oberlandesgericht beruft sich zwar dabei auf die Rechtsprechung des Bundesgerichtshofes, berücksichtigt tatsächlich aber nicht, daß der BGH ausdrücklich festgestellt hat, daß die Provision auch dann zu zahlen ist, wenn davon ausgegangen werden kann, daß auch dieser Geschäftsabschluß im Interesse des Vertragspartners liegt und im wesentlichen mit dem vorgestellten Geschäft gleichwertig ist. Es kann doch kein Zweifel daran sein, daß im konkreten Fall die Gleichwertigkeit gegeben ist, denn der Interessent hat ja die gleichen Räume, wenn auch nur teilweise, mit seinem Mietvertrag übernommen. Hierin liegt die Bestätigung der Gleichwertigkeit, dennoch wurde dem Makler unrichtigerweise der Provisionsanspruch versagt.

Es ist daher dem Makler anzuraten, daß er sein Angebot hinsichtlich des Objektes wie auch hinsichtlich der Rechtsmodalitäten umfassend ausgestaltet, um den Courtageanspruch zu sichern.

Dies gilt auch hinsichtlich des Kaufpreises. Ist beispielsweise Verkäuferprovision vereinbart und hat der Makler den Alleinauftrag, die Gelegenheit zum Abschluß eines Vertrages über ein Villengrundstück nachzuweisen oder zu vermitteln und ist in diesem Alleinauftrag der Kaufpreis mit DM 800.000,00 angegeben und kann der Makler wegen des überzogenen Preises keinen Käufer finden und hat er nach mehrmonatiger Bearbeitung nunmehr einen Kaufinteressenten für DM 700.000,00, willigt der Verkäufer hierin ein und wird der Vertrag zu DM 700.000,00 protokolliert, ist fraglich, ob dem Makler die vereinbarte Provision gegen den Veräußerer zusteht.

Die Rechtsprechung verneint die Frage mit dem Hinweis auf die mangelnde Identität und dies wohl mit Recht. Der Verkäufer hatte nämlich nach dem Wortlaut des Alleinauftrages in Aussicht genommen, sein Haus um DM 800.000,00 zu verkaufen, und bei Erreichen dieses Kaufpreises war er damit einverstanden, dem Makler 3 % Provision von diesem Kaufpreis zu geben. Dabei hat er sich aber nicht vorgestellt und war damit auch nicht von vornherein einverstanden, daß er auch bei einem erzielten Kaufpreis in Höhe von DM 700.000,00 an den Makler Provision zahlt.

Auch hier hat der Makler den Verlust seiner Vergütung selbst verursacht, weil er in den Alleinauftrag den Betrag des angestrebten Kaufpreises allzu starr aufgenommen hat. Er hätte Attribute hinzufügen müsssen, um den Kaufpreis aufzulösen, etwa in der Form, daß er ihn bezeichnet hätte mit „zirka“, „etwa“, „anzustrebender Kaufpreis“, „Verhandlungsbasis“, „es soll geworben werden zunächst mit DM ...“.

All diese Hinweise deuten darauf hin, daß der vom Veräußerer zunächst im Alleinauftrag festgesetzte Kaufpreis der Ausgangspunkt der Verhandlungen ist, daß der Veräußerer jedoch zum Nachgeben auch bereit ist, also bereits bei Abschluß des Maklerauftrages billigend in Kauf nimmt, daß der Kaufpreis die hier angesetzte Höhe nicht erreicht und er auch willens ist, bei einer wesentlichen Unterschreitung des Kaufpreises die im Vertrag vereinbarte Courtage an den Makler zu zahlen.

Die Rechtsprechung geht davon aus, daß solche die Starrheit des Kaufpreises auflösende Bezeichnung eine Veränderung bis zu 10% erfaßt, nicht aber darüber hinaus.

Hätte also der Makler den Kaufpreis mit diesen Bezeichnungen variabel gestaltet, hätte er im konkreten Fall auch keine Provision erhalten, weil 10% von DM 800.000,00 einen Kaufpreis von mindestens DM 720.000,00 vorausgesetzt hätte, was er nicht erreicht hat. In diesem Fall muß der Makler den Vertrag den veränderten Umständen anpassen. Erkennt der Makler, daß er den Preis, den der Veräußerer sich bei Abschluß des Maklervertrages vorgestellt hat nicht erreichen kann und ist ein Kaufinteressent vorhanden, der bereit ist das Objekt zu einem niedrigeren Preis zu kaufen, empfiehlt es sich dringend, den Maklerauftrag anzupassen. Er braucht nicht total neu gefaßt zu werden, sondern der eingesetzte Kaufpreis wird durch den neuen niedrigeren zu erzielenden Kaufpreis ersetzt und beide Parteien, Auftraggeber und Makler paraphieren diese Veränderung im Vertrag, damit der Nachweis vor Gericht erbracht werden kann.

Hilfreich ist natürlich bei Abfassung des Maklervertrages, auch eine Formulierung, daß die vereinbarte Maklerprovision von dem tatsächlich erzielten Kaufpreis berechnet wird. Dennoch darf auch hier darauf hingewiesen werden, daß bei größeren Abweichungen, wie im Falle zuvor, also bei mehr als 10%, es zweifelhaft erscheint, ob im Wege der Auslegung das Gericht dem Veräußerer in diesem Falle unterstellt, daß er auch bereit war die Provision bei einer erheblichen Abweichung zu zahlen, selbst dann, wenn diese auf den tatsächlich im notariellen Kaufvertrag vereinbarten Kaufpreis abgestellt ist. Auch in diesem Falle empfiehlt es sich, den Vertrag so abzuändern, daß er auf die neuen Verhältnisse, nämlich auf den tatsächlichen Kaufpreis abgestimmt ist.

All diese Fragen, die hier im wesentlichen für die Verkäufer- und Vermieterseite beurteilt worden sind gelten selbstverständlich in gleicher Weise für die Vereinbarung der Provision auf der Käufer- oder Mieterseite. Der Einwand des Provisionspflichtigen kann immer sein, daß es an der rechtlichen Identität mangelt, daß also ein anderer als der in Aussicht genommene Vertrag abgeschlossen wurde, also ein Mietvertrag anstelle eines Kaufvertrages oder ein Kaufvertrag anstelle eines Mietvertrages oder es fehlt die Objektidentität, es wird nicht dieses Objekt, sondern ein anderes Objekt des gleichen Eigentümers gemietet oder gekauft, oder auch der Kaufpreisidentität, wobei auch diese Frage nicht allein auf der Seite des Verkäufers auftreten kann.

Der Makler ist aufgerufen, in jedem Falle vor tatsächlichem Abschluß des Kaufvertrages oder vor Vertragsanbahnung seinen Maklerauftrag der möglicherweise geänderten Situation anzupassen, anderenfalls werden zwar die Parteien ihr angestrebtes wirtschaftliches Ziel erreichen, aber der Makler fällt trotz seiner erfolgreichen Tätigkeit mit dem Provisionsanspruch aus.

XIV. Gegenansprüche des Auftraggebers

Der Makler sichert in zunehmender Weise seine Provisionsansprüche rechtlich ab. Dennoch erhält er häufig nicht seine Vergütung, obwohl er den wirtschaftlichen Erfolg zustande gebracht hat, weil der Auftraggeber mit Gegenansprüchen aufrechnet und so den Provisionsanspruch zunichte macht.

Diese Schadenersatzansprüche beruhen zumeist auf Verletzung der Auskunftspflicht des Maklers hinsichtlich des Zustandes des Objektes oder wertbestimmender Faktoren, die auf den Kaufentschluß wesentlichen Einfluß haben. Dabei ist davon auszugehen, daß die Informationen über das Objekt selbst dem Makler zunächst von dem Veräußerer erteilt werden und dieser geneigt ist, das Objekt über seinen tatsächlichen Zustand hinaus anzupreisen, um einen über dem tatsächlichen Wert liegenden Preis zu erzielen. Dabei ergibt sich die eigenartige Rechtssituation, daß der Veräußerer für seine Erklärungen, die er dem Makler gegenüber gemacht hat, jedenfalls dem Käufer gegenüber nicht haftet, weil er als Veräußerer jegliche Gewährleistungsansprüche im Vertrage regelmäßig ausschließt.

Gibt also der Makler diese falschen Informationen des Veräußerers an den Erwerber weiter, so bringt sich der Makler selbst in eine Haftungssituation gegenüber dem Erwerber.

Dabei ist die Frage von Bedeutung, ob der Makler gegenüber dem Erwerber der Liegenschaft die Haftung für die Richtigkeit der Angaben ausschließen kann, die er vom Veräußerer erhalten hat.

Die frühere Rechtsprechung hat, weil es sich im Maklerrecht weithin um dispositives Recht handelt, keine Bedenken gehabt, den Haftungsausschluß für die Richtigkeit derartiger Angaben für zulässig zu erachten.

Nachdem die Makler- und Bauträgerverordnung erlassen worden ist, handelt es sich nicht nur um ein rein zivilrechtliches Problem, das der Dispositionsfreiheit der Parteien überlassen ist. Die Makler- und Bauträgerverordnung legt nämlich verbraucherschützend öffentlich-rechtlich eine eigene Informationspflicht des Maklers gesetzlich fest, die prinzipiell nicht vertraglich ausgeschlossen werden kann. Was würden nämlich öffentlich-rechtliche Normen, die dem Schutz der Allgemeinheit dienen, nutzen, wenn sie in den konkreten Lebensbereichen von den Parteien abbedungen werden könnten. Daher unterliegen diese Vorschriften des öffentlichen Rechtes nicht der Vertragsfreiheit, weshalb grundsätzlich davon auszugehen ist, daß die Auskunfts- und Informationspflicht des Maklers ein ihm vom Gesetz aufgebürdetes unabdingbares Recht ist. Die Frage ist letztlich noch nicht höchstrichterlich nach Inkrafttreten der Makler- und Bauträgerverordnung entschieden worden, es ist jedoch unzweifelhaft, daß der Ausschluß der Haftung für Informationen, die der Makler dem Erwerber gibt mit dem Hinweis, er habe sie vom Veräußerer erhalten, rechtlich in hohem Maße fraglich ist.

Mithin ist also davon auszugehen, daß der Makler nicht nur zivilrechtlich, sondern auch öffentlich-rechtlich gehalten ist dem Erwerber Auskunft, und zwar inhaltlich richtige Informationen über das Objekt und alle mit dem Vertrag zusammenhängenden Fragen zu vermitteln und zwar auch dann, wenn er befürchten muß, daß diese Auskunft auf die Entschließung des Kaufinteressenten in einer solchen Weise einwirken kann, daß er Abstand vom Abschluß dieses Vertrages nehmen könnte.

So ist der Makler zum Schadenersatz verurteilt worden, weil er das Baujahr mit ca. 1920 angegeben hat, während das Bauwerk vor 1900 errichtet worden ist und, wäre es tatsächlich 20 Jahre später errichtet worden, einen wesentlich höheren Verkehrswert gehabt hätte. Obwohl der Erwerber die Liegenschaft besichtigt hat und in seiner gesamten Substanz beurteilen konnte, wurde der Makler zum Ersatz des Differenzbetrages verurteilt.

Das gilt auch für Angaben hinsichtlich der Wohn- und Nutzfläche. Verläßt sich der Erwerber auf die Angaben des Maklers und stellt sich später heraus, daß diese Angaben grob falsch sind, haftet der Makler.

Das gleiche gilt, wenn er den Erwerber glauben macht, daß die hangseitig gelegene Einliegerwohnung einen guten Mietzins erwarten läßt, der bei der Finanzierung des Objektes wichtig ist, obwohl diese Räumlichkeiten baurechtlich als zur Wohnung nutzbar nicht genehmigt sind.

Es wird vom Makler nicht erwartet, daß er das Wissen eines Bausachverständigen hat, aber es wird ein Wissen vorausgesetzt, das weit über das eines in Immobilien unerfahrenen Laien hinausgeht. Die Rechtsprechung verlangt, daß der erfahrene Makler Trocken- oder Naßfäule erkennt, daß er feststellt, wie der Zustand des Objektes im ganzen zu beurteilen ist, ob er in Ordnung ist oder ob in Kürze besondere Reparaturen anstehen oder ob ein gesamter Reparaturstau sich auf den Preis des Hauses auswirken muß.

Über diese Fragen hat der Makler dem Erwerber Auskunft zu geben, und zwar nicht nur über die substantiellen Merkmale des Objektes, sondern auch über sonstige Umstände, die auf die Kaufentschließung Einwirkung haben, so z. B.: wie das Objekt nach dem Kauf vermietet werden kann oder wie sich die Eigenbelastung unter Berücksichtigung gewisser Steuervorteile darstellt oder schließlich, wann eine Eigennutzung bei einem noch vermieteten Objekt möglich erscheint.

All diese Fragen sind für den Erwerber von ausschlaggebender Bedeutung, weshalb der Beratung des Maklers eine wichtige Funktion zukommt. Auf der einen Seite ist verständlich, daß im Interesse des Verbrauchers aus zivilrechtlichen und öffentlich-rechtlichen Gesichtspunkten die Anforderungen an die Informationspflicht des Maklers hoch sind, andererseits darf aber nicht verkannt werden, daß der Makler das Objekt nur vermittelt, der Veräußerer aber die eigentliche Gegenleistung erhält. Auch die Rechtsprechung darf den wirtschaftlichen Ausgleich der Parteien nicht auf den Kopf stellen, indem der Veräußerer sich von jeden Gewährleistungsansprüchen entledigen kann und für ihn der Makler, der aber den Kaufpreis nicht erhält, einstehen muß. Dies wäre eine Auslegung, die dem Gesetz nicht gerecht wird.

XV. Auskunft über die Bonität des Käufers

Im Rahmen der Haftungsfragen des Maklerrechtes sind immer wieder Auskünfte des Maklers über die Bonität des Käufers Gegenstand von Erörterungen. Dabei ist davon auszugehen, daß der Makler nicht verpflichtet ist die finanziellen Verhältnisse des Kaufinteressenten zu überprüfen, insbesondere zu erforschen, ob er in der Lage ist, den Kaufpreis zu zahlen, oder ob er kreditwürdig dergestalt ist, daß eine Bank den Kaufpreis finanziert. Die Frage der Bonität ist nicht seine Aufgabe, weil sie durch das vom Gesetz vorgeschriebene Leistungsbild nicht erfaßt ist.

Aufgabe des Maklers ist es vielmehr die Parteien für den Kaufvertrag zusammenzubringen und im Rahmen von Verhandlungen die Einzelheiten des Vertrages zu gestalten bis der Vertrag protokollierungsreif ist und in die notwendige Form gebracht wird. Der Makler ist nicht dafür verantwortlich, ob der Käufer seine Verpflichtungen gegenüber dem Veräußerer erbringen wird.

Selbstverständlich hat er ihm bekannte Umstände dem Veräußerer mitzuteilen. Weiß er also beispielsweise, daß der Kaufinteressent die eidesstattliche Versicherung abgegeben hat, oder ist ihm bekannt, daß der gleiche Kaufinteressent vor kurzem ein anderes Objekt gekauft, aber nicht bezahlt hat, weiß er durch Information der Bank, daß eine Finanzierung überhaupt nicht in Betracht kommt, so ist der Makler verpflichtet, diese Tatsachen dem Veräußerer mitzuteilen. Eine solche Pflicht resultiert aus der zivilrechtlichen Treuepflicht gegenüber dem Auftraggeber und dient dazu Schaden zu verhindern. Liegen diese besonderen Umstände jedoch nicht vor und hat der Auftraggeber dem Makler nicht aufgetragen, die Bonität des Erwerbers zu überprüfen, so sollte der Makler zurückhaltend sein, wenn er Ausführungen über die finanzielle Leistungsfähigkeit des Erwerbers macht.

In der Praxis wird diese Frage oft anders entschieden und vom Makler vorgetragen, es sei zweckmäßig, wenigstens im Rahmen von Selbstauskünften für den Abschluß von Mietverträgen oder von Kaufverträgen die Finanzierungsmittel oder zugesagten Kredite zu überprüfen. Dies mag regional unterschiedlich sein, die Gründe für solches Vorgehen werden darin gesehen, daß der Makler besonders in ländlichen Gebieten oder in Kleinstädten seinen Ruf riskiert, wenn er einen nicht solventen Mieter oder einen Käufer stellt, der nach Abschluß des Vertrages den Kaufpreis tatsächlich nicht erbringt. Der Makler befürchtet in diesen Fällen, mit weiteren Objekten nicht betraut zu werden und damit sein Firmenimage zu beeinträchtigen. Wenn der Makler aber tatsächlich geneigt ist Informationen über die Bonität des Mieters oder des Käufers zu geben, muß er streng darauf achten, daß diese Auskunft richtig ist.

Es empfiehlt sich, daß er lediglich Urkunden weitergibt, die die Kreditgewährung ansprechen oder andere Beweisstücke, bei denen eine eigene Beurteilung unterbleibt.

Zusammenfassend kann gesagt werden, daß die Grundsätze der Rechtsprechung zu Fragen der Bonität wie folgt zu beurteilen sind:

Der Makler ist prinzipiell nicht verpflichtet nur Kaufinteressenten vorzuschlagen, über deren Zahlungsfähigkeit er sich zuvor versichert hat. Er ist nicht verpflichtet von sich aus Informationen über Zahlungs- und Leistungsfähigkeit eines Interessenten einzuziehen. Das gilt auch dann, wenn der Makler weiß, daß der Gegenwert des zu verkaufenden Grundstücks für den Auftraggeber von großer Bedeutung ist. Denn das dürfte bei Grundstücksverkäufen regelmäßig der Fall sein.

Hat der Makler jedoch auf die mehrfach gestellte Frage des Veräußerers hinsichtlich der Bonität des Kaufinteressenten versichert, daß an dessen Zahlungsfähigkeit keine Zweifel bestehen, haftet der Makler für den Schaden, wenn diese Erklärungen falsch sind.

Die Rechtsprechung hat mehrfach festgestellt, daß der Makler dem Veräußerer zum Schadenersatz verpflichtet ist, wenn er beruhigende Erklärungen ins Blaue hinein abgibt, die sich später als inhaltlich falsch herausstellen und der Veräußerer bei wahrheitsgemäßer Beantwortung seiner Frage vom Kaufabschluß gleich oder nach entsprechenden Nachforschungen Abstand genommen hätte.

Wenn der Makler gefragt oder auch ungefragt Auskunft über einen Kaufinteressenten gibt, so hat er dies sorgfältig zu tun und gegebenenfalls deutlich darauf hinzuweisen, wenn er die Richtigkeit der Auskunft nicht nachgeprüft hat oder sonst für die Richtigkeit nicht einstehen will.

F. Gemeinschaftsgeschäfte

Beim Gemeinschaftsgeschäft bearbeiten mehrere Makler den gleichen Auftrag mit dem Ziel, durch Zusammenwirken den Hauptvertrag zustande zu bringen. Ist gleichhohe Provision auf beiden Seiten vereinbart, erhält jeder Makler die Vergütung seines Auftraggebers.

Ist nur einseitige Provision möglich oder auf beiden Seiten unterschiedlich hohe Provision, wird die Gesamtprovision hälftig geteilt. Der Verband Deutscher Makler hat Geschäftsgebräuche für Gemeinschaftsgeschäfte unter Maklern aufgestellt. Diese Regeln in der Fassung vom 17.10.1981 sind im Anhang 30 abgedruckt und können als Grundlage für ein Gemeinschaftsgeschäft vereinbart werden.

G. Makler und Hausverwalter

In der Praxis ist es üblich, daß viele Makler sich nicht nur auf den Nachweis oder die Vermittlung von Miet- oder Kaufverträgen beschränken, sondern auch ihre Tätigkeit auf den Bereich der Hausverwaltung ausdehnen. Dabei kommt also die reine Miethausverwaltung in Betracht wie auch die Verwaltung nach dem Wohnungseigentumsgesetz. Die Umschreibung dieser Tätigkeit ist nicht Aufgabe dieser Schrift. Dennoch wird von den Maklern stets die Formulierung eines Verwaltervertrages, insbesondere für Wohnungseigentum erfragt. Im Anhang 31 ist ein solcher Vertrag abgedruckt und kann als Anregung dienen den eigenen Vertrag unter Berücksichtigung der konkreten Verhältnisse auszuarbeiten.

H. Freie Mitarbeiter

Im Maklergewerbe arbeiten die dort Tätigen entweder als selbständige Makler oder regelmäßig als freie Mitarbeiter. Selten kommt es vor, daß der Mitarbeiter in einem normalen Anstellungsverhältnis arbeitet. Das liegt eben in dem das gesamte Maklergewerbe durchziehenden Prinzip des Erfolgshonorars begründet. Während einem Mitarbeiter im Angestelltenverhältnis ein Arbeitsentgelt gleicher Höhe ständig gezahlt wird mit der Folge der Sozialabgaben usw., wird im freien Mitarbeiterverhältnis der freie Mitarbeiter in die erfolgsabhängige Tätigkeit einbezogen. Er bekommt regelmäßig gewisse, meist geringe Vorschüsse auf sein Entgelt und nimmt dann an einer Teilung der bei erfolgreicher Tätigkeit eingebrachten Provision teil. Der freie Mitarbeitervertrag ist rechtlich nicht einfach zu gestalten, weil die Rechtsprechung der Arbeitsgerichte hier enge Grenzen dahin setzen, daß der freie Mitarbeiter auch tatsächlich frei in seinem Wirken ist und nicht - entgegen dem Angestellten - ständig dem Weisungsrecht des Firmeninhabers unterliegt.

Im Anhang 32 ist ein Vertrag für ein freies Mitarbeiterverhältnis formuliert. Auch dieses kann als Anregung dafür dienen, den Vertrag nach dem eigenen speziellen Bedürfnis auszugestalten. Es handelt sich hierbei also nicht um ein vorgegebenes, gesichertes Muster, sondern vielmehr um eine Anregung zur Selbstgestaltung des Vertrages unter Beachtung der von der Rechtsprechung gesetzten Prinzipien.

Ein freies Mitarbeiterverhältnis kann für beide Seiten vorteilhaft sein.

Die Vorteile für den Unternehmer sind:
- leistungsorientierte Vergütung;
- keine Verwaltungsarbeit mit Gehaltsabrechnung und Abführung von Lohnsteuer und Sozialversicherungsbeiträgen;
- keine Belastung mit dem Arbeitgeberanteil zur Sozialversicherung;
- keine Lohnfortzahlung im Krankheitsfall;
- kürzere, dazu abdingbare Kündigungsfristen nach § 621 BGB für Dienstverhältnisse und nach § 89 HGB für Handelsvertreter;
- keine Zuständigkeit des Arbeitsgerichts bei Streitigkeiten.

Die Vorteile für den Mitarbeiter sind:

- der freie Mitarbeiter hat als Unternehmer eigene steuerliche Gestaltungsmöglichkeiten, z. B. durch eigene Betriebsausgaben, da ihm die Einnahme-Überschußrechnung nach § 4 Abs. 3 EStG möglich ist;
- er unterliegt nicht dem Lohnsteuerabzug, sondern der Einkommensbesteuerung mit der Möglichkeit eventueller Steuerverschiebung;
- er hat den umsatzsteuerlichen Vorsteuerabzug oder, solange er Kleinunternehmer ist, den Umsatzsteuervorteil nach § 19 UStG;
- schließlich hat der freie Mitarbeiter eine freiere Stellung als ein Arbeitnehmer.

In der Praxis dürften in der Mehrzahl der Fälle die Vorteile des Unternehmers überwiegen.

Dramatisch zu Lasten des Unternehmers kann es ausgehen, wenn sich nach Vertragsbeendigung herausstellt, daß der freie Mitarbeiter keiner war. Es kommt nämlich bei der Beurteilung nicht auf den Vertrag, ob mündlich oder schriftlich, sondern auf die tatsächliche Handhabung an.

Stellt sich heraus, daß in Wirklichkeit kein freies Mitarbeiterverhältnis, sondern ein Arbeitsverhältnis vereinbart war, so ist der Unternehmer plötzlich Arbeitgeber und erheblichen Belastungen ausgesetzt.

Nichtselbständige Arbeit ist Beschäftigung im Sinne des Sozialversicherungsrechts, § 7 SGB IV.

Der vermeintliche freie Mitarbeiter ist sozialversicherungspflichtig, rückwirkend.
Nach § 28 e SGB IV hat der Arbeitgeber den Gesamtsozialversicherungsbeitrag zu zahlen.

Er haftet also für
- Rentenversicherungsbeitrag,
- Arbeitslosenversicherungsbeitrag,
- Krankenversicherungsbeitrag,
summa summarum für bald 40 Prozent von dem, was er dem freien Mitarbeiter bereits bezahlt hat.

Dabei ist auf § 28 g SGB IV hinzuweisen, nämlich:
„Der Arbeitgeber hat gegen den Beschäftigten Anspruch auf den vom Beschäftigten zu tragenden Teil des Gesamtsozialversicherungsbeitrags."

Und weiter:
„Dieser Anspruch kann nur durch Abzug vom Arbeitsentgelt geltend gemacht werden. Ein unterbliebener Abzug darf nur bei den drei nächsten Lohn- und Gehaltszahlungen nachgeholt werden, danach nur, wenn der Abzug ohne Verschulden des Arbeitgebers unterblieben ist."

Neben der Sozialversicherung haftet der Arbeitgeber auch noch für die Steuer, so z. B. für die Lohnsteuer, die er einzubehalten und abzuführen hat.

Für die Abgrenzung des freien Mitarbeiterverhältnisses vom Arbeitsverhältnis hat die Rechtsprechung die nachfolgenden Grundsätze entwickelt:

Über die rechtliche Einordnung eines Rechtsverhältnisses entscheidet der Geschäftsinhalt und nicht die Bezeichnung oder die von den Parteien gewünschte Rechtsfolge. Der Geschäftsinhalt kann sich aus den Vereinbarungen und der praktischen Durchführung der Verträge ergeben. Widersprechen sich schriftliche Vereinbarung und tatsächliche Durchführung des Vertrages, so ist die praktische Durchführung maßgebend.

In Grenzfällen, in denen nach den objektiven Gegebenheiten für die Rechtsbeziehungen der Parteien ein Arbeitsverhältnis ebenso geeignet scheint wie ein Rechtsverhältnis als freier Mitarbeiter, ist dem im Vertrag zum Ausdruck gekommenen Willen der Vertragsparteien der Vorrang bei der Beurteilung des Gesamtbildes der Tätigkeit als abhängige Tätigkeit einzuräumen.

Insofern ist ein schriftlicher Vertrag in jedem Fall zu empfehlen, wenn er nicht gerade so gefaßt ist, daß sich aus ihm selbst ein Arbeitsverhältnis ableiten läßt.

Was vom Vertragstext und von der Handhabung her als freies Mitarbeiterverhältnis begonnen hat, kann sich im Laufe der Zeit zu einem Arbeitsverhältnis wandeln. Es kommt stets auf die tatsächliche Durchführung der Vertragsbeziehung an.

Das Bundesarbeitsgericht und das Bundessozialgericht stellen für die Abgrenzung des Arbeitnehmers vom (echten) freien Mitarbeiter auf das Maß der persönlichen Abhängigkeit ab, im Gegensatz zur (geforderten) Selbständigkeit durch geringe Fremdbestimmung. Sie haben dazu negative Kriterien entwickelt, die im wesentlichen übereinstimmen und die inhaltlich zum Teil ineinander übergehen:

Gegen freie Mitarbeit sprechen demnach:

1. Eingliederung in einen Betrieb
Es geht hier um die rein faktische Eingliederung. Wenn der Mitarbeiter auf die Benutzung der zentralen EDV-Anlage angewiesen ist oder seine Tätigkeit nur in enger Zusammenarbeit mit anderen Mitarbeitern ausführen kann oder sich sonst in den Organisationsablauf des Unternehmens einordnen muß, ist die Eingliederung gegeben.

2. Weisungsgebundenheit
Sie kann zeitlich, örtlich und fachlich sein. Wer stets dienstbereit sein muß, ist eher Arbeitnehmer, ebenfalls jemand, der seinen festen Arbeitsplatz im Unternehmen hat, oder jemand, der überwiegend nach Weisung tätig ist.

3. Fehlendes Unternehmerrisiko
Ein solches wird gesehen, wenn der freie Mitarbeiter kein eigenes Kapital einsetzt und sich seine Tätigkeit für ihn nicht in Gewinn oder Verlust auswirken kann.

4. Wirtschaftliche Abhängigkeit.
Dies ist, noch mehr als die anderen, ein schwer faßbares Kriterium. Die wirtschaftliche Abhängigkeit ist umso mehr gegeben, je enger der Vertragspartner nach den übrigen Kriterien an den Unternehmer gebunden, auf ihn angewiesen ist.

Insgesamt können alle Gestaltungen, wie sie bei Arbeitsverhältnissen üblich sind, gegen ein freies Mitarbeiterverhältnis sprechen, so z.B.

- Tätigkeit nur für einen Unternehmer,
- der Unternehmer stellt Arbeitsgeräte, Arbeitsmaterial, Sekretariat, sozusagen einen „Arbeitsplatz“, zur Verfügung,
- der Unternehmer führt eine Personalakte,
- der Mitarbeiter hat die Leistungen persönlich zu erbringen,
- der Unternehmer zahlt die Vergütung während des Urlaubs weiter oder gar noch Urlaubsgeld.

Je sozialer das Vertragsverhältnis in diesen Punkten ausgestaltet ist, desto mehr spricht es für ein Arbeitsverhältnis!

Für den freien Mitarbeiter des Maklers erscheint die Rechtsfigur des Handelsvertreters am ehesten geeignet. Nach der gesetzlichen Definition in § 84 HGB ist Handelsvertreter, wer als selbständiger Gewerbetreibender ständig damit betraut ist, für einen anderen Unternehmer Geschäfte zu vermitteln oder in dessen Namen abzuschließen. Selbständig ist, wer im wesentlichen frei seine Tätigkeit gestalten und seine Arbeitszeit bestimmen kann.

I. Berufsständische Vertretung

Die Immobilienmakler in Deutschland, deren Zahl je nach Konjunktur zwischen 10.000 und 20.000 schwankt, sind in verschiedenen berufsständischen Verbänden vertreten, wobei einer der bekannten der Verband Deutscher Makler für Grundbesitz, Hausverwaltung und Finanzierungen e.V. (VDM) ist. Der VDM dient der Wahrung der Interessen seiner Mitglieder wie auch der Förderung des gesamten Berufsstandes.

Organisatorisch ist der Verband Deutscher Makler gemäß seiner Satzung in sechzehn Landesverbände und einen Bundesvorstand gegliedert.

Der Vorsitzende des jeweiligen Landesverbandes sowie seine weiteren Vorstandsmitglieder werden auf vier Jahre von den Mitgliedern des jeweiligen Landesverbandes gewählt. Der Bundesvorstand, der den VDM rechtlich vertritt, besteht aus den ersten Vorsitzenden der Landesverbände sowie dem Präsidenten, dem Vizepräsidenten, dem Bundesschatzmeister, dem Bundesrechtsreferenten, dem Bundesausbildungsreferenten, dem Bundespressereferenten und dem Referenten für berufsständische Fragen.

Letztere werden in der jährlich stattfindenden Bundesversammlung von den anwesenden Mitgliedern des VDM gleichfalls auf vier Jahre gewählt.

Der Sitz des VDM ist Frankfurt am Main; die Bundesgeschäftsstelle befindet sich in 6240 Königstein/Taunus, Alte Gasse 4 A.

Neben der Satzung hat der VDM zur Erledigung seiner Aufgaben und dem Erreichen seiner berufsständischen Ziele weitere Ordnungen normiert, so zum Beispiel die Geschäftsordnung, die Schieds- und Ehrengerichtsordnung und die Ehrenzeichenordnung. Darüber hinaus hat der VDM die Geschäftsgebräuche zur Abwicklung von Gemeinschaftsgeschäften, an denen mehrere Makler beteiligt sind, festgelegt und durch seine vom Bundeskartellamt veröffentlichten Wettbewerbsregeln Grundsätze aufgestellt, die einen fairen Wettbewerb der Makler untereinander sicherstellen sollen.

Die inneren Ordnungen des VDM sind wegen ihrer Wichtigkeit im Anhang 33 abgedruckt.

Die Gerichtsbarkeit des Verbandes wird durch das VDM – Ehren- und Schiedsgericht ausgeübt.

Die wesentliche Aufgabe des VDM ist die Interessenwahrnehmung seiner Mitglieder. Im ständigen Wettbewerb der Makler untereinander, besonders im Hinblick auf den Verdrängungswettbewerb der makelnden Banken und Sparkassen wie auch der sachgemäßen Beratung des Kunden, ist für das existentielle Bestehen des Maklers eine gründliche Sach- und Fachkunde erforderlich. Das gilt insbesondere für die Gebiete der Immobilienbewertung, der umfassenden Marktkenntnis, der Objektfinanzierung, des Rechtes, besonders des Vertrags-, Grundbuch-, Pacht-, Miet-, Wettbewerbs- und Maklerrechtes.

Der VDM hat daher seit vielen Jahren gefordert, einen gesetzlichen Fachkundenachweis für die Zulassung zum Beruf einzuführen.

Darüber hinaus hat der VDM die Ausbildung der bei ihm organisierten Mitglieder und auch der nicht organisierten Makler übernommen. Nach Grundseminaren werden sowohl in den Landesverbänden wie auch auf Bundesebene Spezialschulungen auf allen oben genannten Gebieten, wie auch der Büroorganisation und der Verkaufsförderung angeboten. Mit der intensiven Vermittlung der Sach- und Fachkunde nimmt der VDM eine berufsständische Aufgabe wahr, die in fast allen anderen Berufsarten hoheitlich geregelt ist.

Neben der Ausbildung informiert der VDM seine Mitglieder ständig über Markterkenntnisse und die weiten Bereiche unübersichtlicher Rechtsprechung durch seine monatlich erscheinende Verbandszeitung „Der Grundbesitz, sein Makler und Verwalter" sowie den „Makler-Promotor", der die grundsätzlichen Urteile enthält und ständig ergänzt wird.

Neben dieser allgemeinen Information erteilt der VDM seinen Mitgliedern einzelnen Rat durch die Bundesgeschäftsstelle wie auch durch die Syndizi der Landesverbände. Darüber hinaus fördert der Verband durch zahlreiche Veranstaltungen in den einzelnen Landesverbänden und auf Bundesebene die geschäftlichen Beziehungen der Mitglieder untereinander und damit das Zusammenwirken für Gemeinschaftsgeschäfte.

Der VDM achtet auf das Einhalten der gesetzlichen Vorschriften und der Geschäftsgebräuche. Das gilt insbesondere für die Regeln des ordnungsgemäßen Wettbewerbs und der Sicherung verbraucherschützender Positionen. Nicht nur die VDM-Mitglieder selbst werden angehalten die gesetzlichen Vorschriften einzuhalten, vielmehr wird im Interesse des gesamten Berufsstandes darauf geachtet, daß auch nicht verbandsgebundene Makler diese Regeln einhalten.

Der VDM wahrt die übergeordneten Interessen der Makler. Seit vielen Jahren ist der Berufsstand Gegenstand gesetzlicher Normierung. Dabei hat der VDM durch Gutachten, Eingaben und Aufklärung stets darauf geachtet, daß die Existenz des freiberuflichen Maklers nicht durch zu enge gesetzgeberische Beschränkungen gefährdet wird.

Mit der Erfüllung der dargelegten satzungsmäßigen Aufgaben dient der VDM nicht nur dem einzelnen Mitglied, sondern fördert insbesondere auch unter Einbeziehung der Verbraucherinteressen den gesamten Berufsstand der Makler.

Anhang 1–33

Amtsgericht Königstein/Ts. **Grundbuch von** Königstein **Band** 46 **Blatt** 1578 **Bestandsverzeichnis**

Laufende Nummer der Grundstücke	Bisherige laufende Nummer d. Grundstücke	Bezeichnung der Grundstücke und der mit dem Eigentum verbundenen Rechte					Größe		
		Gemarkung (Vermessungsbezirk)	Karte: Flur	Karte: Flurstück	Liegenschaftsbuch	Wirtschaftsart und Lage	ha	a	m²
		a	b		c/d	e			
1	2	3					4		
1		Königstein	13	30	1973	Gartenland, Hof- und Gebäudefläche, Herzog-Adolf-Straße 4		1	76
2		Königstein	13	31		Gartenland, Hof- und Gebäudefläche, Herzog-Adolf-Straße 4		2	02
3		Königstein	13	28/2		Hof- und Gebäudefläche, Herzog-Adolf-Straße 4		4	66

Handblatt

Amtsgericht Königstein/Ts. **Grundbuch von** Königstein **Band** 46 **Blatt** 1578 **Bestandsverzeichnis**

Laufende Nummer der Grundstücke	Bisherige laufende Nummer d. Grundstücke	Bezeichnung der Grundstücke und der mit dem Eigentum verbundenen Rechte					Größe		
		Gemarkung (Vermessungsbezirk)	Karte: Flur	Karte: Flurstück	Liegenschaftsbuch	Wirtschaftsart und Lage			
		a	b		c/d	e	ha	a	m²
1	2	3					4		
1		Königstein	13	30	1973	Hof- und Gebäudefläche, Herzog-Adolf-Straße 4		1	76
		Königstein	13	31		Gartenland, daselbst		2	02

Handblatt

Bestand und Zuschreibungen		Abschreibungen	
Zur lfd. Nr. d. Grundstücke		Zur lfd. Nr. d. Grundstücke	
5	6	7	8
1, 2, 3	Von Band 7 Blatt 254 hierher übertragen am 17. September 1964 gez. Unterschriften		
1, 2	Berichtigt gem. VN Nr. 5/74 am 20.3.1974. gez. Unterschriften		

Handblatt

Handblatt

Wohnungseigentums-

Amtsgericht Königstein/Ts. **Grundbuch von** Kronberg **Band** 75 **Blatt** 2460 **Bestandsverzeichnis**

Laufende Nummer der Grundstücke	Bisherige laufende Nummer d. Grundstücke	Bezeichnung der Grundstücke und der mit dem Eigentum verbundenen Rechte					Größe		
		Gemarkung (Vermessungsbezirk)	Karte Flur	Karte Flurstück	Liegenschaftsbuch	Wirtschaftsart und Lage	ha	a	m²
		a	b	b	c/d	e			
1	2	3					4		
1		352/1000 (dreihundertzweiundfünfzig-Tausendstel) Miteigentumsanteil an dem Grundstück							
		Kronberg	21	462/4		Hof- und Gebäudefläche, Taunusstraße 15		5	92
		verbunden mit dem Sondereigentum an der Wohnung Nr. 1 im Erdgeschoß und dem Keller Nr. 1. Das Miteigentum ist durch die Einräumung der zu den anderen Miteigentumsanteilen (eingetragen Band 75 Blätter 2461, 2462, 2463) gehörenden Sondereigentumsrechte beschränkt.							
		Der Wohnungseigentümer bedarf zur Übertragung des Wohnungseigentums der Zustimmung des Verwalters. Dies gilt nicht im Falle der Übertragung auf Ehegatten und Verwandte gerader Linie oder bei einer Weiterveräußerung durch den Konkursverwalter.							
		Im übrigen wird wegen des Gegenstandes und des Inhalts des Sondereigentums auf die Eintragungsbewilligung vom 28.4.1976 Bezug genommen.							
		Der Miteigentumsanteil ist bei Anlegung dieses Blattes von Band 44 Blatt 1531 hierher übertragen. Eingetragen am 28.5.1976.							

Teilungserklärung gem. § 8 WEG

§ 1

In dem beim Amtsgericht ______

geführten Grundbuch von ______ Band ______ Blatt ______

bin ich, ______

als Eigentümer des dort verzeichneten Grundbesitzes ______

lfd. Nr. ______ **Gemarkung** ______

Flur ______ **Flurstück** ______

Gebäude- und Freifläche ______

Straße ______ zur Größe von ______ m²

eingetragen.

Nach Abriß der bisherigen Aufbauten errichte ich auf dem vorbezeichneten Grundstück ein Bauwerk mit insgesamt elf Wohnungen und zwei Gewerberaumeinheiten.

§ 2

Gemäß § 8 des Wohnungseigentumsgesetzes teile ich, der Eigentümer ______
das Eigentum an dem in § 1 bezeichneten Grundbesitz in dreizehn Miteigentumsanteile in der Weise auf, daß mit jedem Miteigentumsanteil das Sondereigentum an einer bestimmten Wohnung bzw. nicht zu Wohnzwecken dienenden Räumen bzw. an einer bestimmten Gewerberaumeinheit verbunden ist.
Die Teilung des in § 1 bezeichneten Grundbesitzes erfolgt:

1. in einen Miteigentumsanteil von ______ 58/1000
verbunden mit dem Sondereigentum an der im Aufteilungsplan mit Nr. 1 bezeichneten Wohnung nebst Keller Nr. 1, im Aufteilungsplan weinrot umrandet. Die Wohn- und Nutzfläche beträgt 64,65 m². Zur ausschließlichen Nutzung wird diesem Wohnungseigentum zugeordnet der im Aufteilungsplan mit Nr. 15 und in weinroter Farbe bezeichnete Pkw-Stellplatz.

2. in einen Miteigentumsanteil von ______ 95/1000
verbunden mit dem Sondereigentum an der im Aufteilungsplan mit Nr. 2 bezeichneten Wohnung nebst Keller Nr. 7, im Aufteilungsplan lila umrandet. Die Wohn- und Nutzfläche beträgt 106,23 m². Zur ausschließlichen Nutzung wird diesem Wohnungseigentum zugeordnet der im Aufteilungsplan mit Nr. 6 und in lila Farbe bezeichnete Pkw-Stellplatz.

3. in einen Miteigentumsanteil von ______ 63/1000
verbunden mit dem Sondereigentum an der im Aufteilungsplan mit Nr. 3 bezeichneten Wohnung nebst Keller Nr. 9, im Aufteilungsplan ocker umrandet. Die Wohn- und Nutzfläche beträgt 70,90 m². Zur ausschließlichen Nutzung wird diesem Wohnungseigentum zugeordnet der im Aufteilungsplan mit Nr. 12 und in ocker Farbe bezeichnete Pkw-Stellplatz.

4. in einen Miteigentumsanteil von ______ 58/1000
verbunden mit dem Sondereigentum an der im Aufteilungsplan mit Nr. 4 bezeichneten Wohnung nebst Keller Nr. 2, im Aufteilungsplan schwarz umrandet. Die Wohn- und Nutzfläche beträgt 65,38 m². Zur ausschließlichen Nutzung wir diesem Wohnungseigentum zugeordnet der im Aufteilungsplan mit Nr. 23 und in schwarzer Farbe bezeichnete Pkw-Stellplatz.

5. in einen Miteigentumsanteil von ______ 58/1000
verbunden mit dem Sondereigentum an der im Aufteilungsplan mit Nr. 5 bezeichneten Wohnung nebst Keller Nr. 5, im Aufteilungsplan dunkelbau umrandet. Die Wohn- und Nutzfläche beträgt 64,82 m². Zur ausschließlichen Nutzung wird diesem Wohnungseigentum zugeordnet der im Aufteilungsplan mit Nr. 11 und in dunkelblauer Farbe bezeichnete Stellplatz.

6. in einen Miteigentumsanteil von ______ 94/1000
verbunden mit dem Sondereigentum an der im Aufteilungsplan mit Nr. 6 bezeichneten Wohnung nebst Keller Nr. 4, im Aufteilungsplan rot umrandet. Die Wohn- und Nutzfläche beträgt 105,93 m². Zur ausschließlichen Nutzung wird diesem Wohnungseigentum zugeordnet der im Aufteilungsplan mit Nr. 10 und in roter Farbe bezeichnete Pkw-Stellplatz.

7. in einen Miteigentumsanteil von ____ 64/1000
verbunden mit dem Sondereigentum an der im Aufteilungsplan mit Nr. 7 bezeichneten Wohnung nebst Keller Nr. 10, im Aufteilungsplan dunkelgrün umrandet. Die Wohn- und Nutzfläche beträgt 71,72 m². Zur ausschließlichen Nutzung wird diesem Wohnungseigentum zugeordnet der im Aufteilungsplan mit Nr. 13 und in dunkelgrüner Farbe bezeichnete Pkw-Stellplatz.

8. in einen Miteigentumsanteil von ____ 59/1000
verbunden mit dem Sondereigentum an der im Aufteilungsplan mit Nr. 8 bezeichneten Wohnung nebst Keller Nr. 8, im Aufteilungsplan gelb umrandet. Die Wohn- und Nutzfläche beträgt 65,67 m². Zur ausschließlichen Nutzung wird diesem Wohnungseigentum zugeordnet der im Aufteilungsplan mit Nr. 7 und in gelber Farbe bezeichnete Pkw-Stellplatz.

9. in einen Miteigentumsanteil von ____ 113/1000
verbunden mit dem Sondereigentum an der im Aufteilungsplan mit Nr. 9 bezeichneten Wohnung nebst Keller Nr. 3, im Aufteilungsplan hellblau umrandet. Die Wohn- und Nutzfläche beträgt 127,11 m². Zur ausschließlichen Nutzung wird diesem Wohnungseigentum zugeordnet der im Aufteilungsplan mit Nr. 4 und in hellblauer Farbe bezeichnete Pkw-Stellplatz.

10. in einen Miteigentumsanteil von ____ 58/1000
verbunden mit dem Sondereigentum an der im Aufteilungsplan mit Nr. 10 bezeichneten Wohnung nebst Keller Nr. 6, im Aufteilungsplan rosa umrandet. Die Wohn- und Nutzfläche beträgt 64,95 m². Zur ausschließlichen Nutzung wird diesem Wohnungseigentum zugeordnet der im Aufteilungsplan mit Nr. 21 und in rosa Farbe bezeichnete Pkw-Stellplatz.

11. in einen Miteigentumsanteil von ____ 56/1000
verbunden mit dem Sondereigentum an der im Aufteilungsplan mit Nr. 11 bezeichneten Wohnung nebst Keller Nr. 11, im Aufteilungsplan orange umrandet. Die Wohn- und Nutzfläche beträgt 63,37 m². Zur ausschließlichen Nutzung wird diesem Wohnungseigentum zugeordnet der im Aufteilungsplan mit Nr. 22 und in oranger Farbe bezeichnete Pkw-Stellplatz.

12. in einen Miteigentumsanteil von ____ 95/1000
verbunden mit dem Sondereigentum an der im Aufteilungsplan mit Nr. 12 bezeichneten Gewerberaumeinheit nebst dem im Kellergeschoß gelegenen Lagerraum Nr. 2, im Aufteilungsplan braun umrandet. Die Nutzfläche beträgt 107,23 m². Zur ausschließlichen Nutzung werden diesem Teileigentum zugeordnet die im Aufteilungsplan mit Nr. 19 sowie mit Nr. 1 und 2 und brauner Farbe bezeichneten Pkw-Stellplätze.

13. in einen Miteigentumsanteil von ____ 129/1000
verbunden mit dem Sondereigentum an der im Aufteilungsplan mit Nr. 13 bezeichneten Gewerberaumeinheit nebst dem im Kellergeschoß gelegenen Lagerraum Nr. 1, im Aufteilungsplan hellgrün umrandet. Die Nutzfläche beträgt 144,99 m². Zur ausschließlichen Nutzung werden diesem Teileigentum zugeordnet die im Aufteilungsplan mit Nr. 18 sowie mit Nr. 20, 25 und 3 und in hellgrüner Farbe bezeichneten Pkw-Stellplätze.

Die Wohnungen und die nicht zu Wohnzwecken dienenden Raumeinheiten sind in sich abgeschlossen im Sinne des § 3 Abs. 2 WEG und im Aufteilungsplan mit den entsprechenden Nummern und Farben bezeichnet.

§ 3

Das Verhältnis der Wohnungs- und Teileigentümer untereinander bestimmt sich nach den Vorschriften der §§ 10 bis 29 WEG, soweit nachfolgend nicht etwas anderes bestimmt ist.

§ 4

Der Wohnungs- und Teileigentümer hat das Recht der alleinigen Nutzung seines Sondereigentums auch zu anderen als zu Wohnzwecken, soweit sich nicht die Beschränkungen aus dem Gesetz oder dieser Erklärung ergeben.
Der Wohnungs- und Teileigentümer hat ferner das Recht der Mitbenutzung der zum gemeinschaftlichen Gebrauch bestimmten Räume, Anlagen und Einrichtungen des Gebäudes und der gemeinschaftlichen Grundstücksflächen.
Bauliche Veränderungen an und in der Wohnung bzw. der Gewerberaumeinheit bedürfen, soweit dadurch das gemeinschaftliche Eigentum berührt wird, der vorherigen Einwilligung des Verwalters.
Das Anbringen von Werbevorrichtungen, Leuchtreklamen, Schaukästen und ähnlichem ist im Rahmen der baurechtlichen Vorschriften zulässig.

§ 5

Die Lasten des gemeinschaftlichen Eigentums sowie die Kosten der Instandhaltung, Instandsetzung, sonstigen Verwaltung und eines gemeinschaftlichen Gebrauchs des gemeinschaftlichen Eigentums tragen die Wohnungs- und Teileigentümer im Verhältnis ihrer im Grundbuch eingetragenen Miteigentumsanteile.

§ 6

Das Wohnungs- und Teileigentum ist veräußerlich und vererblich.
Die Übertragung oder Veräußerung von Wohnungs- und Teileigentum oder Teilen hiervon ist dem Verwalter unter Beifügung einer Abschrift des entsprechenden Vertrages unverzüglich nach dessen Beurkundung schriftlich anzuzuzeigen.

§ 7

Als erster Verwalter ist bestellt ______________________________
Er ist als Verwalter von den Beschränkungen des § 181 BGB befreit.
Er ist befugt, die Verwaltung einem Dritten zu übertragen. Die Bestellung gilt ab heute auf die Dauer von einem Jahr.
Jeder Wohnungs- und Teileigentümer hat im Falle der gänzlichen oder teilweisen Übertragung oder Veräußerung seines Wohnungs- bzw. Teileigentums den Erwerber zum Eintritt in den mit dem jeweiligen Verwalter bestehenden Verwaltervertrag zu verpflichten.

§ 8

Ich, der Eigentümer ______________________________
bewillige und beantrage, die Teilung des in § 1 dieser Erklärung bezeichneten Grundstücks in dreizehn Miteigentumsanteile verbunden mit dem jeweiligen Sondereigentum gem. § 2 dieser Urkunde im Grundbuch einzutragen, für jedes Wohnungs- und Teileigentum ein besonderes Grundbuchblatt anzulegen und die Bestimmungen dieser Teilungserklärung als Gegenstand und Inhalt des Sondereigentums in das Wohnungs- bzw. Teileigentumsgrundbuchblatt einzutragen.

§ 9

Den Wert des bebauten Grundstücks gebe ich an mit DM ______________________________

______________________________, den ______________________________

Der Eigentümer

Unterschriftsbeglaubigung

Urkundenrolle ______________ / ______________

Vorstehende Unterschrift des Herrn / der Frau ______________________________

geb. am ______________________________, wohnhaft in ______________________________

von Person bekannt / ausgewiesen durch ______________________________

wurde heute vor mir eigenhändig vollzogen / als eigenhändig vollzogen anerkannt, was ich hiermit amtlich beglaubige.

______________________________, den ______________________________

____
Notar

EG

Nr. 12 = braun umrandet
Nr. 13 = hellgrün umrandet

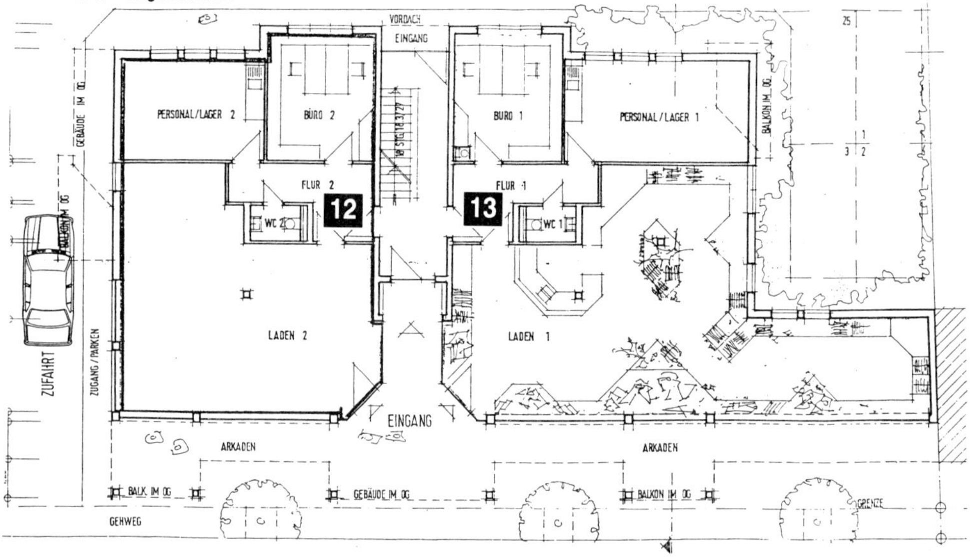

1. OG

Nr. 1 = weinrot umrandet
Nr. 2 = lila umrandet
Nr. 3 = oker umrandet
Nr. 4 = schwarz umrandet

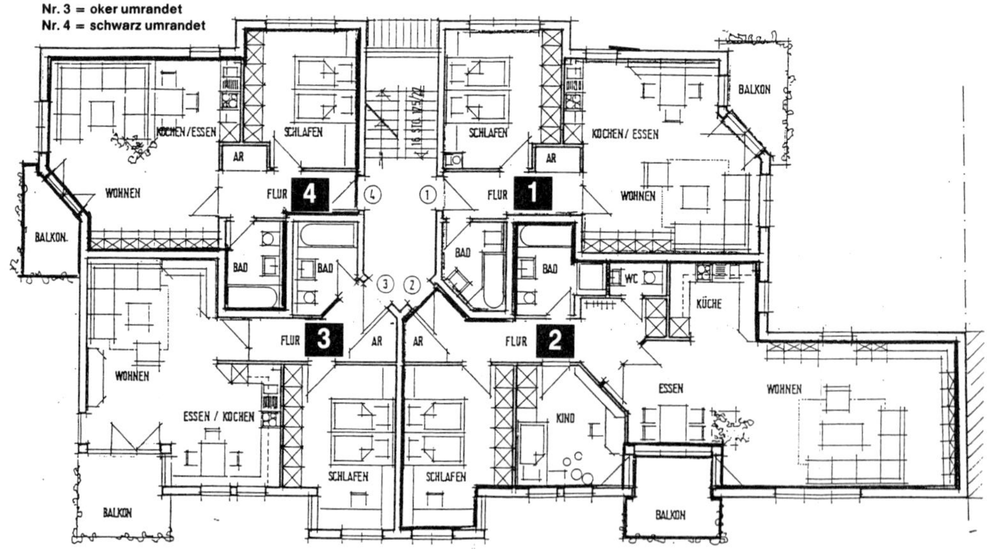

2. OG

Nr. 5 = dunkelblau umrandet
Nr. 6 = rot umrandet
Nr. 7 = dunkelgrün umrandet
Nr. 8 = gelb umrandet

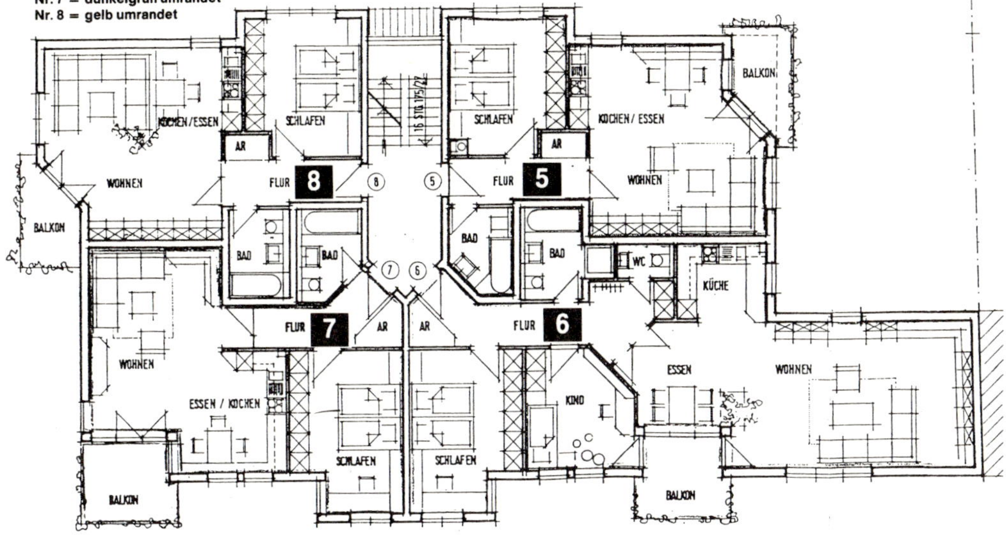

DG

Nr. 9 = hellblau umrandet
Nr. 10 = rosa umrandet
Nr. 11 = orange umrandet

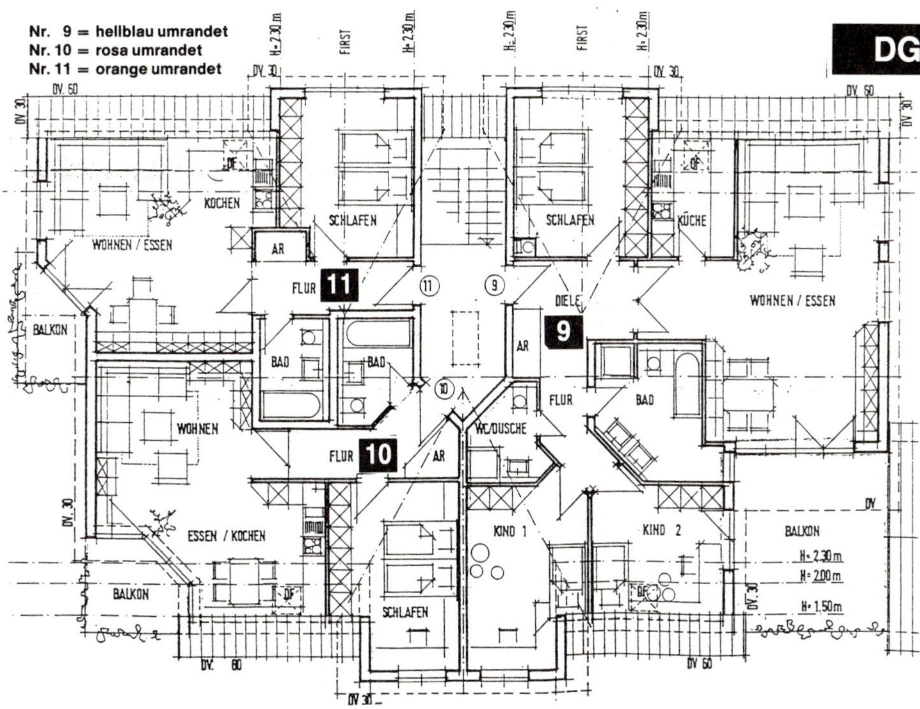

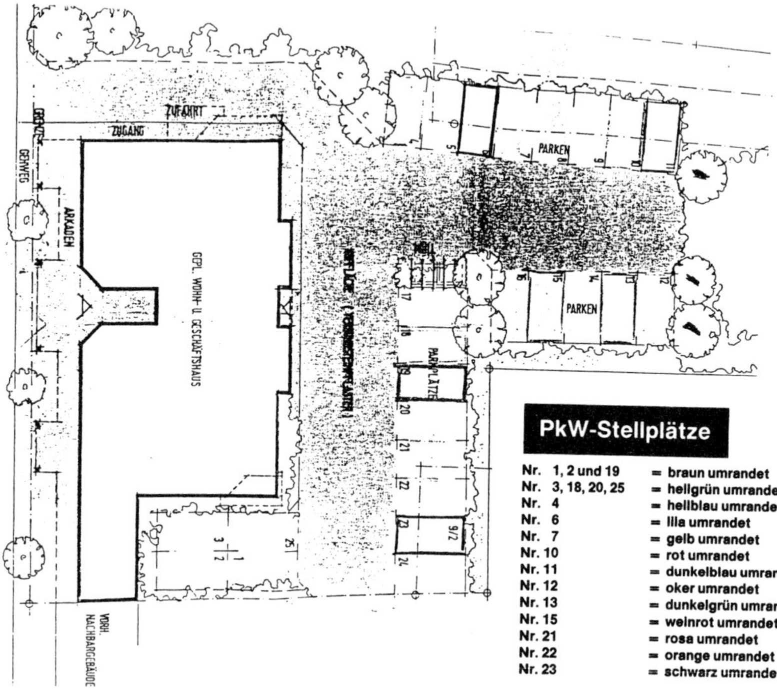

PkW-Stellplätze

Nr. 1, 2 und 19	= braun umrandet
Nr. 3, 18, 20, 25	= hellgrün umrandet
Nr. 4	= hellblau umrandet
Nr. 6	= lila umrandet
Nr. 7	= gelb umrandet
Nr. 10	= rot umrandet
Nr. 11	= dunkelblau umrandet
Nr. 12	= oker umrandet
Nr. 13	= dunkelgrün umrandet
Nr. 15	= weinrot umrandet
Nr. 21	= rosa umrandet
Nr. 22	= orange umrandet
Nr. 23	= schwarz umrandet

KG

Nr. 1 = weinrot umrandet
Nr. 2 = schwarz umrandet
Nr. 3 = hellblau umrandet
Nr. 4 = rot umrandet
Nr. 5 = dunkelblau umrandet
Nr. 6 = rosa umrandet
Nr. 7 = lila umrandet
Nr. 8 = gelb umrandet
Nr. 9 = oker umrandet
Nr. 10 = dunkelgrün umrandet
Nr. 11 = orange umrandet

Lagerraum Nr. 1 = hellgrün umrandet
Lagerraum Nr. 2 = braun umrandet

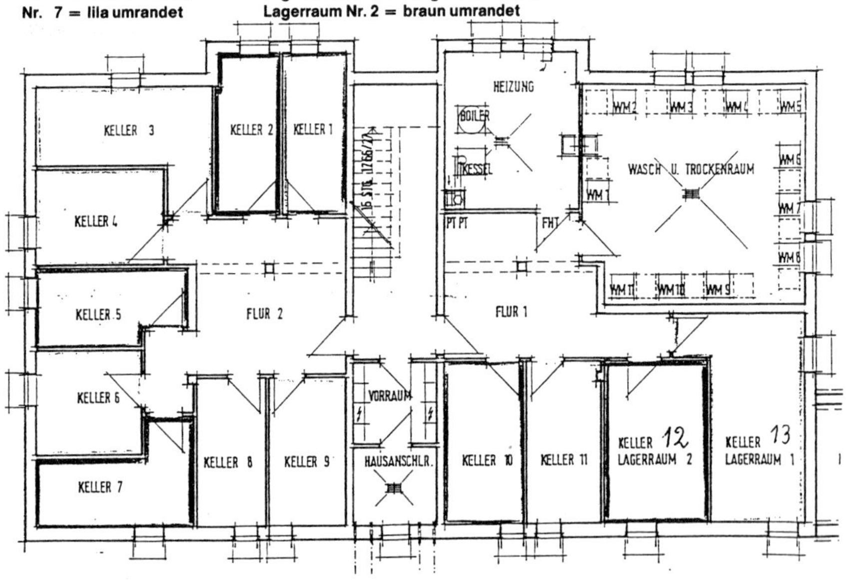

Beispiel der Berechnung der Miteigentumsanteile am Grundstück unter Zugrundelegung der Quadratmeter des Sondereigentums

Sondereigentum			Größe in m²	insges. m²	Miteigentumsanteil	dazu Stellplatz
weinrot	Wohnung	1	57,26	64,65	= 58/1000	Nr. 15
	Keller	1	7,39			
lila	Wohnung	2	97,50	106,23	= 95/1000	Nr. 6
	Keller	7	8,73			
ocker	Wohnung	3	62,73	70,90	= 63/1000	Nr. 12
	Keller	9	8,17			
schwarz	Wohnung	4	57,99	65,38	= 58/1000	Nr. 23
	Keller	2	7,39			
dunkel-	Wohnung	5	57,26	64,82	= 58/1000	Nr. 11
blau	Keller	5	7,56			
rot	Wohnung	6	97,50	105,93	= 94/1000	Nr. 10
	Keller	4	8,43			
dunkel-	Wohnung	7	62,73	71,72	= 64/1000	Nr. 13
grün	Keller	10	8,99			
gelb	Wohnung	8	57,99	65,67	= 59/1000	Nr. 7
	Keller	8	7,68			
hell-	Wohnung	9	116,17	127,11	= 113/1000	Nr. 4
blau	Keller	3	10,94			
rosa	Wohnung	10	57,34	64,95	= 58/1000	Nr. 21
	Keller	6	7,61			
orange	Wohnung	11	54,93	63,37	= 56/1000	Nr. 22
	Keller	11	8,44			
braun	Laden	12	95,64	107,23	= 95/1000	Nr. 1, 2, 19
	(2)		11,59			
	Keller	12				
hell-	Laden	13	129,84	144,99	= 129/1000	Nr. 3, 18, 20, 25
grün	(2)		15,15			
	Keller	13				
				1122,95	= 1000/1000	

Verwalterzustimmung zum Kaufvertrag

Betr.: Wohnungseigentumsanlage Kronberg, Taunusstraße 15

hier: Kaufvertrag vom 10. Mai 1992
Urkundenrolle Nr. 256/1992 des Notars Dr. Essig in Kronberg,
über die Wohnung Nr. 1 im Erdgeschoß nebst Keller Nr. 1, eingetragen im Wohnungseigentumsgrundbuch von Kronberg Band 75 Blatt 2460

Der vorbezeichnete Kaufvertrag liegt mir abschriftlich vor.

Als Verwalter der Wohnungseigentumsanlage Kronberg, Taunusstraße 15, stimme ich, Heinz Meier, dem vorbezeichneten Kaufvertrag hiermit zu.

Der Nachweis meiner Verwaltereigenschaft wurde dem Grundbuchamt Königstein/Ts. zuletzt zum Wohnungseigentumsgrundbuch von Kronberg Band 75 Blatt 2461 eingereicht.

Kronberg, den ______________________

____
(Heinz Meier, Verwalter)

Beglaubigungsvermerk

Vorstehende Unterschrift
des Herrn Heinz Meier, wohnhaft Kronberg, Hauptstraße 16,

— dem Notar von Person bekannt/ausgewiesen durch:

wurde heute vor mir eigenhändig vollzogen / als eigenhändig vollzogen anerkannt, was ich hiermit amtlich beglaubige.

Kronberg, den ______________________

____
Notar

§§ 23, 24, 25 und 26 des Wohnungseigentumsgesetzes (WEG)

§ 23. Wohnungseigentümerversammlung.

(1) Angelegenheiten, über die nach diesem Gesetz oder nach einer Vereinbarung der Wohnungseigentümer die Wohnungseigentümer durch Beschluß entscheiden können, werden durch Beschlußfassung in einer Versammlung der Wohnungseigentümer geordnet.

(2) Zur Gültigkeit eines Beschlusses ist erforderlich, daß der Gegenstand bei der Einberufung bezeichnet ist.

(3) Auch ohne Versammlung ist ein Beschluß gültig, wenn alle Wohnungseigentümer ihre Zustimmung zu diesem Beschluß schriftlich erklären.

(4) Ein Beschluß ist nur ungültig, wenn er gemäß § 43 Abs. 1 Nr. 4 für ungültig erklärt ist. Der Antrag auf eine solche Entscheidung kann nur binnen eines Monats seit der Beschlußfassung gestellt werden, es sei denn, daß der Beschluß gegen eine Rechtsvorschrift verstößt, auf deren Einhaltung rechtswirksam nicht verzichtet werden kann.

§ 24. Einberufung, Vorsitz, Niederschrift.

(1) Die Versammlung der Wohnungseigentümer wird von dem Verwalter mindestens einmal im Jahre einberufen.

(2) Die Versammlung der Wohnungseigentümer muß von dem Verwalter in den durch Vereinbarung der Wohnungseigentümer bestimmten Fällen, im übrigen dann einberufen werden, wenn dies schriftlich unter Angabe des Zweckes und der Gründe von mehr als einem Viertel der Wohnungseigentümer verlangt wird.

(3) Fehlt ein Verwalter oder weigert er sich pflichtwidrig, die Versammlung der Wohnungseigentümer einzuberufen, so kann die Versammlung auch, falls ein Verwaltungsbeirat bestellt ist, von dessen Vorsitzendem oder seinem Vertreter einberufen werden.

(4) Die Einberufung erfolgt schriftlich. Die Frist der Einberufung soll, sofern nicht ein Fall besonderer Dringlichkeit vorliegt, mindestens eine Woche betragen.

(5) Den Vorsitz in der Wohnungseigentümerversammlung führt, sofern diese nichts anderes beschließt, der Verwalter.

(6) Über die in der Versammlung gefaßten Beschlüsse ist eine Niederschrift aufzunehmen. Die Niederschrift ist von dem Vorsitzenden und einem Wohnungseigentümer und, falls ein Verwaltungsbeirat bestellt ist, auch von dessen Vorsitzendem oder seinem Vertreter zu unterschreiben. Jeder Wohnungseigentümer ist berechtigt, die Niederschriften einzusehen.

§ 25. Mehrheitsbeschluß.

(1) Für die Beschlußfassung in Angelegenheiten, über die die Wohnungseigentümer durch Stimmenmehrheit beschließen, gelten die Vorschriften der Absätze 2 bis 5.

(2) Jeder Wohnungseigentümer hat eine Stimme. Steht ein Wohnungseigentum mehreren gemeinschaftlich zu, so können sie das Stimmrecht nur einheitlich ausüben.

(3) Die Versammlung ist nur beschlußfähig, wenn die erschienenen stimmberechtigten Wohnungseigentümer mehr als die Hälfte der Miteigentumsanteile, berechnet nach der im Grundbuch eingetragenen Größe dieser Anteile, vertreten.

(4) Ist eine Versammlung nicht gemäß Absatz 3 beschlußfähig, so beruft der Verwalter eine neue Versammlung mit dem gleichen Gegenstand ein. Diese Versammlung ist ohne Rücksicht auf die Höhe der vertretenen Anteile beschlußfähig; hierauf ist bei der Einberufung hinzuweisen.

(5) Ein Wohnungseigentümer ist nicht stimmberechtigt, wenn die Beschlußfassung die Vornahme eines auf die Verwaltung des gemeinschaftlichen Eigentums bezüglichen Rechtsgeschäfts mit ihm oder die Einleitung oder Erledigung eines Rechtsstreits der anderen Wohnungseigentümer gegen ihn betrifft oder wenn er nach § 18 rechtskräftig verurteilt ist.

§ 26. Bestellung und Abberufung des Verwalters.

(1) Über die Bestellung und Abberufung des Verwalters beschließen die Wohnungseigentümer mit Stimmenmehrheit. Die Bestellung darf auf höchstens fünf Jahre vorgenommen werden. Die Abberufung des Verwalters kann auf das Vorliegen eines wichtigen Grundes beschränkt werden. Andere Beschränkungen der Bestellung oder Abberufung des Verwalters sind nicht zulässig.

(2) Die wiederholte Bestellung ist zulässig; sie bedarf eines erneuten Beschlusses der Wohnungseigentümer, der frühestens ein Jahr vor Ablauf der Bestellungszeit gefaßt werden kann.

(3) Fehlt ein Verwalter, so ist ein solcher in dringenden Fällen bis zur Behebung des Mangels auf Antrag eines Wohnungseigentümers oder eines Dritten, der ein berechtigtes Interesse an der Bestellung eines Verwalters hat, durch den Richter zu bestellen.

(4) Soweit die Verwaltereigenschaft durch eine öffentlich beglaubigte Urkunde nachgewiesen werden muß, genügt die Vorlage einer Niederschrift über den Bestellungsbeschluß, bei der die Unterschriften der in § 24 Abs. 6 bezeichneten Personen öffentlich beglaubigt sind.

Protokoll

der Wohnungseigentümerversammlung der Wohnungseigentumsanlage Kronberg, Taunusstraße 15

am 20. Mai 1992

Anwesend sind:

Herr Heinz Meier,	derzeitiger Verwalter
Herr Eugen Schlüssel,	Vorsitzender des Verwaltungsbeirates
Herr Hans Rot,	Wohnungseigentümer mit 352/1000 Miteigentumsanteil
Eheleute Erich und Hilde Fest,	Wohnungseigentümer zu je ½ mit 134/1000 Miteigentumsanteil
Herr Fritz Mark,	Wohnungseigentümer mit 112/1000 Miteigentumsanteil
Herr Ernst Milz,	Wohnungseigentümer mit 132/1000 Miteigentumsanteil

Es wird festgestellt daß die stimmberechtigten Wohnungseigentümer von 730/1000 Miteigentumsanteilen, mithin mehr als die Hälfte, anwesend sind und die Versammlung mithin beschlußfähig ist.

Zum Vorsitzenden der Versammlung wird der derzeitige Verwalter Herr Heinz Meier bestimmt.

Es wird die form- und fristgerechte Einladung zu dieser Versammlung festgestellt.

Die Bestellungszeit des derzeitigen Verwalters Heinz Meier läuft am 30. Juni 1992 ab.

Als einziger Punkt steht auf der Tagesordnung die Wiederwahl des Herrn Heinz Meier zum Verwalter auf weitere fünf Jahre.

Weitere Bewerber um das Amt des Verwalters sind nicht vorhanden.

Es wird daher über die Wiederwahl des Herrn Meier durch Handaufheben abgestimmt.

Abstimmungsergebnis: Einstimmig gewählt.

Herr Heinz Meier erklärt, daß er das Amt des Verwalters auf weitere fünf Jahre annimmt.

Kronberg, 20. Mai 1992

Heinz Meier

Eugen Schlüssel

Hans Rot

Beglaubigungsvermerk

Vorstehende Unterschriften
1.) des Herrn Heinz Meier, Kronberg, Hauptstraße 16
2.) des Herrn Eugen Schlüssel, Kronberg, Bergstraße 21
3.) des Herrn Hans Rot, Kronberg, Taunusstraße 15

— alle dem Notar von Person bekannt —

wurden heute vor mir als eigenhändig vollzogen anerkannt/eigenhändig vor mir vollzogen, was ich hiermit amtlich beglaubige.

Kronberg, den ______________________

Notar

Erbbau-

Amtsgericht Königstein/Ts. **Grundbuch von** Falkenstein **Band** 31 **Blatt** 1025 **Bestandsverzeichnis**

Laufende Nummer der Grundstücke	Bisherige laufende Nummer d. Grundstücke	Bezeichnung der Grundstücke und der mit dem Eigentum verbundenen Rechte: Gemarkung (Vermessungsbezirk) a / Karte: Flur, Flurstück b / Liegenschaftsbuch c/d / Wirtschaftsart und Lage e	Größe ha	Größe a	Größe m²
1	2	3	4		
1		Erbbaurecht an dem Grundstück			
		Gemarkung Falkenstein Band 31 Blatt 1812, Bestandsverzeichnis Nr. 1			
		Falkenstein Flur 9 Flurstück 26/66, Bauplatz, Reichenbachweg		5	92
		eingetragen in Abt. II Nr. 1 auf 99 (i.W.: neunundneunzig) Jahre ab Eintragungstag.			
		Zustimmung der Eigentümerin erforderlich zur			
		a) Veräußerung			
		b) Belastung mit			
		aa) Grundpfandrechten			
		bb) Reallasten			
		cc) Dauerwohnrechten			
		Eigentümer: Stadt Königstein/Taunus.			
		Gemäß Bewilligung vom 28.6./12.7.1976 eingetragen am 20.10.1976.			

Handblatt

Handblatt

Amtsgericht Königstein/Ts. **Grundbuch von** Königstein **Band** 46 **Blatt** 1578 **Erste Abteilung**

Laufende Nummer der Eintragungen	Eigentümer	Laufende Nummer der Grundstücke im Bestandsverzeichnis	Grundlage der Eintragung
1	2	3	4
1	Witwe Anna Muster geb. Eng in Frankfurt/M., Hauptstraße 27	1, 2, 3	Aufgelassen am 2. April 1964 und eingetragen am 17. September 1964. gez. Unterschriften
2a	Dr.med. Emil Feld in Wuppertal, Parkstraße 15	1, 2, 3	Aufgelassen am 29. Dezember 1965 und eingetragen am 20. Juli 1966. gez. Unterschriften
b	Frau Maria, genannt Ria, Feld in Minden, Martinsstr. 2		
c	Frau Angela Fuchs geb. Feld in München, Bergstraße 2		
d	Frau Dr. Ursula Link, geb. Feld in Mainz, Erzstraße 1 Nr. 2a, b, c, d zu je 1/4 Anteil		
3	Kaufmann Augustus Leber, geb. am 1.1.1930, wohnhaft 6000 Frankfurt/Main, Märzstraße 39	1, 2, 3	Aufgelassen am 13. Oktober 1969 und eingetragen am 4. Dezember 1970. gez. Unterschriften

§ 1365 BGB

§ 1365 Einschränkung der Verfügungsmacht über Vermögen im ganzen

(1) Ein Ehegatte kann sich nur mit Einwilligung des anderen Ehegatten verpflichten, über sein Vermögen im ganzen zu verfügen. Hat er sich ohne Zustimmung des anderen Ehegatten verpflichtet, so kann er die Verpflichtung nur erfüllen, wenn der andere Ehegatte einwilligt.

(2) Entspricht das Rechtsgeschäft den Grundsätzen einer ordnungsmäßigen Verwaltung, so kann das Vormundschaftsgericht auf Antrag des Ehegatten die Zustimmung des anderen Ehegatten ersetzen, wenn dieser sie ohne ausreichenden Grund verweigert oder durch Krankheit oder Abwesenheit an der Abgabe einer Erklärung verhindert und mit dem Aufschub Gefahr verbunden ist.

---

§ 1821 BGB

§ 1821. Genehmigung für Grundstücksgeschäfte

(1) Der Vormund bedarf der Genehmigung des Vormundschaftsgerichts:

1. zur Verfügung über ein Grundstück oder über ein Recht an einem Grundstück;
2. zur Verfügung über eine Forderung, die auf Übertragung des Eigentums an einem Grundstück oder auf Begründung oder Übertragung eines Rechts an einem Grundstück oder auf Befreiung eines Grundstücks von einem solchen Recht gerichtet ist;
3. zur Verfügung über ein eingetragenes Schiff oder Schiffsbauwerk oder über eine Forderung, die auf Übertragung des Eigentums an einem eingetragenen Schiff oder Schiffsbauwerk gerichtet ist;
4. zur Eingehung einer Verpflichtung zu einer der in den Nummern 1 bis 3 bezeichneten Verfügungen;
5. zu einem Vertrage, der auf den entgeltlichen Erwerb eines Grundstücks, eines eingetragenen Schiffs oder Schiffsbauwerks oder eines Rechts an einem Grundstück gerichtet ist.

(2) Zu den Rechten an einem Grundstück im Sinne dieser Vorschriften gehören nicht Hypotheken, Grundschulden und Rentenschulden.

Handblatt

Amtsgericht Königstein/Ts. **Grundbuch von** Königstein **Band** 46 **Blatt** 1578 **Zweite Abteilung**

Laufende Nummer der Eintragungen	Lfd. Nummer der betroffenen Grundstücke im Bestandsverzeichnis	Lasten und Beschränkungen
1	2	3
1	1, 2, 3	Reallast bestehend in einer Leibrente von monatlich vierhunderfünfzig Deutsche Mark für die unverehelichte Anna Auguste Muster in Mainz. Zur Löschung des Rechts genügt der Nachweis des Todes der Berechtigten. Mit Bezug auf die Bewilligung vom 2. April 1964 eingetragen zu gleichem Rang mit dem Recht Abt. II Nr. 2 am 17. September 1964. gez. Unterschriften
2	1, 2, 3	Vormerkung zur Sicherung des Anspruchs der unverehelichten Anna Auguste Muster in Mainz auf anderweitige Festsetzung der Leibrente Abt. II Nr. 1. Zur Löschung des Rechts genügt der Nachweis des Todes der Berechtigten. Mit Bezug auf die Bewilligung vom 2. April 1964 eingetragen zu gleichem Range mit dem Recht Abt. II Nr. 1 am 17. September 1964. gez. Unterschriften
3	1, 2, 3	Nießbrauch für Frau Ute Last geb. Muster in Frankfurt/Main, Kornstraße 15. Zur Löschung des Rechts genügt der Nachweis des Todes der Berechtigten. Mit Bezug auf die Bewilligung vom 29. Dezember 1965 eingetragen am 20. Juli 1966 gez. Unterschriften
4	1, 2, 3	Vormerkung zur Sicherung des Anspruchs auf Übergang des Eigentums. Eingetragen mit Bezug auf die im Kaufvertrag vom 13. Oktober 1969 enthaltene Bewilligung für den Kaufmann Augustus Leber, wohnhaft 6000 Frankfurt/M., Märzstr. 39, am 4. Dezember 1969. gez. Unterschriften
5	3	Grunddienstbarkeit (Geh- und Fahrrecht) für den jeweiligen Eigentümer der Grundstücke Flur 13 Flurstücke 30 und 31. Der Höchstbetrag des Wertersatzes im Falle des Erlöschens durch Zuschlag in der Zwangsversteigerung beträgt 5.000,00 DM. Mit Bezug auf die Bewilligung vom 16. April 1971 eingetragen am 3. Mai 1971. gez. Unterschriften
6	3	Beschränkt persönliche Dienstbarkeit (Nutzungs- und Baubeschränkung) für die Stadt Königstein/Ts. Gemäß Bewilligung vom 6.1.1975 eingetragen am 15.1.1975. gez. Unterschriften

Geldsicherungsklausel

§ 3
Erstes Gesetz zur Neuordnung des Geldwesens (Währungsgesetz) vom 20. Juni 1948

Geldschulden dürfen nur mit Genehmigung der für die Erteilung von Devisengenehmigungen zuständigen Stelle in einer anderen Währung als in Deutscher Mark eingegangen werden. Das gleiche gilt für Geldschulden, deren Betrag in Deutscher Mark durch den Kurs einer solchen anderen Währung oder durch den Preis oder eine Menge von Feingold oder von anderen Gütern oder Leistungen bestimmt werden soll.

§ 49 Abs. 2 AWG
Anpassungsvorschrift

(1) § 3 Satz 1 des Währungsgesetzes findet auf Rechtsgeschäfte zwischen Gebietsansässigen und Gebietsfremden keine Anwendung.

(2) Für die Erteilung von Genehmigungen nach § 3 des Währungsgesetzes ist die Deutsche Bundesbank zuständig.

Grundsätze bei der Entscheidung über Genehmigungsanträge nach § 3 des Währungsgesetzes (Nr. 2c der Währungsverordnung für Berlin)

(Mitteilung der Deutschen Bundesbank Nr. 1015/78 vom 9. Juni 1978, BAnz. Nr. 109 vom 15. Juni 1978)
Die Deutsche Bundesbank weist zur Unterrichtung der Öffentlichkeit auf folgendes hin:

1. Klauseln, nach denen ein in Deutscher Mark geschuldeter Betrag durch den künftigen Kurs einer anderen Währung oder durch den künftigen Preis oder Wert von Gütern oder Leistungen bestimmt werden soll (§ 3 Satz 2 des Währungsgesetzes, Nr. 2 c Satz 2 der Währungsverordnung für Berlin), werden nicht genehmigt
   a) bei Zahlungsverpflichtungen aus Darlehen, auch aus Darlehen umgewandelter Schuldverhältnisse anderer Art, aus Schuldverschreibungen, Kapital- und Rentenversicherungen, Bankguthaben oder Abmachungen anderer Art, die die Rückzahlung eines Geldbetrages zum Gegenstand haben (Zahlungsverpflichtungen aus dem Geld- und Kapitalverkehr);
   b) in Miet- und Pachtverträgen über Gebäude oder Räume, es sei denn, daß der Vertrag
   — für die Lebenszeit einer der Parteien,
   — für die Dauer von mindestens zehn Jahren,
   — mit dem Recht des Mieters oder Pächters, die Vertragsdauer auf mindestens zehn Jahre zu verlängern,
   oder
   — in der Weise abgeschlossen ist, daß er vom Vermieter oder Verpächter durch Kündigung frühestens nach Ablauf von zehn Jahren beendet werden kann.
2. Unabhängig von der Art des Schuldverhältnisses werden solche Klauseln nicht genehmigt, wenn
   a) einseitig ein Kurs-, Preis- oder Wertanstieg eine Erhöhung, nicht aber umgekehrt ein Kurs-, Preis- oder Wertrückgang eine entsprechende Ermäßigung des Zahlungsanspruchs bewirkt oder nur der Gläubiger das Recht haben soll, eine Anpassung zu verlangen oder die Bezugsgröße zu bestimmen (Mindestklauseln, Einseitigkeitsklauseln);
   b) der geschuldete Betrag an den künftigen Goldpreis gebunden sein soll;
   c) der geschuldete Betrag allgemein von der künftigen „Kaufkraft“ der Deutschen Mark oder einem anderen Maßstab abhängig sein soll, der nicht erkennen läßt, welche Preise oder Werte dafür bestimmend sein sollen;
   d) der geschuldete Betrag sich gegenüber der Entwicklung der Bezugsgröße überproportional ändern kann (z. B. durch Gleichsetzung von Indexpunkten mit dem Prozentsatz der Änderung der Geldschuld).
3. Außerdem werden Klauseln nicht genehmigt, nach denen der geschuldete Betrag
   a) von der künftigen Entwicklung der Lebenshaltungskosten (einem Preisindex für die Lebenshaltung) abhängig sein soll, es sei denn, daß es sich um
   aa) wiederkehrende Zahlungen handelt, die
   — auf Lebenszeit des Gläubigers oder Schuldners,
   — bis zum Erreichen der Erwerbsfähigkeit oder eines bestimmten Ausbildungszieles des Empfängers,
   — bis zum Beginn der Altersversorgung des Empfängers
   — für die Dauer von mindestens zehn Jahren (gerechnet vom Vertragsschluß bis zur Fälligkeit der letzten Zahlungen)
   oder
   — auf Grund von Verträgen zu entrichten sind, die die Laufzeitvoraussetzungen von Nr. 1 b erfüllen,
   oder
   bb) Zahlungen handelt, die
   — auf Grund einer Verbindlichkeit aus der Auseinandersetzung zwischen Miterben, Ehegatten, Eltern und Kindern,
   — auf Grund einer letztwilligen Verfügung oder
   — von dem Übernehmer eines Betriebes oder eines sonstigen Vermögens zur Abfindung eines Dritten zu entrichten sind, sofern zwischen dem Entstehen der Verbindlichkeit und der Endfälligkeit ein Zeitraum von mindestens zehn Jahren liegt oder die Zahl-

ungen nach dem Tode eines Beteiligten zu erbringen sind,

b) von der künftigen Einzel- oder Durchschnittsentwicklung von Löhnen, Gehältern, Ruhegehältern oder Renten abhängig sein soll, es sei denn,
aa) daß es sich um regelmäßig wiederkehrende Zahlungen handelt, die
— für die Lebensdauer
— bis zum Erreichen der Erwerbsunfähigkeit oder eines bestimmten Ausbildungszieles oder
— bis zum Beginn der Altersversorgung des Empfängers zu entrichten sind
oder
bb) daß der jeweils noch geschuldete Betrag insoweit von der Entwicklung von Löhnen oder Gehältern abhängig gemacht wird, als diese die Selbstkosten des Gläubigers bei der Erbringung der Gegenleistung unmittelbar beeinflussen,

c) vom künftigen Preis oder Wert sonstiger verschiedenartiger Güter oder Leistungen (z. B. vom Baukostenindex oder einem anderen die Preis- oder Wertentwicklung von einer Anzahl von Gütern oder Leistungen bezeichnenden Index) abhängig sein soll, es sei denn, daß der jeweils noch geschuldete Betrag
aa) von der Entwicklung der Preise oder Werte für Güter oder Leistungen abhängig gemacht wird, die der Schuldner in seinem Betrieb erzeugt, veräußert oder erbringt, oder
bb) insoweit von der Entwicklung der Preise oder Werte für Güter oder Leistungen abhängig gemacht wird, als diese die Selbstkosten des Gläubigers bei der Erbringung der Gegenleistung unmittelbar beeinflussen,

d) durch den künftigen Kurs einer anderen Währung bestimmt werden soll, es sei denn, daß es sich handelt um
aa) Einfuhrverträge, Einfuhranschlußverträge zwischen Importeuren und Erstabnehmern, Ausfuhr-Zulieferungsverträge zwischen Exporteuren und ihren unmittelbaren Zulieferern oder Kaufverträge des „gebrochenen" Transithandels, sofern die Ware von den Importeuren, den Exporteuren oder den Transithändlern unverändert weiterveräußert wird,
oder
bb) Passage- oder Frachtverträge im grenzüberschreitenden Verkehr,

e) von der künftigen Einzel- oder Durchschnittsentwicklung des Preises oder Wertes von Grundstücken abhängig sein soll, es sei denn, daß sich das Schuldverhältnis auf die land- oder forstwirtschaftliche Nutzung eines Grundstücks beschränkt.

4. Soweit nach den vorstehenden Grundsätzen eine nach § 3 Satz 2 des Währungsgesetzes (Nr. 2 c Satz 2 der Währungsverordnung für Berlin) erforderliche Genehmigung nicht ausgeschlossen ist, kann im allgemeinen mit ihrer Erteilung gerechnet werden.

5. Bei Verträgen der in Nr. 3 d bezeichneten Art kann auch mit der Genehmigung zur Eingehung von Verbindlichkeiten in fremder Währung (§ 3 Satz 1 des Währungsgesetzes Nr. 2 c Satz 1 der Währungsverordnung für Berlin) gerechnet werden.

6. Diese Grundsätze treten an die Stelle der im Bundesanzeiger Nr. 160 vom 29. August 1964 (durch die Mitteilung der Deutschen Bundesbank Nr. 1018/64) bekanntgegebenen und durch die Mitteilung der Deutschen Bundesbank Nr. 1006/69 (Bundesanzeiger Nr. 169 vom 12. September 1969) geänderten Grundsätze. Soweit sie abweichend von den bisherigen Grundsätzen eine Genehmigung ausschließen, werden sie auf Vereinbarungen angewandt, die nach dem 30. September 1978 getroffen werden. Im übrigen werden diese Grundsätze bei allen Genehmigungsanträgen angewandt, über die nach der Bekanntgabe dieser Grundsätze entschieden wird.

7. Eine Änderung dieser Grundsätze bleibt vorbehalten.

8. Genehmigungsanträge nach § 3 des Währungsgesetzes (Nr. 2 c der Währungsverordnung für Berlin) sind bei der zuständigen Landeszentralbank einzureichen.

Amtsgericht Königstein/Ts. **Grundbuch von** Königstein **Band** 46 **Blatt** 1578 **Dritte Abteilung**

Laufende Nummer der Eintragungen	Laufende Nummer der belasteten Grundstücke im Bestandsverzeichnis	Betrag	Hypotheken, Grundschulden, Rentenschulden
1	2	3	4
1	1, 2, 3	2.500,-- DM	Sicherungshypothek zum Höchstbetrage von zweitausendfünfhundert Deutsche Mark für den Fürsorgeverband des Obertaunuskreises in Bad Homburg v.d. Höhe, vertreten durch den Landrat des Obertaunuskreises. Unter Bezugnahme auf die Bewilligung vom 29. Juni 1951 eingetragen auf Band 7 Blatt 254 am 6. August 1951 und hierher übertragen am 17. September 1964. gez. Unterschriften
2	1, 2, 3	140.000,-- DM	Einhundertvierzigtausend Deutsche Mark Briefgrundschuld mit elf v.H. Jahreszinsen für die Königsteiner Volksbank eGmbH in Königstein/Ts. Der jeweilige Eigentümer ist der sofortigen Zwangsvollstreckung unterworfen und hat kein Widerspruchsrecht gemäß § 1160 BGB. Mit Bezug auf die Bewilligung vom 13. November 1969 eingetragen am 4. Dezember 1970. gez. Unterschriften
3	1, 2, 3	160.000,-- DM	Einhundertsechzigtausend Deutsche Mark Briefgrundschuld mit zwölf vom Hundert Jahreszinsen für die Königsteiner Volksbank eGmbH in Königstein/Ts. Vollstreckbar nach § 800 ZPO. Mit Bezug auf die Bewilligung vom 21. Januar 1972 eingetragen am 18. Februar 1972. gez. Unterschriften

Handblatt

Handblatt

Veränderungen			Löschungen		
Laufende Nummer d.Spalte 1	Betrag		Laufende Nummer d.Spalte 1	Betrag	
5	6	7	8	9	10
2	140.000,-- DM	Löschungsvormerkung gemäß §§ 1179, 1163 BGB für den jeweiligen Gläubiger des Rechts Abt. III Nr. 3. Eingetragen am 18. Februar 1972. gez. Unterschriften	1	2.500,-- DM	Gelöscht am 4. Dezember 1970. gez. Unterschriften
2 3	140.000,-- DM 160.000,-- DM	Löschungsvormerkung nach §§ 1179, 1163 BGB für den jeweiligen Gläubiger der Post Abt. III Nr. 4 eingetragen am 23.7.1973. gez. Unterschriften			
2	140.000,-- DM	Abgetreten mit den Zinsen seit 4.12.1970 an August Leber gez. Unterschriften			

§ 34 Baugesetzbuch (BauGB)

Anhang 16

§ 34 Zulässigkeit von Vorhaben innerhalb der im Zusammenhang bebauten Ortsteile.

(1) Innerhalb der im Zusammenhang bebauten Ortsteile ist ein Vorhaben zulässig, wenn es sich nach Art und Maß der baulichen Nutzung, der Bauweise und der Grundstücksfläche, die überbaut werden soll, in die Eigenart der näheren Umgebung einfügt und die Erschließung gesichert ist. Die Anforderungen an gesunde Wohn- und Arbeitsverhältnisse müssen gewahrt bleiben; das Ortsbild darf nicht beeinträchtigt werden.

(2) Entspricht die Eigenart der näheren Umgebung einem der Baugebiete, die in der aufgrund des § 2 Abs. 5 erlassenen Verordnung bezeichnet sind, beurteilt sich die Zulässigkeit des Vorhabens nach seiner Art allein danach, ob es nach der Verordnung in dem Baugebiet allgemein zulässig wäre; auf die nach der Verordnung ausnahmsweise zulässigen Vorhaben ist § 31 Abs. 1, im übrigen ist § 31 Abs. 2 entsprechend anzuwenden.

(3) Nach den Absätzen 1 und 2 unzulässige Erweiterungen, Änderungen, Nutzungsänderungen und Erneuerungen von zulässigerweise errichteten baulichen und sonstigen Anlagen können im Einzelfall zugelassen werden, wenn

1. die Zulassung aus Gründen des Wohls der Allgemeinheit erforderlich ist

oder

2. das Vorhaben einem Betrieb dient und städtebaulich vertretbar ist und wenn die Abweichung auch unter Würdigung nachbarlicher Interessen mit den öffentlichen Belangen vereinbar und die Erschließung gesichert ist. Satz 1 findet keine Anwendung auf Einzelhandelsbetriebe, die die verbrauchernahe Versorgung der Bevölkerung beeinträchtigen können.

(4) Die Gemeinde kann durch Satzung

1. die Grenzen für im Zusammenhang bebaute Ortsteile festlegen,
2. bebaute Bereiche im Außenbereich als im Zusammenhang bebaute Ortsteile festlegen, wenn die Flächen im Flächennutzungsplan als Baufläche dargestellt sind,
3. einzelne Außenbereichsgrundstücke zur Abrundung der Gebiete nach den Nummern 1 und 2 einbeziehen.

Die Satzung nach Satz 1 Nr. 2 und 3 muß mit einer geordneten städtebaulichen Entwicklung vereinbar sein. In ihr können einzelne Festsetzungen nach § 9 Abs. 1, 2 und 4 getroffen werden. § 9 Abs. 6 ist entsprechend anzuwenden.

(5) Vor dem Erlaß der Satzung nach Absatz 4 Satz 1 Nr. 2 und 3 ist den betroffenen Bürgern und berührten Trägern öffentlicher Belange Gelegenheit zur Stellungnahme innerhalb angemessener Frist zu geben. Auf die Satzung ist § 22 Abs. 3 entsprechend anzuwenden.

Entwurf eines Grundstückskaufvertrages

Urkundenrolle Nr. ____________ /____________

Verhandelt

zu ____

am ____

Vor mir, ____________________________________

____

Notar

im Oberlandesgerichtsbezirk mit dem Amtssitz in

____

erschienen heute: ____________________________

____

Die Erschienenen ersuchten den amtierenden Notar um Beurkundung des nachfolgenden

Kaufvertrages.

Sie erklärten:

Kaufgegenstand

1.1 Der/Die Erschienene/n zu — nachfolgend „der Veräußerer" genannt — verkauft/verkaufen an die/den Erschienene/n zu) / an die Erschienenen zu

______________ zu je ideellen ____________ Miteigentumsanteilen — nachfolgend „der Erwerber" genannt, den in dem beim Amtsgericht

____

geführten Grundbuch von ______________

Band ____________ Blatt ____________ verzeichneten Grundbesitz:

Kaufpreis und Zahlungstermine

2.1 Der Kaufpreis beträgt DM ______________

____

(in Worten: Deutsche Mark)

2.2 Der Erwerber, mehrere als Gesamtschuldner, zahlt den

____________________ Kaufpreis bis zum

____________________ auf ein vom amtierenden Notar einzurichtendes Notar-Anderkonto.

2.3 Der Veräußerer kann vom Vertrag zurücktreten, falls der Erwerber mit seiner Zahlungspflicht zehn Tage in Verzug gerät.

Die Anwendung des § 454 BGB ist ausgeschlossen.

2.4 Im Falle des Zahlungsverzuges zahlt der Erwerber

____________ % Zinsen jährlich an den Veräußerer direkt.

Grundbuchbelastungen

3.1 In Abteilung II des Grundbuches ist der verkaufte Grundbesitz nicht belastet/belastet mit:

____

Diese Belastungen gehen dinglich auf den Erwerber über.

3.2 In Abteilung III des Grundbuches ist der verkaufte Grundbesitz nicht belastet/belastet mit:

____

Diese Belastungen werden aus dem Kaufpreis abgelöst und gelöscht.

Besitzübergang und Gewährleistung

4.1 Die Besitzübergabe erfolgt

am ______________, vorausgesetzt der gesamte Kaufpreis ist auf dem Notar-Anderkonto eingegangen.

4.2 Vom Tage der Besitzübergabe an gehen Nutzungen, Gefahr, öffentliche Lasten und Abgaben auf den Erwerber über.

4.3 Mietverträge bestehen nicht / sind dem Erwerber bekannt und gehen auf diesen über. Eine Mietkaution besteht nicht. / Die Mietkaution wird vom Veräußerer dem Erwerber am Tage der Besitzübergabe ausgehändigt.

4.4 Der Veräußerer übergibt das Kaufobjekt geräumt/nicht geräumt.

4.5 Gewähr für Größe, Güte und Beschaffenheit oder die Eignung zu einem bestimmten Zweck wird nicht übernommen. Jegliche Gewährleistung für Sach- und Rechtsmängel ist ausgeschlossen. Die sich hieraus ergebenden Rechtsfolgen wurden den Parteien vom Notar eingehend dargelegt.

4.6 Der Veräußerer hat keine Kenntnisse von Eintragungen im Baulastenverzeichnis.

4.7 Der Veräußerer versichert, daß alle bisher angeforderten Erschließungskosten und Anliegerbeiträge bezahlt sind und daß Gebührenrechnungen für bereits erfolgte Erschließungsmaßnahmen nicht ausstehen. Alle zukünftigen Erschließungskosten und Anliegergebühren trägt der Erwerber.

4.8 Der Veräußerer sichert lastenfreien Eigentumsübergang auf den Erwerber zu, mit Ausnahme von Belastungen, die gemäß Ziffer 3.1 vom Erwerber übernommen und die mit Zustimmung oder auf Veranlassung des Erwerbers im Grundbuch eingetragen werden.

Bewilligungen und Anträge

5.1 Die Erschienenen sind darüber einig, daß das Eigentum an dem in 1.1 dieses Vertrages bezeichneten Grundbesitz auf die/den Erschienene/n

zu ____________) zu Alleineigentum / die Erschienenen

zu ____________), ____________), ____________)

zu je ideellen ______________________________

Miteigentumsanteilen übergeht.

5.2 Die Erschienenen bewilligen und beantragen, die Eigentumsänderung im Grundbuch einzutragen.

5.3 Die Erschienenen bewilligen und beantragen, eine Auflassungsvormerkung nach Maßgabe dieses Vertrages für den Erwerber im Grundbuch einzutragen.

5.4 Der Erwerber bewilligt die Löschung dieser Vormerkung bei Eintragung des Eigentumsüberganges auf ihn im Grundbuch.

5.5 Die Erschienenen nehmen Bezug auf die von den Gläubigern der Belastungen III/

______________________ noch zu erteilenden Löschungsbewilligungen und beantragen, die Löschung dieser Belastungen im Grundbuch einzutragen.

Aufträge an den Notar

6.1 Die Beteiligten beauftragen den Notar, alle Genehmigungen und sämtliche zum Vollzug dieses Vertrages erforderlichen Erklärungen einzuholen, für die Beteiligten in Empfang zu nehmen und für die Durchführung dieses Vertrages zu sorgen.

6.2 Die in dieser Urkunde gestellten Anträge gelten nicht als einheitlicher Antrag, sondern können von dem Notar getrennt voneinander dem Grundbuchamt zum Vollzug vorgelegt, wie auch eingeschränkt und ganz oder teilweise zurückgenommen werden.

6.3 Der Notar soll die Eintragung der Auflassungsvormerkung im Grundbuch beantragen, sobald der gesamte Kaufpreis auf dem Notar-Anderkonto eingegangen ist.

6.4 Nach Eintragung der Auflassungsvormerkung und Vorliegen aller zur Eigentumsumschreibung erforderlichen Unterlagen — mit Ausnahme der steuerlichen Unbedenklichkeitsbescheinigung des Finanzamtes — soll der Notar aus dem hinterlegten Kaufpreis die in 3.2 bezeichneten Belastungen in Abt. III des Grundbuches ablösen und den Restkaufpreis — bei Lastenfreiheit, mit Ausnahme der auf Veranlassung des Erwerbers eingetragenen Grundpfandrechte, den gesamten Kaufpreis — an den Veräußerer auszahlen.
Die Zinsen des Notar-Anderkontos stehen dem Veräußerer zu.

6.5 Der Notar soll die Löschungsbewilligungen und, soweit erteilt, die Grundpfandrechtsbriefe bei den Gläubigern der abzulösenden Belastungen einholen.

6.6 Der Notar soll die Verzichtserklärung hinsichtlich des Vorkaufsrechtes der Gebietskörperschaft einholen.

6.7 Der Notar soll die Eigentumsumschreibung beantragen, wenn der Kaufpreis bezahlt ist.

6.8 Der Löschungsantrag für die zugunsten des Erwerbers eingetragene Auflassungsvormerkung ist vom Notar zu stellen.

6.9 Die Parteien erhalten einfache Vertragsabschriften.
Der Notar ist ermächtigt, finanzierenden Gläubigern zu treuen Händen je eine beglaubigte Abschrift zu erteilen.

Hinweise des Notars

7.1 Der Notar belehrte, daß das Eigentum erst mit Umschreibung im Grundbuch auf den Erwerber übergeht und daß hierzu die steuerliche Unbedenklichkeitsbescheinigung des Finanzamtes erforderlich ist.

7.2 Der Notar belehrte, daß der Gebietskörperschaft möglicherweise ein Vorkaufsrecht nach dem Baugesetzbuch und dem Maßnahmengesetz zum Baugesetzbuch zusteht.

7.3 Der Notar belehrte, daß nach dem Gesetz Veräußerer und Erwerber für Grunderwerbsteuer, Gerichts- und Notariatskosten gesamtschuldnerisch haften.

7.4 Der Notar wies auf die Bestimmungen des Grunderwerbsteuergesetzes hin.

7.5 Der Notar hat das Grundbuch

am ______________________ eingesehen.

7.6 Hinsichtlich der für die Finanzierung des Kaufpreises eventuell zu bestellenden Grundschulden belehrte der Notar über den Umfang und die Tragweite der durch die Grundschuldbestellung in Verbindung mit einer Zweckbestimmungserklärung eingegangenen Verpflichtungen, insbesondere auch darüber, daß die Grundschuld unabhängig von einer bestimmten Kreditgewährung Ansprüche der Gläubigerin sichert; das gilt insbesondere, wenn Grundschulden Forderungen der Gläubigerin gegen einzelne von mehreren beteiligten Personen oder gegen Dritte sichern sollen. Der Kreis der gesicherten Forderungen wird durch die Zweckbestimmungserklärung festgelegt.

7.7 Der Notar wies darauf hin, daß er die mit diesem Vertrag möglicherweise verbundenen steuerlichen Auswirkungen hinsichtlich Einkommensteuergesetz, Umsatzsteuergesetz, Erbschaftssteuergesetz usw. nicht geprüft hat und daß die Vertragsgestaltung in dieser Hinsicht nach den Wünschen und Erklärungen der Vertragsschließenden erfolgt.

Die Vertragsschließenden stellen den Notar insoweit von jeglicher Haftung frei.

Sonstige Erklärungen

8.1 Die zu ______________________) erschienene Ehefrau des Veräußerers stimmt den Erklärungen ihres Ehemannes, als Alleineigentümer des verkauften Grundbesitzes, in dieser Urkunde zu, soweit dies nach den gesetzlichen Bestimmungen erforderlich ist.

Vollmachten

9.1 Die Erschienenen bevollmächtigen die Bürovorsteherin

______________________, dienstansässig

______________________, alle zur Durchführung dieses Vertrages etwa noch erforderlichen Erklärungen formellen und materiellen Inhaltes für die Beteiligten abzugeben und entgegenzunehmen sowie Ergänzungen und Abänderungen dieses Vertrages für die Beteiligten zu erklären.

9.2 Die Bürovorsteherin ______________________ ist auch bevollmächtigt, bereits vor Eigentumsumschreibung Grundpfandrechte zu bestellen und dabei den jeweiligen Eigentümer gem. § 800 ZPO der sofortigen Zwangsvollstrekkung zu unterwerfen wie auch für den Erwerber, für mehrere als Gesamtschuldner, die persönliche Schuldhaft zu übernehmen und diesen hieraus der sofortigen Zwangsvollstrekkung in sein gesamtes Vermögen zu unterwerfen wie auch für den Erwerber Darlehens- und Kreditbedingungen gegenüber seinem Kreditgeber anzuerkennen.

Die Bürovorsteherin ______________________ ist auch bevollmächtigt, in Abteilung II und in Abteilung III des Grundbuches die Eintragung und Löschung von Belastungen, die Eintragung von Rangänderungen, Vorrangseinräumungen, Rangvorbehalten und deren Ausnutzung sowie Löschungsvormerkungen und die Löschung der für den Erwerber einzutragenden Auflassungsvormerkung für die Beteiligten zu bewilligen und zu beantragen.

Die Bevollmächtigte ist von den Beschränkungen des § 181 BGB befreit. Sie ist berechtigt, Untervollmacht zu erteilen. Die Vollmacht soll mit dem Tod der Vollmachtgeber nicht erlöschen.

9.3 Die vorstehenden Vollmachten in Ziffer 9.2 werden hiermit auch dem Erwerber erteilt.

9.4 Von den Vollmachten in Ziffern 9.1, 9.2 und 9.3 kann nur zur Urkundenrolle des amtierenden Notars Gebrauch gemacht werden.

9.5 Der Erwerber tritt unwiderruflich die diesen Belastungen zugrundeliegenden Darlehensvaluten bis zur Höhe von

DM ______________________ an den Veräußerer ab und weist die finanzierenden Gläubiger hiermit unwiderruflich an, die Darlehensvaluten bis zur Höhe dieses Betrages ausschließlich auf das vom amtierenden Notar einzurichtende Notar-Anderkonto zu überweisen.

Der Erwerber wird alle von den finanzierenden Gläubigern etwa noch verlangten Erklärungen abgeben, insbesondere Zahlungsanweisungen erteilen, um zu gewährleisten, daß die Darlehensvaluten bis zur Höhe des vorgenannten Betrages ausschließlich auf das vom amtierenden Notar einzurichtende Notar-Anderkonto gezahlt werden.

Kosten

10.1 Die mit dieser Beurkundung und ihrer Abwicklung verbundenen Kosten trägt der Erwerber.

10.2 Die Grunderwerbsteuer trägt der Erwerber.

10.3 Die Kosten der Lastenfreistellung in Abteilung III des Grundbuches trägt der Veräußerer.

10.4 Der Erwerber trägt auch die Kosten der Vermittlung dieses Vertrages durch die

Maklerfirma ______________________

in Höhe von ______________% des Kaufpreises zuzüglich der gesetzlichen Mehrwertsteuer, verdient und fällig bei Abschluß dieses Vertrages.

Die Maklerfirma ist unmittelbar anspruchsberechtigt.

Die Maklerfirma ist vom Erwerber beauftragt.

Das vorstehende Protokoll wurde den Erschienenen von dem Notar vorgelesen, von den Erschienenen genehmigt und sodann von den Erschienenen und dem Notar eigenhändig unterschrieben wie folgt:

Entwurf eines Kaufvertrages einer zu errichtenden Eigentumswohnung

Anhang 18

Urkundenrolle Nr. ______

Verhandelt

zu ______
am ______
Vor mir, Notar, ______
im Oberlandesgerichtsbezirk ______
mit dem Amtssitz in ______
erschienen heute: ______

Die Erschienen ersuchten den amtierenden Notar um Beurkundung des nachfolgenden Kaufvertrages.

Sie erklärten:

Kaufgegenstand

1. 1 Der/die Erschienene/n zu ______
nachfolgend „der Veräußerer" genannt, verkauft/en an den/die Erschienene/n zu ______
nachfolgend „der Erwerber" genannt, den in dem beim Amtsgericht ______
geführten Grundbuch von ______ Band ______ Blatt ______ Bestandsverzeichnis lfd. Nr. ______ verzeichneten ______ /1000 Miteigentumsanteil an dem Grundstück ______
______
verbunden mit dem Sondereigentum an der Wohnung Nr. ______ und dem Keller Nr. ______ des Aufteilungsplanes ______
Sondernutzungsrecht an Pkw-Stellplatz Nr. ______
Für jeden Miteigentumsanteil ist ein besonderes Grundbuchblatt angelegt (Blätter ______ bis ______); der hier eingetragene Miteigentumsanteil ist durch die zu den anderen Miteigentumsanteilen gehörenden Sondereigentumsrechte beschränkt;
wegen Gegenstand und Inhalt des Sondereigentums Bezugnahme auf die Bewilligung vom ______; übertragen aus Blatt ______; eingetragen am ______

1. 2 Der Veräußerer verpflichtet sich, das Kaufobjekt auf seine Kosten schlüsselfertig herzustellen.
Für diesen Vertrag und die Ausführung der von dem Veräußerer zu errichtenden Bauwerke gilt die diesem Vertrag als Bestandteil beigefügte Baubeschreibung, die vom Notar verlesen und mit den Parteien besprochen wurde.
Der Veräußerer ist nur berechtigt, von der vorgesehenen Bauausführung abzuweichen, wenn diese Abweichung für den Wohn- bzw. Nutzungswert unbedeutend ist oder von der Bauaufsichtsbehörde verlangt wird.

Kaufpreis und Zahlungstermine

2. 1 Der Kaufpreis beträgt DM ______ in Worten: Deutsche Mark ______
Der Kaufpreis versteht sich als Festpreis. Hierin enthalten sind die anteiligen Grundstücks- und Erschließungskosten sowie die Bau- und Baunebenkosten für alle Leistungen gemäß Baubeschreibung.

2. 2 Nicht im Kaufpreis enthalten sind etwaige Sonderwünsche des Erwerbers. Sollte der Erwerber Sonderwünsche haben, so kann er diese über den Architekten direkt bei den Handwerkern in Auftrag geben und hat mit den Handwerkern auch direkt abzurechnen.

2. 3 Der Erwerber, mehrere als Gesamtschuldner, verpflichtet sich, 15 Prozent der Kosten der Sonderwünsche als Architektenbearbeitungsgebühr direkt an den Architekten zu zahlen, der hieraus anspruchsberechtigt sein soll. Unabhängig von dieser Regelung wird der Erwerber einen Vertrag mit dem Architekten schließen.

2. 4 Der Kaufpreis wird wie folgt belegt:
30 % des Kaufpreises nach Beginn der Erdarbeiten = DM ______
vom Restbetrag von DM ______
40 % = DM ______
nach Rohbaufertigstellung
25 % = DM ______
nach Fertigstellung der Rohinstallation einschließlich Innenputz, ausgenommen Beiputzarbeiten
15 % = DM ______
nach Fertigstellung der Schreiner- und Glaserarbeiten
15 % = DM ______
nach Bezugsfertigkeit und Zug um Zug gegen Besitzübergabe
5 % = DM ______
nach vollständiger Fertigstellung

2. 5 Ungeachtet des Baufortschritts ist jedoch kein Kaufpreisteil zur Zahlung fällig, bevor nicht die in Ziffer 7.3 dieses Vertrages bewilligte und beantragte Auflassungsvormerkung zugunsten des Erwerbers im Grundbuch eingetragen ist und dem Erwerber die Freistellungserklärung der Gläubigerin der Belastung III/1 über DM ______ vorliegt.

2. 6 Der Veräußerer fordert den Erwerber zur Zahlung der fälligen Kaufpreisraten jeweils schriftlich auf.
Die Beträge müssen spätestens bis zum 10. Tage nach dem Zugang der Zahlungsaufforderung eingegangen sein.
Mehrere Erwerber haften für die Kaufpreiszahlungen als Gesamtschuldner.

2.7 Der Veräußerer erklärt, daß er seinen Anspruch auf Zahlung des Kaufpreises gegen den Erwerber aus diesem Vertrag an ______
abgetreten hat.
Zahlungen mit schuldbefreiender Wirkung sind von dem Erwerber deshalb ausschließlich auf das Konto Nr. ______
bei ______
BLZ ______, zur freien Verfügung im Rahmen der gesetzlichen Vorschriften zu leisten.
Der Erwerber nimmt hiermit von der Kaufpreisabtretung Kenntnis und wird die Kaufpreisraten nur auf das vorgenannte Konto des Veräußerers bei der ______
zahlen.

Freistellung

3.1 Der Veräußerer versichert, daß das in 1.1 dieser Urkunde bezeichnete Kaufobjekt für die Belastung über DM ______ nur in Höhe des Kaufpreises haftet, wobei sich die Haftung jeweils um die gezahlten Kaufpreisraten mindert.

3.2 Der Veräußerer verpflichtet sich, vor Zahlung der ersten Kaufpreisrate durch den Erwerber zu Händen des amtierenden Notars eine schriftliche Freistellungserklärung der ______
beizubringen, in der diese bestätigt, daß sie das in Ziffer 1.1 dieses Vertrages bezeichnete Kaufobjekt aus der Pfandhaft entlassen wird, sobald der gesamte vom Erwerber nach diesem Kaufvertrag zu zahlende Kaufpreis auf dem bei der ______
für den Veräußerer eingerichteten Konto Nr. ______
zur freien Verfügung im Rahmen der gesetzlichen Vorschriften eingegangen ist.

3.3 Diese vom Veräußerer beizubringende Freistellungserklärung der ______
hat weiterhin für den Fall, daß das Bauvorhaben nicht vollendet werden sollte, die Verpflichtung der ______
gegenüber dem Erwerber zu enthalten, die auf das Konto des Veräußerers bei der ______
eingezahlten Beträge Zug um Zug gegen Löschung, gegebenenfalls Abtretung, der Auflassungsvormerkung und der auf Veranlassung des Erwerbers bereits eingetragenen Grundpfandrechte an den Erwerber bis zum Wert des Vertragsobjektes zurückzuerstatten.
Der Erwerber hat in diesem Fall keinen Zinsanspruch.
Erkennt der Erwerber den in diesem Fall von der ______
errechneten Fertigstellungsgrad nicht an, so entscheidet auf Antrag beider Parteien ein von der Industrie- und Handelskammer bestellter vereidigter Sachverständiger.

Verzug, Aufrechnung, Zurückbehaltung

4.1 Gerät der Erwerber in Verzug, so hat er ab dem Tage der Fälligkeit der jeweils rückständigen Kaufpreisrate, ganz oder teilweise, Zinsen in Höhe von ______ % jährlich zu zahlen.
Die Zinsen sind monatlich nachträglich fällig und jeweils am Ende eines jeden Monats von dem Erwerber, bei mehreren als Gesamtschuldnern, ebenfalls auf das Konto des Veräußerers bei ______
zu zahlen.

4.2 Mit Ausnahme von unbestrittenen oder rechtskräftig festgestellten Forderungen kann der Erwerber gegenüber den Ansprüchen des Veräußerers aus diesem Vertrag, gleichgültig aus welchem Grunde, weder aufrechnen noch ein Zurückbehaltungsrecht geltend machen, insbesondere auch nicht, wenn der Erwerber Ansprüche aus Mängeln der Bauerstellung behauptet.

Grundbuchbelastungen

5.1 Das Kaufobjekt ist in Abteilung II des Grundbuches belastet mit II/1 Grunddienstbarkeit (Geh- und Fahrrecht) für den jeweiligen Eigentümer des Grundstücks ______
Diese Belastung geht dinglich über.

5.2 In Abteilung III des Grundbuches ist das Kaufobjekt belastet mit III/1 DM ______ Buchgrundschuld für ______
Diese Belastung wird gem. 3.2 dieses Vertrages gelöscht werden.

Besitzübergang und Gewährleistung

6.1 Die Besitzübergabe erfolgt bei Bezugsfertigkeit des in Ziffer 1.1 dieses Vertrages bezeichneten Kaufobjektes, voraussichtlich am ______ vorausgesetzt, daß die fälligen Kaufpreisraten auf dem Konto des Veräußerers bei ______
eingegangen sind.

6.2 Der Veräußerer ist verpflichtet, unter Einhaltung einer Frist von mindestens zwei Wochen dem Erwerber den Tag der Bezugsfertigkeit mitzuteilen und ihn gleichzeitig zu einer gemeinsamen Abnahme des Kaufobjektes bis zu diesem Zeitpunkt aufzufordern.

6.3 Kommt der Erwerber dieser Aufforderung nicht nach, gilt das Kaufobjekt mit dem Tage der Bezugsfertigkeit als mängelfrei abgenommen.
Das gleiche gilt, wenn das Kaufobjekt ohne Einwilligung des Veräußerers ganz oder teilweise vorzeitig in Gebrauch genommen wird.

6.4 Der Veräußerer ist berechtigt, die Bezugsfertigkeit zu erklären, sobald das Bauwerk fertiggestellt ist.
Eventuelle Restarbeiten an der Außenwand des Gebäudes oder an den Außenanlagen hindern die Bezugsfertigkeit nicht, wenn sie die übliche Nutzungsfunktion im Innern des Hauses nicht beeinträchtigen.

6.5 Vom Tage der Besitzübergabe an trägt der Erwerber die auf das von ihm mit diesem Vertrag erworbene Eigentum entfallenden Grund- und Gebäudesteuern, Abgaben, öffentlichen und privaten Lasten, ferner die Kosten der ordnungsgemäßen Bewirtschaftung.
Vom gleichen Tage an gebühren dem Erwerber die Nutzungen und geht die Gefahr des zufälligen Unterganges oder der zufälligen Verschlechterung des Kaufobjektes auf den Erwerber über.

6.6 Die Übergabe des Kaufobjektes erfolgt in Form einer gemeinsamen Besichtigung.
Über die Besichtigung ist eine von beiden Vertragsparteien zu unterzeichnende Niederschrift anzufertigen. In diese Niederschrift sind alle festgestellten Mängel und Schäden und noch ausstehenden Leistungen aufzunehmen, die vom Veräußerer auf seine Kosten in angemessener Frist zu beseitigen bzw. noch durchzuführen sind.

6.7 Für später auftretende Mängel leistet der Veräußerer Gewähr nach VOB, jedoch auf die Dauer von fünf Jahren, beginnend mit dem Übergabetermin des Kaufobjektes.

6.8 Für Größe des Wohnungs- bzw. Teileigentums sowie für Größe, Güte und Beschaffenheit des im Miteigentum befindlichen Grund und Bodens wird nicht gehaftet.

6.9 Der Veräußerer erklärt, daß der Grund und Boden im Baulastenverzeichnis belastet ist mit einem Überfahrtsrecht für den jeweiligen Eigentümer des Flurstücks 9/4.

6.10 Der Veräußerer versichert, daß alle Erschließungskosten und Anliegergebühren bezahlt sind bzw. von ihm bezahlt werden.

6.11 Die dieser Urkunde beigefügte Teilungserklärung vom ____________ des Notars ______________________________
ist Bestandteil dieses Vertrages und wurde mit den Erschienenen, die auf das Verlesen verzichteten, im einzelnen besprochen.
Der Erwerber anerkennt die Bestimmungen in dieser Teilungserklärung als für sich verbindlich. Derzeitiger Verwalter ist ____
Nach dem Inhalt des Grundbuches und der Teilungserklärung ist Zustimmung des Verwalters zu diesem Kaufvertrag nicht erforderlich. Ihm ist eine Abschrift dieses Vertrages zu übersenden.

6.12 Der Veräußerer sichert lastenfreien Eigentumsübergang im Grundbuch zu mit Ausnahme der Belastung II/1 und derjenigen Belastungen, die mit Zustimmung oder auf Veranlassung des Erwerbers im Grundbuch eingetragen werden.

Bewilligungen und Anträge

7.1 Die Erschienenen sind darüber einig, daß das Eigentum an dem in Ziffer 1.1 dieses Vertrages bezeichneten Kaufobjekt auf ____
übergeht.

7.2 Die Erschienenen bewilligen und beantragen, die Eigentumsänderung im Grundbuch einzutragen.

7.3 Die Erschienenen bewilligen und beantragen eine Auflassungsvormerkung nach Maßgabe dieses Vertrages für den Erwerber im Grundbuch einzutragen.

7.4 Der Erwerber bewilligt die Löschung dieser Vormerkung bei Eintragung des Eigentumsüberganges auf ihn im Grundbuch.

7.5 Die Erschienenen nehmen Bezug auf die von der Gläubigerin der Belastung III/1 über DM ______________
noch zu erteilende Pfandfreigabeerklärung bzw. Löschungsbewilligung für das in Ziffer 1.1 dieser Urkunde bezeichnete Kaufobjekt und beantragen, die Pfandfreigabe bzw. Löschung im Grundbuch einzutragen.

Aufträge an den Notar

8.1 Die Beteiligten beauftragen den Notar, alle Genehmigungen und sämtliche zum Vollzug dieses Vertrages erforderlichen Erklärungen einzuholen, für die Beteiligten in Empfang zu nehmen und für die Durchführung dieses Vertrages zu sorgen.

8.2 Die in dieser Urkunde gestellten Anträge gelten nicht als einheitlicher Antrag, sondern können von dem Notar getrennt voneinander dem Grundbuchamt zum Vollzug vorgelegt, wie auch eingeschränkt und ganz oder teilweise zurückgenommen werden.

8.3 Der Notar soll die Eintragung der Auflassungsvormerkung unverzüglich nach Beurkundung dieses Vertrages beantragen.

8.4 Der amtierende Notar wird angewiesen, die Eigentumsumschreibung auf den Erwerber im Grundbuch erst zu beantragen, wenn ihm vom Veräußerer oder von der ______________________________________
schriftlich bestätigt wurde, daß der gesamte Kaufpreis vom Erwerber bezahlt ist.

8.5 Der Notar soll die Freistellungserklärung der ______________________________________
gemäß Ziffern 3.2 und 3.3 dieses Vertrages sowie die Pfandfreigabeerklärung bzw. Löschungsbewilligung entsprechend Ziffern 3.2 und 7.5 dieser Urkunde einholen und entgegennehmen.

8.6 Der Löschungsantrag für die zugunsten des Erwerbers eingetragene Auflassungsvormerkung ist vom Notar zu stellen.

8.7 Die Parteien erhalten einfache Vertragsabschriften. Der Notar ist berechtigt, finanzierenden Gläubigern zu treuen Händen je eine beglaubigte Abschrift zu erteilen.

Hinweise des Notars

9.1 Der Notar belehrte, daß das Eigentum erst mit Umschreibung im Grundbuch auf den Erwerber übergeht und daß hierzu die steuerliche Unbedenklichkeitsbescheinigung des Finanzamtes erforderlich ist.

9. 2 Der Notar belehrte, daß nach dem Gesetz Veräußerer und Erwerber für Grunderwerbsteuer, Gerichts- und Notariatskosten gesamtschuldnerisch haften.

9. 3 Der Notar wies auf die Bestimmungen des Grunderwerbsteuergesetzes hin.

9. 4 Der Notar hat das Grundbuch eingesehen am ______

9. 5 Hinsichtlich der für die Finanzierung des Kaufpreises eventuell zu bestellenden Grundschulden belehrte der Notar über den Umfang und die Tragweite der durch die Grundschuldbestellung in Verbindung mit einer Zweckbestimmungserklärung eingegangenen Verpflichtungen, insbesondere auch darüber, daß die Grundschuld unabhängig von einer bestimmten Kreditgewährung Ansprüche der Gläubigerin sichert; das gilt insbesondere, wenn Grundschulden Forderungen der Gläubigerin gegen einzelne von mehreren beteiligten Personen oder gegen Dritte sichern sollen.
Der Kreis der gesicherten Forderungen wird durch die Zweckbestimmungserklärung festgelegt.

9. 6 Der Notar wies daraufhin, daß für die Kaufpreiszahlungen kein Notar-Anderkonto eingerichtet wird, sondern daß diese ausschließlich auf das in Ziffer 2.7 dieses Vertrages genannte Konto zu leisten sind.

Sonstige Erklärungen

10. 1 Die Erschienenen zu 1) und 2) als Ehegatten stimmen gegenseitig ihren Erklärungen in dieser Urkunde zu, soweit dies nach den gesetzlichen Bestimmungen erforderlich ist.

Vollmachten

11. 1 Die Erschienenen bevollmächtigen die Bürovorsteherin ______
dienstansässig ______
alle zur Durchführung dieses Vertrages etwa noch erforderlichen Erklärungen formellen und materiellen Inhaltes für die Beteiligten abzugeben und entgegenzunehmen sowie Ergänzungen und Abänderungen dieses Vertrages für die Beteiligten zu erklären.

11. 2 ______ ist auch bevollmächtigt, bereits vor Eigentumsumschreibung Grundpfandrechte zu bestellen und dabei den jeweiligen Eigentümer gem. § 800 ZPO der sofortigen Zwangsvollstreckung zu unterwerfen wie auch für den Erwerber, für mehrere als Gesamtschuldner, die persönliche Schuldhaft zu übernehmen und diesen hieraus der sofortigen Zwangsvollstreckung in sein gesamtes Vermögen zu unterwerfen wie auch für den Erwerber Darlehens- und Kreditbedingungen gegenüber seinem Kreditgeber anzuerkennen.
______ ist auch bevollmächtigt, in Abteilung II und in Abteilung III des Grundbuches die Eintragung und Löschung von Belastungen, die Eintragung von Rangänderungen, Vorrangseinräumungen, Rangvorbehalten und deren Ausnutzung sowie Löschungvormerkungen und die Löschung der für den Erwerber einzutragenden Auflassungsvormerkung für die Beteiligten zu bewilligen und zu beantragen.
Die Bevollmächtigte ist von den Beschränkungen des § 181 BGB befreit und zur Erteilung von Untervollmacht berechtigt. Die Vollmacht soll mit dem Tod der Vollmachtgeber nicht erlöschen.

11. 3 Die vorstehenden Vollmachten in Ziffer 11.2 werden hiermit auch dem Erwerber erteilt.

11. 4 Von den Vollmachten in Ziffern 11.1, 11.2 und 11.3 kann nur zur Urkundenrolle des amtierenden Notars Gebrauch gemacht werden.

11. 5 Der Erwerber tritt hiermit unwiderruflich die diesen Belastungen zugrunde liegenden Darlehensvaluten bis zur Höhe des Kaufpreises von DM ______
an den Veräußerer ab und weist die finanzierenden Gläubiger hiermit unwiderruflich an, die Darlehensvaluten in dieser Höhe ausschließlich auf das in Ziffer 2. 7 dieses Vertrages genannte Konto bei der ______
zu zahlen.
Der Erwerber wird alle von den finanzierenden Gläubigern etwa noch verlangten Erklärungen abgeben, insbesondere Zahlungsanweisungen erteilen, um zu gewährleisten, daß die Darlehensvaluten bis zur Höhe des Kaufpreisbetrages ausschließlich auf das in Ziffer 2.7 dieses Vertrages genannte Konto gezahlt werden.

Kosten

12. 1 Die mit dieser Beurkundung und ihrer Abwicklung verbundenen Kosten trägt der Erwerber.

12. 2 Die Grunderwerbsteuer trägt der Erwerber.

12. 3 Die Kosten der Lastenfreistellung des Kaufobjektes von der Belastung III/1 über DM ______
trägt der Veräußerer.

12. 4 Der Erwerber trägt auch die Kosten der Vermittlung dieses Vertrages durch ______
in Höhe von ______ % des Kaufpreises zuzüglich der gesetzlichen Mehrwertsteuer, verdient und fällig bei Abschluß dieses Vertrages. Die Maklerfirma ist unmittelbar anspruchsberechtigt. Die Maklerfirma ist vom Erwerber beauftragt.

Vertragsregeln

13. 1 Sollten einzelne Bestimmungen unwirksam sein, bleibt der Vertrag im übrigen gültig.
Ist eine Vertragsklausel ungültig, sind die Parteien verpflichtet, an ihrer Stelle eine wirksame Regelung rückwirkend zu treffen, die der ursprünglichen am nächsten kommt.

Das vorstehende Protokoll wurde den Erschienenen von dem Notar vorgelesen, von den Erschienenen genehmigt und sodann von den Erschienenen und dem Notar eigenhändig unterschrieben wie folgt:

Entwurf eines Erbbaurechtsvertrages

Urkundenrolle Nr. ______________ /______________

Verhandelt

zu ______________________________

am ______________________________

Vor mir, Notar ______________________________

____

im Oberlandesgerichtsbezirk mit dem Amtssitz in

____

erschienen heute: ______________________________

____

Die Erschienenen ersuchten den amtierenden Notar um Beurkundung des nachfolgenden

Erbbaurechtsvertrages.

Sie erklärten:

§ 1

Der/Die Erschienene/n zu — nachfolgend „der Eigentümer" genannt — ist/sind Eigentümer des in dem beim Amtsgericht

____

geführten Grundbuch von ______________________________

Band ______________ Blatt ______________
verzeichneten Grundstücks

lfd. Nr. ______________ Gemarkung ______________

Flur ______________ Flurstück ______________

Bauplatz

______________________ straße Nr. ______________

zur Größe von ______________ m².

Das vorbezeichnete Grundstück ist in Abteilung II und in Abteilung III des Grundbuches lastenfrei.

§ 2

Der Eigentümer bestellt an dem in § 1 bezeichneten Grundstück ein Erbbaurecht für den/die Erschienene/n

zu ______________), ______________) je zur ideellen Hälfte, nachfolgend „der Berechtigte" genannt.
Für das Erbbaurecht gilt, soweit nachstehend nichts anderes bestimmt ist, die Verordnung über das Erbbaurecht vom 15. Januar 1919.

§ 3

Das Grundstück wird dem Berechtigten

am ______________________ zur Ausübung des Erbbaurechtes übergeben.

§ 4

Das Erbbaurecht wird auf die Dauer von 99 Jahren, beginnend mit dem Tage der Eintragung im Grundbuch, bestellt.

§ 5

Als Entgelt für die Bestellung des Erbbaurechtes hat der Berechtigte, mehrere als Gesamtschuldner, einen jährlichen Erbbauzins von DM

____

(in Worten: Deutsche Mark

______________________________)

je Quadratmeter Grundstücksfläche zu zahlen, mithin für

______________ m² insgesamt DM ______________
(in Worten: Deutsche Mark

______________________________)

Der Erbbauzins ist fällig und zahlbar jährlich im voraus am 1. Januar eines jeden Jahres, erstmals am 1. Januar des dem Abschluß dieses Vertrages folgenden Jahres. Der ab dem Tage der Übergabe für das laufende Jahr zu entrichtende anteilige Betrag ist am

______________________ zu zahlen.
Für diesen Erbbauzins ist eine Reallast im Grundbuch einzutragen.

§ 6

Dieser Erbbauzins ist auf der Grundlage der Lebenshaltungskosten im Zeitpunkt des Vertragsabschlusses vereinbart, Basis 1985 = 100.
Ändert sich der vom Statistischen Bundesamt für den vorgenannten Zeitpunkt festgestellte Lebenshaltungskostenindex eines Vier-Personen-Arbeitnehmer-Haushaltes mit mittlerem Einkommen jeweils um mehr als zehn Prozent, so tritt von dem auf diese Änderung folgenden Monatsersten an eine prozentuale Änderung des Erbbauzinses im gleichen Verhältnis ein. Die Änderung kann sich wiederholen. Ausgangspunkt für die weiteren Änderungen sind die Verhältnisse am unmittelbar vorangegangenen Änderungszeitpunkt. Eine Festlegung der Änderung auf den Zeitpunkt dieses Vertragsabschlusses findet also nicht statt.

Zu vorstehender Wertsicherungsklausel ist die Genehmigung nach § 3 des Währungsgesetzes erforderlich. Der amtierende Notar wird von den Parteien bevollmächtigt, diese Genehmigung bei der zuständigen Landeszentralbank zu beantragen und für die Beteiligten entgegenzunehmen.
Bei jeder Erhöhung des Erbbauzinses aufgrund vorstehender Anpassungsklausel ist der Berechtigte verpflichtet, auf seine Kosten für den jeweiligen Erhöhungsbetrag eine Erbbauzins-Reallast für den jeweiligen Grundstückseigentümer unverzüglich eintragen zu lassen.
Der Anspruch des Grundstückseigentümers auf Erhöhung des Erbbauzinses ist durch entsprechende Vormerkung grundbuchlich zu sichern.

§ 7

Das Erbbaurecht berechtigt und verpflichtet den Berechtigten sowie deren Rechtsnachfolger, auf dem belasteten Grundstück ein nach den im Bebauungsplan für das Grundstück getroffenen Festsetzungen zu errichtendes Wohnhaus mit einer oder mit zwei Wohnungen zu errichten und zu haben.

§ 8

Jede Veräußerung des Erbbaurechtes, die Belastung mit einer Hypothek, Grundschuld, Rentenschuld, Reallast oder mit einem Dauerwohnrecht bedarf der Zustimmung des Eigentümers.

§ 9

Die öffentlichen und privatrechtlichen Lasten des Erbbaurechtes bzw. des Grundstücks einschließlich der Erschließungskosten und der Kosten für den Anschluß an die Versorgungsleitungen hat auf die Dauer des Erbbaurechtes der jeweilige Erbbauberechtigte zu tragen.
Der Berechtigte hat für die Erschließung des Bauplatzes diejenigen Erschließungsbeiträge zu zahlen, welche aufgrund des Bundesbaugesetzes und der Gemeindesatzung erhoben werden. Außerdem hat er die Anschlußbeiträge für die Be- und Entwässerung des Bauplatzes gemäß den im Zeitpunkt der Herstellung der Anschlüsse gültigen Ortssatzungen (Wasser- und Kanalbeitragssatzungen) zu zahlen.

§ 10

Der Eigentümer behält sich das Recht auf Rückübertragung des in § 2 dieser Urkunde bestellten Erbbaurechtes an dem in § 1 dieser Urkunde bezeichneten Grundstück vor.
Er ist zur Ausübung dieses Rechtes berechtigt, wenn der Berechtigte das Grundstück nicht innerhalb von drei Jahren bezugsfertig mit einem nach den im Bebauungsplan für das Grundstück getroffenen Festsetzungen zu errichtenden Wohnhaus mit einer oder mit zwei Wohnungen bebaut hat, wobei diese Frist am Ersten des der Beurkundung dieses Vertrages folgenden Monats beginnt und vom Eigentümer verlängert werden kann.
Die Erklärung des Rückerwerbs bedarf der Schriftform.
Der Rückerwerbspreis setzt sich zusammen aus dem vom Berechtigten bis zum Zeitpunkt des Rückerwerbs durch den Eigentümer gezahlten Erbbauzins abzüglich aller dem Eigentümer entstandenen Kosten und Steuern gleich welcher Art zuzüglich zwei Drittel des Verkehrswertes des von dem Berechtigten auf dem Grundstück möglicherweise bereits errichteten Bauwerks. Der Verkehrswert des Bauwerks ist durch einen auf Antrag der Vertragsparteien oder einer von ihnen von der zuständigen Industrie- und Handelskammer zu benennenden öffentlich bestellten und vereidigten Sachverständigen zu ermitteln. Dessen Wertfestsetzung ist für beide Parteien verbindlich. Auf den Rückerwerbspreis sind die auf dem Erbbaurecht ruhenden Grundpfandrechte in der noch bestehenden Höhe anzurechnen. Soweit die Grundpfandrechte den Rückerwerbspreis übersteigen, kann der Eigentümer ihre Löschung auf Kosten des Erwerbers verlangen.
Alle Kosten und Steuern wie auch die Kosten der Rückübertragung fallen dem Berechtigten zur Last. Eine Verzinsung findet nicht statt.
Zur Sicherung des Anspruchs auf Rückübertragung des Erbbaurechts ist gleichzeitig mit der Eintragung des Erbbaurechts für den Berechtigten eine Vormerkung gem. § 883 BGB zugunsten des Eigentümers in das Erbbaugrundbuch einzutragen.

§ 11

Der Erbbauberechtigte bestellt zugunsten des jeweiligen Grundstückseigentümers an dem Erbbaurecht ein Vorkaufsrecht für alle Verkaufsfälle.
Der Grundstückseigentümer bestellt zugunsten des jeweiligen Erbbauberechtigten an dem Grundstück ein Vorkaufsrecht für alle Verkaufsfälle.

§ 12

Die Vertragsschließenden, die über die Bestellung des Erbbaurechtes einig sind, bewilligen und beantragen die Eintragung des Erbbaurechtes für den Erbbauberechtigten, den Erschienenen zu

______________________ / die Erschienenen

zu ______________ und zu ______________ je zur ideellen Hälfte, mit dem sich aus diesem Vertrag ergebenden Inhalt auf dem belasteten Grundstück und in dem neu anzulegenden Erbbaugrundbuch.

§ 13

Die Vertragsparteien verpflichten sich, ihren Rechtsnachfolgern sämtliche Bestimmungen und Verpflichtungen dieses Vertrages bekanntzugeben und sie entsprechend zu verpflichten.
Bei mehreren Erbbauberechtigten haften diese für alle sich aus diesem Erbbaurechtsvertrag ergebenden Zahlungsverpflichtungen gesamtschuldnerisch.

§ 14

Die Kosten dieses Vertrages und seiner Durchführung trägt der Berechtigte.
Der Notar hat die Beteiligten auf die Bestimmungen des Grunderwerbsteuergesetzes hingewiesen.
Die Grunderwerbsteuer trägt der Berechtigte.
Der Notar hat die Beteiligten darauf hingewiesen, daß kraft Gesetzes beide Parteien gesamtschuldnerisch für die Bezahlung der Grunderwerbsteuer, der Gerichts- und Notariatskosten haften.

§ 15

Der Notar hat die Beteiligten darüber belehrt, daß
a) das Erbbaurecht erst mit seiner Eintragung im Grundbuch — an erster Rangstelle — entsteht,
b) die Eintragung des Erbbaurechtes erst erfolgen kann, wenn die steuerliche Unbedenklichkeitsbescheinigung des Finanzamtes und die Genehmigung der zuständigen Landeszentralbank nach § 3 des Währungsgesetzes zu diesem Vertrag vorliegen.

§ 16

Die Beteiligten beauftragen den amtierenden Notar, alle Genehmigungen und sämtliche zum Vollzug dieses Vertrages erforderlichen Erklärungen einzuholen und entgegenzunehmen und für die Durchführung dieses Vertrages zu sorgen.
Der Notar wird bevollmächtigt, Genehmigungen, die ohne Bedingungen und Auflagen erteilt werden, für die Beteiligten entgegenzunehmen.
Alle zu diesem Vertrag erforderlichen Zustimmungserklärungen sollen mit ihrem Eingang beim Notar als zugegangen gelten und wirksam sein.

§ 17

Die Beteiligten bewilligen und beantragen einzutragen:
1. In das Grundbuch des in § 1 dieser Urkunde genannten Grundstücks
   a) das Erbbaurecht an erster Rangstelle (§ 12)
   b) das Vorkaufsrecht für den jeweiligen Erbbauberechtigten (§ 11),
   und zwar im Range nach dem Erbbaurecht
2. in das neu anzulegende Erbbaugrundbuch
   a) das Erbbaurecht (§ 12)
   b) den fest vereinbarten Erbbauzins für den jeweiligen Grundstückseigentümer (§ 5)
   c) eine Vormerkung für den jeweiligen Grundstückseigentümer zur Sicherung des Anspruchs auf Erhöhung des Erbbauzinses (§ 6)
   d) eine Vormerkung zur Sicherung des Anspruchs auf Rückübertragung für den jeweiligen Grundstückseigentümer (§ 10)
   e) das Vorkaufsrecht für den jeweiligen Grundstückseigentümer (§ 11)
   und zwar die vorbezeichneten Belastungen zu 2 a), b), c), d) und e) in dieser Rangfolge, jedoch die Belastungen zu b) und c) im gleichen Rang.

§ 18

Von dieser Urkunde erhalten die Vertragsparteien, das Grundbuchamt und die Landeszentralbank je eine beglaubigte Abschrift.
Das vorstehende Protokoll wurde den Erschienenen von dem Notar vorgelesen, von den Erschienenen genehmigt und sodann von den Erschienenen und dem Notar eigenhändig unterschrieben wie folgt:

Gebührentabelle nach der Kostenordnung für Notare

Wert bis DM	1 volle Gebühr	2	1½	½	¼
500	15,—	30,—	22,50	15,—	15,—
1 000	18,—	36,—	27,—	15,—	15,—
1 500	21,—	42,—	31,50	15,—	15,—
2 000	24,—	48,—	36,—	15,—	15,—
4 000	38,—	76,—	57,—	19,—	15,—
6 000	52,—	104,—	78,—	26,—	15,—
8 000	66,—	132,—	99,—	33,—	16,50
10 000	80,—	160,—	120,—	40,—	20,—
15 000	90,—	180,—	135,—	45,—	22,50
20 000	100,—	200,—	150,—	50,—	25,—
25 000	110,—	220,—	165,—	55,—	27,50
30 000	120,—	240,—	180,—	60,—	30,—
35 000	130,—	260,—	195,—	65,—	32,50
40 000	140,—	280,—	210,—	70,—	35,—
45 000	150,—	300,—	225,—	75,—	37,50
50 000	160,—	320,—	240,—	80,—	40,—
55 000	170,—	340,—	255,—	85,—	42,50
60 000	180,—	360,—	270,—	90,—	45,—
65 000	190,—	380,—	285,—	95,—	47,50
70 000	200,—	400,—	300,—	100,—	50,—
75 000	210,—	420,—	315,—	105,—	52,50
80 000	220,—	440,—	330,—	110,—	55,—
85 000	230,—	460,—	345,—	115,—	57,50
90 000	240,—	480,—	360,—	120,—	60,—
95 000	250,—	500,—	375,—	125,—	62,50
100 000	260,—	520,—	390,—	130,—	65,—
120 000	290,—	580,—	435,—	145,—	72,50
140 000	320,—	640,—	480,—	160,—	80,—
160 000	350,—	700,—	525,—	175,—	87,50
180 000	380,—	760,—	570,—	190,—	95,—
200 000	410,—	820,—	615,—	205,—	102,50
220 000	440,—	880,—	660,—	220,—	110,—
240 000	470,—	940,—	705,—	235,—	117,50
260 000	500,—	1000,—	750,—	250,—	125,—
280 000	530,—	1060,—	795,—	265,—	132,50
300 000	560,—	1120,—	840,—	280,—	140,—
320 000	590,—	1180,—	885,—	295,—	147,50
340 000	620,—	1240,—	930,—	310,—	155,—
360 000	650,—	1300,—	975,—	325,—	162,50
380 000	680,—	1360,—	1020,—	340,—	170,—
400 000	710,—	1420,—	1065,—	355,—	177,50
420 000	740,—	1480,—	1110,—	370,—	185,—
440 000	770,—	1540,—	1155,—	385,—	192,50
460 000	800,—	1600,—	1200,—	400,—	200,—
480 000	830,—	1660,—	1245,—	415,—	207,50

Gebührentabelle nach der Kostenordnung für Notare

Wert bis DM	1 volle Gebühr	2	1½	½	¼
500 000	860,—	1720,—	1290,—	430,—	215,—
520 000	890,—	1780,—	1335,—	445,—	222,50
540 000	920,—	1840,—	1380,—	460,—	230,—
560 000	950,—	1900,—	1425,—	475,—	237,50
580 000	980,—	1960,—	1470,—	490,—	245,—
600 000	1010,—	2020,—	1515,—	505,—	252,50
620 000	1040,—	2080,—	1560,—	520,—	260,—
640 000	1070,—	2140,—	1605,—	535,—	267,50
660 000	1100,—	2200,—	1650,—	550,—	275,—
680 000	1130,—	2260,—	1695,—	565,—	282,50
700 000	1160,—	2320,—	1740,—	580,—	290,—
720 000	1190,—	2380,—	1785,—	595,—	297,50
740 000	1220,—	2440,—	1830,—	610,—	305,—
760 000	1250,—	2500,—	1875,—	625,—	312,50
780 000	1280,—	2560,—	1920,—	640,—	320,—
800 000	1310,—	2620,—	1965,—	655,—	327,50
820 000	1340,—	2680,—	2010,—	670,—	335,—
840 000	1370,—	2740,—	2055,—	685,—	342,50
860 000	1400,—	2800,—	2100,—	700,—	350,—
880 000	1430,—	2860,—	2145,—	715,—	357,50
900 000	1460,—	2920,—	2190,—	730,—	365,—
920 000	1490,—	2980,—	2235,—	745,—	372,50
940 000	1520,—	3040,—	2280,—	760,—	380,—
960 000	1550,—	3100,—	2325,—	775,—	387,50
980 000	1580,—	3160,—	2370,—	790,—	395,—
1 000 000	1610,—	3220,—	2415,—	805,—	402,50
1 020 000	1640,—	3280,—	2460,—	820,—	410,—
1 040 000	1670,—	3340,—	2505,—	835,—	417,50
1 060 000	1700,—	3400,—	2550,—	850,—	425,—
1 080 000	1730,—	3460,—	2595,—	865,—	432,50
1 100 000	1760,—	3520,—	2640,—	880,—	440,—
1 120 000	1790,—	3580,—	2685,—	895,—	447,50
1 140 000	1820,—	3640,—	2730,—	910,—	455,—
1 160 000	1850,—	3700,—	2775,—	925,—	462,50
1 180 000	1880,—	3760,—	2820,—	940,—	470,—
1 200 000	1910,—	3820,—	2865,—	955,—	477,50
1 220 000	1940,—	3880,—	2910,—	970,—	485,—
1 240 000	1970,—	3940,—	2955,—	985,—	492,50
1 260 000	2000,—	4000,—	3000,—	1000,—	500,—
1 280 000	2030,—	4060,—	3045,—	1015,—	507,50
1 300 000	2060,—	4120,—	3090,—	1030,—	515,—
1 320 000	2090,—	4180,—	3135,—	1045,—	522,50
1 340 000	2120,—	4240,—	3180,—	1060,—	530,—
1 360 000	2150,—	4300,—	3225,—	1075,—	537,50
1 380 000	2180,—	4360,—	3270,—	1090,—	545,—

Gebührentabelle nach der Kostenordnung für Notare

Wert bis DM	1 volle Gebühr	2	1½	½	¼
1 400 000	2210,—	4420,—	3315,—	1105,—	552,50
1 420 000	2240,—	4480,—	3360,—	1120,—	560,—
1 440 000	2270,—	4540,—	3405,—	1135,—	567,50
1 460 000	2300,—	4600,—	3450,—	1150,—	575,—
1 480 000	2330,—	4660,—	3495,—	1165,—	582,50
1 500 000	2360,—	4720,—	3540,—	1180,—	590,—
1 520 000	2390,—	4780,—	3585,—	1195,—	597,50
1 540 000	2420,—	4840,—	3630,—	1210,—	605,—
1 560 000	2450,—	4900,—	3675,—	1225,—	612,50
1 580 000	2480,—	4960,—	3720,—	1240,—	620,—
1 600 000	2510,—	5020,—	3765,—	1255,—	627,50
1 620 000	2540,—	5080,—	3810,—	1270,—	635,—
1 640 000	2570,—	5140,—	3855,—	1285,—	642,50
1 660 000	2600,—	5200,—	3900,—	1300,—	650,—
1 680 000	2630,—	5260,—	3945,—	1315,—	657,50
1 700 000	2660,—	5320,—	3990,—	1330,—	665,—
1 720 000	2690,—	5380,—	4035,—	1345,—	672,50
1 740 000	2720,—	5440,—	4080,—	1360,—	680,—
1 760 000	2750,—	5500,—	4125,—	1375,—	687,50
1 780 000	2780,—	5560,—	4170,—	1390,—	695,—
1 800 000	2810,—	5620,—	4215,—	1405,—	702,50
1 820 000	2840,—	5680,—	4260,—	1420,—	710,—
1 840 000	2870,—	5700,—	4305,—	1435,—	717,50
1 860 000	2900,—	5800,—	4350,—	1450,—	725,—
1 880 000	2930,—	5860,—	4395,—	1465,—	732,50
1 900 000	2960,—	5920,—	4440,—	1480,—	740,—
1 920 000	2990,—	5980,—	4485,—	1495,—	747,50
1 940 000	3020,—	6040,—	4530,—	1510,—	755,—
1 960 000	3050,—	6100,—	4575,—	1525,—	762,50
1 980 000	3080,—	6160,—	4620,—	1540,—	770,—
2 000 000	3110,—	6220,—	4665,—	1555,—	777,50

1 volle Gebühr	2	1½	½	¼

Für höhere Beträge errechnen sich die Gebühren wie folgt:

über 2 Millionen bis 10 Millionen DM
— nach Aufrundung auf volle 20 000 DM — für je 20 000 DM

30,— = 1,5‰ + 110,—	60,— = 3‰ + 220,—	45,— = 2,25‰ + 165,—	15,— = 0,75‰ + 55,—	7,50 = 0,375‰ + 27,50

über 10 Millionen bis 50 Millionen DM
— nach Aufrundung auf volle 50 000 DM — für je 50 000 DM

33,— — 0,66‰ + 8510,—	66,— = 1,32‰ + 17 020,—	49,50 = 0,99‰ + 12 765,—	16,50 = 0,33‰ + 4255,—	8,25 = 0,165‰ + 2127,50

über 50 Millionen bis 100 Millionen DM
— nach Aufrundung auf volle 100 000 DM — für je 100 000 DM

20,— = 0,20‰ + 31 510,—	40,— = 0,40‰ + 36 020,—	30,— = 0,30‰ + 47 265,—	10,— = 0,10‰ + 15 755,—	5,— = 0,05‰ + 7877,50

über 100 Millionen bis 500 Millionen DM
— nach Aufrundung auf volle 500 000 DM — für je 500 000 DM

15,— = 0,03‰ + 48 510,—	30,— = 0,06‰ + 97 020,—	22,50 = 0,045‰ + 72 765,—	7,50 = 0,015‰ + 24 255,—	3,75 = 0,0075‰ + 12 127,50

über 500 Millionen DM
— nach Aufrundung auf 1 volle Million DM — für je 1 Million DM

15,— = 0,015‰ + 56 010,—	30,— = 0,03‰ + 112 020,—	22,50 = 0,0225‰ + 84 015,—	7,50 = 0,0075‰ + 28 005,—	3,75 = 0,00375‰ + 14 002,50

Berechnungsbeispiel:

Geschäftswert: 4 382 000,— DM, aufzurunden auf 4 400 000,— DM
1,5‰ × 4 400 000,— = 6600,— DM
\+ 110,— DM
die volle Gebühr beträgt = 6710,— DM

Pfennigbeträge sind auf volle 10 Pfennig aufzurunden.

Formular zur Vorbereitung eines Kaufvertrages

Eigentum — Wohnungseigentum — Teileigentum — Erbbaurecht

Grundbuch von: ______________ des Amtsgerichts: ______________

Band: ______________ Blatt: ______________

Eigentum — Erbbaurecht — Miteigentumsanteil zu ______________

an Flur: ______________ Flurstück: ______________ = ______________ m^2

bei Eigentumswohnung: Verbunden mit dem Sondereigentum an der im Gebäude befindlichen Wohnung im Aufteilungsplan mit

______________ bezeichnet.

Bei Verkauf Zustimmung des Verwalters erforderlich / nicht erforderlich

Verwalter: ______________

bei Verkauf einer Teilfläche: Teilfläche zur Größe von ca. ______________ m^2

aus Flurstück ______________

Flurkarte erforderlich ______________

Vermessung
ist erfolgt / ist noch nicht erfolgt

Veränderungsnachweis und Teilungsgenehmigung liegen vor / liegen noch nicht vor

Vermessung durch: Katasteramt/Vermessungsingenieur,

nämlich ______________

______________ ______________ ______________

Eingetragener Eigentümer Erbbauberechtigter Wohnungseigentümer

Bei Erbbaurecht, Grundstückseigentümer: ______________

____

Verfügungsberechtigter Verkäufer: ______________
(Beruf, Name, Geburtstag, Anschrift)

Bei einem im gesetzlichen Güterstand verheirateten Ehegatten:
(erfordert Zustimmung des anderen Ehegatten)

Beruf, Name, Geburtstag und Anschrift des anderen Ehegatten

oder

Versicherung des veräußernden Ehegatten, daß er nicht über den wesentlichen Teil seines Vermögens verfügt.

Bei einer noch nicht im Grundbuch eingetragenen Erbengemeinschaft:
(oder des noch nicht eingetragenen Alleinerben)

Erbschein vorhanden / Erbschein muß noch beantragt werden.

Bei Gesellschaft als Veräußerer:

Namen und Anschriften der Vertretungsberechtigten

Beglaubigter Handelsregisterauszug neuesten Datums.

Erwerber: zu Alleineigentum/ Bruchteileigentum zu je

Beruf, Name, Geburtstag, Anschrift

bei Gesellschaft:
Namen und Anschriften der Vertretungsberechtigten

Beglaubigter Handelsregisterauszug neuesten Datums

Kaufpreis: DM ______________________________

zahlbar bis spätestens ______________________

auf Notar-Anderkonto ______________________

Rücktrittsrecht des Veräußerers: ja / nein

Besitzübergang auf Erwerber am ______________________________

Miet- oder Pachtverträge bestehen nicht / gehen auf den Erwerber über

Erschließungs- und Anliegerkosten: Die bisher angeforderten trägt der Veräußerer / der Erwerber

alle zukünftigen werden vom Erwerber getragen

die bisher angeforderten sind mit DM __________ im Kaufpreis enthalten,

alle künftigen trägt ebenfalls der Erwerber

Baulasten: ____

____

Belastungen in Abteilung II des Grundbuches:

gehen dinglich auf den Erwerber über / sollen gelöscht werden

Löschungsbewilligungen
liegen vor / liegen nicht vor

Belastungen in Abteilung III des Grundbuches:

werden vom Erwerber per ______________________ unter Anrechnung auf

den Kaufpreis übernommen / ______________________

Gläubigerzustimmung: bereits erteilt / noch nicht erteilt

sollen aus dem auf Notar-Anderkonto zu zahlenden Kaufpreis abgelöst und im Grundbuch gelöscht werden.

Auflassungsvormerkung: soll nach Eingang des gesamten Kaufpreises auf dem Notar-Anderkonto eingetragen werden /

____

soll unverzüglich nach Beurkundung des Kaufvertrages eingetragen werden / soll nicht bestellt werden

Belastungsvollmacht für Kaufpreisfinanzierung: ja / nein

Maklerprovision: __________ % vom Kaufpreis zuzüglich der gesetzlichen MwSt.

Der Makler ist vom ______________________ beauftragt

Die Provision zahlt der ______________________

Kosten des Vertrages und seiner Durchführung trägt: der Erwerber / der Veräußerer

Gesetz zur Regelung der Wohnungsvermittlung

Vom 4. November 1971 (BGB. S. 745, 1747)

(BGB. III 402-24-8)

Geändert durch Art. 7 Gesetz über Verbraucherkredite, zur Änderung der Zivilprozeßordnung und anderer Gesetze vom 17. Dezember 1990 (BGBl. I S. 2840)

§ 1 (Begriff des Wohnungsvermittlers)

(1) Wohnungsvermittler im Sinne dieses Gesetzes ist, wer den Abschluß von Mietverträgen über Wohnräume vermittelt oder die Gelegenheit zum Abschluß von Mietverträgen über Wohnräume nachweist.

(2) Zu den Wohnräumen im Sinne dieses Gesetzes gehören auch solche Geschäftsräume, die wegen ihres räumlichen oder wirtschaftlichen Zusammenhangs mit Wohnräumen mit diesen zusammen vermietet werden.

(3) Die Vorschriften dieses Gesetzes gelten nicht für die Vermittlung oder den Nachweis der Gelegenheit zum Abschluß von Mietverträgen über Wohnräume im Fremdenverkehr.

§ 2 (Anspruch auf Entgelt)

(1) Ein Anspruch auf Entgelt für die Vermittlung oder den Nachweis der Gelegenheit zum Abschluß von Mietverträgen über Wohnräume steht dem Wohnungsvermittler nur zu, wenn infolge seiner Vermittlung oder infolge seines Nachweises ein Mietvertrag zustande kommt.

(2) Ein Anspruch nach Absatz 1 steht dem Wohnungsvermittler nicht zu, wenn

1. durch den Mietvertrag ein Mietverhältnis über dieselben Wohnräume fortgesetzt, verlängert oder erneuert wird,
2. der Mietvertrag über Wohnräume abgeschlossen wird, deren Eigentümer, Verwalter oder Vermieter der Wohnungsvermittler ist, oder
3. der Mietvertrag über Wohnräume abgeschlossen wird, deren Eigentümer, Verwalter oder Vermieter eine juristische Person ist, an der der Wohnungsvermittler rechtlich oder wirtschaftlich beteiligt ist. Das gleiche gilt, wenn eine natürliche oder juristische Person Eigentümer, Verwalter oder Vermieter von Wohnräumen ist und ihrerseits an einer juristischen Person, die sich als Wohnungsvermittler betätigt, rechtlich oder wirtschaftlich beteiligt ist.

(3) Ein Anspruch nach Absatz 1 steht dem Wohnungsvermittler gegenüber dem Wohnungssuchenden nicht zu, wenn der Mietvertrag über öffentlich geförderte Wohnungen oder über sonstige preisgebundene Wohnungen abgeschlossen wird, die nach dem 20. Juni 1948 bezugsfertig geworden sind oder bezugsfertig werden. Das gleiche gilt für die Vermittlung einzelner Wohnräume der in Satz 1 genannten Wohnungen.

(4) Vorschüsse dürfen nicht gefordert, vereinbart oder angenommen werden.

(5) Eine abweichende Vereinbarung ist unwirksam.

§ 3 (Entgelt; Auslagen)

(1) Das Entgelt nach § 2 Abs. 1 ist in einem Bruchteil oder Vielfachen der Monatsmiete anzugeben.

(2) Außer dem Entgelt nach § 2 Abs. 1 dürfen für Tätigkeiten, die mit der Vermittlung oder dem Nachweis der Gelegenheit zum Abschluß von Mietverträgen über Wohnräume zusammenhängen, sowie für etwaige Nebenleistungen keine Vergütungen irgendwelcher Art, insbesondere keine Einschreibgebühren, Schreibgebühren oder Auslagenerstattungen, vereinbart oder angenommen werden. Dies gilt nicht, soweit die nachgewiesenen Auslagen eine Monatsmiete übersteigen. Es kann jedoch vereinbart werden, daß bei Nichtzustandekommen eines Mietvertrages die in Erfüllung des Auftrages nachweisbar entstandenen Auslagen zu erstatten sind.

(3) Eine Vereinbarung, durch die der Auftraggeber sich im Zusammenhang mit dem Auftrag verpflichtet, Waren zu beziehen oder Dienst- oder Werkleistungen in Anspruch zu nehmen, ist unwirksam. Die Wirksamkeit des Vermittlungsvertrags bleibt unberührt. Satz 1 gilt nicht, wenn die Verpflichtung die Übernahme von Einrichtungs- oder Ausstattungsgegenständen des bisherigen Inhabers der Wohnräume zum Gegenstand hat.

§ 4 (Vertragsstrafe)

Der Wohnungsvermittler und der Auftraggeber können vereinbaren, daß bei Nichterfüllung von vertraglichen Verpflichtungen eine Vertragsstrafe zu zahlen ist. Die Vertragsstrafe darf 10 v. H. des gemäß § 2 Abs. 1 vereinbarten Entgelts, höchstens jedoch fünfzig Deutsche Mark, nicht übersteigen.

§ 5 (Rückforderung von Leistungen)

Soweit an den Wohnungsvermittler ein ihm nach diesem Gesetz nicht zustehendes Entgelt, eine Vergütung anderer Art, eine Auslagenerstattung, ein Vorschuß oder eine Vertragsstrafe, die den in § 4 genannten Satz übersteigt, geleistet worden ist, kann die Leistung nach den allgemeinen Vorschriften des bürgerlichen Rechts zurückgefordert werden; die Vorschrift des § 817 Satz 2 des Bürgerlichen Gesetzbuches ist nicht anzuwenden. Der Anspruch verjährt in vier Jahren von der Leistung an.

§ 6 (Angebote; Anforderungen an Anzeigen)

(1) Der Wohnungsvermittler darf Wohnräume nur anbieten, wenn er dazu einen Auftrag von dem Vermieter oder einem anderen Berechtigten hat.

(2) Der Wohnungsvermittler darf öffentlich, insbesondere in Zeitungsanzeigen, auf Aushängetafeln und dergleichen, nur unter Angabe seines Namens und der Bezeichnung als Wohnungsvermittler Wohnräume anbieten oder suchen; bietet er Wohnräume an, so hat er auch den Mietpreis der Wohnräume anzugeben und darauf hinzuweisen, ob Nebenleistungen besonders zu vergüten sind.

§ 7 (Ausnahmen von § 3 Abs. 1 und § 6)

Die Vorschriften des § 3 Abs. 1 und des § 6 gelten nur, soweit der Wohnungsvermittler die in § 1 Abs. 1 bezeichnete Tätigkeit gewerbsmäßig ausübt.

§ 8 (Ordnungwidrigkeiten)

(1) Ordnungswidrig handelt, wer als Wohnungsvermittler vorsätzlich oder fahrlässig

1. entgegen § 3 Abs. 1 das Entgelt nicht in einem Bruchteil oder Vielfachen der Monatsmiete angibt,
2. entgegen § 6 Abs. 1 ohne Auftrag Wohnräume anbietet oder
3. entgegen § 6 Abs. 2 seinen Namen, die Bezeichnung als Wohnungsvermittler oder den Mietpreis nicht angibt oder auf Nebenkosten nicht hinweist.

(2) Die Ordnungswidrigkeit kann mit einer Geldbuße bis zu fünftausend Deutsche Mark geahndet werden.

§ 9 (Inkrafttreten)

(1) Mit dem Inkrafttreten dieses Gesetzes tritt die Verordnung zur Regelung der Entgelte der Wohnungsvermittler vom 19. Oktober 1942 (Reichsgesetzbl. I S. 625) außer Kraft.

(2) Unberührt von den Vorschriften deses Gesetzes bleiben im Land Berlin die §§ 1, 8 und 10 der Regelung über Wohnungs- und Zimmervermittlung vom 8. Oktober 1956 (GVBl. S. 1068) in der jeweils geltenden Fassung.

(3) § 2 gilt für das Land Berlin und für das Saarland mit der Maßgabe, daß das Datum „20. Juni 1948" für das Land Berlin durch das Datum „24. Juni 1948", für das Saarland durch das Datum „1. April 1948" zu ersetzen ist.

§ 34 c Gewerbeordnung (GewO)

MAKLER, BAUTRÄGER, BAUBETREUER

(1) Wer gewerbsmäßig

1. den Abschluß von Verträgen über
   a) Grundstücke, grundstücksgleiche Rechte, gewerbliche Räume, Wohnräume oder Darlehen,
   b) den Erwerb von Anteilscheinen einer Kapitalanlagegesellschaft, von ausländischen Investmentanteilen, von sonstigen öffentlich angebotenen Vermögensanlagen, die für gemeinsame Rechnung der Anleger verwaltet werden, oder von öffentlich angebotenen Anteilen an einer und von verbrieften Forderungen gegen eine Kapitalgesellschaft oder Kommanditgesellschaft

   vermitteln oder die Gelegenheit zum Abschluß solcher Verträge nachweisen,

2. Bauvorhaben
   a) als Bauherr im eigenen Namen für eigene oder fremde Rechnung vorbereiten oder durchführen und dazu Vermögenswerte von Erwerbern, Mietern, Pächtern oder sonstigen Nutzungsberechtigten oder von Bewerbern um Erwerbs- oder Nutzungsrechte verwenden,
   b) als Baubetreuer im fremden Namen für fremde Rechnung wirtschaftlich vorbereiten oder durchführen

will, bedarf der Erlaubnis der zuständigen Behörde. Die Erlaubnis kann inhaltlich beschränkt und mit Auflagen verbunden werden, soweit dies zum Schutze der Allgemeinheit oder der Auftraggeber erforderlich ist; unter denselben Voraussetzungen ist auch die nachträgliche Aufnahme, Änderung und Ergänzung von Auflagen zulässig.

(2) Die Erlaubnis ist zu versagen, wenn

1. Tatsachen die Annahme rechtfertigen, daß der Antragsteller oder eine der mit der Leitung des Betriebes oder einer Zweigniederlassung beauftragten Personen die für den Gewerbebetrieb erforderliche Zuverlässigkeit nicht besitzt; die erforderliche Zuverlässigkeit besitzt in der Regel nicht, wer in den letzten fünf Jahren vor Stellung des Antrages wegen eines Verbrechens oder wegen Diebstahls, Unterschlagung, Erpressung, Betruges, Untreue, Urkundenfälschung, Hehlerei, Wuchers oder einer Konkursstraftat rechtskräftig verurteilt worden ist, oder
2. der Antragsteller in ungeordneten Vermögensverhältnissen lebt; dies ist in der Regel der Fall, wenn über das Vermögen des Antragstellers der Konkurs oder das Vergleichsverfahren eröffnet worden oder er in das vom Konkursgericht oder vom Vollstreckungsgericht zu führende Verzeichnis (§ 107 Abs. 2 Konkursordnung, § 915 Zivilprozeßordnung) eingetragen ist.

(3) Der Bundesminister für Wirtschaft wird ermächtigt, durch Rechtsverordnung mit Zustimmung des Bundesrates zum Schutze der Allgemeinheit und der Auftraggeber Vorschriften zu erlassen über den Umfang der Verpflichtungen des Gewerbetreibenden bei der Ausübung des Gewerbes, insbesondere über die Verpflichtungen

1. ausreichende Sicherheiten zu leisten oder eine zu diesem Zweck geeignete Versicherung abzuschließen, sofern der Gewerbetreibende Vermögenswerte des Auftraggebers erhält oder verwendet,
2. die erhaltenen Vermögenswerte des Auftraggebers getrennt zu verwalten,
3. nach der Ausführung des Auftrages dem Auftraggeber Rechnung zu legen,
4. der zuständigen Behörde Anzeige beim Wechsel der mit der Leitung des Betriebes oder einer Zweigniederlassung beauftragten Personen zu erstatten,
5. dem Auftraggeber die für die Beurteilung des Auftrages und des zu vermittelnden oder nachzuweisenden Vertrages jeweils notwendigen Informationen schriftlich oder mündlich zu geben,
6. Bücher zu führen,
7. der zuständigen Behörde Auskünfte zu erteilen,
8. die behördliche Nachschau zu dulden; das Grundrecht des Artikels 13 des Grundgesetzes kann für die Nachschau eingeschränkt werden.

In der Rechtsverordnung nach Satz 1 kann ferner die Befugnis des Gewerbetreibenden zur Entgegennahme und zur Verwendung von Vermögenswerten des Auftraggebers beschränkt werden, soweit dies zum Schutze des Auftraggebers erforderlich ist.
Außerdem kann in der Rechtsverordnung der Gewerbetreibende verpflichtet werden, die Einhaltung der nach Satz 1 Nr. 1 bis 6 und Satz 2 erlassenen Vorschriften auf seine Kosten regelmäßig sowie aus besonderem Anlaß prüfen zu lassen und den Prüfungsbericht der zuständigen Behörde vorzulegen, soweit es zur wirksamen Überwachung erforderlich ist; hierbei können die Einzelheiten der Prüfung, insbesondere deren Anlaß, Zeitpunkt und Häufigkeit, die Auswahl, Bestellung und Abberufung der Prüfer, deren Rechte, Pflichten und Verantwortlichkeit, der Inhalt des Prüfungsberichts, die Verpflichtungen des Gewerbetreibenden gegenüber dem Prüfer sowie das Verfahren bei Meinungsverschiedenheiten zwischen dem Prüfer und dem Gewerbetreibenden, geregelt werden.

(4) (weggefallen)

(5) Die Absätze 1 bis 3 gelten nicht für

1. Betreuungsunternehmen im Sinne des § 37 Abs. 2 des Zweiten Wohnungsbaugesetzes oder des § 22 c Abs. 2 des Wohnungsbaugesetzes für das Saarland, solange sie diese Eigenschaft behalten,
2. Kreditinstitute, für die eine Erlaubnis nach § 32 Abs. 1 des Gesetzes über das Kreditwesen erteilt wurde,
3. Kursmakler und freie Makler, die an einer deutschen Wertpapierbörse mit dem Recht zur Teilnahme am Handel zugelassen sind,
4. Gewerbetreibende, die lediglich zur Finanzierung der von ihnen abgeschlossenen Warenverkäufe den Abschluß von Verträgen über Darlehen vermitteln oder die Gelegenheit zum Abschluß solcher Verträge nachweisen.

— MaBV —

Verordnung über die Pflichten der Makler, Darlehens- und Anlagenvermittler, Bauträger und Baubetreuer (Makler- und Bauträgerverordnung — MaBV —) in der Neufassung der Bekanntmachung vom 7. November 1990 (BGBl. I S.2480 ff.)

§ 1
Anwendungsbereich

Diese Verordnung gilt für Gewerbetreibende, die nach § 34 c Abs. 1 der Gewerbeordnung der Erlaubnis bedürfen. Gewerbetreibende, die

1. als Versicherungs- oder Bausparkassenvertreter im Rahmen ihrer Tätigkeit für ein der Aufsicht des Bundesaufsichtsamtes für das Versicherungswesen unterliegendes Versicherungsunternehmen oder für eine der Aufsicht des Bundesaufsichtsamtes für das Kreditwesen unterliegende Bausparkasse den Abschluß von Verträgen über Darlehen vermitteln oder die Gelegenheit zum Abschluß solcher Verträge nachweisen oder
2. den Abschluß von Verträgen über die Nutzung der von ihnen für Rechnung Dritter verwalteten Grundstücke, grundstücksgleichen Rechte, gewerblichen Räume oder Wohnräume vermitteln oder die Gelegenheit zum Abschluß solcher Verträge nachweisen,

unterliegen hinsichtlich dieser Tätigkeit nicht den Vorschriften dieser Verordnung.

§ 2
Sicherheitsleistung, Versicherung

(1) Bevor der Gewerbetreibende zur Ausführung des Auftrages Vermögenswerte des Auftraggebers erhält oder zu deren Verwendung ermächtigt wird, hat er dem Auftraggeber in Höhe dieser Vermögenswerte Sicherheit zu leisten oder eine zu diesem Zweck geeignete Versicherung abzuschließen; dies gilt nicht in den Fällen des § 34 c Abs. 1 Satz 1 Nr. 2 Buchstabe a der Gewerbeordnung, sofern dem Auftraggeber Eigentum an einem Grundstück übertragen oder ein Erbbaurecht bestellt oder übertragen werden soll. Zu sichern sind Schadenersatzansprüche des Auftraggebers wegen etwaiger von dem Gewerbetreibenden und den Personen, die er zur Verwendung der Vermögenwerte ermächtigt hat, vorsätzlich begangener unerlaubter Handlungen, die sich gegen die in Satz 1 bezeichneten Vermögenswerte richten.

(2) Die Sicherheit kann nur durch die Stellung eines Bürgen geleistet werden. Als Bürge können nur Körperschaften des öffentlichen Rechts mit Sitz im Geltungsbereich dieser Verordnung, Kreditinstitute, die eine Erlaubnis zum Geschäftsbetrieb nach dem Gesetz über das Kreditwesen besitzen, sowie Versicherungsunternehmen bestellt werden, die eine Erlaubnis zum Betrieb der Bürgschaftsversicherung nach dem Versicherungsaufsichtsgesetz besitzen. Die Bürgschaftserklärung muß den Verzicht auf die Einrede der Vorausklage enthalten. Die Bürgschaft darf nicht vor dem Zeitpunkt ablaufen, der sich aus Absatz 5 ergibt.

(3) Versicherungen sind nur dann im Sinne des Absatzes 1 geeignet, wenn

1. das Versicherungsunternehmen eine Erlaubnis zum Betrieb der Vertrauensschadensversicherung nach dem Versicherungsaufsichtsgesetz besitzt und
2. die allgemeinen Versicherungsbedingungen dem Zweck dieser Verordnung gerecht werden, insbesondere den Auftraggeber aus dem Versicherungsvertrag auch in den Fällen des Konkurs- und des Vergleichsverfahrens des Gewerbetreibenden unmittelbar berechtigen.

(4) Sicherheiten und Versicherungen können nebeneinander geleistet und abgeschlossen werden. Sie können für jeden einzelnen Auftrag oder für mehrere gemeinsam geleistet oder abgeschlossen werden. Der Gewerbetreibende hat dem Auftraggeber die zur unmittelbaren Inanspruchnahme von Sicherheiten und Versicherungen erforderlichen Urkunden auszuhändigen, bevor er Vermögenswerte des Auftraggebers erhält oder zu deren Verwendung ermächtigt wird.

(5) Die Sicherheiten und Versicherungen sind aufrechtzuerhalten

1. in den Fällen des § 34 c Abs. 1 Satz 1 Nr. 1 der Gewerbeordnung, bis der Gewerbebetreibende die Vermögenswerte an den in dem Auftrag bestimmten Empfänger übermittelt hat,
2. in den Fällen des § 34 c Abs. 1 Satz 1 Nr. 2 Buchstabe a der Gewerbeordnung, sofern ein Nutzungsverhältnis begründet werden soll, bis zur Einräumung des Besitzes und Begründung des Nutzungsverhältnisses,
3. in den Fällen des § 34 c Abs. 1 Satz 1 Nr. 2 Buchstabe b der Gewerbeordnung bis zur Rechnungslegung; sofern die Rechnungslegungspflicht gemäß § 8 Abs. 2 entfällt, endet die Sicherungspflicht mit der vollständigen Fertigstellung des Bauvorhabens.

Erhält der Gewerbetreibende Vermögenswerte des Auftraggebers in Teilbeträgen, oder wird er ermächtigt, hierüber in Teilbeträgen zu verfügen, endet die Verpflichtung aus Absatz 1 Satz 1, erster Halbsatz, in bezug auf die Teilbeträge, sobald er dem Auftraggeber die ordnungsgemäße Verwendung dieser Vermögenswerte nachgewiesen hat; die Sicherheiten und Versicherungen für den letzten Teilbetrag sind bis zu dem in Satz 1 bestimmten Zeitpunkt aufrechtzuerhalten.

§ 3
Besondere Sicherungspflichten für Bauträger

(1) Der Gewerbetreibende darf in den Fällen des § 34 c Abs. 1 Satz 1 Nr. 2 Buchstabe a der Gewerbeordnung, sofern dem Auftraggeber Eigentum an einem Grundstück übertragen oder ein Erbbaurecht bestellt oder übertragen werden soll, Vermögenswerte des Auftraggebers zur Ausführung des Auftrages erst entgegennehmen oder sich zu deren Verwendung ermächtigten lassen, wenn

1. der Vertrag zwischen dem Gewerbetreibenden und dem Auftraggeber rechtswirksam ist und die für seinen Vollzug erforderlichen Genehmigungen vorliegen, diese Voraussetzungen durch eine schriftliche Mitteilung des Notars bestätigt und dem Gewerbetreibenden keine vertraglichen Rücktrittsrechte eingeräumt sind,
2. zur Sicherung des Anspruchs des Auftraggebers auf Eigentumsübertragung oder Bestellung oder Übertragung eines Erbbaurechts an dem Vertragsobjekt eine Vormerkung an der vereinbarten Rangstelle im Grundbuch eingetragen ist; bezieht sich der Anspruch auf Wohnungs- oder Teileigentum oder ein Wohnungs- oder Teilerbbaurecht, so muß außerdem die Begründung dieses Rechts im Grundbuch vollzogen sein,
3. die Freistellung des Vertragsobjekts von allen Grundpfandrechten, die der Vormerkung im Range vorgehen

oder gleichstehen und nicht übernommen werden sollen, gesichert ist, und zwar auch für den Fall, daß das Bauvorhaben nicht vollendet wird,

4. die Baugenehmigung erteilt worden ist.

Die Freistellung nach Satz 1 Nr. 3 ist gesichert, wenn gewährleistet ist, daß die nicht zu übernehmenden Grundpfandrechte im Grundbuch gelöscht werden, und zwar, wenn das Bauvorhaben vollendet wird, unverzüglich nach Zahlung der geschuldeten Vertragssumme, andernfalls unverzüglich nach Zahlung des dem erreichten Bautenstand entsprechenden Teils der geschuldeten Vertragssumme durch den Auftraggeber. Für den Fall, daß das Bauvorhaben nicht vollendet wird, kann sich der Kreditgeber vorbehalten, an Stelle der Freistellung alle vom Auftraggeber vertragsgemäß im Rahmen des Absatzes 2 bereits geleisteten Zahlungen bis zum anteiligen Wert des Vertragsobjekts zurückzuzahlen. Die zur Sicherung der Freistellung erforderlichen Erklärungen einschließlich etwaiger Erklärungen nach Satz 3 müssen dem Auftraggeber ausgehändigt worden sein. Liegen sie bei Abschluß des notariellen Vertrages bereits vor, muß auf sie in dem Vertrag Bezug genommen sein; andernfalls muß der Vertrag einen ausdrücklichen Hinweis auf die Verpflichtung des Gewerbetreibenden zur Aushändigung der Erklärungen und deren notwendigen Inhalt enthalten.

(2) Der Gewerbetreibende darf in den Fällen des Absatzes 1 die Vermögenswerte ferner höchstens in folgenden Teilbeträgen zu den jeweils angegebenen Terminen entgegennehmen oder sich zu deren Verwendung ermächtigen lassen:

1. 30 vom Hundert der Vertragssumme in den Fällen, in denen Eigentum an einem Grundstück übertragen werden soll, oder 20 vom Hundert der Vertragssumme in den Fällen, in denen ein Erbbaurecht bestellt oder übertragen werden soll, nach Beginn der Erdarbeiten,
2. vom restlichen Teil der Vertragssumme
   40 vom Hundert nach Rohbaufertigstellung,
   25 vom Hundert nach Fertigstellung der Rohinstallation einschließlich Innenputz, ausgenommen Beiputzarbeiten,
   15 vom Hundert nach Fertigstellung der Schreiner- und Glaserarbeiten, ausgenommen Türblätter,
   15 vom Hundert nach Bezugsfertigkeit und Zug um Zug gegen Besitzübergabe,
   5 vom Hundert nach vollständiger Fertigstellung.

Betrifft das Bauvorhaben einen Altbau, so gilt der Ratenplan des Satzes 1 entsprechend.

(3) Der Gewerbetreibende darf in den Fällen des § 34 c Abs. 1 Satz 1 Nr. 2 Buchstabe a der Gewerbeordnung, sofern ein Nutzungsverhältnis begründet werden soll, Vermögenswerte des Auftraggebers zur Ausführung des Auftrages nur entgegennehmen oder sich zu deren Verwendung ermächtigen lassen

1. in Höhe von 20 vom Hundert der Vertragssumme nach Vertragsabschluß,
2. von dem restlichen Teil der Vertragssumme nach Maßgabe des Zahlungsplanes in Absatz 2 Nr. 2.

Absatz 1 Satz 1 Nr. 1 und 4 gilt entsprechend.

§ 4
Verwendung von Vermögenswerten des Auftraggebers

(1) Der Gewerbetreibende darf Vermögenswerte des Auftraggebers, die er erhalten hat oder zu deren Verwendung er ermächtigt worden ist, nur verwenden

1. in den Fällen des § 34 c Abs. 1 Satz 1 Nr. 1 der Gewerbeordnung zur Erfüllung des Vertrages, der durch die Vermittlung oder die Nachweistätigkeit des Gewerbetreibenden zustande gekommen ist,
2. in den Fällen des § 34 c Abs. 1 Satz 1 Nr. 2 der Gewerbeordnung zur Vorbereitung und Durchführung des Bauvorhabens, auf das sich der Auftrag bezieht; als Bauvorhaben gilt das einzelne Gebäude, bei Einfamilienreihenhäusern die einzelne Reihe.

(2) Der Gewerbetreibende darf in den Fällen des § 34 c Abs. 1 Satz 1 Nr. 2 Buchstabe b der Gewerbeordnung, in denen er das Bauvorhaben für mehrere Auftraggeber vorbereitet und durchführt, die Vermögenswerte der Auftraggeber nur im Verhältnis der Kosten der einzelnen Einheiten zu den Gesamtkosten des Bauvorhabens verwenden.

§ 5
Hilfspersonal

Ermächtigt der Gewerbetreibende andere Personen, Vermögenswerte des Auftraggebers zur Ausführung des Auftrages entgegenzunehmen oder zu verwenden, so hat er sicherzustellen, daß dies nur nach Maßgabe der §§ 3 und 4 geschieht.

§ 6
Getrennte Vermögensverwaltung

(1) Erhält der Gewerbetreibende zur Ausführung des Auftrages Vermögenswerte des Auftraggebers, so hat er sie von seinem Vermögen und dem seiner sonstigen Auftraggeber getrennt zu verwalten. Dies gilt nicht für vertragsgemäß im Rahmen des § 3 Abs. 2 oder 3 Satz 1 geleistete Zahlungen.

(2) Der Gewerbetreibende hat Gelder, die er vom Auftraggeber erhält, unverzüglich für Rechnung des Auftraggebers auf ein Sonderkonto bei einem Kreditinstitut im Sinne des § 2 Abs. 2 Satz 2 einzuzahlen und auf diesem Konto bis zur Verwendung im Sinne des § 4 zu belassen. Er hat dem Kreditinstitut offenzulegen, daß die Gelder für fremde Rechnung eingelegt werden und hierbei den Namen, Vornamen und die Anschrift des Auftraggebers anzugeben. Er hat das Kreditinstitut zu verpflichten, den Auftraggeber unverzüglich zu benachrichtigen, wenn die Einlage von dritter Seite gepfändet oder das Konkursverfahren oder das Vergleichsverfahren zur Abwendung des Konkurses über das Vermögen des Gewerbetreibenden eröffnet wird, und dem Auftraggeber jederzeit Auskunft über den Stand des Kontos zu erteilen. Er hat das Kreditinstitut ferner zu verpflichten, bei diesem Konto weder das Recht der Aufrechnung noch ein Pfand- oder Zurückbehaltungsrecht geltend zu machen, es sei denn wegen Forderungen, die in bezug auf das Konto selbst entstanden sind.

(3) Wertpapiere im Sinne des § 1 Abs. 1 des Gesetzes über die Verwahrung und Anschaffung von Wertpapieren, die der Gewerbetreibende vom Auftraggeber erhält, hat er unverzüglich für Rechnung des Auftraggebers einem Kreditinstitut im Sinne des § 2 Abs. 2 Satz 2 zur Verwahrung anzuvertrauen. Absatz 2 Satz 2 bis 4 ist anzuwenden.

§ 7
Ausnahmevorschrift

(1) Gewerbetreibende im Sinne des § 34 c Abs. 1 Satz 1 Nr. 2 Buchstabe a der Gewerbeordnung, die dem Auftraggeber Eigentum an einem Grundstück zu übertragen oder ein Erbbaurecht zu bestellen oder zu übertragen haben, sind von den Verpflichtungen des § 3 Abs. 1 und 2, des § 4 Abs. 1 und der §§ 5 und 6, die übrigen Gewerbetreibenden im Sinne des § 34 c Abs. 1 der Gewerbeordnung sind von den Verpflichtungen des § 2, des § 3 Abs. 3 und der §§ 4 bis 6 freigestellt, sofern sie Sicherheit für alle etwaigen Ansprüche des Auftraggebers auf Rückgewähr oder Auszahlung seiner Vermögenswerte im Sinne des § 2 Abs. 1 Satz 1 geleistet haben. § 2 Abs. 2, Abs. 4 Satz 2 und 3 und Abs. 5 Satz 1 gilt entsprechend. In den Fällen des § 34 c Abs. 1 Satz 1 Nr. 2 Buchstabe a der Gewerbeordnung, in denen dem Auftraggeber Eigentum an einem Grundstück übertragen

oder ein Erbbaurecht bestellt oder übertragen werden soll, ist die Sicherheit aufrechtzuerhalten, bis die Voraussetzungen des § 3 Abs. 1 erfüllt sind und das Vertragsobjekt vollständig fertiggestellt ist. Ein Austausch der Sicherungen der §§ 2 bis 6 und derjenigen des § 7 ist zulässig.

(2) Der Gewerbetreibende ist von den in Absatz 1 Satz 1 erwähnten Verpflichtungen auch dann freigestellt, wenn es sich bei dem Auftraggeber um

1. eine juristische Person des öffentlichen Rechts oder ein öffentlich-rechtliches Sondervermögen oder
2. einen in das Handelsregister oder das Genossenschaftsregister eingetragenen Kaufmann

handelt und der Auftraggeber in gesonderter Urkunde auf die Anwendung dieser Bestimmungen verzichtet. Im Falle des Satzes 1 Nr. 2 hat sich der Gewerbetreibende vom Auftraggeber dessen Eigenschaft als Kaufmann durch einen Auszug aus dem Handelsregister oder dem Genossenschaftsregister nachweisen zu lassen.

§ 8

Rechnungslegung

(1) Hat der Gewerbetreibende zur Ausführung des Auftrages Vermögenswerte des Auftraggebers erhalten oder verwendet, so hat er dem Auftraggeber nach Beendigung des Auftrages über die Verwendung dieser Vermögenswerte Rechnung zu legen. § 259 des Bürgerlichen Gesetzbuchs ist anzuwenden.

(2) Die Verpflichtung, Rechnung zu legen, entfällt, soweit der Auftraggeber nach Beendigung des Auftrages dem Gewerbetreibenden gegenüber schriftlich darauf verzichtet oder der Gewerbetreibende mit den Vermögenswerten des Auftraggebers eine Leistung zu einem Festpreis zu erbringen hat.

§ 9

Anzeigepflicht

Der Gewerbetreibende hat der zuständigen Behörde die jeweils mit der Leitung des Betriebes oder einer Zweigniederlassung beauftragten Personen unverzüglich anzuzeigen. Dies gilt bei juristischen Personen auch für die nach Gesetz, Satzung oder Gesellschaftsvertrag jeweils zur Vertretung berufenen Personen. In der Anzeige sind Name, Geburtsname, sofern er vom Namen abweicht, Vornamen, Staatsangehörigkeit, Geburtstag, Geburtsort und Anschrift der betreffenen Personen anzugeben.

§ 10

Buchführungspflicht

(1) Der Gewerbetreibende hat von der Annahme des Auftrages an nach Maßgabe der folgenden Vorschriften Aufzeichnungen zu machen sowie Unterlagen und Belege übersichtlich zu sammeln. Die Aufzeichnungen sind unverzüglich und in deutscher Sprache vorzunehmen.

(2) Aus den Aufzeichnungen und Unterlagen sämtlicher Gewerbetreibender müssen ersichtlich sein

1. der Name und Vorname oder die Firma sowie die Anschrift des Auftraggebers,
2. folgende Angaben, soweit sie im Einzelfall in Betracht kommen,
   a) das für die Vermittler- oder Nachweistätigkeit oder für die Tätigkeit als Baubetreuer vom Auftraggeber zu entrichtende Entgelt; Wohnungsvermittler haben das Entgelt in einem Bruchteil oder Vielfachen der Monatsmiete anzugeben;
   b) ob der Gewerbetreibende zur Entgegennahme von Zahlungen oder sonstigen Leistungen ermächtigt ist;
   c) Art und Höhe der Vermögenswerte des Auftraggebers, die der Gewerbetreibende zur Ausführung des Auftrages erhalten oder zu deren Verwendung er ermächtigt werden soll;
   d) daß der Gewerbetreibende den Auftraggeber davon unterrichtet hat, daß er von ihm nur im Rahmen des § 3 Vermögenswerte entgegennehmen oder sich zu deren Verwendung ermächtigen lassen und diese Vermögenswerte nur im Rahmen des § 4 verwenden darf, es sei denn, daß nach § 7 verfahren wird;
   e) Art, Höhe und Umfang der vom Gewerbetreibenden für die Vermögenswerte zu leistenden Sicherheit und abzuschließenden Versicherung, Name oder Firma und Anschrift des Bürgen und der Versicherung;
   f) Vertragsdauer.

(3) Aus den Aufzeichnungen und Unterlagen von Gewerbetreibenden im Sinne des § 34 c Abs. 1 Satz 1 Nr. 1 der Gewerbeordnung müssen ferner folgende Angaben ersichtlich sein, soweit sie im Einzelfall in Betracht kommen,

1. bei der Vermittlung oder dem Nachweis der Gelegenheit zum Abschluß von Verträgen über den Erwerb von Grundstücken oder grundstücksgleichen Rechten: Lage, Größe und Nutzungsmöglichkeit des Grundstücks, Art, Alter und Zustand des Gebäudes, Ausstattung, Wohn- und Nutzfläche, Zahl der Zimmer, Höhe der Kaufpreisforderung einschließlich zu übernehmender Belastungen, Name, Vorname und Anschrift des Veräußerers;
2. bei der Vermittlung oder dem Nachweis der Gelegenheit zum Abschluß von Verträgen über die Nutzung von Grundstücken oder grundstücksgleichen Rechten: Lage, Größe und Nutzungsmöglichkeit des Grundstücks, Art, Alter und Zustand des Gebäudes, Ausstattung, Wohn- und Nutzfläche, Zahl der Zimmer, Höhe der Mietzinsforderung sowie gegebenenfalls Höhe eines Baukostenzuschusses, einer Kaution, einer Mietvorauszahlung, eines Mieterdarlehens oder einer Abstandssumme, Name, Vorname und Anschrift des Vermieters;
3. Bei der Vermittlung oder dem Nachweis der Gelegenheit zum Abschluß von Verträgen über die Nutzung von gewerblichen Räumen oder Wohnräumen: Lage des Grundsücks und der Räume, Ausstattung, Nutz- und Wohnfläche, Zahl der Räume, Höhe der Mietzinsforderung sowie gegebenenfalls Höhe eines Baukostenzuschusses, einer Kaution, einer Mietvorauszahlung, eines Mieterdarlehens oder einer Abstandssumme, Name, Vorname und Anschrift des Vermieters;
4. bei der Vermittlung oder dem Nachweis der Gelegenheit zum Abschluß von Verträgen über Darlehen: Höhe, Laufzeit, Zins- und Tilgungsleistungen unter Bezeichnung des Zahlungszeitraumes, Auszahlungskurs, Dauer der Zinsbindung und Nebenkosten des Darlehens sowie dessen effektiver Jahreszins oder anfänglicher effektiver Jahreszins gemäß § 4 der Preisangabenverordnung, bei nicht durch Grundpfandrechte gesicherten Darlehen mit Ausnahme von solchen zur Finanzierung von Grundstücksgeschäften auch der vom Auftraggeber zu entrichtende Gesamtbetrag, Name, Vorname und Anschrift des Darlehensgebers; der Angabe des effektiven Jahrszinses oder anfänglichen effektiven Jahreszinses bedarf es nicht, wenn das Darlehen dem Auftraggeber zur Verwendung in seiner selbständigen beruflichen oder gewerblichen oder in seiner behördlichen oder dienstlichen Tätigkeit gewährt werden soll.
5. bei der Vermittlung oder dem Nachweis der Gelegenheit zum Abschluß von Verträgen über den Erwerb von Anteilscheinen einer Kapitalgesellschaft oder von ausländischen Investmentanteilen: Firma und Sitz der Kapitalanlagegesellschaft oder der ausländischen Investmentgesellschaft sowie je ein Stück der Vertragsbedingungen und des Verkaufsprospekts (§ 19 des Gesetzes über Kapitalanlagegesellschaften und § 3 des Gesetzes über den Vertrieb ausländischer Investmentanteile und über die

Besteuerung der Erträge aus ausländischen Investmentanteilen); bei der Vermittlung oder dem Nachweis der Gelegenheit zum Abschluß von Verträgen über den Erwerb von ausländischen Investmentanteilen außerdem Angaben darüber, ob die ausländische Investmentgesellschaft in ihrem Sitzland im Hinblick auf das Investmentgeschäft einer staatlichen Aufsicht untersteht, ob und wann die ausländische Investmentgesellschaft die Absicht, ihre Anteile öffentlich zu vertreiben, dem Bundesaufsichtsamt für das Kreditwesen angezeigt hat sowie ob und wann das Bundesaufsichtsamt für das Kreditwesen den öffentlichen Vertrieb untersagt hat oder die Rechte aus der Vertriebsanzeige durch Verzicht erloschen sind;

6. bei der Vermittlung oder dem Nachweis der Gelegenheit zum Abschluß von Verträgen über den Erwerb von sonstigen öffentlich angebotenen Vermögensanlagen, die für gemeinsame Rechnung der Anleger verwaltet werden sowie über den Erwerb von öffentlich angebotenen Anteilen an einer Kommanditgesellschaft:
   a) die Kosten, die insgesamt jeweils von jeder Zahlung des Erwerbers abgezogen werden;
   b) die laufenden Kosten, die darüber hinaus jährlich nach den Vertragsbedingungen einbehalten werden;
   c) ob bei steuerbegünstigten Anlagen eine Bescheinigung des zuständigen Finanzamtes über die Anerkennung der Verlustzuweisungen vorliegt;
   d) ob rechtsverbindlich öffentliche Finanzierungshilfen zugesagt worden sind;
   e) ob die eingezahlten Gelder von einem Kreditinstitut treuhänderisch verwaltet werden sowie Firma und Sitz dieses Kreditinstituts;
   f) ob bei einer Kommanditgesellschaft die Kapitalanteile von Kommanditisten als Treuhänder für die Anleger gehalten werden sowie Name, Vorname oder Firma und Anschrift oder Sitz dieser Treuhänder;
   g) wie hoch der Anteil der Fremdfinanzierung an der gesamten Finanzierung ist, ob die Kredite fest zugesagt sind und von wem;
   h) ob ein Kontrollorgan für die Geschäftsführung bestellt ist und welche Befugnisse es hat;
   i) ob die Haftung des Erwerbers auf die Einlage beschränkt ist;
   j) ob weitere Zahlungsverpflichtungen für den Erwerber bestehen oder entstehen können;
   k) Firma und Sitz des Unternehmens, das die angebotene Vermögensanlage verwaltet, oder der Gesellschaft, deren Anteile angeboten werden;

7. bei der Vermittlung oder dem Nachweis der Gelegenheit zum Abschluß von Verträgen über den Erwerb von öffentlich angebotenen Anteilen an einer Kapitalgesellschaft oder verbrieften Forderungen gegen eine Kapitalgesellschaft oder Kommanditgesellschaft:
   a) Firma, Sitz und Zeitpunkt der Gründung der Gesellschaft;
   b) ob und an welchen Börsen die Anteile oder Forderungen gehandelt werden;
   c) ob ein Emissionsprospekt und ein Börsenprospekt vorliegen;
   d) nach welchem Recht sich die Beziehungen zwischen dem Erwerber und der Gesellschaft richten;
   e) sämtliche mit dem Erwerb verbundenen Kosten;

   bei verbrieften Forderungen außerdem Angaben über Zinssatz, Ausgabekurs, Tilgungs- und Rückzahlungsbedingungen und Sicherheiten.

(4) Aus den Aufzeichnungen und Unterlagen von Gewerbetreibenden im Sinne des § 34 c Abs. 1 Satz 1 Nr. 2 der Gewerbeordnung müssen zusätzlich zu den Angaben nach Absatz 2 folgende Angaben ersichtlich sein, soweit sie im Einzelfall in Betracht kommen,

1. bei Bauvorhaben, die ganz oder teilweise zur Veräußerung bestimmt sind: Lage und Größe des Baugrundstücks, das Bauvorhaben mit den von der Bauaufsicht genehmigten Plänen nebst Baubeschreibung, der Zeitpunkt der Fertigstellung, die Kaufsache, die Kaufpreisforderung, die Belastungen, die Finanzierung, soweit sie nicht vom Erwerber erbracht werden soll;
2. bei Bauvorhaben, die ganz oder teilweise vermietet, verpachtet oder in anderer Weise zur Nutzung überlassen werden sollen: Lage und Größe des Baugrundstücks, das Bauvorhaben mit den von der Bauaufsicht genehmigten Plänen nebst Baubeschreibung, der Zeitpunkt der Fertigstellung, der Vertragsgegenstand, die Mietzins-, Pachtzins- oder sonstige Forderung, die darüber hinaus zu erbringenden laufenden Leistungen und die etwaigen einmaligen Leistungen, die nicht zur Vorbereitung oder Durchführung des Bauvorhabens verwendet werden sollen;
3. bei Bauvorhaben, die der Gewerbetreibende als Baubetreuer wirtschaftlich vorbereiten oder durchführen soll: Lage und Größe des Baugrundstücks, das Bauvorhaben mit Plänen und Baubeschreibung, der Zeitpunkt der Fertigstellung, die veranschlagten Kosten, die Kostenobergrenze und die von dem Gewerbetreibenden bei Dritten zu beschaffende Finanzierung.

(5) Aus den Aufzeichnungen, Unterlagen und Belegen sämtlicher Gewerbetreibender müssen ferner ersichtlich sein, soweit dies im Einzelfall in Betracht kommt,

1. Art und Höhe der Vermögenswerte des Auftraggebers, die der Gewerbetreibende zur Ausführung des Auftrages erhalten hat oder zu deren Verwendung er ermächtigt wurde,
2. das für die Vermittler- oder Nachweistätigkeit oder für die Tätigkeit als Baubetreuer vom Auftraggeber entrichtete Entgelt,
3. eine Bestätigung des Auftraggebers über die Aushändigung der in § 2 Abs. 4 Satz 3 bezeichneten Unterlagen,
4. Kopie der Bürgschaftsurkunde und des Versicherungsscheins,
5. Verwendungen von Vermögenswerten des Auftraggebers durch den Gewerbetreibenden nach Tag und Höhe, in den Fällen des § 2 Abs. 5 Satz 2 auch eine Bestätigung des Auftraggebers darüber, daß ihm die ordnungsgemäße Verwendung der Teilbeträge nachgewiesen worden ist,
6. Tag und Grund der Auftragsbeendigung,
7. Tag der Beendigung des Bürgschaftsvertrages und der Versicherung,
8. die in § 7 Abs. 2 erwähnten Unterlagen,
9. Nachweis, daß dem Auftraggeber die in § 11 bezeichneten Angaben rechtzeitig und vollständig mitgeteilt worden sind.

(6) Sonstige Vorschriften über Aufzeichnungs- und Buchführungspflichten des Gewerbetreibenden und die §§ 2 und 3 des Gesetzes über die Sicherung der Bauforderungen in der im Bundesgesetzblatt Teil III, Gliederungsnummer 213-2, veröffentlichten bereinigten Fassung in der jeweils geltenden Fassung bleiben unberührt.

§ 11

Informationspflicht

Der Gewerbetreibende hat dem Auftraggeber schriftlich und in deutscher Sprache folgende Angaben mitzuteilen, soweit sie im Einzelfall in Betracht kommen:

1. in den Fällen des § 34 c Abs. 1 Satz 1 Nr. 1 Buchstabe a der Gewerbeordnung, sofern der Abschluß von Verträgen über
   a) Grundstücke, grundstücksgleiche Rechte, gewerbliche Räume oder Wohnräume,

b) durch Grundpfandrechte gesicherte Darlehen, nicht durch Grundpfandrechte gesicherte Darlehen zur Finanzierung von Grundstücksgeschäften oder Darlehen, die dem Auftraggeber zur Verwendung in seiner selbständigen beruflichen oder gewerblichen oder in seiner behördlichen oder dienstlichen Tätigkeit gewährt werden sollen,

vermittelt oder die Gelegenheit zum Abschluß solcher Verträge nachgewiesen werden soll, unmittelbar nach der Annahme des Auftrages die in § 10 Abs. 2 Nr. 2 Buchstaben a und f erwähnten Angaben und spätestens bei Aufnahme der Vertragsverhandlungen über den vermittelten oder nachgewiesenen Vertragsgegenstand die in § 10 Abs. 2 Nr. 2 Buchstaben b bis e und Abs. 3 Nr. 1 bis 4 erwähnten Angaben,

2. in den übrigen Fällen des § 34 c Abs. 1 Satz 1 Nr. 1 der Gewerbeordnung vor der Annahme des Auftrages die in § 10 Abs. 2 Nr. 2 und Abs. 3 Nr. 4 bis 7 erwähnten Angaben,
3. in den Fällen des § 34 c Abs. 1 Satz 1 Nr. 2 der Gewerbeordnung spätestens bis zur Annahme des Auftrages in die § 10 Abs. 2 Nr. 2 und Abs. 4 erwähnten Angaben. Vor diesem Zeitpunkt hat der Gewerbetreibende dem Auftraggeber die Angaben zu machen, die zur Beurteilung des Auftrages nach dem jeweiligen Verhandlungsstand erforderlich sind. Im Falle des § 10 Abs. 4 Nr. 3 entfällt die Verpflichtung, soweit die Angaben vom Auftraggeber stammen.

§ 12

Unzulässigkeit abweichender Vereinbarungen

Der Gewerbetreibende darf seine Verpflichtungen nach den §§ 2 bis 8 sowie die nach § 2 Abs. 1 zu sichernden Schadensersatzansprüche des Auftraggebers durch vertragliche Vereinbarung weder ausschließen noch beschränken.

§ 13

Inseratensammlung

(1) Je ein Stück sämtlicher Veröffentlichungen und Werbeschriften, insbesondere Inserate und Prospekte, in denen der Gewerbetreibende Tätigkeiten ankündigt, die den Vorschriften dieser Verordnung unterliegen, ist in der Reihenfolge des Erscheinens übersichtlich zu verwahren. Die gesammelten Inserate müssen einen Hinweis auf die Bezeichnung der Druckschrift und den Tag ihres Erscheinens enthalten. Bei gleichlautenden Dauerinseraten genügt die Verwahrung der erstmaligen Veröffentlichung mit einem Vermerk über alle weiteren Erscheinungstage. Der Gewerbetreibende kann an Stelle der Inserate die Kopien der Anzeigenaufträge und die Rechnungen oder die Kopien der Rechnungen des Verlagsunternehmens, aus denen die Bezeichnung der Druckschrift und der Tag ihres Erscheinens ersichtlich sein müssen, verwahren.

(2) Soweit die Verwahrung einer Veröffentlichung nach Absatz 1 wegen ihrer Art nicht möglich ist, ist ein Vermerk über ihren Inhalt und den Tag ihres Erscheinens zu der Sammlung zu nehmen.

§ 14

Aufbewahrung

(1) Die in den §§ 10 und 13 bezeichneten Geschäftsunterlagen sind 5 Jahre in den Geschäftsräumen aufzubewahren. Die Aufbewahrungsfrist beginnt in den Fällen des § 10 mit dem Schluß des Kalenderjahres, in dem der letzte aufzeichnungspflichtige Vorgang für den jeweiligen Auftrag angefallen ist, in den Fällen des § 13 mit dem Schluß des Kalenderjahres, in dem die letzte Veröffentlichung oder Werbung stattgefunden hat. Vorschriften, die eine längere Frist bestimmen, bleiben unberührt.

(2) Die nach Absatz 1 aufzubewahrenden Unterlagen können auch in Form einer verkleinerten Wiedergabe aufbewahrt werden, wenn gesichert ist, daß die Wiedergabe mit der Urschrift übereinstimmt. Der Gewerbetreibende hat auf Verlangen der zuständigen Behörde auf seine Kosten die erforderliche Anzahl ohne Hilfsmittel lesbarer Reproduktionen vorzulegen; bei Ermittlungen oder Prüfungen in den Geschäftsräumen sind für verkleinerte Wiedergaben die erforderlichen Lesegeräte bereitzuhalten.

§ 15

Auskunft und Nachschau

(1) Der Gewerbetreibende hat den Beauftragten der zuständigen Behörde die für die Überwachung des Geschäftsbetriebs erforderlichen mündlichen und schriftlichen Auskünfte innerhalb der gesetzten Frist und unentgeltlich zu erteilen.

(2) Die von der zuständigen Behörde beauftragten Personen sind befugt, zum Zwecke der Überwachung Grundstücke und Geschäftsräume des Gewerbetreibenden während der üblichen Geschäftszeit zu betreten, dort Prüfungen und Besichtigungen vorzunehmen, sich die geschäftlichen Unterlagen des Gewerbetreibenden vorlegen zu lassen und in diese Einsicht zu nehmen. Zur Verhütung dringender Gefahren für die öffentliche Sicherheit und Ordnung können die Grundstücke und Geschäftsräume tagsüber auch außerhalb der in Satz 1 genannten Zeit sowie tagsüber dann betreten werden, wenn sie zugleich Wohnzwecken des Gewerbetreibenden dienen. Der Gewerbetreibende hat die Maßnahmen nach den Sätzen 1 und 2 zu dulden. Das Grundrecht der Unverletztlichkeit der Wohnung (Artikel 13 des Grundgesetzes) wird insoweit eingeschränkt.

(3) Der Gewerbetreibende kann die Auskunft auf solche Fragen verweigern, deren Beantwortung ihn selbst oder einen der in § 383 Abs. 1 Nr. 1 bis 3 der Zivilprozeßordnung bezeichneten Angehörigen der Gefahr strafgerichtlicher Verfolgung oder eines Verfahrens nach dem Gesetz über Ordnungswidrigkeiten aussetzen würde.

§ 16

Prüfungen

(1) Gewerbetreibende im Sinne des § 34 c Abs. 1 der Gewerbeordnung haben auf ihre Kosten die Einhaltung der sich aus den §§ 2 bis 14 ergebenden Verpflichtungen für jedes Kalenderjahr durch einen geeigneten Prüfer prüfen zu lassen und der zuständigen Behörde den Prüfungsbericht bis spätestens zum 31. Dezember des darauffolgenden Jahres zu übermitteln. Der Prüfungsbericht muß einen Vermerk darüber enthalten, ob Verstöße des Gewerbetreibenden festgestellt worden sind. Verstöße sind in dem Vermerk aufzuzeigen. Der Prüfer hat den Vermerk mit Angabe von Ort und Datum zu unterzeichnen.

(2) Die zuständige Behörde ist befugt, Gewerbetreibende im Sinn des § 34 c Abs. 1 der Gewerbeordnung auf deren Kosten aus besonderem Anlaß im Rahmen einer außerordentlichen Prüfung durch einen geeigneten Prüfer überprüfen zu lassen. Der Prüfer wird von der zuständigen Behörde bestimmt. Absatz 1 Satz 2 bis 4 gilt entsprechend.

(3) Geeignete Prüfer sind

1. Wirtschaftsprüfer, vereidigte Buchprüfer, Wirtschaftsprüfungs- und Buchprüfungsgesellschaften,
2. Prüfungsverbände, zu deren gesetzlichem oder satzungsmäßigem Zweck die regelmäßige und außerordentliche Prüfung ihrer Mitglieder gehört, sofern
   a) von ihren gesetzlichen Vertretern mindestens einer Wirtschaftsprüfer ist,
   b) sie die Voraussetzungen des § 63 b Abs. 5 des Gesetzes betreffend die Erwerbs- und Wirtschaftsgenossenschaften erfüllen oder
   c) sie sich für ihre Prüfungstätigkeit selbständiger Wirtschaftsprüfer oder vereidigter Buchprüfer oder einer Wirtschaftsprüfungs- oder Buchprüfungsgesellschaft bedienen.

Bei Gewerbetreibenden im Sinne des § 34 c Abs. 1 Satz 1 Nr. 1 Buchstabe a der Gewerbeordnung können mit der Prüfung nach den Absätzen 1 und 2 auch andere Personen, die öffentlich bestellt oder zugelassen worden sind und die auf Grund ihrer Vorbildung und Erfahrung in der Lage sind, eine ordnungsgemäße Prüfung in dem jeweiligen Gewerbebetrieb durchzuführen sowie deren Zusammenschlüsse betraut werden. Ungeeignet für eine Prüfung sind Personen, bei denen die Besorgnis der Befangenheit besteht.

§ 17

Rechte und Pflichten der an der Prüfung Beteiligten

(1) Der Gewerbetreibende hat dem Prüfer die Einsicht in die Bücher, Aufzeichnungen und Unterlagen zu gestatten. Er hat ihm alle Aufklärungen und Nachweise zu geben, die der Prüfer für eine sorgfältige Prüfung benötigt.

(2) Der Prüfer ist zur gewissenhaften und unparteiischen Prüfung und zur Verschwiegenheit verpflichtet. Er darf nicht unbefugt Geschäfts- und Betriebsgeheimnisse verwerten, die er bei seiner Tätigkeit erfahren hat. Ein Prüfer, der vorsätzlich oder fahrlässig seine Pflichten verletzt, ist dem Gewerbetreibenden zum Ersatz des daraus entstehenden Schadens verpflichtet. Mehrere Personen haften als Gesamtschuldner.

§ 18

Ordnungswidrigkeiten

Ordnungswidrig im Sinne des § 144 Abs. 2 Nr. 1 der Gewerbeordnung handelt, wer

1. Vermögenswerte des Auftraggebers annimmt oder sich zu deren Verwendung ermächtigen läßt, bevor er
   a) nach § 2 Abs. 1 Sicherheit geleistet oder eine Versicherung abgeschlossen oder
   b) die in § 2 Abs. 4 Satz 3 bezeichneten Urkunden ausgehändigt hat,
2. entgegen § 2 Abs. 5, auch in Verbindung mit § 7 Abs. 1 Satz 2, oder § 7 Abs. 1 Satz 3 die Sicherheit oder Versicherung nicht aufrechterhält,
3. einer Vorschrift des § 3 über die Entgegennahme oder die Ermächtigung zur Verwendung von Vermögenswerten des Auftraggebers zuwiderhandelt,
4. einer Vorschrift des § 4 über die Verwendung von Vermögenswerten des Auftraggebers zuwiderhandelt,
5. einer Vorschrift des § 6 Abs. 1, Abs. 2 Satz 1 oder 2, Abs. 3 Satz 1 oder Abs. 3 Satz 2 in Verbindung mit Abs. 2 Satz 2 über die getrennte Vermögensverwaltung zuwiderhandelt,
6. entgegen § 9 die Anzeige nicht, nicht richtig, nicht vollständig oder nicht rechtzeitig erstattet,
7. entgegen § 10 Abs. 1 bis 5 erforderliche Aufzeichnungen nicht, nicht richtig, nicht vollständig, nicht ordnungsgemäß oder nicht rechtzeitig macht oder Unterlagen oder Belege nicht oder nicht übersichtlich sammelt,
8. entgegen § 11 Satz 1 Nr. 1 bis 3 dem Auftraggeber die dort bezeichneten Angaben nicht, nicht richtig, nicht vollständig oder nicht rechtzeitig mitteilt,
9. einer Vorschrift des § 13 über die Verwahrung, Kennzeichnung oder Aufzeichnung von Werbematerial zuwiderhandelt,
10. entgegen § 14 Abs. 1 Satz 1 Geschäftsunterlagen nicht während der vorgeschriebenen Frist aufbewahrt,
11. entgegen § 15 Abs. 1 Auskünfte nicht, nicht richtig, nicht vollständig oder nicht rechtzeitig erteilt oder entgegen § 15 Abs. 2 Satz 3 Maßnahmen der Überwachung nicht duldet,
12. entgegen § 16 Abs. 1 der zuständigen Behörde den Prüfungsbericht nicht, nicht vollständig oder nicht rechtzeitig vorlegt,
13. den Duldungs- oder Mitwirkungspflichten des § 17 Abs. 1 nicht, nicht ausreichend oder nicht rechtzeitig nachkommt.

§ 19

(Aufhebung von Vorschriften)

§ 20

Übergangsvorschriften

(1) Gewerbetreibende, die Vermögenswerte des Auftraggebers nach den §§ 3 oder 7 Abs. 1 in der bis zum 28. Februar 1991 geltenden Fassung abzusichern haben, können die Verträge weiterhin nach diesen Vorschriften abwickeln.

(2) Betreuungsunternehmen im Sinne des § 37 Abs. 2 des Zweiten Wohnungsbaugesetzes und des § 22 c Abs. 2 des Wohnungsbaugesetzes für das Saarland, die diese Eigenschaft verlieren, dürfen Vermögenswerte des Auftraggebers von diesem Zeitpunkt an nur noch unter den Voraussetzungen der §§ 2 bis 7 entgegennehmen oder sich zu deren Verwendung ermächtigen lassen.

§ 21

Berlin-Klausel

(gegenstandslos)

§ 22

(Inkrafttreten)

Anhang 25

§§ 1 und 3 des Gesetzes gegen den unlauteren Wettbewerb (UWG)

§ 1 Generalklausel

Wer im geschäftlichen Verkehr zu Zwecken des Wettbewerbes Handlungen vornimmt, die gegen die guten Sitten verstoßen, kann auf Unterlassung und Schadensersatz in Anspruch genommen werden.

§ 3 Irreführende Angaben

Wer im geschäftlichen Verkehr zu Zwecken des Wettbewerbs über geschäftliche Verhältnisse, insbesondere über die Beschaffenheit, den Ursprung, die Herstellungsart oder die Preisbemessung einzelner Waren oder gewerblicher Leistungen oder des gesamten Angebots, über Preislisten, über die Art des Bezugs oder die Bezugsquelle von Waren, über den Besitz von Auszeichnungen, über den Anlaß oder den Zweck des Verkaufs oder über die Menge der Vorräte irreführende Angaben macht, kann auf Unterlassung der Angaben in Anspruch genommen werden.

Anhang 26

Verordnung zur Regelung der Preisangaben

Vom 14. März 1985 (BGBl. I S. 580)

Auf Grund des Artikels 1 § 1 des Gesetzes zur Regelung der Preisangaben vom 3. Dezember 1984 (BGBl. I S. 1429) und auf Grund des § 34 c Abs. 3 Satz 1 Nr. 6 der Gewerbeordnung in der Fassung der Bekanntmachung vom 1. Januar 1978 (BGBl. I S. 97) wird mit Zustimmung des Bundesrates verordnet:

Preisangabenverordnung (PAngV)

§ 1 Grundvorschriften

(1) Wer Letztverbrauchern gewerbs- oder geschäftsmäßig oder regelmäßig in sonstiger Weise Waren oder Leistungen anbietet oder als Anbieter von Waren oder Leistungen gegenüber Letztverbrauchern in Zeitungen, Zeitschriften, Prospekten, auf Plakaten, im Rundfunk oder Fernsehen oder auf sonstige Weise unter Angabe von Preisen wirbt, hat die Preise anzugeben, die einschließlich der Umsatzsteuer und sonstiger Preisbestandteile unabhängig von einer Rabattgewährung zu zahlen sind (Endpreise). Soweit es der allgemeinen Verkehrsauffassung entspricht, sind auch die Verkaufs- oder Leistungseinheit und die Gütebezeichnung anzugeben, auf die sich die Preise beziehen. Auf die Bereitschaft, über den angegebenen Preis zu verhandeln, kann hingewiesen werden, soweit es der allgemeinen Verkehrsauffassung entspricht und Rechtsvorschriften nicht entgegenstehen.

(2) Bei Leistungen können, soweit es üblich ist, abweichend von Absatz 1 Satz 1 Stundensätze, Kilometersätze und andere Verrechnungssätze angegeben werden, die alle Leistungselemente einschließlich der anteiligen Umsatzsteuer enthalten. Die Materialkosten können in die Verrechnungssätze einbezogen werden.

(3) Bei Waren und Leistungen, deren Preise auf Grund von Tarifen oder Gebührenregelungen bemessen werden, die durch Gesetz oder auf Grund eines Gesetzes festgesetzt oder behördlich genehmigt sind, genügt die Angabe der Preise in der festgesetzten oder genehmigten Form. Sind Waren und Leistungen den in Satz I genannten Waren und Leistungen vergleichbar, ohne einer staatlichen Preisregelung im Sinne des Satzes I zu unterliegen, so können, soweit es der allgemeinen Verkehrsauffassung entspricht, die Preise in einer der Festsetzung oder Genehmigung entsprechenden Form angegeben werden. Werden Preise entsprechend den Sätzen 1 und 2 angegeben, so ist auch anzugeben, in welcher Höhe zur Zeit der Angabe die Umsatzsteuer und sonstige Abgaben zusätzlich anfallen. Die Ausnahmen der Sätze 1 und 2 gelten nicht, wenn Elektrizitäts-, Gas- und Fernwärmeversorgungsunternehmen Preisvergleiche, Durchschnitts- oder Gesamtpreis angeben oder damit werben.

(4) Bestehen für Waren oder Leistungen Liefer- oder Leistungsfristen von mehr als vier Monaten, so können abweichend von Absatz 1 Satz 1 für diese Fälle Preise mit einem Änderungsvorbehalt angegeben werden; dabei sind auch die voraussichtlichen Liefer- und Leistungsfristen anzugeben. Die Angabe von Preisen mit einem Änderungsvorbehalt ist auch zulässig bei Waren oder Leistungen, die im Rahmen von Dauerschuldverhältnissen erbracht werden, sowie bei Leistungen, deren Preise auf Verträgen, Beschlüssen oder Empfehlungen im Sinne des § 99 Abs. 2 Nr. 1 des Gesetzes gegen Wettbewerbsbeschränkungen beruhen.

(5) Bei Waren, die nicht in Fertigpackungen, in offenen Packungen oder in durch Rechtsvorschrift festgelegten Mengen vermarktet werden (lose

Waren), ist der Preis bei nach Gewicht vermarkteter Ware entsprechend der allgemeinen Verkehrsauffassung auf 1 Kilogramm oder 100 Gramm und bei nach Volumen vermarkteter Ware entsprechend der allgemeinen Verkehrsauffassung auf 1 Liter oder 100 Milliliter zu beziehen. Wird lose Ware üblicherweise in Mengen von 100 Liter und mehr oder 50 Kilogramm und mehr abgegeben, so ist der Preis auf die Verkaufseinheit zu beziehen, die der allgemeinen Verkehrsauffassung entspricht.

(6) Die Angaben nach dieser Verordnung müssen der allgemeinen Verkehrsauffassung und den Grundsätzen von Preisklarheit und Preiswahrheit entsprechen. Sie müssen dem Angebot oder der Werbung eindeutig zugeordnet, leicht erkennbar und deutlich lesbar oder sonst gut wahrnehmbar sein. Bei der Aufgliederung von Preisen sind die Endpreise hervorzuheben.

§ 2 Handel

(1) Waren, die in Schaufenstern, Schaukästen, innerhalb oder außerhalb des Verkaufsraumes auf Verkaufsständen oder in sonstiger Weise sichtbar ausgestellt werden, und Waren, die vom Verbraucher unmittelbar entnommen werden können, sind durch Preisschilder oder Beschriftung der Ware auszuzeichnen.

(2) Waren, die nicht unter den Voraussetzungen des Absatzes 1 im Verkaufsraum zum Verkauf bereitgehalten werden, sind entweder nach Absatz 1 auszuzeichnen oder dadurch, daß die Behältnisse oder Regale, in denen sich die Waren befinden, beschriftet werden oder daß Preisverzeichnisse angebracht oder zur Einsichtnahme aufgelegt werden.

(3) Waren, die nach Musterbüchern angeboten werden, sind dadurch auszuzeichnen, daß die Preise für die Verkaufseinheit auf den Mustern oder damit verbundenen Preisschildern oder Preisverzeichnissen angegeben werden.

(4) Waren, die nach Katalogen oder Warenlisten, insbesondere im Versandhandel, angeboten werden, sind dadurch auszuzeichnen, daß die Preise neben den Warenabbildungen oder Warenbeschreibungen, in Anmerkungen oder in mit den Katalogen oder Warenlisten im Zusammenhang stehenden Preisverzeichnissen angegeben werden.

(5) Auf Angebote von Waren, deren Preise üblicherweise auf Grund von Tarifen oder Gebührenregelungen bemessen werden, ist § 3 Abs. 1 und 2 entsprechend anzuwenden.

§ 3 Leistungen

(1) Wer Leistungen anbietet, hat ein Preisverzeichnis mit den Preisen für seine wesentlichen Leistungen oder in den Fällen des § 1 Abs. 2 mit seinen Verrechnungssätzen aufzustellen. Dieses ist im Geschäftslokal oder am sonstigen Ort des Leistungsangebots und, sofern vorhanden, zusätzlich im Schaufenster oder Schaukasten anzubringen.

(2) Werden entsprechend der allgemeinen Verkehrsauffassung die Preise und Verrechnungssätze für sämtliche angebotenen Leistungen in Preisverzeichnisse aufgenommen, so sind diese zur Einsichtnahme am Ort des Leistungsangebots bereitzuhalten, wenn das Anbringen der Preisverzeichnisse wegen ihres Umfangs nicht zumutbar ist.

(3) Werden die Leistungen in Fachabteilungen von Handelsbetrieben angeboten, so genügt das Anbringen der Preisverzeichnisse in den Fachabteilungen.

§ 4 Kredite

(1) Bei Krediten ist als Preis die Gesamtbelastung pro Jahr in einem Vomhundertsatz des Kredits anzugeben und als „effektiver Jahreszins" oder, wenn eine Änderung des Zinssatzes oder anderer preisbestimmender Faktoren vorbehalten ist (§ 1 Abs. 4), als „anfänglicher effektiver Jahreszins" zu bezeichnen. Zusammen mit dem anfänglich effektiven Jahreszins ist auch anzugeben, wann preisbestimmende Faktoren geändert werden können und auf welchen Zeitraum Belastungen nach Absatz 2 Satz 2 Nr. 2 zum Zwecke der Preisangabe verrechnet worden sind.

(2) Der Vomhundertsatz ist mit der im Kreditwesen üblichen Genauigkeit in der Weise zu berechnen, daß er alle bei regelmäßigem Kreditverlauf preisbestimmenden Faktoren erfaßt, die sich unmittelbar auf den Kredit und seine Vermittlung beziehen, und den Zinssatz beziffert, mit dem sich der Kredit, ausgehend von den tatsächlichen Zahlungen des Kreditgebers und des Kreditnehmers, auf der Grundlage taggenauer Verrechnung aller Leistungen und nachschüssiger Zinsbelastung gemäß § 608 BGB staffelmäßig abrechnen läßt.
Bei der Berechnung des anfänglichen effektiven Jahreszinses sind zugrundezulegen

1. die zum Zeitpunkt des Angebots oder der Werbung geltenden preisbestimmenden Faktoren,
2. hinsichtlich der Verrechnung einer Belastung, die sich aus einer nicht vollständigen Auszahlung des Kreditbetrages oder aus einem Zuschlag zum Kreditbetrag ergibt, der Zeitraum, für den der Kreditnehmer bei regelmäßigem Kreditverlauf in den Genuß einer damit abgegoltenen Leistung, insbesondere der Kreditbearbeitung oder eines Zinsvorteils, kommen soll.

(3) Wird die Gewährung des Kredits allgemein von einer Mitgliedschaft oder vom Abschluß einer Versicherung abhängig gemacht, so ist dies anzugeben.

(4) Bei Bauspardarlehen ist bei der Berechnung des anzugebenden Vomhundertsatzes davon auszugehen, daß im Zeitpunkt der Kreditauszahlung

das vertragliche Mindestsparguthaben angespart ist. Von der Abschlußgebühr ist im Zweifel lediglich der Teil zu berücksichtigen, der auf den Darlehensanteil der Bausparvertragssumme entfällt. Bei Krediten, die der Vor- oder Zwischenfinanzierung von Leistungen einer Bausparkasse aus Bausparverträgen dienen und deren preisbestimmende Faktoren bis zur Zuteilung unveränderbar sind, ist als Laufzeit von den Zuteilungsfristen auszugehen, die sich aus der Zielbewertungszahl für Bausparverträge gleicher Art ergeben.

(5) Bei Krediten, die auf einem laufenden Konto zur Verfügung gestellt werden, sind abweichend von Absatz 1 der Zinssatz pro Jahr und die Zinsbelastungsperiode anzugeben, wenn diese nicht kürzer als drei Monate ist und keine weiteren Kreditkosten anfallen.

§ 5 Gaststättengewerbe

(1) Inhaber von Gaststättenbetrieben haben Preisverzeichnisse für Speisen und Getränke aufzustellen und in hinreichender Zahl auf den Tischen aufzulegen oder jedem Gast vor Entgegennahme von Bestellungen und auf Verlangen bei Abrechnung vorzulegen.

(2) Neben dem Eingang zur Gaststätte ist ein Preisverzeichnis anzubringen, aus dem die Preise für die wesentlichen Getränke und bei regelmäßigem Angebot warmer Speisen an jedermann die Preise für die Gedecke und Tagesgerichte ersichtlich sind. Ist der Gaststättenbetrieb Teil eines Handelsbetriebs, so genügt das Anbringen des Preisverzeichnisses am Eingang des Gaststättenteils.

(3) Inhaber von Selbstbedienungsgaststätten, Erfrischungshallen, Kiosken, Stehbierhallen, Bierzelten und ähnlichen Betrieben haben Preisverzeichnisse anzubringen, aus denen die Preise der angebotenen Speisen und Getränke ersichtlich sind. Absatz 2 bleibt unberührt.

(4) Inhaber von Beherbungsbetrieben haben in jedem zur Beherbergung dienenden Zimmer ein Preisverzeichnis anzubringen, aus dem der Zimmerpreis je nach Art der Vermietung und gegebenenfalls der Frühstückspreis ersichtlich sind.

(5) Kann in Gaststättenbetrieben eine Fernsprechanlage benutzt werden, so ist der bei Benutzung geforderte Preis für eine Gebühreneinheit in der Nähe des Fernsprechers, bei der Vermietung von Zimmern auch im Zimmerpreisverzeichnis anzugeben.

(6) Die in den Preisverzeichnissen aufgeführten Preise müssen das Bedienungsgeld und sonstige Zuschläge einschließen.

§ 6 Tankstellen, Parkplätze

(1) Inhaber von Tankstellen haben ihre Kraftstoffpreise so auszuzeichnen, daß sie

1. auf Bundesautobahnen für den in den Tankstellenbereich eingefahrenen Kraftfahrer,
2. im übrigen für den auf der Straße heranfahrenden Kraftfahrer

deutlich lesbar sind. Dies gilt nicht für Kraftstoffmischungen, die erst in der Tankstelle hergestellt werden.

(2) Wer für weniger als einen Monat Garagen, Einstellplätze oder Parkplätze vermietet oder bewacht oder Kraftfahrzeuge verwahrt, hat am Anfang der Zufahrt ein Preisverzeichnis anzubringen, aus dem die von ihm geforderten Preise ersichtlich sind.

§ 7 Ausnahmen

(1) Die Vorschriften dieser Verordnung sind nicht anzuwenden

1. auf Angebote oder Werbung gegenüber Letztverbrauchern, die die Ware oder Leistung in ihrer selbständigen beruflichen oder gewerblichen oder in ihrer behördlichen oder dienstlichen Tätigkeit verwenden; für Handelsbetriebe gilt dies nur, wenn sie sicherstellen, daß als Letztverbraucher ausschließlich die in Halbsatz 1 genannten Personen Zutritt haben, und wenn sie durch geeignete Maßnahmen dafür Sorge tragen, daß diese Personen nur die in ihrer jeweiligen Tätigkeit verwendbaren Waren kaufen;
2. auf Leistungen von Gebietskörperschaften des öffentlichen Rechts, soweit es sich nicht um Leistungen handelt, für die Benutzungsgebühren oder privatrechtliche Entgelte zu entrichten sind;
3. auf Waren und Leistungen, soweit für sie auf Grund von Rechtsvorschriften eine Werbung untersagt ist;
4. auf mündliche Angebote, die ohne Angabe von Preisen abgegeben werden;
5. auf Warenangebote bei Versteigerungen.

(2) § 2 ist nicht anzuwenden

1. auf Kunstgegenstände, Sammlerstücke und Antiquitäten im Sinne des Kapitels 99 des Gemeinsamen Zolltarifs;
2. auf Waren, die in Werbevorführungen angeboten werden, sofern der Preis der jeweiligen Ware bei deren Vorführung und unmittelbar vor Abschluß des Kaufvertrags genannt wird;
3. auf Blumen und Pflanzen, die unmittelbar vom Freiland, Treibbeet oder Treibhaus verkauft werden;
4. auf Waren, die ein Unternehmer Letztverbrauchern ausschließlich im Namen und für Rechnung anderer Gewerbetreibender anbietet, die diese Waren nicht vorrätig haben und aus diesem Grunde die Letztverbraucher an den Unternehmer verweisen.

(3) § 3 ist nicht anzuwenden

1. auf Leistungen, die üblicherweise auf Grund von schriftlichen Voranschlägen erbracht werden, die auf den Einzelfall abgestellt sind;

2. auf künstlerische, wissenschaftliche und pädagogische Leistungen; dies gilt nicht, wenn die Leistungen in Konzertsälen, Theatern, Filmtheatern, Schulen, Instituten oder dergleichen erbracht werden;
3. auf Leistungen, bei denen in Gesetzen oder Rechtsverordnungen die Angabe von Preisen besonders geregelt ist.

§ 8 Ordnungswidrigkeiten

(1) Ordnungswidrig im Sinne des § 3 Abs. 1 Nr. 2 des Wirtschaftsstrafgesetzes 1954 handelt, wer vorsätzlich oder fahrlässig

1. entgegen § 1 Abs. 1 Satz 1 Preise nicht, nicht richtig oder nicht vollständig angibt,
2. entgegen § 1 Abs 1 Satz 2 die Verkaufs- oder Leistungseinheit oder Gütebezeichnung nicht oder nicht richtig angibt, auf die sich die Preise beziehen,
3. entgegen § 1 Abs. 2 Satz 1 Stundensätze, Kilometersätze oder andere Verrechnungssätze nicht richtig angibt,
4. entgegen § 1 Abs. 5 die Preise für lose Ware nicht auf die dort genannten Einheiten bezieht,
5. entgegen § 1 Abs. 6 Satz 2 Angaben nicht in der dort vorgeschriebenen Form macht oder
6. entgegen § 1 Abs. 6 Satz 3 den Endpreis nicht hervorhebt.

(2) Ordnungswidrig im Sinne des § 3 Abs. 1 Nr. 2 des Wirtschaftsstrafgesetzes 1954 handelt auch, wer vorsätzlich oder fahrlässig einer Vorschrift

1. des § 2 Abs. 1 bis 4 über das Auszeichnen von Waren,
2. des § 3 Abs. 1 oder 2, auch in Verbindung mit § 2 Abs. 5, über das Aufstellen, das Anbringen oder das Bereithalten von Preisverzeichnissen,
3. des § 4 Abs. 1 Satz 1 über die Angabe oder die Bezeichnung des Preises bei Krediten,
4. des § 4 Abs. 1 Satz 2 über die Angabe des Zeitpunktes, von dem an preisbestimmende Faktoren geändert werden können, oder des Verrechnungszeitraums nach § 4 Abs. 2 Satz 2 Nr. 2,
5. des § 4 Abs. 2 oder Abs. 4 über die Berechnung des Vomhundertsatzes,
6. des § 4 Abs. 3 über die Angabe von Voraussetzungen für die Kreditgewährung,
7. des § 4 Abs. 5 über die Angabe des Zinsatzes oder der Zinsbelastungsperiode,
8. des § 5 über das Aufstellen, das Vorlegen oder das Anbringen von Preisverzeichnissen oder des § 5 Abs. 5 über das Angeben von Preisen,
9. des § 6 Abs. 1 Satz 1 über das Auszeichnen von Kraftstoffpreisen oder
10. des § 6 Abs. 2 über das Anbringen eines Preisverzeichnisses

zuwiderhandelt.

§ 9 Übergangsregelung

Abweichend von § 6 Abs. 1 Satz 1 Nr. 2 sind Inhaber von Tankstellen an Straßen außerhalb geschlossener Ortschaften bis zum letzten Tage des auf die Verkündung folgenden sechsten Kalendermonats lediglich verpflichtet, ihre Kraftstoffpreise so auszuzeichnen, daß sie für den in den Tankstellenbereich eingefahrenen Kraftfahrer deutlich lesbar sind.

§ 10 Berlin-Klausel

Diese Verordnung gilt nach § 14 des Dritten Überleitungsgesetzes in Verbindung mit § 3 des Preisangabengesetzes auch im Land Berlin.

Artikel 2 Änderung der Makler- und Bauträgerverordnung

Die Makler- und Bauträgerverordnung in der Fassung der Bekanntmachung vom 11. Juni 1975 (BGBl. I S. 351), zuletzt geändert durch Artikel 4 der Verordnung vom 24. August 1984 (BGBl. I S. 1154), wird wie folgt geändert:
In § 10 Abs. 3 Nr. 4 werden

1. die Worte „sowie dessen effektiver Jahreszins (§ 1 Abs. 4 der Verordnung über Preisangaben vom 10. Mai 1973 — Bundesgesetzbl. I S. 461 —)“ durch die Worte „sowie dessen effektiver Jahreszins oder anfänglicher effektiver Jahreszins gemäß § 4 der Preisangabenverordnung“ ersetzt und
2. nach den Worten „der Angabe des effektiven Jahreszinses“ die Worte „oder anfänglichen effektiven Jahreszinses“ eingefügt.

Artikel 3 Berlin-Klausel

Diese Verordnung gilt nach § 14 des Dritten Überleitungsgesetzes in Verbindung mit § 3 des Preisangabengesetzes und § 156 der Gewerbeordnung auch im Land Berlin.

Artikel 4 Inkrafttreten

(1) Diese Verordnung tritt am ersten Tages des auf die Verkündung folgenden übernächsten Kalendermonats in Kraft.

(2) Abweichend von Absatz 1 treten Artikel 1 § 4 und Artikel 2 am ersten Tage des auf die Verkündung folgenden sechsten Kalendermonats und Artikel 1 § 7 Abs. 1 Nr. 2 zweiter Halbsatz am ersten Tage des auf die Verkündung folgenden vierten Kalendermonats in Kraft.

(3) Gleichzeitig mit dem Inkrafttreten dieser Verordnung tritt die Verordnung über Preisangaben vom 10. Mai 1973 (BGBl. I S. 461), zuletzt geändert durch Beschluß des Bundesverfassungsgerichts vom 8. November 1983 — 1 BvR 1249/81 — (BGBl. 1984 I S. 210), außer Kraft.

Arbeitshilfen zum Wettbewerbsrecht von Rudolf Koch, Gelsenkirchen

Inhaltsverzeichnis

Vorwort

Immer häufiger werden Makler mit wettbewerbsrechtlichen Abmahnungen konfrontiert. In den meisten Fällen handelt es sich dabei um eine mißbräuchliche Ausnutzung des Wettbewerbsrechts. Nur etwa 15 Prozent der Abmahnungen haben sich als korrekt herausgestellt, die anderen 85 Prozent waren meistens wegen der fehlenden oder mißbräuchlichen ausgeübten Aktivlegitimation unberechtigt.

Arbeit mit den Arbeitshilfen

Nach Prüfung der Abmahnung anhand der Checklisten können die entsprechenden Musterbriefe ausgesucht werden. Generell sollte eine Fristverlängerung beim Abmahner beantragt werden (Briefmuster 4.1.1). Diese verlängerte Frist kann zur Informationsbeschaffung und Abstimmung der Vorgehensweise ausgenutzt werden. Der sonst erhebliche Zeitdruck wird gemildert.

Schaubild Abmahnung und Wettbewerbsprozeß

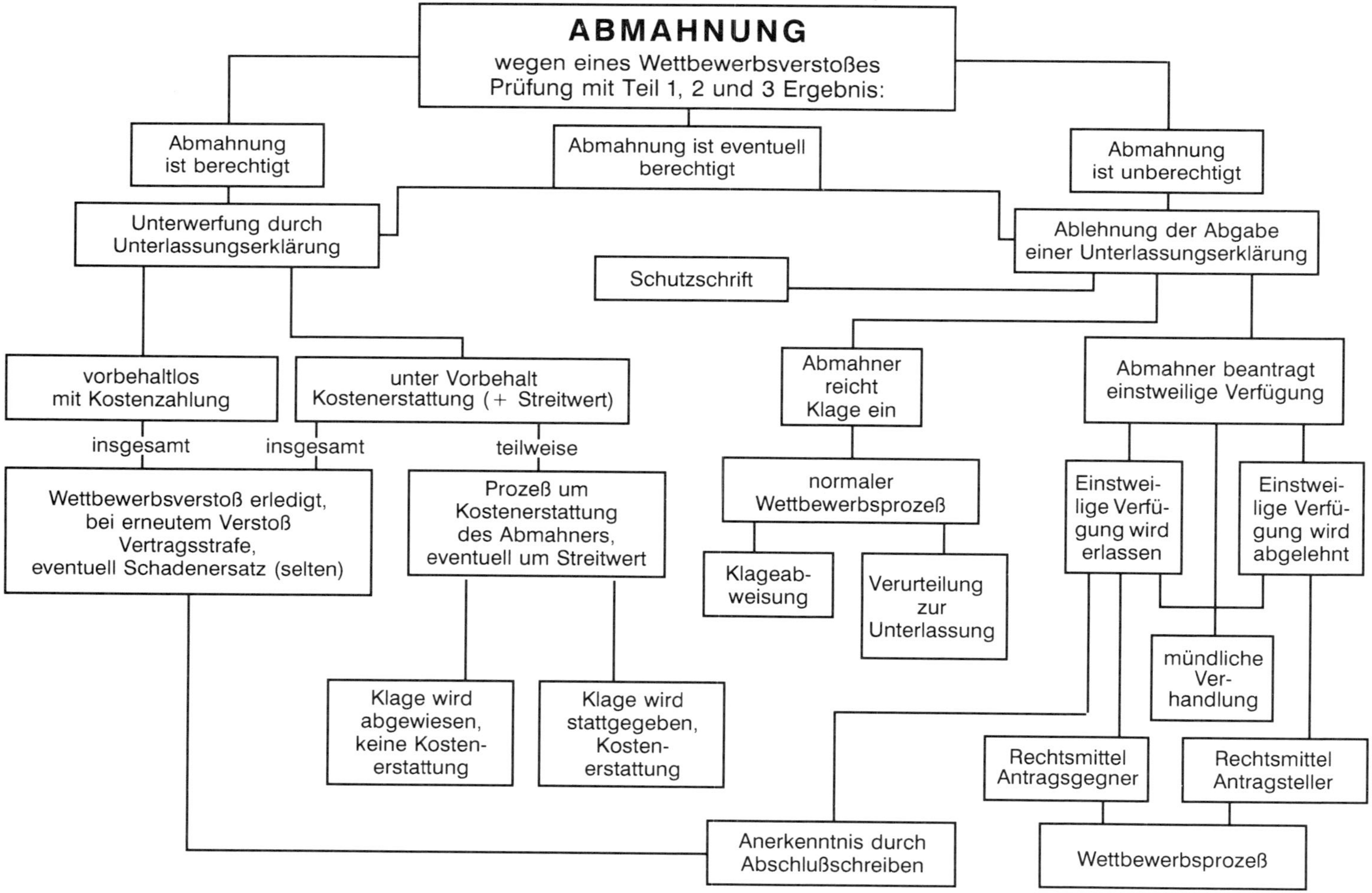

Erlaubt	Umstritten	Verboten
1. Flächenangaben und -bezeichnungen		
a) Wohnfläche 150 m² Grundstück 950 m²		Wohnfläche 125 qm (Gesetz über Einheiten im Meßwesen i. V. m. Ausführungsverordnung zum Gesetz über Einheiten im Meßwesen von 1985)
b) 1-Fam.-Haus, Wohn-/Nutzfläche 125 m² (Wohn-/Nutzfl. in 1 Zahl, wenn kein Mißverhältnis zwischen den Flächenarten besteht, 2/3 zu 1/3 bei Wohnimmobilien, KG Berlin + LG Hamburg und inzwischen auch OLG München, anderer Ansicht OLG Hamm vom 30. 1. 92 Az: 4 U 41/91. Der VDM hat den Gutachterausschuß angerufen, dieser hält unter den vorgenannten Prämissen die Werbung für zulässig)		1-Fam.-Haus, 125 m² WNFl. o. Wfl./Nfl. (WNFl., WFl/NFl oder ähnliche Abkürzungen, da hier Verwechslungsgefahr mit Wohnnettofläche oder Nettowohnfläche, OLG München)
Wohn-/Nutzfläche 150 m², davon 70 m² Nutzfläche		
Wohnfl. 80 m²/Nutzfl. 70 m²		
Wohn-/Geschäftshaus, Wohn-/Nutzfläche 600 m²		
c) 1-Fam.-Haus, Nutzfläche 125 m² . . . (die Bezeichnung der Gesamtfläche als Nutzfläche bei reinen Wohnimmobilien ist nicht irreführend, KG Berlin 7. 6. 90, 25 U 6455/89, bestätigt v. BGH I ZR 210/90)		
2. Preisangaben, Preisaufgliederungen, Preisbestandteile		
a) Eigentumswohnung, Essen, 3½-Zimmer, Balkon, 80 m², 3000 DM/m², **Kaufpreis 240 000 DM**	Eigentumswohnung, 80 m² x 3000 DM/m² = Kaufpreis 240 000 DM	Eigentumswohnung, 80 m², Kaufpreis 3000 DM/m²
Baugrundstücke, 300 bis 900 m², m²-Preis 200 DM, KP ab 60 000 DM Baugrundstücke, ca. 300 — 900 m², KP ab 60 000 DM	Bauland, ab 150 DM/m² (nur zulässig wenn aus einer großen Fläche vom Erwerber bestimmbare Flächen in nicht festgelegter Größe gekauft werden können)	Baugrundstück, 395 m², KP 500 DM/m²
Ladenlokal, Berlin, 100 m², Miete 20 DM/m² = 2 000 DM		Ladenlokal, Berlin, 100 m², Miete 20 DM/m² (KG Berlin, 25 U 6690/89 vom 25. 1. 90, sehr umstritten)

Erlaubt	Umstritten	Verboten
	Büroetage, Berlin, 200 m², Miete 45 DM/m²	Büroetage, Berlin, 150 m², zu vermieten, Miete 20 DM/m² + NK + 14 % MWSt. (KG Berlin 25 U 2124/91 vom 19. 9. 91)
b) 1-Fam.-Haus in Bonn (ohne Preisangabe erlaubt, wenn keine nähere Beschreibung des Objektes in der Anzeige erfolgt)	1-Fam.-Haus in Bonn-Beuel, 5 Zi., 135 m² Wohnfl. (hier sehen einige Gerichte die Grenze von der Werbung zum Angebot schon überschritten)	
Villa, Görlitz, Wohn- und Gewerbeobjekt, Wfl. 400 m², Laden 120 m², **KP gegen Gebot**		
1-Fam.-Haus in Bonn, 150 m², . . . KP 500 000 DM VB oder VHS		1-Familienhaus in Bonn, 150 m², KP ca. 500 000 DM
c) Haus ETW, Essen gute Lage, Kaufpreis Haus 290 000 DM + Garage 10 000 DM = **300 000 DM**	Haus/ETW, Essen gute Lage, KP 290 000 DM + 10 000 Garage = 300 000 DM	Haus/ETW, Essen, gute Lage, KP 290 000 DM + Garage 10 000 DM
Eigentumswohnung inkl. Einstellplatz KP 280 000 DM		Eigentumswohnung, 275 000 DM, Einstellplatz 5 000 DM (wenn nur zusammen gekauft werden kann)
ETW 80 m², KP 275 000 DM, Kauf Einstellplatz 5 000 DM möglich		ETW 80 m², KP 275 000 DM, Einstellplatz 5 000 DM (auch wenn Einstellplatz nicht gekauft werden muß)
d) Haus/ETW 120 m², KP 350 000 DM, erforderliches Eigenkapital 90 000 DM		Haus/ETW 120 m², Eigenkapital 90 000 DM erforderlich (ohne Nennung des Endpreises)
Haus/ETW 120 m², KP 350 000 DM, monatl. Belastung 1 750 DM fest für 5 Jahre bei 100 000 DM Eigenkapital oder bei 25 % Eigenkapital		Haus/ETW, 120 m², monatliche Belastung nur 1 750 DM
e) Haus/ETW 120 m², KP 270 000 DM zuzügl. Erbpacht 100 DM/Monat		Haus/ETW, 120 m², Kaufpreis 270 000 DM (wenn noch Erbpacht zu zahlen ist)
Mehrfam.-Haus, KP 500 000 DM, Anzahlung 150 000 DM, Rest Rente 1 500 DM, monatlich auf Lebenszeit	Mehrfam.-Haus, Anzahlung 150 000 DM, Rest monatl. Rente 1 500 DM auf Lebenszeit	Mehrfam.-Haus, Anzahlung 150 000 DM, Rest Rente
Haus, 4 Räume, 115 m², inkl. Keller aber ohne Grundstück, KP 270 000 DM (Fertighaus oder Bauträger mit Typenhäusern)		Haus, 4 Räume, 115 m², KP 270 000 DM inkl. Keller (fehlender Hinweis auf das nicht vorhandene Grundstück, im Bauträger oder Fertighausbereich)
f) Haus/ETW 120 m², KP 300 000 DM inkl. MWSt./Mehrwertsteuer (aber nur, wenn nicht besonders hervorgehoben)		Haus/ETW, 120 m², Kaufpreis 270 000 DM + MWSt./Mehrwertsteuer

Erlaubt	Umstritten	Verboten
g) Ladenlokal 80 m², 2 000 DM inkl. MWSt./Mehrwertst. (wenn inkl. MWSt. nicht besonders hervorgehoben wird)	Ladenlokal 80 m², 8 000 DM + MWSt.	Ladenlokal 80 m², Miete 1 800 + 14 % MWSt./Mehrwertsteuer (KG Berlin vom 25. 1. 90, 25 U 6690/89, sehr umstritten)
	Lagerhalle, 8 000 m², Fertigstellung 92, KP DM 9,5 Mio. + 14 % MWSt. (Zulässig unter Anzeigenrubrik Gewerbeobjekte, unzulässig unter Rubrik Kapitalanlagen)	

3. Provision

Erlaubt	Umstritten	Verboten
a) Haus/ETW, KP 300 000 DM + 3,42 % Maklerprovision		Haus/ETW, Gesamtpreis 300 000 DM (wenn die Maklerprovision noch dazu kommt)
Haus/ETW, KP 300 000 DM + 10 260 DM Maklerprovision		Haus/ETW, KP 300 000 DM, Maklerprovision 3 % + MWSt.
Haus/ETW, KP 310 260 DM inkl. Maklerprovision		
Haus/ETW, KP 300 000 DM + Maklerprovision (Höhe muß nicht angegeben werden)		Haus/ETW (im Bauherrenmodell hauptsächlich), 120 m², Gesamtaufwand 300 000 DM (wenn noch weitere Kosten dazu kommen)
Haus/ETW, KP 300 000 DM (Maklerprovision muß nicht angegeben werden)		
b) Ladenlokal, 100 m², Miete 2 000 DM, Provision 2,28 Monatsmieten oder Provision 4 560 DM		Ladenlokal, 100 m², Miete 2 000 DM, Provision 2 Monatsmieten + 14 % MWSt. o. Provision 4 000 DM + 14 % Mehrwertst.
	Büroetage, 200 m², Miete 25 DM/m², Provision 3 % vom 10 Jahresvertrag + 14 % MWSt. oder 3 Monatsmieten + 14 % Mehrwertsteuer	

4. Festpreis, notarieller Festpreis

Erlaubt	Umstritten	Verboten
a) Haus/ETW, Festpreis 350 000 DM		Haus, notarieller Festpreis 350 000 DM ETW, notariell garantierter Festpreis 280 000 DM (kein Notar wirkt bei der Preisgestaltung mit, deshalb irreführend)
Haus/ETW, garantierter Festpreis 300 000 DM (dürfte nur bei Bauträgern vorkommen)		

5. Finanzierungsangebote, Zinsen

Erlaubt	Umstritten	Verboten
a) Haus, KP 300 000 DM, günstige Finanzierungsvermittlung ETW, KP 270 000 DM, günstige Althypothek kann übernommen werden	Haus, KP 300 000 DM, günstige Finanzierung ETW, KP 270 000 DM, vorteilhafte Finanzierungsmöglichkeit	Haus, KP 300 000 DM, günstige Finanzierungsbeschaffung (beschaffen ist von den Gerichten nicht mit vermitteln gleichgesetzt worden)

Erlaubt	Umstritten	Verboten
b) Haus, KP 300 000 DM, Hypothek 150 000 DM zu 9,35 % anfängl. effekt. Jahreszins kann vermittelt werden		Haus, KP 300 000 DM, Hypothek 150 000 DM zu 9,35 % kann vermittelt werden 9,35 % anf. ef. JZ und ähnliche sinnentstellende Abkürzungen
ETW, KP 270 000 DM, Hypothek 150 000 DM, Auszahlung 90 %, Zins. 8,3 % fest für 5 Jahre, anfängl. effekt. Jahreszins 9,2 % kann vermittelt werden		

6. Steuervorteile, Steuersparen, Renditeversprechen

a) 1-Fam.-Haus/ETW, . . . , KP 280 000 DM, Steuervorteile nach § 10e EStG möglich		Hohe Steuervorteile durch den Kauf einer vermieteten Immobilie!
b)		Wir beraten Sie über die Steuervorteile beim Immobilienkauf!
c) Mehrfamilienhaus, 8 % Rendite (wenn dies aus den Einnahmen erwirtschaftet wird)		30 % Rendite (wenn ein solcher Steuervorteil nur aus einem Veräußerungsgewinn zu erzielen ist und nicht darauf hingewiesen wird) Hohe Rendite (im Zusammenhang mit Erwerber- oder Bauherrenmodellen ohne Hinweis auf das Risiko einer solchen Anlage)
d) Hauptstadt Berlin, Wohngeschäftshaus in Bau, Nutzflächen 2.750 m², 50 % Sonder-AfA auf Herstellungskosten oder 50 % Sonder-AfA ausgenommen Grundstücksanteil		Leipzig — Neubau Boarding-House, beste Lage, 50 % Sonder-AfA + MwSt.-Rückerstattung, Appartement von 40 bis 100 m²

7. Provisionsfrei, kostenlose Tätigkeit u. ä.

a) Einfamilienhaus, . . . KP 450 000 DM, keine zusätzliche Maklerprovision	Einfamilienhaus, . . . KP 450 000 DM keine Maklerprovision (wenn hiermit zum Ausdruck gebracht werden soll, daß der Käufer keine Maklerprovision zusätzlich zahlen muß)	Einfamilienhaus, . . . KP 450 000 DM, keine Maklerprovision (wenn die Maklerprovision des Käufers dem Kaufpreis zugeschlagen ist) Verkauf erfolgt provisionsfrei (wenn die Maklerprovision in den Kaufpreis einkalkuliert ist)
b) ETW, . . . , KP 270 000 DM, keine Maklerprovision (nur bei Eigenobjekt des Maklers oder bei Bauträgern)		
c) Wir vermieten provisionsfrei folgende Mietwohnungen: . . . (Hausverwalter, Bauträger oder Eigenobjekt des Maklers)		Provisionsfreie Vermietung folgender Mietwohnungen: . . . (Wenn Vereinsmitgliedschaft oder sogenannte Zeitungen oder Listen erworben werden müssen)

Erlaubt	Umstritten	Verboten
d)	Kostenlose Finanzierungsberatung . . .	Kostenlose Besichtigungen . . . Kostenlose Verkaufswertermittlung . . . Kostenlose Finanzierungsvermittlung . . . Kostenlose Beratung . . . Kostenloser Exposéversand . . . Kostenlose Kundenkartei . . .

8. Brutto/Netto

a) Mehrfamilienhaus, Köln, 12 WE, Bruttomieteinnahmen oder Nettomieteinnahmen 60 000 DM,KP 700 000 DM		
b)	Büroetage, 200 m², Nettomiete 20 DM/m² Ladenlokal, 100 m², 2 000 DM Nettomiete (s. o. KG Berlin, wenn z. B. Mehrwertsteuer dazu kommt, anders OLG München bei eindeutigen Angeboten an Gewerbetreibende)	

9. Projektiert, Neubau, Haus im Haus (ETW)

a) Neubau, 1-Fam.-Häuser, 120 m², Baubeginn März 92, KP 400 000 DM	Neubau, 1-Fam.-Häuser, 120 m², Baustellenberatung am Objekt, KP 400 000	Neubau, 1-Fam.-Häuser, 120 m², KP (ohne Hinweis auf Baubeginn oder Fertigstellung)
Projektierte ETW in Köln , Baubeginn 1/92, Fertigstellung voraussichtlich 12/92		Proj. ETW in Köln, Wohnflächen von 39 bis 82 m² (die Abkürzung proj. oder NB für Neubau ist irreführend)
b) Stadthaus, Wohneigentum nach WEG, 120 m², KP inkl. Kaufgrundstück nur 260 000 DM		Stadthaus, 120 m², besonders preiswert, KP inkl. Kaufgrundstück nur 260 000 DM (ohne deutlichen Hinweis, daß es sich hier nur bautechnisch um ein Reihenhaus handelt, juristisch aber Wohnungseigentum vorliegt)

10. Vermietet, frei ab

a) Essen, 1-Fam.-Haus, 120 m², frei ab Januar 93, KP 350 000 DM		Essen, 1-Fam.-Haus, 120 m², KP 350 000 DM (ohne Hinweis auf die späte Bezugsmöglichkeit)
4-Raum-ETW, Bonn, 72 m², vermietet zu verkauf., KP 280 000 DM	4-Raum-ETW, Bonn, verm., zu verkaufen, KP 280 000 DM (Abkürzung irreführend LG Berlin)	4-Raum-ETW, Bonn, zu verkaufen KP 280 000 DM (ohne Hinweis auf Vermietung)

Erlaubt	Umstritten	Verboten
Essen, 1-Fam.-Haus, 120 m^2, 5 Zimmer, KP 350 000 DM (nur wenn das Haus in kürzerer Frist, 2 — 6 Monate, frei wird)		Essen, 1-Fam.-Haus, 120 m^2, 5 Zimmer, KP 350 000 DM (wenn das Haus weiter vom Eigentümer bewohnt werden soll, oder der Auszug erst in 1 — 2 Jahren erfolgen soll)

11. Biohaus, baubiologisch u. ä.

Erlaubt	Umstritten	Verboten
a)		1-Familien-Biohaus, 130 m^2 Wohnfl., in Essen, 5 Zimmer, KP 350 000 DM
b)		Wir erbauen nach baubiologischen Gesichtspunkten 1-Familienhäuser in M. Wohnfl. 120 m^2, KP 370 000 DM

12. Prämien und Rabatte

Erlaubt	Umstritten	Verboten
a)		Letztes Haus, 1-Fam.-Haus, 120 m^2, KP 350 000 DM, Rabatt 10 % bei Abschluß Notarvertrag bis . . ., XY-Makler GmbH
b)		10 000 DM Prämie bei Kauf der letzten Eigentumswohnung, XY-Bauträger

13. Wohnraumvermittlung

Erlaubt	Umstritten	Verboten
a) X-Immobilien-GmbH vermittelt Mietwohnungen (allgemeine Werbung)		X-Immobilien bietet an: 3½-R.-Wohnung, 80 m^2, Essen-Mitte, Makler X (Angabe der Miete erforderlich)
b) 3½-Raum-Wohnung, Miete 750 DM + NK		3½-R.-Wohnung, Miete 750 DM (wenn hier noch Nebenkosten dazukommen)
3½-Raum-Wohnung, Miete 1 000 DM inkl. NK	3½-Raum-Wohnung, Miete 1 000 DM (wenn dies die Endmiete inkl. aller NK ist)	
3½-Raum-Wohnung, KM 750 DM + NK		3½-Raum-Wohnung, KM 750 DM
3½-Raum-Wohnung, Warmmiete 850 DM + NK		3½-Raum-Wohnung, Warmmiete 850 DM
3½-Raum-Wohnung, 75 m^2, 10 DM/m^2 = 750 DM + NK		3½-Raum-Wohnung, 75 m^2, Miete 10 DM/m^2 + NK
Mehrere 3½-Raum-Wohnungen, von 75 bis 105 m^2, 10 DM/m^2, Mieten von 750 bis 1 050 DM jew. + NK		Mehrere 3½-Raum-Wohnungen, von 75 bis 105 m^2, 10 DM/m^2, Mieten ab 750 DM + NK

Erlaubt	Umstritten	Verboten
c) 3½-Raum-Wohnung, 75 m^2, m. Garage, Miete inkl. Garage 850 DM + NK 3½-Raum-Wohnung, 75 m^2, m. Garage, Miete 750 DM + 100 DM = 850 DM + NK	3½-Raum-Wohnung, 75 m^2, Garage, Miete 750 DM + NK + 100 DM Garage	3½-Raum-Wohnung, 75 m^2, Garage, Miete 750 DM + NK + Garage
d) 4-Raum-Mietwohnung, 80 m^2, Miete 1 000 DM + NK, Maklerprovision 2,28 Monatsmieten	4-Raum-Mietwohnung, 80 m^2, Miete 1 000 DM + NK, Provision 2 280 DM (WoVermG verlangt die Nennung der Provision in einem Vielfachen oder Bruchteil der Miete)	4-Raum-Mietwohnung, 80 m^2, Miete 1 000 DM + NK, Provision 2 Monatsmieten + MWSt. 4-Raum-Mietwohnung, 80 m^2, Miete 1 000 DM + NK, Provision 10 % der Jahresmiete o. ä.
e) Wohnung, 75 m^2, 750 DM + NK, XY-Immobilien GmbH Wohnung, 75 m^2, 750 DM + NK, Inge Müller, Wohnungsvermittlung oder Makler oder Immobilien		Wohnung, 750 DM + NK, XY-GmbH Wohnung, 750 DM + NK, Inge Müller Imm. oder gew.
f)		Mietwohnung, 3½-Räume, 80 m^2, 950 DM (wenn kein Auftrag des Verfügungsberechtigten vorliegt, in der Regel Vermieter oder Mieter mit Erlaubnis des Vermieters zur Untervermietung)
g) Ständig freie Mietwohnungen, XY-Verlag oder XY-Verein, Wohnungsvermittlung Ständig freie Mietwohnungen, z. B. 3½-Raum-Wohnung, 75 m^2, Miete 750 DM + NK und weitere Angebote, Vermittlung		Ständig freie Mietwohnungen, XY-Verlag oder XY-Verein (hier liegen typische Maklerleistungen vor, deshalb muß hier auch das Wohnungsvermittlungsgesetz eingehalten werden, d. h. klarer Hinweis auf die Vermittlereigenschaft und Einhaltung aller Bestimmungen des WoVermG)

14. Firmenbezeichnung, -aussagen, Verbandszugehörigkeit

Erlaubt	Umstritten	Verboten
a) Minderkaufmann Haus, KP 200 000 DM, Adam Maier, Immobilien, Telefon oder Adam Maier, Makler		Haus, KP 200 000, Maier-Immobilien oder Maier-Grundbesitz o. ä.
b) Vollkaufleute Haus, KP 300 000 DM, Immobilien Eva Müller oder Müller Immobilien Haus, KP 300 000 DM, Immobilien Müller (GmbH-Zusatz muß nicht in der Zeitungswerbung erscheinen)		
c) Verbandszugehörigkeit Eva Müller, Immobilien VDM oder RDM Adam Mai, VDM-Makler oder RDM-Makler		Eva Müller, VDM oder RDM

Erlaubt	Umstritten	Verboten
d) Abkürzungen für Berufsbezeichnung Immob., besser: Immobilien	Immo.	Imm., Imo., Imb., Hsm., Mkl.
e) Der größte . . . , der älteste Makler am Ort (nur wenn tatsächlich der umsatzgrößte oder älteste Maklerbetrieb vorliegt. Beweisfrage sehr schwierig).	Wir sind die Nr. 1 der Branche . . . (die Werbeaussage könnte dann zulässig sein, wenn tatsächlich die größte und umsatzstärkste Firma so wirbt, Beweisfrage)	**XYZ Immobilien** Wir sind stets bemüht, die kleinste Nummer unserer Branche zu sein . . . **Die Nr. 1** (Wenn so von einer kleineren Firma oder am Markt neue Firma geworben wird und die „Nr. 1" hervorgehoben beworben wird)
f) XYZ-Immobilien, Fachmakler für Hotels, und Gaststätten XYZ-Immobilien, Spezialmakler für Gewerbeimmobilien (wenn nur im angegebenen Zweig gearbeitet wird)		ZYX-Immobilien, Fachmakler für immobilien (Immobilien ist ein allumfassender Gattungsbegriff und man kann nicht für alles aus der Gattung Fachmakler sein)

15. Chiffre-Anzeigen, Eigenverkauf, Telefax u. ä.

Erlaubt	Umstritten	Verboten
a) 1-Familienhaus, . . . KP 750 000 DM, + 3,42 % Provision, Müller Immobilien GmbH, Zuschriften unter Chiffre-Nr. 111 an die Zeitung		1-Familienhaus, . . . KP 750 000 DM, Zuschriften unter Chiffre-Nr. 111 an die Zeitung. (Werbung darf nur mit Hinweis auf die Maklereigenschaft erfolgen, dies gilt selbst bei der Werbung für Verkäufe aus dem eigenen Vermögensbestand)
b) Mehrfamilienhaus, . . . KP 900 000 DM, Verkauf aus eigenem Bestand, deshalb provisionsfrei, A. Müller, Immobilienmakler, Telefon		Mehrfamilienhaus, . . ., KP 900 000 DM provisionsfrei, A. Müller, Telefon (dies ist so wettbewerbswidrig, da ein Kaufinteressent darauf hingewiesen werden muß, daß der Verkäufer ein Fachmann ist, der spezielle Kenntnisse in Verhandlungen ausnutzen kann)
c) Makler kann auf Chiffre-Anzeigen in der Zeitung antworten und seine Dienste dem Inserenten anbieten, die Zeitung muß diese Briefe an den Inserenten weiterleiten, keine wettbewerbswidrige Ausnutzung des Chiffredienstes der Zeitungen		
d) Telefonate oder Telefaxe nur an vorgemerkte Kunden aus der Kundenkartei		Telefonate oder Telefaxe an Fremde, auch wenn diese Gewerbetreibende sind, wenn kein Einverständnis vorliegt oder kein Einverständnis vermutet werden kann.

Erlaubt	Umstritten	Verboten
16. Baustellenberatung am Sonntag, Neubaubesichtigung		
a) Baustellenberatung Montag bis Samstag jeweils von 15 bis 17 Uhr. Sonntag nur Besichtigung, keine Beratung.		Baustellenberatung Samstag + Sonntag im Objekt Musterstr. 1, jeweils von 14 bis 16 Uhr.

Durch die ständig neue Rechtsprechung kann heute erlaubte Werbung schon morgen unzulässig sein. Bitte beachten Sie entsprechende Hinweise auf neue Urteile durch den Berufsverband, die IHK oder andere Verbände oder Veröffentlichungen in Publikationen.

Urteile zum Wettbewerbsrecht

Teil: 2.2

Fall	Gericht	Datum	Aktenzeichen	Fundstelle
Haftung für Druckfehler in einer Zeitungsanzeige				
Wettbewerbswidrige Werbung durch einen Druckfehler der Zeitung. Entscheidung: Keine wettbewerbsrechtliche Haftung des Inserenten für diese Werbung, eine Abmahnung kann zurückgewiesen werden, mit dem Nachweis des richtigen Auftrags an die Zeitung, wichtig ist eine entsprechende Bestätigung der Zeitung.	BGH	31. 5.90	I ZR 228/88	Archiv VDM NRW NJW 1990, 3204 (Anzeigenauftrag)
Gleicher Meinung auch Die gesetzliche Haftung für Beauftragte gem. § 13 Abs. 4 UWG greift nicht ein, wenn der beauftragte Dritte (Zeitung) eine Verrichtung vornehmen soll, die nicht mehr in den betrieblichen Tätigkeitsbereich des Kaufmanns fällt.	LG Berlin	5. 4.91	15 O 1294/90	WRP 9/91, 605 ff. Archiv VDM NRW
Anderer Meinung Auftraggeber einer Werbung, die durch einen Druckfehler wettbewerbswidrig ist, haftet für diese Werbung.	LG Hamburg	26. 6.91	315 S 2/91	Magazindienst 1991, 636 ff. Archiv VDM NRW
Vollmacht und Abmahnung				
Nachweis der Bevollmächtigung bei wettbewerbsrechtlicher Abmahnung durch einen Anwalt im Auftrag eines Mitbewerbers oder Vereins. Entscheidung: Vollmachtsurkunde muß dem Abmahnschreiben beiliegen, ansonsten Zurückweisung der Abmahnung.	OLG Nürnberg	4. 1.91	3 W 3523/90	Magazindienst 1991, 211 f. Archiv VDM NRW

Fall	Gericht	Datum	Aktenzeichen	Fundstelle

Nachweis der Klagebefugnis eines Mitbewerbers

Klagebefugnis eines Mitbewerbers nach § 13 Abs. 1 UWG setzt tätigen Gewerbebetrieb voraus. Entscheidung: Nachweis nicht nur durch Gewerbeanmeldung sondern auch durch Umsatzzahlen und aktuelle Werbemaßnahmen.	OLG München	1.10.84	6 W 2530/84	RDM Rspr. E 667 Bl. 13 Archiv VDM NRW

Voraussetzung für die Klagebefugnis eines Verbandes

Wettbewerbsrechtliche Ansprüche können sowohl von Mitbewerbern als auch Verbänden geltend gemacht werden. Voraussetzung ist die Prozeßführungsbefugnis. Entscheidung: Einem Verband, der bestimmte einzelne Rechtsanwälte laufend Wettbewerbsprozesse führen läßt, selbst jedoch nicht über die personelle und sachliche Ausstattung verfügt um selbst abmahnen zu können, fehlt die Prozeßführungsbefugnis in Sinne des § 13 Abs. 2 Nr. 2 UWG. Der Verband kann deshalb keine wettbewerbsrechtlichen Ansprüche geltend machen.	BGH	11. 4.91	I ZR 82/89	Archiv VDM NRW
Entscheidung 2: Ein Verband zur Förderung gewerblicher Interessen ist nur dann gem. § 13 Abs. 2 Nr. 2 UWG klagebefugt, wenn die beanstandete Wettbewerbsverletzung in seinen satzungsgemäßen Aufgaben- und Interessenbereich eingreift und er zumindest grundsätzlich auch auf sachliche und örtliche Bezüge der von ihm verfolgten Wettbewerbsverstöße zu Mitgliederinteressen achtet.	OLG Saarbrücken	8. 8.90	1 U 100/90	Infodienst BfW, Archiv VDM NRW

Kostenersatz im Abmahnverfahren

Kostenersatz bei Abmahnung durch Mitbewerber der als Vielfachabmahner bekannt ist. Entscheidung: Ersatz der Rechtsanwaltskosten abgelehnt, Mitbewerber war nach mehreren Abmahnungen in der Lage selber die Abmahnungen zu versenden, an-	LG München I LG München I LG München I LG München I AG München	19. 2.91 21. 2.91 19.12.90 29.11.90 8.12.89	4 HKS 13259/90 4 HKS 4775/90 21 S 9171/90 4 HKO 1738/90 1114 C 6430/89	RDM Rsp. E 667 Bl. 28 Archiv VDM NRW Archiv VDM NRW Archiv VDM NRW Archiv VDM NRW

Fall	Gericht	Datum	Aktenzeichen	Fundstelle
waltlicher Hilfe bei einfachen Fällen bedurfte er nicht mehr. Gebührenbeschaffung für Anwalt im Fordergrund, deshalb Abmahnung rechtsmißbräuchlich.				
Kostenersatz bei Abmahnung durch einen Wettbewerbsverein. Entscheidung: Kostenersatz abgelehnt.	LG Bremen	7.11.91	12 O 365/91	Archiv VDM NRW
	AG Bensheim	17. 7.91	6 C 284/91	Archiv VDM NRW
	AG Hamburg	31.10.89	36 C 383/89	Archiv VDM NRW
	AG Neustadt	16. 3.89	2 C 1828/88	
	AG Hamburg	1. 9.87	36 C 286/87	RDM Rsp. E 667 Bl. 18
	AG Saarbrücken	14. 8.87	5 C 580/87	RDM Rsp. E 667 Bl. 17
	und weitere Entscheidungen			Archiv VDM NRW
Kostenersatz bei Abmahnung durch einen Wettbewerbsverein. Entscheidung: Kostenersatz zugesprochen.	BGH und ständige Rechtsprechung der meisten Amtsgerichte			BGH 52, 393/400

Unbeziffertes Vertragsstrafeversprechen (Hamburger Brauch)

Fall	Gericht	Datum	Aktenzeichen	Fundstelle
Problem: Die verlangten Vertragsstrafen in einer Unterlassungserklärung sind oft unberechtigter Weise sehr hoch. Herabsetzung ist nicht so ohne weiteres möglich. Hier könnte dies KG-Urteil helfen: Eine Unterwerfungserklärung mit einem Vertragsstrafeversprechen nach dem sogenannten neuen Hamburger Brauch, bei dem die Bestimmung der Vertragsstrafe im Zuwiderhandlungsfall nach § 315 BGB dem billigen Ermessen des Vertragsstrafegläubigers überlassen bleibt und bei dem weder eine Höchst- noch eine Mindestsumme für die Vertragsstrafe festgelegt wird, ist geeignet zur Ausräumung der Wiederholungsgefahr.	KG Berlin	24. 5.91	5 U 1443/91	MD 9/91, 511 ff. Archiv VDM NRW

Hinweispflicht auf spätere Fertigstellung oder Vermietung

Fall	Gericht	Datum	Aktenzeichen	Fundstelle
Fehlender Hinweis auf noch nicht erfolgte Fertigstellung einer Immobilie. Entscheidung: Auf die fehlende Fertigstellung ist in der Zeitungsanzeige deutlich hinzuweisen, anderenfalls liegt eine Irreführung vor. Der Begriff Neubau für projektierte oder im Bau befindliche Häuser reicht nicht.	KG Berlin	11. 8.88	25 W 3608/88	Magazindienst 1988, 1225 ff.
Die Abkürzung NB oder proj. ist irreführend.	KG Berlin	17. 3.87	5 U 6917/86	Archiv VDM NRW

Fall	Gericht	Datum	Aktenzeichen	Fundstelle
Ein nicht hervorgehobener, aber unmißverständlicher Hinweis, auch in einem längeren Inserat, ist ausreichend, um auf die fehlende Fertigstellung hinzuweisen.	KG Berlin	13. 5.91	25 U 1391/91	Magazindienst 1991, 703 ff.
Werbung mit der Abkürzung proj. für Häuser und Eigentumswohnungen. Entscheidung: Die Verwendung der Abkürzung proj. ist dann nicht irreführend, wenn aus weiteren Angaben in der Anzeige deutlich wird, daß es sich um eine noch nicht fertiggestellte Immobilie handelt, so der Hinweis auf die Möglichkeit zur Berücksichtigung von Sonderwünschen.	OLG Stuttgart LG Berlin	15. 2.91 20. 6.91	2 U 243/90 27. O. 80/91	Infodienst BfW Archiv VDM NRW
Fehlender Hinweis auf vermietete, bzw. weiter vom Verkäufer bewohnte Wohnimmobilie. Entscheidung: Auf Vermietung bzw. weitere Nutzung durch Eigentümer, ist im Inserat hinzuweisen.	KG Berlin	21. 2.91	25 U 1199/90	Magazindienst 1991, 319 ff. Archiv VDM NRW
Die Abkürzung verm. reicht nicht.	LG Berlin	18. 6.91	102. O. 259/91	Archiv VDM NRW

Hinweis auf WEG

Fall	Gericht	Datum	Aktenzeichen	Fundstelle
1-Familien-Häuser (bautechnisch), die juristisch gesehen Wohnungseigentum sind, müssen in der Werbung auch klar als Wohnungseigentum bezeichnet werden.	LG Essen	6. 9.90	43 O 178/90	WRP 91, S. 132 Archiv VDM NRW

Notarieller Festpreis

Fall	Gericht	Datum	Aktenzeichen	Fundstelle
Notarieller Festpreis in der Immobilienwerbung irreführend. Selbst wenn kein Preis in der Anzeige genannt wird.	BGH	1. 2.90	I ZR 161/87	WRP 90, S. 701

Wohn-/Nutzfläche in einer Zahl, WNFl., WFl/NFl

Fall	Gericht	Datum	Aktenzeichen	Fundstelle
Wohn-/Nutzfläche in einer Zahl in der Werbung für Wohnimmobilien. Entscheidung: Die Zusammenfassung der Flächen in einer Zahl ist nicht irreführend wenn keine sinnentstellende Abkürzung für Wohn-/Nutzfläche gewählt wird und ein normales Verhältnis von mindestens ⅔ Wohnfläche zu ⅓ Nutzfläche nicht unterschritten wird.	BGH OLG Frankfurt OLG München KG Berlin KG Berlin LG Hamburg LG Frankfurt LG Frankfurt LG Frankfurt LG Berlin LG Stuttgart	25. 4.91 19. 3.92 27.11.91 7. 6.90 11.12.89 21. 2.91 24.11.89 27.10.89 26.10.89 1. 8.89 25. 4.89	I ZR 210/90 6 W 168/90 6 W 2892/90 25 U 6455/89 25 W 6624/89 312 O 520/90 3/12 O 140/89 3/12 O 189/89 3/12 O 188/89 91 O 156/89 4 KfH T 3/89	Archiv VDM NRW Magazindienst 1992, 484 f. Magazindienst 1992, 371 Archiv VDM NRW Magazindienst 1990, 274 Archiv VDM NRW NJW-RR 17/90, 1066 f. LG Frankfurt 3/12 O 140/89 LG Frankfurt 3/12 O 140/89 Archiv VDM NRW

Fall	Gericht	Datum	Aktenzeichen	Fundstelle
anderer Meinung: Schreibweise Wohn-/Nutzfläche irreführend, es müßte Wohn- und Nutzfläche heißen und die Einzelzahlen müßten angegeben werden.	OLG Hamm	30. 1.92	4 U 41/91	Archiv VDM NRW
Wohn-/Nutzfläche in einer Zahl in der Werbung für Wohn-/Geschäftshäuser oder Objekte, die zu Wohn- und Bürozwecken genutzt werden. Entscheidung: Die Zusammenfassung stellt keine Irreführung dar und ist somit zulässig.	LG Wiesbaden LG Essen LG Frankfurt	29. 3.90 17.11.89 12. 4.89	13 O 15/90 46 O 92/89 3/12 O 69/89	RDM-Rsp. E 662/67 Archiv VDM NRW LG Ffm 3/12 O 140/89 in NJW RR 17/90, 1066 f.
Wohnflächenangaben bei Immobilienverkäufen. Entscheidung: Unter Zugrundelegung der DIN 283 sind auch im Kellergeschoß liegende Räume wie Gästezimmer, Sauna, Dusche, WC oder Bar der Wohnfläche hinzureichnen. Es steht ihrer Berücksichtigung nicht im Wege, wenn sie nicht zum dauernden Aufenthalt für Menschen bestimmt sind. Denn nur für Wohn- und Schlafräume sei Voraussetzung, daß sie den Anforderungen der Bauaufsichtsbehörden entsprächen. Zu den Nebenräumen dagegen zählten diejenigen, die anderen Kriterien entsprächen, wie Abstellräume, kleine Küchen, Speisekammern oder Gästetoiletten.	OLG Frankfurt LG Düsseldorf	23. 3.83 9. 7.91	17 U 113/82 24 S 302/89	Archiv VDM NRW Archiv VDM NRW (auszugsweise)
WNFl. = Wohn-/Nutzfläche in einer Zahl in der Werbung für Wohnimmobilien. Entscheidung: Die Werbung ist irreführend wegen der Verwechslungsgefahr mit Wohnnettofläche und der fehlenden Vergleichsmöglichkeit mit Angeboten, die die reine Wohnfläche bewerben. (str.)	LG München bestätigt durch OLG München LG Frankfurt LG Frankfurt	2.12.88 5. 6.89 10. 7.91 24. 4.91	21 O 446/88 29 W 1736/89 2/6 S 14/90 2/6 S 17/90	NJW-RR 6/89, 362 f. RDM Rspr. E 662 Bl. 60 RDM Rspr. E 662 Bl. 63 Archiv VDM NRW Archiv VDM NRW

Das OLG München hat seine Rechtsprechung geändert und schließt sich der Entscheidung des KG vom 11. 12. 1989, 25 W 6624/89 an (s. o.), „Das Grundeigentum" Heft 3/92, Seite 125. OLG München vom 27. 11. 1991, 6 W 2892/90

Fall	Gericht	Datum	Aktenzeichen	Fundstelle
Brutto- oder Nettomieten				
Brutto- bzw. Nettomiete bei der Werbung für Mehrfamilien- oder	LG Hamburg	30. 5.90	315 O 39/90	RDM Rspr. E 662 Bl. 66
Wohn-/Geschäftshäusern. Entscheidung: Keine Irreführung, also zulässige Werbung, da die angesprochenen Verkehrskreise mit den Begriffen vertraut sind.	OLG Celle	24. 9.86	15 O 389/86	RDM Rspr. E 662 Bl. 49
Endpreisangabe bei Gewerbeobjekten				
Endpreisangabe bei Vermietungsangeboten für Gewerbeobjekt. Entscheidung 1: Bei Ladenlokalen ist die Preisangabenverordnung zu beachten, also der Endpreis anzugeben, wenn die Angebote sich auch an sogenannte Gründungswillige richten.	KG Berlin	25. 1.90	25 U 6690/89	Der Grundbesitz 1990, 718 ff.
Entscheidung 2: Bei Büroräumen ist die Preisangabenverordnung nicht zu beachten, es muß kein Endpreis angegeben werden, da Büroräume von Personen angemietet würden, die über eine einschlägige Ausbildung verfügten und deshalb nicht zum Personenkreis zählen, die durch die PAngV geschützt sind.	LG Berlin	3. 5.90	27 O 251/90	
Entscheidung 3: Sowohl bei Ladenlokalen, als auch Büroflächen ist die Endpreisangabe erforderlich. (Revision zum BGH zugelassen, um zu prüfen, ob Gründungswillige als gewerbliche Verwender oder private Letztverbraucher gelten).	KG Berlin	19. 9.91	25 U 2124/91	Archiv VDM NRW
Endpreisangabe bei der Immobilienwerbung				
Problem: Ist die Maklerprovision Preisbestandteil und damit in den Preis einzuberechnen mit dem geworben wird oder nicht. Nach § 1 Abs. 1 Satz 1 PreisangabenVO, ist der Preis anzugeben, der einschließlich der Umsatzsteuer und sonstiger Preisbestandteile . . . zu zahlen ist. Entscheidung: Bei der Werbung für Immobilien ist das der Preis, der nach der Vorstellung des Werbenden — ohne die auf Drittleistungen entfallenden Entgelte wie Makler- und Notargebühren — im Grundstückskaufvertrag als Kaufpreis beurkundet werden soll.	BGH	7. 7.83	I ZR 113/81	Archiv VDM NRW BB 83/1687

Fall	Gericht	Datum	Aktenzeichen	Fundstelle
Anderer Ansicht: OLG Düsseldorf, wenn Maklerprovision durch echten Vertrag zugunsten Dritter im Notarvertrag aufgenommen wird. Dann solle in der Werbung nur mit der eingerechneten Maklerprovision geworben werden dürfen.	Düsseldorf			WRP 82,655

Kaltmiete

Fall	Gericht	Datum	Aktenzeichen	Fundstelle
Kaltmiete in der Werbung für Mietwohnungen. Entscheidung: Die Bezeichnung Kaltmiete stellt eine Irreführung dar, da nicht offensichtlich ist, ob nur die Heizkosten oder noch weitere Nebenkosten zu zahlen sind.	LG Düsseldorf OLG Köln	12.12.90 18.11.83	12 O 306/90 3 Ss 183/83 B (95)	Archiv VDM NRW RDM-Rsp. D 543-4

m²-Preise für Baugrundstücke und Bauland

Fall	Gericht	Datum	Aktenzeichen	Fundstelle
m²-Preise für Baugrundstücke in der Immobilienwerbung. Entscheidung 1: Bei schon klar abgegrenzten, aber noch nicht vermessenen Baugrundstücken ist der Endpreis zu nennen, also z. B. ca. 400 m² Kaufpreis ab 100 000 DM. Ein Mehr- oder Minderpreis ist mit entsprechenden Regelungen im Kaufvertrag möglich.	KG Berlin KG Berlin	29. 8.91 20.11.89	25 U 3024/91 25 U 1042/89	Magazindienst 1991/738 ff. Magazindienst 1990/129 ff.
m²-Preis für Bauland (noch nicht abgegrenzte Flächen aus einem größeren Areal). Entscheidung 2: Zulässig, wenn noch unbestimmte Flächen aus einem größeren Areal vom Käufer bestimmt werden können.	KG Berlin mit weiteren Nachweisen	6. 2.89	25 U 5608/88	Magazindienst 1989/524 ff.
Entscheidung 3: Entgegen der KG-Entscheidung vom 20. 11. 1989 lehnt Stuttgart die Endpreisangabe für eine noch nicht vermessene Fläche von Bauerwartungsland ab. Dies gilt nicht nur gegenüber Gewerbetreibende, sondern auch gegenüber Endverbrauchern, da auch ein ca.-Preis nicht der PAngV entsprechen würde und auch der Endverbraucher einen Mehr- oder Minderpreis über den angegebenen m²-Preis berechnen kann.	OLG Stuttgart	30. 8.91	2 U 88/91	Archiv VDM NRW

Fall	Gericht	Datum	Aktenzeichen	Fundstelle
Entscheidung 4: Werden Grundstücke beworben, die durch Teilung erst noch gebildet werden sollen und deren endgültige Größe auch noch nicht annähernd festliegt (hier: 700 bis 900 m^2), so genügt die Angabe des m^2-Preises; einen Endpreis gibt es noch nicht.	OLG Bremen	12.12.91	2 U 69/91	WRP 2/92, S. 111 f.

Preisangaben für Immobilien in der Zeitungswerbung

Preisangaben für Immobilien in der Zeitungswerbung. Entscheidung: Preisangaben sind nicht erforderlich wenn erst weitere Angaben und Verhandlungen erforderlich sind um zu einem Kaufentschluß und -abschluß zu gelangen.	BGH	4. 3.82	I ZR 30/80	RDM Rspr. E 662 Bl. 29

Anfänglich effektiver Jahreszins

Werbung für Darlehen mit der Bezeichnung „Anf. effektiver Jahreszins“. Entscheidung: Diese Abkürzung ist irreführend und verstößt gegen § 4 I, S. 1 PAngV, da „Anf.“ auch mit anfallend verwechselt werden kann. Anders ist die Abkürzung „anfängl. effekt. Jahreszins“ zu sehen, damit keine Irreführungsgefahr und damit zulässig.	KG Berlin	11. 4.91	25 U 7181/90	Magazindienst 9/91, 524 ff. Archiv VDM NRW

Zulässigkeit von „ab-Preisen“ bei Eigentumswohnungen

Werbung für mehrere Eigentumswohnungen mit Angabe eines Preises für die kleinste Wohnung als „ab-Preis“ Entscheidung: Zulässig, da hier nur Werbung vorliegt und ansonsten für die eine Preisangabe auch der Endpreis genannt ist.	LG München I	21. 2.91	4 HKS 13259/90	Archiv VDM NRW

Hinweis auf Maklereigenschaft

Abkürzungen für den Hinweis auf die Maklereigenschaft, hier Imm. für Immobilien. Entscheidung: Die Abkürzung Imm. reicht nicht aus für den Hinweis auf die Maklereigenschaft. Das gleiche gilt für die Abkürzungen: Mkl., Hsm., gew., Immo. und ähnliche Abkürzungen.	KG Berlin	22. 3.90	25 U 7726/89	

Fall	Gericht	Datum	Aktenzeichen	Fundstelle
Angabe der Maklereigenschaft bei Eigenobjekten. Entscheidung: Der gewerbliche Charakter einer Anzeige muß auch dann zum Ausdruck kommen, wenn ein Immobilienunternehmen eigene Objekte zum Kauf anbietet. Entscheidend für den BGH war allein die gewerbliche Tätigkeit auf dem Immobilienmarkt. Anzeigen ohne den Hinweis auf die gewerbliche Tätigkeit würden den unzutreffenden Anschein eines Verkaufes aus Privathand erwecken und seien deshalb unzulässig. Es komme auch nicht darauf an, ob das Angebot hinsichtlich der Konditionen dem eines privaten Anbieters entsprochen habe.	BGH	27. 5.87	I ZR 153/85	Archiv VDM NRW
Maklerzuschriften auf Chiffreanzeigen				
Zeitungen behielten sich in den AGB das Recht vor, Zuschriften auf Chiffreanzeigen zu öffnen und auszusortieren, wenn der Verdacht bestand, daß Gewerbetreibende allgemeine Anpreisungen an die Inserenten schickten und damit den Zeitungen potentielle Anzeigen, z. B. Suchanzeigen von Maklern, verlorengingen. Diese Zuschriften wurden von einigen Zeitungen dann nicht an die Inserenten weitergeleitet. Entscheidung: Die Zeitung muß auch solche Zuschriften dem Inserenten zuschicken und darf sie nicht aussortieren. Entsprechende AGBs sind unzulässig.	BGH	5.11.91	X ZR 91/90	HB 12. 2. 1992
GmbH-Zusatz in der Immobilienwerbung				
Muß eine Makler- oder Immobilien-GmbH den GmbH-Zusatz in der Werbung benutzen? Entscheidung: Die Unterlassung der nach § 4 Abs. 2 und § 35 GmbH-Gesetz im Geschäftsverkehr gebotenen GmbH-Kennzeichnung ist nicht ohne weiteres wettbewerbswidrig i. S. des § 1 UWG; bei beiden Bestimmungen handelt es sich um wertneutrale Ordnungsvorschriften.	KG Berlin	26. 2.91	5 U 466/91	

Zusammenstellung: Verband Deutscher Makler NRW

Wie man eine Anzeige aufgeben sollte

1. Schriftliches Manuskript statt telefonischem Auftrag!

Ein schriftliches Manuskript kann und sollte anhand der Aufstellung „Erlaubtes, Umstrittenes und Verbotenes in der Immobilienwerbung" auf wettbewerbsrechtliche Fehler überprüft werden. Außerdem kann man den eigenen Text auf Werbewirksamkeit und richtige Angaben überprüfen. Der Berufsverband und die IHKn geben telefonische Auskunft über die Richtigkeit einer Werbemaßnahme.

2. Anzeigenauftrag per Fax, Brief oder Bote!

Das fertige Manuskript möglichst per Fax, Brief oder Bote an die Zeitung übermitteln. Fax und Bote haben den Vorteil der Beweisbarkeit des Zuganges eines Manuskriptes. Vielleicht kann der Anzeigenberater das Manuskript eine gewisse Zeit aufheben (4 bis 8 Wochen). Dies kann bei Druckfehlern und daraus resultierender wettbewerbswidriger Werbung wichtig sein. Die Zeitungen geben bei tatsächlichem Vorliegen eines Druckfehlers eine entsprechende Erklärung ab.
Telefonisch aufgegebene Anzeigen werden häufig durch Hörfehler und Abkürzungen im Text verändert und damit schnell wettbewerbswidrig. Vermeiden Sie diese Fehlerquelle!

Was man bei einem Druckfehler der Zeitung machen sollte

1. Sofort bei Erscheinen die Anzeige auf Druckfehler prüfen!

Liegt ein Druckfehler vor, umgehend bei der Zeitung **schriftlich reklamieren** (Muster 4.1.2.1). Lassen Sie sich die Reklamation schriftlich bestätigen (zumindest wenn eine Abmahnung kommt). Fordern Sie von der Zeitung aber nichts Unmögliches. Weisen Sie für die Zukunft die Zeitung schriftlich daraufhin, daß der wettbewerbswidrige Text nicht mehr verwendet werden darf. Sie brauchen derartige Schreiben eventuell bei einer weiteren Abmahnung. Sie können damit nachweisen, daß alles von Ihrer Seite getan worden ist, um richtig zu werben.

2. Sofort richtig reagieren bei einer Abmahnung!

Sollte eine Abmahnung auf eine — durch einen Druckfehler — wettbewerbswidrige Anzeige kommen, schreiben Sie bitte **sofort** den Abmahner an (Briefmuster 4.1.2).
Fügen Sie eine Kopie des Anzeigenmanuskriptes, die Reklamation bei der Zeitung und — soweit vorhanden — eine entsprechende Bestätigung der Zeitung bei. Haben Sie noch keine Bestätigung der Zeitung für einen Druckfehler, besorgen Sie sich umgehend eine entsprechende Erklärung der Zeitung. Schreiben Sie die Zeitung an unter Beifügung einer Kopie der Abmahnung und weisen Sie die Zeitung darauf hin, daß dieser Anzeigentext keinesfalls mehr erscheinen darf. Dies ist wichtig, falls noch einmal die wettbewerbswidrige Anzeige erscheinen sollte. Sie müssen dem Abmahner nachweisen können, daß Sie alles getan haben, um eine erneute wettbewerbswidrige Werbung zu verhindern.

Anleitung zur Prüfung einer Abmahnung

Ausgangslage: Sie erhalten eine wettbewerbsrechtliche Abmahnung durch einen Rechtsanwalt im Mandat eines namentlich genannten Mitbewerber oder durch einen Wettbewerbsverein.

1. Eingangsdatum festhalten: ______________________

2. Zustellungsart: einfacher Brief		O	
Einschreiben		O	
Einschreiben/Rückschein		O	
andere Zustellungsart		O	
3. Stimmt die Zustellungsanschrift?	Ja	O	Mit Prüfung fortfahren
	Nein	O	Unter Hinweis auf falschen Adressaten zurückschicken
4. Abmahnung durch Anwalt:	Ohne Vollmacht	O	Zurückweisung der Abmahnung mit Briefen 4.2.1 oder 4.2.2
	Mit Vollmacht	O	Mit Prüfung fortfahren

5. Welche Frist wird gesetzt? Datum: ______________________

6. Abmahnung berechtigt?		Prüfung mit Teil 2.1, bei Unsicherheit ob wettbewerbswidrige Werbung vorliegt, beim LV anfragen
Abmahnung berechtigt	O	Weiter mit Punkt 7
Abmahnung eventuell berechtigt	O	Weiter mit Punkt 7
Abmahnung unberechtigt	O	Zurückweisen mit Brieftext 4.1.4 (Mitbewerber) oder 4.3.1 (Verein)
Abmahnung wegen Druckfehler nicht berechtigt	O	Beantworten mit Brieftexten 4.1.2 und 4.1.2.1 Entsprechende Bestätigung der Zeitung besorgen.
7. Informationen über Abmahner beschaffen		
a) Abmahner ist Mitbewerber	O	Bei der für den Sitz des Abmahners zuständigen IHK (schriftlich per Fax) und Auskunft von Auskunftei wenn möglich (telefonisch)
b) Abmahner ist Verein	O	Bei der für den Sitz des Abmahners zuständigen IHK (schriftlich per Fax) und Auskunft von Auskunftei wenn möglich (telefonisch)
8. Wie soll reagiert werden:		
a) Unterlassungserklärung ohne Gebührenzahlung	O	
b) Unterlassungserklärung mit Gebührenzahlung	O	
c) Zurückweisung wegen Druckfehler	O	
d) Zurückweisung wegen Rechtsmißbrauch	O	
e) Zurückweisung wiel keine wettbewerbswidrige Werbung	O	
f) Antrag auf Fristverlängerung	O	
g) Anforderung Vollmacht und Nachweise zur Mitbewerbereigenschaft	O	
h) Anforderung Nachweise zur Klagebefugnis des Vereins	O	
i) Antrag auf Einigungsstellenverfahren nach § 27a UWG	O	
9. VDM informieren	O	Landesgeschäftsstelle

Ausgangslage:
Sie erhalten eine wettbewerbsrechtliche Abmahnung von einem Mitbewerber oder von einem Wettbewerbsverein.

1. Eingangsdatum festhalten (Posteingangsstempel)
2. Zustellungsart festhalten (einfacher Brief, Einschreiben, Einschreiben mit Rückschein oder Postzustellungsurkunde)
3. Bei Abmahnung durch Anwalt: Liegt Vollmacht bei?
4. Stimmt die Zustellungsanschrift?
5. Welche Fristen werden gesetzt? (Postlaufzeit beachten, wenn keine Antwort per FAX möglich ist)
6. Unbedingt sofort Informationen über Abmahner beschaffen!
   a) bei der eigenen IHK
   b) bei der für den Sitz des Abmahners zuständigen IHK
   c) bei Berufsverbänden
7. Beurteilung des Abmahners
   a) Anwalt im Mandat eines Mitbewerbers
      — echter Mitbewerber? (siehe Checkliste III)
      — regionales oder überregionales Wettbewerbsverhältnis?
      — Anwalt bekannt für zahlreiche oder gelegentliche Abmahnungen?
      — prozeßfreudig??
      — Gebührenanwalt?
   b) Wettbewerbsverein, eventuell auch durch Anwalt
      — Wo im Vereinsregister eingetragen?
      — gilt als seriös oder unseriös? (Gebührenverein)
      — regional oder überregional tätig?
      — Zusammenschluß von Verbrauchern/Gewerbetreibenden/Mischverein?
      — zahlreiche oder nur gelegentliche Abmahnaktivitäten?
      — prozessuale Durchsetzung von Unterlassungsansprüchen?
      — weitergehende Informations- und Beratungstätigkeit?
      — einschlägig bekannter Anwalt?
      — Klagebefugnis nach § 13 UWG? (siehe Checkliste II)
8. Beurteilung der Abmahnung
   a) Formal in Ordnung? (Vollmacht, genau bezeichneter Wettbewerbsverstoß, richtige Zustellanschrift usw.)
   b) liegt tatsächlicher Wettbewerbsverstoß vor?
   c) ist die Frist zur Abgabe der Unterlassungserklärung in Ordnung?
   d) ist die Unterlassungserklärung konkret und eng genug gefaßt?
   e) ist die Höhe der Vertragsstrafe in Ordnung?
   f) ist die Gebührenrechnung in Ordnung? für Wettbewerbsvereine:

      Auslagenpauschale von 0,- bis 250,- DM

      Hamburger Rechtsprechung: keine Auslagenpauschale bei Abmahnungen durch Wettbewerbsvereine!

      bei Anwälten für Mitbewerber: Abrechnung nach Gegenstandswerten, ab 10 000 DM, oft 20 000 bis 25 000 DM. In Berlin auch deutlich höher. Anwaltsgebühren dann von ca. 500 bis 1200 DM.

   Wichtig bei Serienabmahnern oder unseriösen Vereinen:
   Keinen Gebührenersatz leisten!
9. Was ist zu tun bei mehreren Abmahnungen auf denselben Wettbewerbsverstoß?
   a) Reihenfolge des Eingangs festhalten
   b) Prüfen aller Abmahnungen nach obigem Schema
   c) wenn Wettbewerbsverstoß vorliegt, eine Unterlassungserklärung dem Anspruchsteller gegenüber abgeben, der die Gewähr für die Überwachung der Unterlassungserklärung bietet und dann den anderen Anspruchsstellern eine entsprechende Erklärung mit Kopie der Unterlassungserklärung zuschicken
   d) Gebührenzahlungen?
      — bei mehreren Vereinen: der Verein bekommt die Pauschale, der die Unterlassungserklärung bekommt (s. Punkt 8f.)
      — bei mehren Mitbewerbern: alle Anwälte bekommen die Gebühren, Ausnahme: ein Anwalt mahnt für mehrere Mitbewerber den selben Verstoß ab.
      — bei Vereinen + Mitbewerbern: ein Verein der die Unterlassungserklärung bekommt und alle Mitbewerber

Wichtig!

Wenn die Prüfung ergeben hat, daß Sie einen Wettbewerbsverstoß begangen haben, geben Sie eine enggefaßte Unterlassungserklärung und möglichst ein unbestimmtes Vertragsstrafeversprechen (Text 4.1.6) ab, probieren Sie es eventuell erst einmal mit einer niedrigeren Vertragsstrafe als gefordert (Vertragsstrafe in der Regel 3000 bis 5000 DM, je nach Schwere des Verstoßes und Umfang der Werbung). Lassen Sie sich bei der Abfassung der Unterlassungserklärung von einem Spezialisten für Wettbewerbsrecht helfen!

Die Gültigkeit der Unterlassungserklärung ist nicht von der Zahlung der Rechtsanwaltsgebühren oder der Gebührenpauschalen abhängig.

Nach Angabe einer strafbewehrten Unterlassungserklärung unbedingt dafür Sorge tragen, daß alle Mitarbeiter von dem Wettbewerbsverstoß und der Angabe der Unterlassungserklärung Kenntnis bekommen, damit in der Werbung der gleiche Fehler nicht mehr wiederholt wird.

Zur Prüfung der Klagebefugnis (Aktivlegitimation) eines Wettbewerbsvereins wurden vom Landgericht Berlin diesem aufgegeben, folgende Fragen zu beantworten:

1. Welche Berufe üben die einzelnen Mitglieder aus? (Mitgliederliste)
2. Wo befindet sich die Geschäftsstelle und in welcher Zeit ist sie von wem besetzt?
3. Welche genauen Kenntnisse hat der Vorsitzende auf dem Gebiet des Wettbewerbsrechts und der Förderung gewerblicher Interessen; insbesondere, welche und wessen gewerbliche Interessen der Antragsteller fördert?
4. Welche genauen Kenntnisse die weiteren für den Antragsteller tätigen Personen auf den unter 3. genannten Rechtsgebieten haben (die Darlegung soll für die einzelnen Personen gesondert erfolgen)?
5. Wie sehen die finanziellen Verhältnisse aus? Insbesondere

   a) wie finanziert der Verein seine Vereinstätigkeit (Einnahmen, aufgeschlüsselt nach Mitgliedsbeiträgen, Abmahnpauschalen, Vertragsstrafen und eventuellen sonstigen Einnahmen)
   b) wie hoch ist der Prozeßkostenfonds
   c) Aufschlüsselung der Ausgaben (wichtig Vorstandsbezüge und abmahnbezogene Kosten)
   d) Bankguthaben
6. Welche Einzeltätigkeiten hat der Verein seit seiner Gründung ausgeübt, insbesondere
   a) welche Beratungen wurden vorgenommen;
   b) welche Schriften wurden in welcher Reihenfolge verbreitet;
   c) welche Vorträge und Versammlungen wurden abgehalten;
   d) wie der Verein im einzelnen seine Tätigkeit gegenüber der Öffentlichkeit bekanntgemacht hat;
   e) wie viele Abmahnungen seit Gründung des Vereins versandt wurden und welche einzelnen Verstöße diese betrafen:
   f) wie viele strafbewehrte Unterlassungserklärungen seit seiner Gründung ihm gegenüber abgegeben worden sind und gegebenenfalls auf welchem Gebiet;
   g) wie viele Rechtsstreitigkeiten der Antragsteller seit seiner Gründung geführt hat und mit welchem Erfolg (getrennt nach einstweiligen Verfügungs- und Klageverfahren)?

Der BGH hat folgende Kriterien zur Prüfung der Klagebefugnis eines Vereins aufgestellt (19. Mai 1988, AZ: I ZR 52/86 und 11. April 1991, AZ: I ZR 82/89):

1. In welcher Weise faßt der Verband bestimmte gewerbliche Interessen seiner Mitglieder zusammen und verfolgt sie?
2. Berührt seine Tätigkeit wirkliche, gemeinsame gewerbliche Interessen seiner Mitglieder?
3. In welchem Verhältnis stehen die Einnahmen aus Mitgliedsbeiträgen und Spenden zu denjenigen aus Abmahngebühren und Vertragsstrafen?
4. Reichen die Einnahmen aus Mitgliedsbeiträgen und Spenden aus, die fixen Kosten zu decken? Dabei sind „fixe Kosten" näher zu erläutern.
5. Werden nur die angemessenen Abmahngebühren gefordert?
6. Worin im einzelnen besteht die Vereinstätigkeit?
7. Welche Arten von Wettbewerbsverstößen werden verfolgt?
8. Wer oder was gibt den Anstoß zur Verfolgung?
9. In welchem Umfang berührt der verfolgte Verstoß die gewerblichen Belange der Mitglieder?
10. Welcher sachliche oder örtliche Bezug der Verfolgung besteht zu bestimmten Mitgliederinteressen?
11. Welche sachlichen und personellen Möglichkeiten hat der Verband?
12. Ist der Verband in der Lage, selber Wettbewerbsverstöße zu verfolgen oder muß er sich anwaltlicher Hilfe bedienen?
13. Bieten sich Anhaltspunkte für die alleinige Tätigkeit der Anwälte? D. h. liegt es im Ermessen der Anwälte, welcher Wettbewerbsverstoß verfolgt wird und wie?

Die Prüfung erübrigt sich z. B. bei folgenden Vereinen und Verbänden:

1. Zentrale zur Bekämpfung unlauteren Wettbewerbs und Schutzverband gegen Wirtschaftskriminalität, beide 6380 Bad Homburg bzw. die Zweigstellen der Zentrale . . . in den einzelnen Bundesländern
2. Verband Sozialer Wettbewerb, Berlin
3. Einzelhandelsverbände, IHK und Handwerkskammern
4. Verbraucherschutzverein Berlin
5. Pro Honore, Hamburg

An Verein senden Teil: 3.3

Zur Prüfung der Klagebefugnis (Aktivlegitimation) eines Wettbewerbsvereins wurden von der Rechtsprechung folgende Fragen entwickelt:

1.) Welche Berufe üben die einzelnen Mitglieder aus? (Mitgliederliste)

2.) Wo befindet sich die Geschäftsstelle und in welcher Zeit ist sie von wem besetzt?

3.) Welche genauen Kenntnisse hat der Vorsitzende auf dem Gebiet des Wettbewerbsrechts und der Förderung gewerblicher Interessen; insbesonders, welche und wessen gewerbliche Interessen der Antragsteller fördert?

4.) Welche genauen Kenntnisse die weiteren für den Antragsteller tätigen Personen auf den unter 3.) genannten Rechtsgebieten haben (die Darlegung soll für die einzelnen Personen gesondert erfolgen)?

5.) Wie sehen die finanziellen Verhältnisse aus? Insbesonders

   a) wie finanziert der Verein seine Vereinstätigkeit (Einnahmen, aufgeschlüsselt nach Mitgliedsbeiträgen, Abmahnpauschalen, Vertragsstrafen und eventuellen sonstigen Einnahmen)
   b) wie hoch ist der Prozeßkostenfonds
   c) Aufschlüsselung der Ausgaben (wichtig Vorstandsbezüge und abmahnbezogene Kosten)
   d) Bankguthaben

6.) Welche Einzeltätigkeiten hat der Verein seit seiner Gründung ausgeübt, insbesonders

   a) welche Beratungen wurden vorgenommen;
   b) welche Schriften wurden in welcher Reihenfolge verbreitet;
   c) welche Vorträge und Versammlungen wurden abgehalten;
   d) wie der Verein im einzelnen seine Tätigkeit gegenüber der Öffentlichkeit bekannt gemacht hat;
   e) wie viele Abmahnungen seit Gründung des Vereins versandt wurden und welche einzelnen Verstöße diese betrafen;
   f) wie viele strafbewehrte Unterlassungserklärungen seit seiner Gründung ihm gegenüber abgegeben worden sind und gegebenenfalls auf welchem Gebiet;
   g) wie viele Rechtsstreitigkeiten der Antragsteller seit seiner Gründung geführt hat und mit welchem Erfolg (getrennt nach einstweiligen Verfügungs- und Klageverfahren)?

Checkliste III bei Abmahnungen durch Mitbewerber Teil: 3.4

Zur Prüfung der Klagebefugnis (Aktivlegitimation) eines unbekannten Mitbewerbers können folgende Nachweise dienen:

1.) Eine Kopie der Gewerbeerlaubnis

2.) Eine Kopie der Gewerbeanmeldung

3.) Aktueller Tätigkeitsnachweis

   a) Anzeigen, mit Hinweis auf Druckdatum und aus welcher Zeitung oder entsprechende Anzeigenrechnungen
   b) Umsatzzahlen, mit Bestätigung durch Steuerberater

Fordern Sie die entsprechenden Unterlagen an und weisen Sie den Anwalt daraufhin, daß Sie eine Unterlassungserklärung abgeben — falls ein Wettbewerbsverstoß vorliegt —, wenn Sie die angeforderten Nachweise in den Händen haben. Ein seriöser Mitbewerber kann diese Anforderungen erfüllen.

Die Anforderungen an den Nachweis sind so von mehreren Gerichten entschieden worden, zum Beispiel:

KG Berlin, 12. April 1985, AZ: 6 C 33/85
OLG München 1. Oktober 1984, AZ: 6 W 2530/84
OLG Koblenz, 5. April 1979, AZ: 6 U 1044/79
AG Neuwied, 24. Juni 1987, AZ: 14 C 606/87

Wenn die Vollmacht fehlt!

Weisen Sie die Abmahnung unter Hinweis auf die Rechtsprechung OLG Nürnberg vom 4. Januar 1991, AZ: 3 W 3523/90 (Magazindienst 1991, S. 211 f) zurück. Teilen Sie aber gleichzeitig mit, daß Sie bei Vorliegen einer ordungsgemäßen Abmahnung, Nachweis der Bevollmächtigung und Nachweis der Mitbewerbereigenschaft nach obigem Schema, durchaus bereit wären, eine strafbewährte Unterlassungserklärung abzugeben.

Zur Prüfung Ihrer Klagebefugnis (Aktivlegitimation) übersenden Sie uns bitte folgende Unterlagen:

1.) Eine Kopie der Gewerbeerlaubnis

2.) Eine Kopie der Gewerbeanmeldung

3.) Aktueller Tätigkeitsnachweis

a) Anzeigen, mit Hinweis auf Druckdatum und Zeitung oder entsprechende Anzeigenrechnungen (Kopie)
b) Umsatzzahlen, mit Bestätigung durch Steuerberater

4.) Letzter Prüfbericht nach MaBV

Ein seriöser Mitbewerber kann diese Anforderungen erfüllen. Die Anforderungen an den Nachweis sind so von mehreren Gerichten entschieden worden, zum Beispiel:

KG Berlin, 12. April 1985, AZ 6 C 33/85
OLG München, 1. Oktober 1984, AZ 6 W 2530/84
OLG Koblenz, 5. April 1979, AZ 6 U 1044/79
AG Neuwied, 24. Juni 1987, AZ 14 C 606/87

Musterbrief mit Bitte um Fristenverlängerung

Muster: 4.1.1

Ihre Abmahnung vom ____________________

Sehr geehrte Damen und Herren,

wir bestätigen den Eingang Ihres Schreibens vom ____________________ und teilen Ihnen mit, daß wir den Vorgang zur Prüfung an unseren Berufsverband weitergeleitet haben. Wir bitten — weil der Syndicus noch in Urlaub ist — um eine Fristverlängerung von 10 Tagen. Teilen Sie uns Ihr Einverständnis bitte kurz mit.

Wir sichern Ihnen zu, daß wir die beanstandete Werbung in dieser Form während der Zeit nicht mehr schalten werden.

Mit freundlichen Grüßen

____

Alternativ kann auch folgender Text verwandt werden, wenn kein Zeichnungsberechtigter für eine Firma da ist (Urlaub)

Ihre Abmahnung vom ____________________

Sehr geehrte Damen und Herren,

wir bestätigen den Eingang Ihres Schreibens vom ____________________ und teilen Ihnen mit, daß wir den Vorgang zur Prüfung an unseren Berufsverband weitergeleitet haben. Weil der zeichnungsberechtigte Geschäftsführer/Inhaber (Passendes verwenden) noch 12 Tage in Urlaub ist, können wir Ihnen erst dann die unterzeichnete Unterlassungserklärung zurücksenden. Teilen Sie uns Ihr Einverständnis bitte kurz mit.

Wir sichern Ihnen zu, daß wir die beanstandete Werbung in dieser Form während der Zeit nicht mehr schalten werden.

Mit freundlichen Grüßen

____

Standardbrief bei Druckfehler der Zeitung

Muster: 4.1.2

Ihre Abmahnung vom ____________

Sehr geehrte Damen und Herren,

wir bestätigen den Eingang Ihres Schreibens vom ____________ und teilen Ihnen mit, daß hier ein Druckfehler der Zeitung vorliegt. Dies kann nachgewiesen werden, da entsprechender Schriftverkehr mit der Zeitung existiert. Die Rechtsprechung bei Druckfehlern der Zeitung ist eindeutig, siehe BGH vom 31. Mai 1990, AZ I ZR 228/88 oder LG Berlin vom 5. April 1991, AZ 15 O 1294/90 in WRP 9/91 S 605 ff.

Die Bestätigung der Zeitung senden wir Ihnen — falls Sie es wünschen — gerne zu. Ansonsten gehen wir davon aus, daß sich die Angelegenheit damit erledigt hat. Sollten Sie anderer Meinung sein, erwarten wir Ihre Rückäußerung bis zum ____________ (10 Tage Frist)

Mit freundlichen Grüßen

____

Anlage: Manuskript unseres Anzeigenauftrags
Beschwerdebrief an die Zeitung wegen des Druckfehlers

Beschwerdebrief an die Zeitung wegen eines Druckfehlers

Muster: 4.1.2.1

Wettbewerbswidrige Werbung durch Druckfehler

Sehr geehrte ____________

für den ____________ haben wir Ihnen den in Kopie anliegenden Druckauftrag erteilt. Dabei ist folgender falscher Text von Ihnen gesetzt worden:

[hier Vergleich Manuskripttext mit Anzeigentext einsetzen]

Ich bitte die Rechnung für die Anzeige zu stornieren. Eine fehlerfreie Wiederholung nützt uns nichts, da der Anzeigentext nicht mehr verwandt wird.

Wir bitten in Zukunft dafür Sorge zu tragen, daß die Druckaufträge ohne Veränderung der Manuskripttexte ausgeführt werden.

Mit freundlichen Grüßen

____

Anlage: Kopie des Manuskripts
Kopie der erschienenen Anzeige

Abmahnung durch RA im Auftrag eines unbekannten Mitbewerbers wegen Vorwurf Wohn-Nutzfläche

Muster: 4.1.3

Ihre Abmahnung vom ____________________

Sehr geehrter Herr ____________________

wir bestätigen den Eingang Ihres Schreibens vom ____________________ und teilen Ihnen mit, daß wir nur nach einem entsprechenden Nachweis der Mitbewerbereigenschaft Ihres Mandanten bereit sind eine Unterlassungserklärung abzugeben. Wir müssen, da Ihr Mandant uns unbekannt ist, auf diesen Nachweis bestehen, da in den letzten Jahren — nach Auskunft der IHK und der Wettbewerbszentrale — immer mehr Scheinmitbewerber das einträgliche Geschäft mit den Abmahnungen betreiben. Daß diese Forderung berechtigt ist hat so das OLG München am 1. Oktobeer 1981, AZ: 6 W 2530/84 und das Kammergericht Berlin am 19. Juni 1981, AZ: 6 C 33/85 entschieden. Weitere entsprechende Urteile aus Düsseldorf, Neuwied, Koblenz und Bensberg liegen vor.

Wir geben Ihnen Frist zum Nachweis der Mitbewerbereigenschaft bis zum ____________________. Vorzulegen sind Kopien der Gewerbeerlaubnis, der Gewerbeanmeldung, vom Steuerberater bestätigte Umsatzzahlen, den letzten Prüfbericht nach der MaBV und Werbeanzeigen aus der letzten Zeit. Wer lauteren Wettbewerb fordert, kann diese Forderung erfüllen.

Ansonsten rügen wir die unklare Formulierung des angeblichen Wettbewerbsverstoßes. Die neue Rechtsprechung sieht in der Vermengung der Wohn- und Nutzfläche in einer Zahl keine wettbewerbswidrige Werbung. So Kammergericht Berlin vom 7. Juni 1990, AZ: 25 U 6455/89 (durch Nichtannahme der Revision vom BGH bestätigt, BGH vom 25. April 1991, AZ: I ZR 210/90), Kammergericht Berlin vom 11. Dezember 1989, AZ: 25 W 6624/89, LG Hamburg vom 21. Februar 1991, AZ: 312 O 520/90 und zahlreiche weitere Entscheidungen von Landgerichten aus den Jahren 1989, 1990, und 1991 und jetzt noch OLG München vom 27. November 1991, AZ: 6 W 2892/91 und OLG Frankfurt vom 19. März 1992, AZ: 6 W 168/90. Die von Ihnen zitierte Rechtsprechung ist überholt.

Wir gehen deshalb davon aus, daß Sie den Vorwurf einer wettbewerbswidrigen Werbung nicht aufrechterhalten. Sollten Sie anderer Meinung sein, erwarten wir eine Rückäußerung Ihrerseits bis zum ____________________. Ansonsten erwarten wir die Rücknahme der Abmahnung bis zum ____________________.

Sollten wir bis zu diesem Termin keine Antwort von Ihnen haben, werden wir unsererseits eine negative Feststellungsklage erheben bzw. ein Einigungsstellenverfahren nach § 27a UWG einleiten.

Mit freundlichen Grüßen

____

Musterantwort auf unberechtigte Abmahnung durch RA für unbekannten Mitbewerber

Muster: 4.1.4

Ihre Abmahnung vom ______________________

Sehr geehrter Herr ______________________

wir bestätigen den Eingang Ihres Schreibens vom ______________________ und teilen Ihnen mit, daß wir uns erst nach Vorlage der Vollmacht, siehe OLG Nürnberg vom 4. Januar 1991, AZ: 3 W 3523 mit Ihrem Schreiben beschäftigen werden.

Eine Unterlassungserklärung wird erst nach einem entsprechenden Nachweis der Mitbewerbereigenschaft Ihres Mandanten abgegeben, da uns Ihr Mandant unbekannt ist und in der letzten Zeit häufig angebliche Mitbewerber als Abmahnauftraggeber aufgetreten sind. Deshalb ist der Nachweis der Mitbewerbereigenschaft erforderlich. Dies hat so das OLG München am 1. Oktober 1984, AZ: 6 W 2530/84 und das Kammergericht Berlin am 19. Juni 1981, AZ: 6 C 33/85 entschieden. Weitere entsprechende Urteile aus Düsseldorf, Neuwied, Koblenz und Bensberg liegen vor.

Wir geben Ihnen Frist zum Nachweis der Bevollmächtigung und der Mitbewerbereigenschaft bis zum ______________________. Zur Prüfung der Mitbewerbereigenschaft eines unbekannten Mitbewerbers können folgende Nachweise dienen:

1. Eine Kopie der Gewerbeerlaubnis
2. Eine Kopie der Gewerbeanmeldung
3. Aktueller Tätikeitsnachweis
   a) Anzeigen, mit Hinweis auf Druckdatum und aus welcher Zeitung oder entsprechende Anzeigenrechnungen
   b) Umsatzzahlen, mit Bestätigung durch Steuerberater
4. Kopie der letzten Pflichtprüfung nach MaBV

Ein seriöser Mitbewerber kann diese Anforderungen erfüllen. Die Anforderungen an den Nachweis sind so von mehreren Gerichten entschieden worden, zum Beispiel:

KG Berlin, 12. 4. 1985, AZ: 6 C 33/85
OLG München, 1. 10. 1984, AZ: 6 W 2530/84
OLG Koblenz, 5. 4. 1979, AZ: 6 U 1044/79
AG Neuwied, 24. 6. 1987, AZ: 14 C 606/87

Weiter rügen wir die unklare Formulierung des angeblichen Wettbewerbsverstoßes. Ein Blick in die Rechtsprechung zeigt Ihnen, daß hier keine wettbewerbswidrige Werbung vorliegt.

Wir fordern Sie deshalb auf, umgehend zu erklären, daß Ihr Mandant keine wettbewerbsrechtlichen Ansprüche gegen uns stellt. Sollte bis zum ______________________ keine entsprechende Antwort von Ihnen vorliegen, werden wir die IHK und die Anwaltskammer einschalten.

Wir gehen davon aus, daß Sie den Vorwurf einer wettbewerbswidrigen Werbung nicht mehr aufrechterhalten. Sollten Sie anderer Meinung sein, erwarten wir eine Rückäußerung Ihrerseits bis zum ______________________ an die obige Anschrift.

Mit freundlichen Grüßen

____

Unterlassungserklärung ohne Anerkenntnis einer Rechtspflicht

Muster: 4.1.5

Ihr Zeichen: ____________

Unterlassungserklärung

Wir verpflichten uns, ohne Anerkennung einer Rechtspflicht, gegenüber

____

(hier Abmahner eintragen)

1. es ab sofort zu unterlassen, im geschäftlichen Verkehr und zu Zwecken des Wettbewerbs, insbesondere in Zeitungsinseraten

____

(hier Wettbewerbsverstoß einfügen)

2. für den Fall einer zukünftig eintretenden Verletzung des Unterlassungsversprechens eine Vertragsstrafe bis zur Höhe von 6000,— DM an den/die

______________________________ zu zahlen.

(Abmahner eintragen)

____

(rechtsverbindliche Unterschrift)

____

(Datum)

Unterlassungserklärung mit unbestimmter Vertragsstrafe

Muster: 4.1.6

Ihr Zeichen: ____________

Unterlassungserklärung

Wir verpflichten uns gegenüber

____

(hier Abmahner eintragen)

1. es ab sofort zu unterlassen, im geschäftlichen Verkehr und zu Zwecken des Wettbewerbs, insbesondere in Zeitungsinseraten

____

(hier Wettbewerbsverstoß einfügen)

2. für den Fall einer zukünftig eintretenden Verletzung des Unterlassungsversprechens — auch durch einen Erfüllungsgehilfen — eine nach billigem Ermessen vom Unterlassungsgläubiger festzusetzende, im Streitfall von der zuständigen Gerichtsbarkeit zu überprüfende, Vertragsstrafe an

____________________________________ zu zahlen.

(hier Abmahner eintragen)

____

(rechtsverbindliche Unterschrift)

____

(Datum)

Zurückweisung unberechtigter Abmahnung, hier § 7 PAngV, Gewerberäume

Muster: 4.1.7

Ihre Abmahnung vom ______________________

Nach Prüfung des Sachverhalts steht fest, daß die Werbung
nicht wettbewerbswidrig ist.

Die Werbung betrifft Gewerberäumne, dafür gilt aber ausdrücklich nicht die Preisangabeverordnung. Dies hätten Sie durch einen Blick in die einschlägige Kommentierung selber feststellen können (s. Baumbach Hefermehl UWG § 3 Anhang 2, Nebengesetze, Rdnr. 8), der § 7 Abs. 1 Ziff. 1 der PAngV ist eindeutig.

Wir erwarten deshalb bis zum ______________________ 16 Uhr, eine schriftliche Erklärung, daß Sie den Anspruch nicht aufrechterhalten. Anderenfalls müssen wir die Angelegenheit gerichtlich klären lassen.

Mit freundlichen Grüßen

____

Zurückweisung unberechtiger Abmahnung, hier Wohn-/Nutzfläche in einer Zahl

Muster: 4.1.8

Ihre Abmahnung vom ______________________

Nach Prüfung des Sachverhalts steht fest, daß die Werbung
nicht wettbewerbswidrig ist.

Die neue Rechtsprechung sieht in der Vermengung der Wohn- und Nutzfläche in einer Zahl keine wettbewerbswidrige Werbung. So Kammergericht Berlin vom 7. Juni 1990, AZ: 25 U 6455/89 (durch Nichtannahme der Revision vom BGH bestätigt, BGH vom 25. April 1991, AZ: I ZR 210/90), Kammergericht Berlin vom 11. Dezember 1989, AZ: 25 W 6624/89, LG Hamburg vom 21. Februar 1991, AZ: 312 O 520/90 und zahlreiche weitere Entscheidungen von Landgerichten aus den Jahren 1989, 1990 und 1991 und jetzt noch OLG München vom 27. November 1991, AZ: 6 W 2892/91 und OLG Frankfurt vom 19. März 1992, AZ: 6 W 168/90. Die von Ihnen zitierte Rechtsprechung ist überholt.

Wir erwarten deshalb bis zum ______________________, 16 Uhr, eine schriftliche Erklärung, daß Sie den Anspruch nicht aufrechterhalten. Anderenfalls müssen wir die Angelegenheit gerichtlich klären lassen.

Mit freundlichen Grüßen

____

Zurückweisung unberechtigter Abmahnung, hier Wohn- und Grundstücksflächen ohne Bezeichnung

Muster: 4.1.9

Ihre Abmahnung vom ____________________

Nach Prüfung des Sachverhalts steht fest, daß die Werbung **nicht wettbewerbswidrig ist.**

Die angegebenen Zahlen stellen die Grundstücksgröße und die Wohnfläche des beworbenen Objekts dar. Dies haben Sie — wie auch der unbefangene Leser — sofort erkannt, da es häufiger Brauch in der Immobilienwirtschaft ist, Zahlen zu inserieren, ohne die Bezeichnung anzufügen. Dies ist übrigens besonders häufig bei Miet- und Kaufpreisen der Fall, auch hier käme niemand auf die Idee, diese mit irgendwelchen Zahlen zu verwechseln.

Die von Ihnen angeführte Rechtsprechung zum Problem der Wohn- und Nutzflächenangaben in einer Zahl sind — wie Ihnen schon einmal mitgeteilt wurde — veraltet. Wir erinnern noch einmal an den BGH-Beschluß vom 25. April 1991, Az: I ZR 210/90 und die bestätigte Kammergerichtsrechtsprechung zu diesem Thema.

Wir erwarten deshalb bis zum __ 12 Uhr eine schriftliche Erklärung, daß Sie den Anspruch nicht aufrechterhalten. Anderenfalls müssen wir die Angelegenheit gerichtlich klären lassen.

Mit freundlichen Grüßen

____

Zurückweisung unberechtigter Abmahnung, hier Inklusivmiete

Muster: 4. 1. 10

Ihre Abmahnung vom ____________________

Nach Prüfung des Sachverhalts steht fest, daß die Werbung **nicht wettbewerbswidrig ist.**

Es wird hier der Vorwurf erhoben, folgender Anzeigentext stelle eine wettbewerbswidrige Werbung dar: Miete × DM. Die Angabe einer Inklusivmiete — und darum handelt es sich hier — ist in der wettbewerbsrechtlichen Rechtsprechung nicht entschieden. Der Gesetzgeber verlangt im Wohnungsvermittlungsgesetz den Hinweis, ob Nebenkosten zusätzlich zur Miete zu zahlen sind, wie Sie ja auch selber schreiben. Handelt es sich also um eine Miete, zu der noch Nebenkosten kommen, muß der Anzeigentext richtig heißen, Miete × DM + NK. Daß bei einer Inklusivmiete ein Hinweis erfolgen muß, wird im Gesetz nicht gefordert. Übrigens entspräche die Inklusivmiete ohne weiteren Hinweis auch der Preisangaben-Verordnung. Es liegt also kein Verstoß gegen das Wohnungsvermittlungsgesetz vor. Dies ist ja auch der falsche Vorwurf, den Sie erheben. Denn in der Anzeige ist weder von „Kaltmiete“ noch von „kalt“ oder „exklusiv“ oder von „ex/Kt.“ etwas zu finden.

Ein wettbewerbsrelevanter Verstoß könnte also nur vorliegen, wenn die Werbung geeignet wäre, einen Wettbewerbsvorteil für den Werbenden zu schaffen. Wie dies bei einer höher angegebenen Miete der Fall sein soll, ist nicht nachvollziehbar. Der Konkurrent wirbt ja mit der niedrigeren Grundmiete und braucht die Höhe der Nebenkosten — die hier mit eingerechnet und deshalb auf einen Blick auch durch den Verbraucher erkennbar — nicht angeben. Der mit einer Inklusivmiete Werbende hat also einen werblichen Nachteil, während der Verbraucher davon sogar einen Vorteil hat.

Ein zusätzlicher Hinweis wie inkl. Nebenkosten sieht weder das Wohnungsvermittlungsgesetz vor, noch wäre es unter wettbewerbsrechtlichen Gesichtspunkten sinnvoll oder wünschenswert. Man denke an die Probleme mit dem Zusatz inkl. Mehrwertsteuer.

Interessant ist auch, daß die gesamte — auch von Ihnen angeführte — Rechtsprechung zum Thema Kaltmiete, excl. Miete usw. ergangen ist. Das Problem der Inklusivmiete wird also offensichtlich nicht als wettbewerbswidrig angesehen.

Aus diesem Grund ist abschließend zu sagen, daß hier weder gegen das Wohnungsvermittlungsgesetz verstoßen wurde — weil keine zusätzlichen Nebenkosten anzugeben waren — noch damit gegen die §§ 1, 3 UWG.

Wenn Sie anderer Meinung sind, sehen wir der gerichtlichen Klärung dieses Problems, in Verbindung mit der ungeklärten Aktivlegitimation des Vereins, gelassen entgegen.

Wir erwarten deshalb bis zum ____________________ 12 Uhr eine schriftliche Erklärung, daß Sie den Anspruch nicht aufrechterhalten. Anderenfalls müssen wir die Angelegenheit gerichtlich klären lassen.

Mit freundlichen Grüßen

____

Berechtigte Abmahnung durch einen Anwalt ohne Vollmachtsvorlage für unbekannten Mitbewerber

Muster: 4.2.1

Ihre Abmahnung vom ____________________

Sehr geehrter Herr ____________________

wir bestätigen den Eingang Ihres Schreibens vom ____________________ und teilen Ihnen mit, daß wir uns erst nach Vorlage der Vollmacht, siehe OLG Nürnberg vom 4. Januar 1991, AZ: 3 W 3523 (MD 1991, 211 f), mit der Abmahnung beschäftigen werden.

Weiter teilen wir Ihnen mit, daß erst nach einem entsprechenden Nachweis der Mitbewerbereigenschaft Ihres Mandanten bereit sind, eine Unterlassungserklärung abzugeben. Wir müssen — Ihr Mandant ist uns unbekannt — auf diesen Nachweis bestehen, da in den letzten Jahren — nach Auskunft der IHK und der Wettbewerbszentrale — immer mehr Scheinmitbewerber das einträgliche Geschäft mit den Abmahnungen betreiben. Das diese Forderung berechtigt ist, hat so das OLG München am 1. Oktober 1984, AZ: 6 W 2530/84 und das Kammergericht Berlin am 19. Juni 1981, AZ: 6 C 33/85 entschieden. Weitere entsprechende Urteile aus Düsseldorf, Neuwied, Koblenz und Bensberg liegen vor.

Wir geben Ihnen Frist zum Nachweis der Bevollmächtigung und der Mitbewerbereigenschaft anhand der nachfolgenden Fragen bis zum ____________________: (10 Tage ab Briefdatum):

1. Von wann ist die Gewerbeerlaubnis? (Bitte Kopie beifügen)
2. Wann erfolgte die Gewerbeanmeldung? (Bitte Kopie beifügen)
3. Wie sieht die momentane Tätigkeit aus? (Bitte aktuelle Nachweise von Zeitungswerbung und die bestätigten Umsatzzahlen des letzten Jahres in Kopie beifügen, z. B. Umsatzsteueranmeldung o. ä.)
4. Kopie der letzten Pflichtprüfung nach MaBV

Wer lauteren Wettbewerb fordert, kann dies erbringen. Sollten Sie anderer Meinung sein, erwarten wir eine Rückäußerung Ihrerseits bis zum ____________________

Wir werden bis zur Klärung dieses Vorgangs nicht mehr in der gerügten Weise werben.

Mit freundlichen Grüßen

____

Berechtigte Abmahnung durch einen Anwalt ohne Vollmachtsvorlage für einen unbekannten Mitbewerber Muster: 4.2.2

Ihre Abmahnung vom ____________________

Sehr geehrter Herr ____________________

wir bestätigen den Eingang Ihres Schreibens vom ____________________ und teilen Ihnen mit, daß wir uns erst nach Vorlage der Vollmacht, siehe OLG Nürnberg vom 4. Januar 1991, AZ: 3 W 3523, mit Ihrer Abmahnung beschäftigen werden.

Eine Unterlassungserklärung werden wir erst nach einem entsprechenden Nachweis der Mitbewerbereigenschaft Ihres Mandanten abgeben. Dies hat so unter anderem das OLG München am 1. Oktober 1984, AZ: 6 W 2530/84 und das Kammergericht Berlin am 19. Juni 1981, AZ: 6 C 33/85 entschieden. Weitere entsprechende Urteile aus Düsseldorf, Neuwied, Koblenz und Bensberg liegen vor.

Wir geben Ihnen Frist zum Nachweis der Bevollmächtigung und der Mitbewerbereigenschaft anhand der nachfolgenden Fragen bis zum ____________________: (10 Tage ab Briefdatum):

1. Von wann ist die Gewerbeerlaubnis? (Bitte Kopie beifügen)
2. Wann erfolgte die Gewerbeanmeldung? (Bitte Kopie beifügen)
3. Wie sieht die momentane Tätigkeit aus? (Bitte aktuelle Nachweise von Zeitungswerbung und die bestätigten Umsatzzahlen des letzten Jahres in Kopie beifügen, z. B. Umsatzsteueranmeldung o. ä.)
4. Kopie der letzten Pflichtprüfung nach MaBV

Da Sie ansonsten in der Sache recht haben, sind wir durchaus bereit eine strafbewehrte Unterlassungserklärung abzugeben. Unmittelbar nach Eingang aller Nachweise der Mitbewerbereigenschaft und der Vollmacht erhalten Sie die geforderte Unterlassungserklärung.

Sollten Sie die angeforderten Unterlagen nicht bis zum o. g. Termin übersandt haben, gehen wir davon aus, daß Sie keine wettbewerbsrechtlichen Ansprüche mehr gegen uns geltend machen.

Ansonsten seien Sie versichert, daß wir in dieser Form nicht mehr werben werden.

Mit freundlichen Grüßen

____

Unberechtigte Abmahnung durch Verein, zweifelhafte Aktivlegitimation

Muster: 4.3.1

Ihre Abmahnung vom ____________________

Sehr geehrte Damen und Herren,

wir bestätigen den Eingang Ihres Schreibens vom ____________________, Posteingang ____________________. Auf Anraten der IHK und des VDM teilen wir Ihnen mit, daß wir erst nach einem Nachweis der Anspruchsberechtigung eine strafbewehrte Unterlassungserklärung abgeben werden, da die Aktivlegitimation des Vereins nicht eindeutig geklärt ist, wie eine Auskunft der IHK, des DIHT, des DSW und der Berufsverbände ergab.

Auch die Rechtsprechung ist ja nicht so einheitlich, wie Sie das in Ihrem Brief schreiben.

Wir geben Ihnen deshalb Gelegenheit, uns anhand des beiliegenden Fragenkatalogs Ihre Aktivlegitimation darzulegen. Sollten wir bis zum ____________________ keine entsprechenden Nachweise bzw. keine eindeutige Erklärung Ihrerseits vorliegen haben, daß Sie keine wettbewerbsrechtlichen Ansprüche stellen, werden wir uns die entsprechenden juristischen Schritte vorbehalten.

Ansonsten werden wir diese Werbung so nicht mehr schalten.

Mit freundlichen Grüßen

____

Anlage: Kopie Teil: 3.3 beifügen

Berechtigte Abmahnung durch Verein, zweifelhafte Aktivlegitimation Muster: 4.3.2

Ihre Abmahnung vom ____________________

Sehr geehrte Damen und Herren,

wir bestätigen den Eingang Ihres Schreibens vom ____________________ und teilen Ihnen mit, daß wir erst nach Nachweis der Anspruchsberechtigung und Prüfung der Abmahnung gegebenenfalls eine Unterlassungserklärung abgeben werden.

Da den vorliegenden Informationen nach die Klagebefugnis des Vereins nicht zweifelsfrei ist, so eine Auskunft der IHK und der Wettbewerbszentrale, ist aber ein entsprechender Nachweis erforderlich. Wir beziehen uns hier auf das Urteil des BGH vom 11. April 1991, Az: I ZR 82/89 und weiterer einschlägiger Rechtsprechung.

Wir geben Ihnen Frist zum Nachweis der Klagebefugnis anhand des beiliegenden Fragenkatalogs bis zum ____________________ (10 Tage ab Briefdatum). Da Sie ansonsten in der Sache recht haben, sind wir durchaus bereit, eine strafbewehrte Unterlassungserklärung abzugeben. Unmittelbar nach Eingang der erforderlichen Nachweise erhalten Sie eine strafbewehrte Unterlassungserklärung. Ansonsten werden wir in dieser Art nicht mehr werben.

Mit freundlichen Grüßen

____

Anlage Checkliste: Kopie Teil: 3.3 beifügen

Zurückweisung einer Abmahnung eines Vereins wegen nicht satzungsgemäßer Unterschrift und fehlender Vollmacht gemäß §§ 26, 174 BGB

Muster: 4.3.3

Ihre Abmahnung ______________________ Az.: ____________

Sehr geehrte Damen und Herren,

Ihre Abmahnung, gezeichnet mit dem Namen ______________________, ohne jeden weiteren Hinweis auf seine Funktion, wird als rechtsunwirksam gem. § 174 BGB zurückgewiesen. Nach ständiger Rechtsprechung unterliegen Abmahnungen, denen eine vorformulierte Unterlassungserklärung beigefügt ist, den Bestimmungen des § 174 BGB. Um Ihre Abmahnung rechtswirksam zu machen, bedarf es einer Vollmacht des hier Bevollmächtigten gemäß § 26 BGB.

Ferner wollen Sie uns den Nachweis der Aktivlegitimation und der Klagebefugnis bis zum ______________________ zusenden. Dies ist erforderlich, weil erhebliche Zweifel an Ihrer Aktivlegitimation bestehen, Auskunft IHK, VDM und „Der Wettbewerbsberater". Wer lauteren Wettbewerb fordert, kann diese Forderung erfüllen.

Daß erst nach Zugang einer rechtswirksamen Abmahnung eine zumutbare neue Frist in Gang gesetzt wird, versteht sich von selbst.

Sollten wir bis zu diesem Termin keine Antwort von Ihnen haben, werden wir unsererseits eine negative Feststellungsklage erheben bzw. ein Einigungsstellenverfahren nach § 27a UWG einleiten.

Mit freundlichen Grüßen

____

Anlage: Kopie Teil 3.3 beifügen

Antrag an Einigungsstelle, Abmahner ist Mitbewerber mit starkem Mißbrauchsverdacht, Wettbewerbsverstoß liegt vor

Muster: 4.4.1

Einigungsstelle zur Beilegung von Wettbewerbsstreitigkeiten in der gewerblichen Wirtschaft bei der IHK

Ort, Datum ______________________

Antrag der Fa. ______________________ Immobilien usw. — Antragsteller —

gegen (Abmahner mit Anschrift): ______________________

Verfahrensbevollmächtigter (Anschrift RA): RA ______________________

dortiges Aktenzeichen: ____________

wegen Unterlassungsanspruch aus §§ 1 + 3 UWG

Ich beantrage Herrn/Frau/Firma (Abmahner) ______________________

persönlich vor die Einigungsstelle zu laden und einen Termin zur mündlichen Verhandlung zu bestimmen.

Zur Vermeidung einer gerichtlichen Auseinandersetzung wird eine Erörterung des angeblichen Wettbewerbsverstoßes mit dem Ziel einer gütlichen Einigung angestrebt. In der Einigungsverhandlung werde ich beantragen festzustellen, daß Herr/Frau/Firma (ABMAHNER)

1. anhand der angeforderten Nachweise die Mitbewerbereigenschaft zu beweisen hat.
2. eine Bevollmächtigung des Anwalts vorliegen muß.
3. zu erörtern, ob überhaupt ein einschlägiger Wettbewerbsverstoß vorliegt. Nur dann soll die von mir abgegebene strafbewehrte Unterlassungserklärung ohne jeden Vorbehalt gelten.

Begründung:
Herr/Frau ______________________ hat aus unerklärlichen Gründen keine Auskunft zur Mitbewerbereigenschaft gegeben. Auch eine gültige Vollmacht ist nicht vorgelegt worden. Eine gültige Vollmacht wird aber zum Beispiel vom OLG Nürnberg für erforderlich gehalten (OLG Nürnberg 4. Januar 199,1 AZ: 3 W 3523, Magazin Dienst 1991, 211 f). Offensichtlich wird hier — wie aus anderen Fällen bekannt ist — abgemahnt, ohne entsprechende Beauftragung durch den angeblichen Mandanten.

Die ganze Art der Abmahnerei erinnert stark an das Verhalten des Serienabmahners Schmid aus München mit seinem Anwalt G. Steiner, die ja endlich vom OLG München mit Urteil vom 30. Januar 1992 endgültig als **rechtsmißbräuchlich handelnde Serienabmahner** hingestellt worden sind.

Wir bitten die Einigungsstelle, die beantragten Feststellungen zu treffen und eine gütliche Einigung zwischen uns und dem Antragsgegner zu vermitteln. Um das Verfahren vor der Einigungsstelle zu ermöglichen, haben wir am ____________ eine strafbewehrte Unterlassungserklärung abgegeben, die — falls die entsprechenden Feststellungen getroffen sind — auch ohne Vorbehalt gelten soll.

Mit freundlichen Grüßen

____

Anlagen: Abmahnung, Schriftverkehr, Auskünfte

Antrag an Einigungsstelle, wenn Verein sich geweigert hat, Nachweis der Klagebefugnis zu erbringen

---

Einigungsstelle zur Beilegung von Wettbewerbsstreitigkeiten in der gewerblichen Wirtschaft bei der IHK

Ort, Datum ______________________

Antrag der Fa. ______________________ Immobilien usw. — Antragsteller —

gegen den Verein (Vereinsname) ______________________

gesetzlich vertreten durch den Vorsitzenden ______________________

dortiges Aktenzeichen: ______________

wegen Unterlassungsanspruch aus §§ ______________

Ich beantrage den Verein (Vereinsname) ______________________

vertreten durch den Vorsitzenden ______________________

persönlich vor die Einigungsstelle zu laden und einen Termin zur mündlichen Verhandlung zu bestimmen.

Zur Vermeidung einer gerichtlichen Auseinandersetzung wird eine Erörterung des verweigerten Nachweises der Aktivlegitimation mit dem Ziel einer gütlichen Einigung angestrebt. In der Einigungsverhandlung werde ich beantragen festzustellen, daß der Verein anhand des beiliegenden Fragenkatalogs den Nachweis der Klagebefugnis zu erbringen hat. Erst dann soll die von mir abgegebene strafbewährte Unterlassungserklärung ohne jeden Vorbehalt gelten.

Begründung:
Der Verein hat aus unerklärlichen Gründen jegliche Auskunft zu seiner Klagebefugnis mir gegenüber abgelehnt. Es ist nur ein Hinweis auf ein Urteil erfolgt. Neuere Erkenntnisse ergeben starke Zweifel an der Aktivlegitimation, so daß das Verhalten des Vereins, keinen Nachweis der Klagebefugnis zu geben, nahelegt, daß hier ein entsprechender Nachweis — wie in der BGH-Rechtsprechung gefordert — nicht erbracht werden kann.

Die Klagebefugnis des Vereins ist nach Auskunft unseres Berufsverbandes mehr als zweifelhaft. Das Verhalten bei Fragen zur Klagebefugnis deutet auf Mißbrauch hin. So sind die personellen und sachlichen Mittel des Vereins nicht ausreichend, den Satzungszweck ordnungsgemäß durchzuführen. Der BGH und weitere OLG's haben aber verlangt, daß die personelle und sachliche Ausstattung des Vereins entsprechend sein muß. Auch soll eine örtliche Betroffenheit der Mitglieder vorliegen. Auch dies ist mehr als zweifelhaft. Die Finanzstruktur des Vereins ist auf Einnahmeerzielung aus Abmahngebühren ausgerichtet.

Wir bitten die Einigungsstelle, die beantragten Feststellungen zu treffen und im übrigen eine gütliche Einigung zwischen uns und der Antragsgegnerin zu vermitteln. Um das Verfahren vor der Einigungsstelle zu ermöglichen, haben wir am ______________________ eine strafbewährte Unterlassungserklärung abgegeben, die — wenn die erforderlichen Feststellungen zur Aktivlegitimation getroffen sind — ohne Vorbehalt gelten soll.

Mit freundlichen Grüßen

____

Anlagen: Abmahnung, Schriftverkehr, Auskünfte + Teil 3.3

Benachrichtigung an Abmahner über die Beantragung eines Einigungsverfahrens nach § 27a UWG

Muster: 4.4.3

Ihre Abmahnung vom ____________________

Sehr geehrte Damen und Herren,

auf Rat unseres Berufsverbandes und der IHK habe ich ein Einigungsverfahren nach § 27a UWG beantragt. Eine Kopie des Antrages liegt diesem Schreiben bei. Die beiliegende Unterlassungserklärung soll bis zum Abschluß des Einigungsverfahrens volle Gültigkeit haben, wie dies ja auch in der Unterlassungserklärung zum Ausdruck gekommen ist.

Unverständlich ist uns Ihre Weigerung, den bei starken Zweifeln erforderlichen Nachweis der Mitbewerbereigenschaft zu erbringen. Alle uns vorliegenden Informationen deuten auf Mißbrauch hin.

Da Sie aber offensichtlich nicht bereit sind, offen und ehrlich den berechtigten Anspruch meinerseits, nach Darlegung der Klagebefugnis, zu erfüllen, kann ich nur vermuten, daß die Informationen, die mir die zuständige IHK, die Wettbewerbszentrale und unser Berufsverband gegeben haben, zutreffen. Ich werde diesen Vorgang der für Sie zuständigen IHK zur Information zusenden.

Mit freundlichen Grüßen

____

Anlage: Unterlassungserklärung + Kopie Antrag an IHK

Unterlassungserklärung nach Muster 4.1.5 oder 4.1.6
Antrag an IHK nach Muster 4.4.1 (Mitbewerber) oder 4.4.2 (Verein)

Wettbewerbsregeln

für
Immobilien-, Hypotheken- und Finanzmakler des Bundeskartellamtes vom 18. April 1978

Verband Deutscher Makler für Grundbesitz und Finanzierungen e.V.

§ 1
Im Geschäftsverkehr hat der Makler die Regeln des lauteren Wettbewerbs zu beachten und alles zu unterlassen, was den guten Sitten widerspricht. Die Regeln dieses lauteren Wettbewerbs werden bestimmt durch die aus der Verkehrsanschauung und der redlichen Berufsauffassung sich bildenden Maßstäbe und dienen dem Zweck, einen leistungsgerechten Wettbewerb sicherzustellen.

§ 2 Verbote unlauteren Wettbewerbs im personalen Bereich
Die Werbung mit unrichtigen, unvollständigen oder sonst irreführenden Angaben über die eigenen persönlichen und geschäftlichen Verhältnisse, insbesondere über einflußreiche Beziehungen und die eigene Leistungsfähigkeit, ist zu unterlassen.
Makler, für die keine Firma im Handelsregister eingetragen ist, müssen sich im schriftlichen Geschäftsverkehr und bei der Werbung mit Familiennamen und mindestens einem ausgeschriebenen Vornamen kenntlich machen.
Kennzifferanzeigen jeglicher Art sind unzulässig. Makler dürfen auch keine derartigen Anzeigen für Rechnung oder im Auftrag eines Dritten aufgeben, sich keines Dritten bei der Aufgabe der Anzeige bedienen und ihre Kunden nicht veranlassen, derartige Anzeigen aufzugeben mit der Aufforderung, ihnen die eingehenden Angebote zur Bearbeitung zu übermitteln.
Weiterhin ist es unzulässig, den Antworten auf Inserate, Anfragen und Angebote persönlich oder durch Dritte den Anschein privaten Charakters zu geben und die Maklereigenschaft zu verschweigen. Titel oder frühere Amts- oder Berufsbezeichnungen sind im geschäftlichen Verkehr nicht zu führen, wenn hierdurch der Eindruck einer nicht sachlich begründeten besonderen Leistungsfähigkeit erweckt wird. Akademische Grade sind hiervon nicht betroffen; nur dürfen auch sie bei Firmenfortführung nicht verwendet werden, wenn nicht ein Nachfolgesatz hinzugefügt wird.
Hinweise auf persönliche oder geschäftliche Verhältnisse von Mitbewerbern sind unzulässig, es sei denn, daß die Hinweise nicht dem Zweck dienen, den Mitbewerber allgemein oder für ein bestimmtes Geschäft auszuschalten.
Insbesondere ist es unzulässig, auf einen Interessenten durch Äußerungen über Mitbewerber oder durch unwahre Hinweise auf Schwierigkeiten bei der Maklertätigkeit durch Mitbewerber einzuwirken. Ist einem Makler ein Alleinauftrag erteilt, so ist jede Einwirkung auf den Auftraggeber durch einen anderen Makler mit dem Zwecke der Auftragsentziehung unzulässig.

§ 3 Verbote unlauteren Wettbewerbs im sachlichen Bereich
Unwahre oder mißverständliche Angaben über den Umfang des eigenen oder fremden Maklerbetriebes sowie über die Art und Bedeutung der zu vermittelnden Geschäfte sind verboten. Dies gilt insbesondere für Preisangaben, für Angaben über die Rendite eines Objektes, hinsichtlich Darlehens- und Miet- und Pachtbedingungen und dergleichen.
Sachlich nicht begründete oder nicht beweisbare Superlative sind zu vermeiden.

§ 4 Verbote unlauteren Wettbewerbs im funktionalen Bereich
Mit Hinweisen wie „kostenlose Vermittlung als Verkaufsorgan“ oder „keine Maklerprovision“ darf nicht geworben werden, wenn der Makler tatsächlich von irgendeiner Seite eine Vergütung für die Vermittlung eines Geschäfts — gleichgültig in welcher Form — erhält.
Unzulässig ist auch besonderer Hinweis auf eine (angeblich) kostenlose Erledigung einer Beratung oder eines anderen Teils der Maklertätigkeit, wenn die Vergütung in der Gesamtprovision enthalten ist.
Die Durchführung eines Auftrages darf nicht von Geschäften oder Dienstleistungen abhängig gemacht werden, die nicht in den üblichen Tätigkeitsbereich von Immobilien-, Hypotheken- oder Finanzierungsmaklern fallen.

§ 5 Gebote lauteren Wettbewerbs
Die im Wettbewerb über eigene Leistungskraft und vermittelte Objekte gemachten Angaben müssen wahr, klar und jederzeit beweisbar sein. Um dem Gebot klarer Werbung zu genügen, muß in jeder Werbung mindestens der Name angegeben sowie die Maklereigenschaft eindeutig gekennzeichnet werden.
Bezeichnungen und deren Abkürzungen wie — gewerblich — durch — beauftragt — Beauftragte — Alleinauftrag — Grundstücksabteilung — Regelung vom — Vertretung von — und dergleichen, ohne zusätzliche Berufskennzeichnung sind nicht ausreichend.
Jeder Makler ist befugt, in einer die Mitbewerber nicht herabsetzenden Form auf die zutreffenden Vorzüge seiner Geschäftsmethoden wie Schnelligkeit, umfangreiche Ermittlung von Objekten oder Interessenten, ständigen eigenen Einsatz trotz der Beschäftigung von Mitarbeitern, alleinige persönliche Durchführung von wichtigen Arbeiten sowie von allen Verhandlungen und Abschlüssen, hinzuweisen.

Anhang 29

Bürgerliches Gesetzbuch (BGB)

§ 652 (Entstehung des Lohnanspruchs)

(1) 1 Wer für den Nachweis der Gelegenheit zum Abschluß eines Vertrages oder für die Vermittlung eines Vertrages einen Mäklerlohn verspricht, ist zur Entrichtung des Lohnes nur verpflichtet, wenn der Vertrag infolge des Nachweises oder infolge der Vermittlung des Mäklers zustande kommt.

2 Wird der Vertrag unter einer aufschiebenden Bedingung geschlossen, so kann der Mäklerlohn erst verlangt werden, wenn die Bedingung eintritt.

(2) 1 Aufwendungen sind dem Mäkler nur zu ersetzen, wenn es vereinbart ist.

2 Dies gilt auch dann, wenn ein Vertrag nicht zustande kommt.

§ 653 (Mäklerlohn)

(1) Ein Mäklerlohn gilt als stillschweigend vereinbart, wenn die dem Mäkler übertragene Leistung den Umständen nach nur gegen eine Vergütung zu erwarten ist.

(2) Ist die Höhe der Vergütung nicht bestimmt, so ist bei Bestehen einer Taxe der taxmäßige Lohn, in Ermangelung einer Taxe der übliche Lohn als vereinbart anzusehen.

§ 654 (Verwirkung des Lohnanspruchs)

Der Anspruch auf den Mäklerlohn und den Ersatz von Aufwendungen ist ausgeschlossen, wenn der Mäkler dem Inhalte des Vertrages zuwider auch für den anderen Teil tätig gewesen ist.

Anhang 30

Geschäftsgebräuche für Gemeinschaftsgeschäfte unter Maklern

(in der Fassung vom 17. Oktober 1981)
herausgegeben vom Verband Deutscher Makler für Grundbesitz und Finanzierungen e. V. (VDM)
Bei Gemeinschaftsgeschäften zwischen Maklern der Grundstücks- und Wohnungswirtschaft sind folgende Geschäftsgebräuche üblich:

§ 1 Gemeinschaftsgeschäft

(I) Ein Gemeinschaftsgeschäft kommt zustande, wenn ein Makler — im folgenden erster Makler genannt — einem oder mehreren Maklern — im folgenden zweiter Makler genannt — ein ordnungsgemäßes Angebot macht mit der Aufforderung, Interessenten zum Zwecke der Herbeiführung von Vertragsabschlüssen beizubringen, und dieses Angebot angenommen oder verwertet wird.

(II) Auch solange ein solches Angebot zum Abschluß eines Gemeinschaftsgeschäftes noch nicht angenommen ist, besteht für den Empfänger kollegiale Treuepflicht.

(III) Ein Gemeinschaftsgeschäft endet mit dem angestrebten Vertragsabschluß oder, wenn kein solcher zustande kommt, mit der Beendigung des Auftrages des ersten Maklers — spätestens mit Ablauf der Schutzfrist nach § 12.

(IV) Sind mehrere Makler gemeinsam oder unabhängig voneinander von einem Auftraggeber beauftragt, so handelt es sich nicht um ein Gemeinschaftsgeschäft im Sinne von (I), es sei denn, daß die beteiligten Makler dies vereinbaren.

§ 2 Voraussetzungen für ein Gemeinschaftsgeschäft

(I) Voraussetzung für jedes Gemeinschaftsgeschäft ist das Vorliegen eines Maklerauftrages bei dem ersten Makler, der den Abschluß des Gemeinschaftsgeschäfts anbietet.

(II) Kennt der zweite Makler die angebotene Geschäftsmöglichkeit und teilt er dies dem ersten Makler unverzüglich mit und weist diese Vorkenntnis auf Verlangen nach, fehlt es an der Voraussetzung für ein Gemeinschaftsgeschäft.

§ 3 Ordnungsgemäßes Angebot

(I) Als ordnungsgemäßes Angebot im Sine von § 1 ist nur die unmittelbare Mitteilung über den Inhalt einer Geschäftsmöglichkeit mit allen wesentlichen Einzelheiten anzusehen, die Gegenstand des erteilten Auftrages ist.

(II) Ordnungsgemäße Angebote liegen insbesondere nicht vor

a) bei Übersendung von Angeboten in Listenform oder ähnlicher allgemeiner Art, es sei denn, daß derartige Angebote satzungsgemäß über Grundstücksbörsen oder Mitgliedsverbände des VDM erfolgen.

b) bei Benennung allgemein bekannter Interessenten und von Geld- oder Kreditinstituten, wenn sich dies nicht auf ein bestimmtes Geschäft bezieht.

c) wenn sich die Tätigkeit des Maklers lediglich auf die Benennung eines anderen Maklers beschränkt.

§ 4 Abschluß mit eigenem Kunden

Auch bei Zustandekommen eines Gemeinschaftsgeschäftes ist keiner der beteiligten Makler daran gehindert, das dem anderen angebotene Geschäft mit selbst gefundenen Kunden zu tätigen, ohne daß der andere Makler Ansprüche hieraus herleiten kann.

§ 5 Bearbeitung eines Gemeinschaftsgeschäfts

(I) Die beteiligten Makler dürfen die Angebotsbedingungen nicht eigenmächtig ändern, ergänzen oder an andere Makler weitergeben.
Der zweite Makler darf die angebotene Geschäftsmöglichkeit auch nicht ohne Zustimmung inserieren oder in allgemeiner Art streuen.

(II) Verhandlungen jeder Art mit dem Auftraggeber des anderen Maklers sind nur mit Zustimmung des Maklers dieses Auftraggebers gestattet. Objektbesichtigungen dürfen nur mit Zustimmung desjenigen Maklers durchgeführt werden, dessen Auftraggeber das Objekt anbietet.

§ 6 Unterrichtungspflicht

(I) Die Annahme oder Verwertung des Angebots ist dem ersten Makler unverzüglich mitzuteilen.

(II) Die an einem Gemeinschaftsgeschäft beteiligten Makler haben sich gegenseitig die für die Bearbeitung erforderlichen Auskünfte vollständig und richtig zu erteilen und die notwendigen Unterlagen zur Verfügung zu stellen. Dazu gehören insbesondere:
- vom Auftraggeber auferlegte oder von einem der beteiligten Makler gewünschte Auftragsbeschränkungen
- die Höhe der von dem Auftraggeber vereinbarten Provision
- Verhandlungs- und Besichtigungsergebnisse
- Hinweis bei Handeln des Auftraggebers in fremdem Namen
- Veränderung der Angebotsbedingungen.

(III) Die Erledigung des zu bearbeitenden Geschäftes sowie die Beendigung des Maklerauftrages haben sich die Beteiligten unverzüglich mitzuteilen.

(IV) Kommt das Geschäft ohne den zweiten Makler zustande, so hat der erste Makler ihm auf Verlangen im Rahmen seiner Möglichkeiten den Vertragspartner seines Auftraggebers zu nennen.

§ 7 Priorität des Angebotes

(I) Wird ein Geschäft von mehreren Maklern angeboten, so ist das Geschäft grundsätzlich mit dem Makler zu bearbeiten, der als erster ein ordnungsgemäßes Angebot gemacht hat.

Geht das gleiche Angebot von verschiedenen Maklern am gleichen Tage ein, so kann der Empfänger sich frei entscheiden, welches er annehmen will. Die anderen Makler sind hiervon unverzüglich zu verständigen.

(II) Bietet ein anderer Makler dieses Geschäft berechtigterweise zu günstigeren Objektbedingungen an, so hat der zweite Makler dieses dem ersten Makler mitzuteilen mit der Aufforderung, ihm ein gleich günstiges Angebot zu unterbreiten; dem ersten Makler ist hierzu eine angemessene Frist zu setzen.

Kommt er dieser Aufforderung nicht unverzüglich nach, so ist der zweite Makler berechtigt, das Geschäft mit dem anderen Makler zu tätigen, ohne daß der erste Makler eine Beteiligung an der Provision beanspruchen kann.

§ 8 Haftung für den Provisionsanspruch

Jeder Makler haftet dem anderen Makler für das Bestehen des behaupteten Provisionsanspruches gegenüber seinem Auftraggeber.

§ 9 Provisionsaufteilung

(II) Jedem Makler steht die Provision seines Auftraggebers zu, es sei denn, daß etwas anderes vereinbart ist.

(II) Fällt ortsüblich eine Maklerprovision nur von einer Seite oder von beiden Seiten in unterschiedlicher Höhe an, so ist die Gesamtprovision hälftig zu teilen. Dem anderen Makler nicht angezeigte und mit ihm nicht vereinbarte Unterschreitungen der ortsüblichen Provision hat der abweichende Makler sich allein anrechnen zu lassen. Für die Feststellung der ortsüblichen Provision ist die Belegenheit des Objektes maßgebend.

(III) Die bei jedem Beteiligten anfallenden Kosten, Aufwendungen, Unterprovisionen sowie sonstige von ihm zu vertretende Provisionsschmälerungen gehen zu seinen Lasten.

§10 Geltendmachung der Provision

(I) Ist die Einziehung der Maklerprovision nur mit anwaltlicher Hilfe oder nur auf dem Rechtswege möglich, so haben sich die beteiligten Makler gegenseitig zu unterstützen, insbesondere die erforderlichen Unterlagen und sonstigen Beweismittel zur Verfügung zu stellen.

Ist ein Makler an der Provision des anderen Maklers mitbeteiligt, so sind die Kosten der Einziehung nach Satz 1 im Verhältnis der Beteiligung vorzuschießen und ggf. zu teilen. Lehnt der forderungsberechtigte Makler die Inanspruchnahme anwaltlicher Hilfe oder die Beschreitung des Rechtsweges ab, ist er verpflichtet, die gesamte Provisionsforderung unter gleichzeitigem Verzicht auf seine Beteiligung an den anderen Makler auf dessen Verlangen hin abzutreten sowie die Unterlagen und das Beweismaterial zu übergeben. Mit der Abtretung wird der abtretende Makler von allen Verpflichtungen aus der Provisionsbeteiligung gegenüber dem anderen Makler frei.

§ 11 Verstöße gegen die Geschäftsgebräuche

(I) Wesentliche, den Geschäftszweck gefährdende Verstöße gegen die vorstehenden Regelungen berechtigen zur fristlosen Auflösung des Gemeinschaftsgeschäftes. Der Objekt- und Kundenschutz bleibt hiervon unberührt.

(II) Verletzt einer der beteiligten Makler eine der sich aus diesen Geschäftsgebräuchen ergebenden Verpflichtungen, so ist er dem anderen für den hieraus entstandenen Schaden ersatzpflichtig.

§ 12 Kundenschutz und Objektschutz

(I) Beim Zustandekommen eines Gemeinschaftsgeschäftes ist eine Provisionsteilung (§ 9) unter den beteiligten Maklern auch dann vorzunehmen, wenn innerhalb der Schutzfrist

- ein anderes, sich auf das gleiche Objekt beziehendes berufseinschlägiges Geschäft abgeschlossen wird: Objektschutz für alle Sparten.
- ein wirtschaftlich gleichartiges Geschäft mit einem genannten Interessenten zustande kommt: Kundenschutz in der gleichen Sparte.

Sparten in diesem Sinne sind beispielsweise: An- und Verkaufsvermittlung, Mietvertragsvermittlung, Finanzierungsvermittlung.

(II) Auch wenn, bzw. so lange das Angebot eines Gemeinschaftsgeschäftes nicht angenommen wird und der zweite Makler die genannte Geschäftsgelegenheit nicht nachweisbar bereits kannte, darf dieser innerhalb der Schutzfrist nicht von sich aus an den Auftraggeber des oder der anderen Makler zum Zwecke der Erlangung eines eigenen Maklerauftrages herantreten.

(III) Die Schutzfrist beträgt jeweils ein Jahr, gerechnet von der Abgabe des ordnungsgemäßen Angebotes (Objektschutz) bzw. der namentlichen Benennung des Interessenten (Kundenschutz).

Ist einem Makler ein Alleinauftrag erteilt, der über diese Schutzfrist hinausläuft, so gilt der Schutz bis zur Beendigung des Alleinauftrages, sofern der erste Makler dem zweiten Makler die längere Dauer seines Auftrages mitgeteilt und auf Verlangen nachgewiesen hat. Die Schutzfrist verkürzt sich in den Fällen auf sechs Monate, in denen der Auftraggeber des geschützten Maklers von sich aus und ohne Zutun des anderen Maklers an diesen zwecks Erteilung eines eigenen Maklerauftrages herantritt. Davon hat der andere Makler den geschützten Makler unverzüglich zu unterrichten und auf Verlangen die Erteilung eines eigenen Maklerauftrages nachzuweisen.

(IV) Werden für das beabsichtigte Geschäft mehrere Interessenten benannt, so erstreckt sich der Schutz nur auf diejenigen, die mit dem ersten Makler oder dessen Auftraggeber verhandelt haben.

§ 13 Auslegung

Die Auslegung der vorstehenden Regelungen erfolgt nach den Grundsätzen der Kollegialität und unter Berücksichtigung der Gepflogenheiten eines ordentlichen Kaufmanns sowie der berufseinschlägigen Usancen.

§ 14 Von den GfG abweichende Vereinbarungen

Von den GfG abweichende Vereinbarungen bedürfen der Schriftform.

§ 15 Verpflichtung bei Meinungsverschiedenheiten

(I) Bei Meinungsverschiedenheiten sind die Makler verpflichtet, eine gütliche Einigung anzustreben, und zwar unter Anrufung der Bundesgeschäftsstelle, die zur Schlichtung ein Bundesvorstandsmitglied benennt.

(II) Eine Klage darf erst erhoben werden, wenn feststeht, daß ein solcher Versuch gescheitert ist.

Er gilt als gescheitert, wenn

a) er nicht binnen 6 Monaten nach Anrufung zu einer Einigung geführt hat
b) eine Partei zu einem anberaumten Einigungstermin unentschuldigt nicht erscheint. In diesem Falle hat sie die Kosten des Verfahrens zu tragen.

Anhang 31

Verwaltervertrag und -vollmacht für Wohnungseigentum

Unverbindliches Muster eines Verwaltervertrages für Wohnungseigentum

Vertrag über die Verwaltung des Gemeinschaftseigentums einer Wohnungseigentumsanlage

Zwischen der Eigentümergemeinschaft des Objekts:

____

mit __________ /tausendstel Miteigentumsanteilen, gem. Teilungserklärung des Notars __________

vom __________, Urk.-Rolle ________ — folgend Eigentümergemeinschaft genannt
und
der Firma

____

vertreten durch Herrn/Frau ______________________________

— folgend Verwalter genannt, wird folgender Vertrag geschlossen:

§ 1 Bestellungsbeschluß

Die Eigentümergemeinschaft hat in der Eigentümerversammlung vom __________ den Verwalter bestellt.

§ 2 Vertragsdauer

Entsprechend der Bestellung auf der Eigentümerversammlung,
beginnt die Verwaltertätigkeit am: __________

und endet am: __________
Das Verwaltungsverhältnis kann von jeder Partei vorzeitig und ohne Einhaltung der Frist gekündigt werden, wenn ein wichtiger Grund dafür vorliegt, z. B. grober Verstoß gegen den Verwaltervertrag, vertragliche oder gesetzliche Pflichten. Ohne wichtigen Grund darf der Verwalter nicht zur Unzeit kündigen.

§ 3 Aufgaben des Verwalters

Die Aufgaben des Verwalters ergeben sich im wesentlichen aus den §§ 27 u. 28 WEG. Er nimmt im Namen und für Rechnung der Eigentümergemeinschaft und gegen sie gegenüber Dritten, Privatpersonen, Behörden sowie einzelnen Wohnungseigentümern der Gemeinschaft alle Rechtsgeschäfte und Rechtshandlungen vor, die für eine ordentliche Verwaltung erforderlich sind. Die Befreiung von den Beschränkungen des § 181 BGB bedarf der Zustimmung der Eigentümerversammlung.
Außerdem hat der Verwalter für die Durchführung der Gemeinschaftsordnung/Miteigentumsordnung zu sorgen und die Beschlüsse der Eigentümerversammlungen auszuführen.
Insbesondere hat er neben seinen gesetzlichen Verpflichtungen folgende Aufgaben:
1. Der Verwalter hat Willenserklärungen für die Gemeinschaft abzugeben und entgegenzunehmen, soweit sie die Eigentümergemeinschaft, einzelne Eigentümer oder mehrer Eigentümer betreffen. Dies bezieht sich lediglich auf Willenserklärungen im Rahmen des § 27 WEG.
2. Verträge abzuschließen, die der Verwaltung des Grundstückes dienen, z. B. Einkauf von Energie-

materialien, Vergabe von Handwerker- und Reparaturaufträgen vorzunehmen und kann für bestehende Verträge Kündigungen aussprechen.
Verträge über die Vermietung von Grundstücks- und Gebäudeteilen sind nur über einen entsprechenden Beschluß der Eigentümergemeinschaft zulässig.
3. Der Verwalter hat Zahlungen zu bewirken und entgegenzunehmen, soweit diese mit der üblichen Verwaltertätigkeit des Gemeinschaftseigentums zusammenhängen. Die einzelnen Hausgeldleistungen der Wohnungseigentümer müssen pünktlich auf dem Gemeinschaftskonto eingehen, da sonst der Verwalter die Aufgabe hat, den zahlungssäumigen Eigentümer abzumahnen und ggf. nach Verstreichen der Mahnfrist auf Kosten der Gemeinschaft durch einen Rechtsanwalt eintreiben zu lassen.
4. Rechtsstreitigkeiten hat der Verwalter für die Eigentümergemeinschaft gerichtlich und außergerichtlich durchzuführen, um Ansprüche durchzusetzen oder abzuwehren. Dabei kann er auch im eigenen Namen für Rechnung der Gemeinschaft handeln.

§ 4 Weitere Aufgaben des Verwalters

Die Rechte und Pflichten des Verwalters ergeben sich im wesentlichen aus dem Wohnungseigentumsgesetz.
1. Beschlüsse der Eigentümergemeinschaft sind vom Verwalter durchzuführen.
2. Der Verwalter ist verpflichtet, Gelder der Eigentümergemeinschaft von seinem Vermögen und dem Vermögen Dritter gesondert zu halten und den Bestand der Eigentumsanlage durch entsprechende Instandhaltungsmaßnahmen sicherzustellen. Auf Beschluß der Eigentümergemeinschaft kann die Verfügung über ein extra einzurichtendes Konto für die Instandhaltungsrücklage gemeinschaftlich vom Verwalter mit dem jeweiligen Vorsitzenden des Verwaltungsbeirates festgelegt werden.
3. Der Verwalter ist nicht verpflichtet, den Kapitaldienst für etwaige Finanzierungen des einzelnen Eigentümers durchzuführen und die Grundsteuer für die einzelne Wohnung aus dem Gemeinschaftskonto zu entrichten.
4. Sofern es nötig wird, daß der Verwalter Gerichtsverfahren für die Gemeinschaft führt, z. B. gem. § 43 WEG, so ist er berechtigt, die Wahrnehmung der Interessen einem Anwalt zu übertragen. Die beim Verwalter entstehenden Kosten und Auslagen sind ihm zu erstatten, sofern darüber die Eigentümerversammlung beschlossen hat.
5. Der Verwalter hat für jedes Kalender- oder Wirtschaftsjahr eine Jahresabrechnung und einen Wirtschaftsplan zu erstellen, der mit dem Verwaltungsbeirat abzustimmen ist, bevor die Eigentümergemeinschaft darüber beschließt, unbeschadet § 28 Abs. 4 WEG, wonach die Wohnungseigentümer durch Mehrheitsbeschluß jederzeit Rechnungslegung verlangen können.
6. Der Verwalter hat einmal jährlich eine Eigentümerversammlung einzuberufen. Sofern er es für nötig hält oder mehr als ein Viertel der Eigentümer oder der gesamte Verwaltungsbeirat eine außerordentliche Eigentümerversammlung wünschen, so hat der Verwalter diese ebenfalls durchzuführen. Über eine Kostenerstattung hierfür beschließt die Eigentümerversammlung.
7. Der Verwalter erstellt ein Protokoll von jeder Versammlung, das von ihm, dem Vorsitzenden des Verwaltungsbeirates und einem weiteren Eigentümer zu unterzeichnen ist. Die automatische Versendung an alle Eigentümer gegen eine Gebühr muß beschlossen werden. Sofern die Gemeinschaft nichts anderes beschließt, leitet der Verwalter auch die Eigentümerversammlungen.
8. Sofern eine Zustimmung des Verwalters für die Wirksamkeit eines Kaufvertrages über eine Eigentumswohnung erforderlich ist, ist er verpflichtet, diese nach den gesetzlichen Bestimmungen zu erteilen. Für die Tätigkeit erhält er vom Erwerber der Wohnung, bzw. des entsprechenden Teileigentums eine Vergütung, über deren Höhe von der Eigentümerversammlung zu beschließen ist.
9. Wichtige und außerordentliche Verwaltungsangelegenheiten soll der Verwalter mit dem Verwaltungsbeirat abstimmen, insbesondere die Aufstellung der Tagesordnung für eine Versammlung, die Vergabe von größeren Reparaturaufträgen, die Änderung von Teilen der Wohnungseigentumsanlage sowie die Vorbereitung des Jahresabschlusses und des Wirtschaftsplanes vor der Beschlußfassung durch die Eigentümerversammlung.
10. Der Verwalter muß Auskünfte über die Verwaltung und Einblick in die Verwaltungsunterlagen geben, jedoch muß die Einsichtnahme in den Büroräumen des Verwalters rechtzeitig angekündigt werden und in den üblichen Bürozeiten erfolgen. Der Verwaltungsbeirat hat das Recht jederzeit, die übrigen Eigentümer bei berechtigtem Interesse die Einsichtnahme zu verlangen.
11. Der Verwalter ist verpflichtet, ab Bestelldatum (Übernahme der Verwaltung) und Vorlage aller Verwaltungsunterlagen für eine ordnungsgemäße Abrechnung der Hausgelder und Kosten zu sorgen. Soweit aus der Vorzeit Abrechnungen vom Verwalter nicht oder nicht korrekt oder unvollständig erstellt worden sind, hat der neue Verwalter diese Abrechnungen zu erstellen, jedoch gegen eine gesonderte Vergütung, deren Höhe von der Eigentümerversammlung zu beschließen ist.
12. Der Verwalter hat im Rahmen normaler Instandsetzungsmaßnahmen diese zu überwachen und abzunehmen. Außergewöhnliche Baumaßnahmen liegen nicht im Aufgabenbereich des Verwalters. Letztere müssen hinsichtlich Planung, Durchführung, Bauüberwachung, Bauabnahme und Kosten von der Eigentümerversammlung beschlossen werden. Der Verwalter hat die Interessen der Eigentümergemeinschaft wahrzunehmen und alle gesetzlichen Vorschriften, die jeweilige Gemeinschafts-/Miteigentumsordnung sowie die Beschlüsse der Gemeinschaft zu beachten. Er ist verpflichtet, die Verwaltung mit der Sorgfalt eines ordentlichen Kaufmanns durchzuführen.

§ 5 Gemeinschaftsaufgaben

Die Eigentümergemeinschaft übergibt dem Verwalter zu Beginn seiner Tätigkeit alle Verwaltungsunterlagen, insbesondere Abschriften oder Kopien der bisherigen Beschlüsse, Vereinbarungen, die Teilungserklärung mit der Gemeinschafts-/Miteigentumsordnung.
Soweit für den jeweiligen Verwalter eine Sicherungshypothek in den einzelnen Grundbüchern eingetragen ist, ist es Sache der Eigentümergemeinschaft, dafür zu sorgen, daß die Verpflichtung auf den neuen Verwalter übertragen wird. Die Eigentümer sind verpflichtet, den Verwalter auf bestehende und auftretende Mängel unverzüglich hinzuweisen. Die Eigentümergemeinschaft vergütet dem Verwalter monatlich:

Je Wohnung DM ______ zuzügl. gesetzl. MwSt.

Je Garage DM ______ zuzügl. gesetzl. MwSt.

Je Stellplatz DM ______ zuzügl. gesetzl. MwSt.

Je gewerbl. Einh. DM ______ zuzügl. gesetzl. MwSt.

als Verwalterhonorar.

Der Verwalter ist berechtigt, unter Befreiung vom § 181 BGB monatl. im voraus 1/12 des Jahreshonorars vom Gemeinschaftskonto zu entnehmen.

§ 6 Abwicklung des Verwaltervertrages

Mit Beendigung des Verwaltervertrages gibt der Verwalter alle Verwaltungsunterlagen einschl. seiner Verwaltervollmacht an die Eigentümergemeinschaft, vertreten durch den Verwaltungsbeiratsvorsitzenden, zurück.

______________, den ______________

____
Unterschrift der Eigentümer
oder des/der Bevollmächtigen
Anlage: Verwaltervollmacht

____
Unterschrift des Verwalters

Unverbindliches Muster einer Eigentümergemeinschaft-Verwaltervollmacht

für die Wohnanlage ______________________

Herr/Frau ______________________

wird hiermit als Verwalter der Wohnanlage

mit ______ /tausendstel Miteigentumsanteilen,

gemäß Teilungserklärung

des Notars ______________ vom ______________

Urk.-Rolle ____ / ____, ermächtigt, die Eigentümer im Rahmen der dem Verwalter nach dem Wohnungseigentumsgesetz (§§ 27, 28 WEG) übertragenen Befugnisse zu vertreten, insbesondere alle in Ausführung der Beschlüsse der Eigentümerversammlung notwendigen Rechtsgeschäfte und Rechtshandlungen vorzunehmen und die Gemeinschaft der Eigentümer insoweit Behörden und Privatpersonen gegenüber zu vertreten. Zum Nachweis seiner Berechtigung bei Ausführung von Beschlüssen der Eigentümerversammlung genügt die Vorlage einer beglaubigten Abschrift der Niederschrift über den Versammlungsbeschluß.

______________, den ______________

Herr/Frau ______________ ist für alle Aufgaben und Befugnisse, die in § 27 Abs. 1 und Abs. 2 WEG aufgeführt sind, Bevollmächtigter der Eigentümer, insbesondere auch zur Geltendmachung von Ansprüchen gem. § 27 Abs. 2 Ziffer 5 WEG und zur Abgabe von Erklärungen gem. § 27 Abs. 2 Ziffer 6 WEG.

Herr/Frau ______________ ist darüber hinaus ermächtigt, die auf die einzelnen Miteigentümer entfallenden Beiträge zu den gemeinschaftlichen Lasten und Kosten des Grundbesitzes von diesen beizutreiben und hierbei die Eigentümergemeinschaft auch gerichtlich zu vertreten.

Herr/Frau ______________ ist auch berechtigt, Ansprüche aller Art im eigenen Namen für Rechnung der Eigentümer außergerichtlich und gerichtlich geltend zu machen, jedoch nur in seiner Eigenschaft als Verwalter und im Rahmen seiner Verwaltertätigkeit.

Herr/Frau ______________ ist ferner berechtigt, alle dringenden Handlungen und Rechtsgeschäfte, aus deren Unterlassung der Eigentümergemeinschaft oder dem Grundbesitz Nachteile entstehen können, nach pflichtgemäßem Ermessen vorzunehmen.

____
Unterschrift der Eigentümer
oder des/der Bevollmächtigten

(Notarielle Beglaubigung empfohlen)

Mitarbeiter-Vertrag

v. RA H.-J. Manser, Wiesbaden

Pflichtprüfer nach der Makler- und BauträgerVO

In zunehmendem Maße bemühen sich Maklerunternehmen statt angestellter Mitarbeiter freie Mitarbeiter in die Bearbeitung des Maklergeschäfts einzubeziehen.

Den gewerblichen und steuerrechtlichen Vorschriften sowie den Verpflichtungen gegenüber der Kranken- und Sozialversicherung und denen hinsichtlich des Datenschutzgesetzes im Zusammenhang mit der Benutzung von Datenträgern etc. ist in ausreichendem Maße Rechnung zu tragen.

Das nachfolgende Vertragsmuster mit Anlagen soll dazu beitragen, die Rechtsproblematik zu verdeutlichen. Die Gegebenheiten des Einzelfalles sind jedoch jeweils besonders zu prüfen.

Mitarbeiter-Vertrag

zwischen Unternehmen und Mitarbeiter

1. Grundsätze

1.1 Ab ______________ wird der Mitarbeiter als gewerblicher Makler, und zwar als Handelsvertreter i. S. des § 84 Abs. 1 HGB für das Unternehmen tätig. Im Rahmen der Geschäftsorganisation des Unternehmens ist er frei in Zeiteinteilung und Bestimmung des Tätigkeitsortes.

1.2 Als gewerblicher Makler obliegt dem Mitarbeiter die Einhaltung der Gewerbevorschriften, insbesondere die der Makler- und Bauträger-VO. Sofern er nicht im Besitz der Gewerbe-Erlaubnis nach § 34 c GewO ist, wird er deren Erteilung unverzüglich beantragen. Auf die Anzeigepflicht nach § 14 GewO (Gewerbe-An- bzw. Ummeldung) wird verwiesen. Die Standesregeln der Berufsverbände sind zu beachten.

1.3 Der Mitarbeiter ist verpflichtet, die erzielte Provision selbst zu versteuern und die in den Provisionsrechnungen ausgewiesene Mehrwertsteuer abzuführen.

1.4 Das Unternehmen zahlt bzw. erstattet für den Mitarbeiter keine Zuschüsse zur Kranken- und Sozialversicherung.

2. Verpflichtungen des Mitarbeiters

2.1 Der Mitarbeiter verpflichtet sich, für das Unternehmen im Rahmen des übertragenen Aufgabengebietes folgende Leistungen bzw. Teilleistungen zu erbringen:

Objekt-Nachweis

- Ausfindigmachen von Objekten
- Abschluß eines einfachen bzw. Allein-Maklerauftrages mit dem Verfügungsberechtigten zum Zweck der Interessentensuche
- Objekterfassung
  Beschaffen von Objektdaten einschl. Lage- und Baubeschreibung, Grundriß und Gebäudeplan, sowie Fotos, durch Besichtigung und Auskunft beim Verfügungsberechtigten und beim Grundbuchamt und sonstigen Behörden
- Exposé-Erstellung
  Mitwirken an der Gestaltung der Immobilienwerbung.

Interessenten-Nachweis

- Ausfindigmachen von Interessenten
- Übermittlung des Exposés mit Provisionsabrede vor Erbringen der Maklertätigkeit
- Bestätigung eines Auftrages zur Objektsuche
- Mitwirken bei Besichtigungen u. evtl. bei Objektbewertung und Beurteilung der Marktverhältnisse.

2.2 Der Mitarbeiter wird dem Unternehmen über seine Tätigkeit und die Ergebnisse, soweit keine Dringlichkeit besteht, periodisch schriftlich berichten. Ferner wird er über Sachverhalte unterrichten, die Ansprüche auf Provisionen oder Aufwendungsersatz auslösen können und insoweit eine Entscheidung des Unternehmens herbeiführen.

2.3 Zur Abstimmung mit dem Unternehmen obliegt es ihm, an Besprechungen zur Erörterung der Geschäftsvorhaben und an Unterrichtungen über die Abwicklung des Maklergeschäfts sowie der Immobilien-Werbung teilzunehmen.

2.4 Der Mitarbeiter ist nicht berechtigt, vom Kunden Leistungen irgendwelcher Art entgegenzunehmen, es sei denn eine schriftliche Vollmacht liegt vor. Angenommene Beträge sind ohne irgendwelche Abzüge unverzüglich abzuführen.

2.5 Informationen über Objekte, Interessenten und sonstige Verbindungen des Unternehmens darf der Mitarbeiter, soweit sie nicht den Geschäftsvorfall betreffen, nur mit schriftlicher Zustimmung weitergeben.

2.6 Der Mitarbeiter ist für seine Tätigkeit verantwortlich. Sollte das Unternehmen Dritten einen Schaden ersetzen, der durch den Mitarbeiter schuldhaft verursacht wurde, so kann es bei diesem Rückgriff nehmen.

3. Verpflichtungen des Unternehmens

3.1 Das Unternehmen stellt dem Mitarbeiter zur Verfügung:
- Unterlagen über erfaßte Kauf-, Pacht- oder Mietgelegenheiten
- Unterlagen über ernsthafte Interessenten
- technische und organisatorische Einrichtungen, insbesondere Telefonanlage, Fotokopierer und Telefaxgerät, sowie das Sekretariat und nach Bedarf Büroplatz und Verhandlungsraum.

3.2 Das Unternehmen übernimmt alle bei dem Betrieb eines Maklerunternehmens anfallenden üblichen Kosten, mit Ausnahme der Kosten, die dem Mitarbeiter durch seine Tätigkeit außerhalb des Büros als freier Gewerbetreibender entstehen.

4. Verhältnis zu Kunden

4.1 Das Unternehmen ist ausschließlich berechtigt, Verhandlungen über Provisionen, deren Minderung oder Stundung sowie über Provisionszusagen oder Zahlungen an Dritte zu führen, sofern keine schriftlcihe Sonderabrede getroffen wurde.
Soweit Provisionen gemindert oder gestundet oder Provisionen an Dritte gezahlt werden, um den Abschluß eines Geschäftes sicherzustellen, sind diese Regelungen beim Vergütungsanspruch des Mitarbeiters zu berücksichtigen.

4.2 Das Unternehmen behält sich vor, gegen Kunden einen Rechtsstreit zu führen, wenn diese die Provisionspflicht bestreiten oder fällige Provision nicht zahlen. Sofern der Mitarbeiter mit der Führung des Rechtsstreites einverstanden ist, trägt er in Höhe seines Provisionsanteils anteilig die Kosten. Versagt der Mitarbeiter die Zustimmung, so ist das Unternehmen berechtigt, die Gesamtprovision auf eigene Kosten und Risiko einzufordern, ohne daß der Mitarbeiter im Falle des Obsiegens einen Anspruch auf Auszahlung der anteiligen Provision hat.
Verzichtet das Unternehmen auf die Führung eines Rechtsstreites, so tritt es den Provisionsanspruch an den Mitarbeiter ab, sofern der Mitarbeiter dies fordert.

5. Vergütung

5.1 Mit Abschluß des jeweiligen Hauptgeschäfts, der unverzüglich mitzuteilen ist, wird die angefallene Provision nach Eingang der Zahlung abgerechnet. Dem Mitarbeiter stehen aus der Provision zu:

— Interessentensuche:
Für Nachweis bzw. Vermittlung und Abschluß:
__________ Prozent für Nachweis __________ Prozent,
— Objektsuche:
Für den Nachweis __________ Prozent

Sofern der Mitarbeiter die Abführung der MWSt an das Finanzamt nachweist, erhält er zusätzlich eine Gutschrift für die anteilige MWSt.

5.2 Der Mitarbeiter erhält als Aufwendungsersatz (Fahrzeug- und sonstige Kosten) einen monatlichen Pauschalbetrag von DM __________ und ferner eine à conto Zahlung von DM __________ monatlich, die mit der verdienten Provision verrechnet wird.

6. Kundenschutz

6.1 Die Vertragschließenden sind sich darüber einig, daß alle Tatsachen und Ereignisse auf dem Grundstücks-, Hypotheken- und Vermittlungsmarkt, welche dem Mitarbeiter während seiner Tätigkeit für das Unternehmen zur Kenntnis gelangen, zum Geschäftswert des Unternehmens gehören und daß jede unberechtigte Verfügung hierüber nicht nur eine Verletzung von Vertragspflichten, sondern auch eine Schädigung des Geschäftsvermögens darstellt.

6.2 Für die Dauer von einem Jahr nach Beendigung dieses Vertrages besitzt das Unternehmen den in der Branche und unter Kollegen üblichen Kundenschutz. Bleibt der Mitarbeiter in der gleichen Branche tätig, wird das Unternehmen während dieses Jahres — wenn nicht stichhaltige Gründe entgegenstehen — bereit sein, mit dem Mitarbeiter nach schriftlicher Vereinbarung sogenannte Gemeinschaftsgeschäfte unter den branchenüblichen Bedingungen zu tätigen. Damit sind evtl. Entschädigungsansprüche abgegolten.

6.3 Bei Beendigung des Vertrages hat der Mitarbeiter eine sachgerechte Überleitung der von ihm bearbeiteten Geschäftsvorgänge auf das Unternehmen bzw. von diesem benannte Mitarbeiter sicherzustellen.

6.4 Vor Ausscheiden des Mitarbeiters werden die abschlußreifen Geschäfte schriftlich festgehalten und bestätigt. Ein Vergütungsanspruch nach Ziffer 5.1 ist begründet, sofern innerhalb von drei Monaten nach dem Ausscheiden ein Provisionsanspruch für das Unternehmen entsteht.

7. Vertragsstrafe

7.1 Verstößt der Mitarbeiter gegen übernommene wichtige Verpflichtungen, so ist er zur Zahlung einer in das Ermessen des Unternehmens gestellten und der Höhe nach im Streitfall von einem Gericht zu prüfende Vertragsstrafe verpflichtet, ohne daß das Unternehmen ein Verschulden oder einen Schaden nachzuweisen hat.
Durch Zahlung der Vertragsstrafe wird der Mitarbeiter nicht von übernommenen Verpflichtungen befreit.

7.2 Das Unternehmen ist berechtigt, unter Anrechnung der Vertragsstrafe den ihr entstandenen Schaden bzw. Provisionsausfall geltend zu machen.

8. Einarbeitungszeit

8.1 Die ersten drei Monate der Tätigkeit des Mitarbeiters gelten als Einarbeitungszeit.

8.2 Der Mitarbeiter erhält als Aufwendungsersatz (Fahrzeug- und sonstige Kosten) einen monatlichen Pauschalbetrag von DM____________
Darüber hinaus erhält er einen angemessenen Vergütungsvorschuß.

8.3 Der Vertrag kann beiderseits mit einer dreiwöchigen Frist zum Ende eines Kalendermonats schriftlich gekündigt werden.

9. Kündigung

9.1 Nach der Einarbeitungszeit kann der Vertrag beidseitig mit einer sechswöchigen Frist zum Ende des Kalenderhalbjahres, vom 3. bis 5. Vertragsjahr mit einer Frist von drei Monaten und danach mit einer Frist von sechs Monaten, schriftlich zum Ende des Kalendermonates gekündigt werden.

10. Vertragswirksamkeit

10.1 Sollten eine oder mehrere Bestimmungen des Vertrages unwirksam sein, so bleibt der übrige Vertrag wirksam. Die unwirksame Bestimmung wird durch eine Regelung ersetzt, die den wirtschaftlichen Interessen der Vertragsparteien am nächsten kommt und dem Vertragszweck nicht zuwiderläuft.

10.2 Zur Wirksamkeit etwaiger Nebenabreden bedarf es der Schriftform.

11. Gerichtsstand

Gerichtsstand ist der Sitz des Unternehmens.

Ort Datum ____________________________

Unternehmen __________________________

Mitarbeiter ____________________________

Regelungen zur PC-Benutzung

Die PC-Benutzung unterliegt den Bestimmungen des Datenschutzgesetzes. Die Verpflichtungen nach § 5 des BDSG (siehe Anlage) sind zu beachten.

Datengeräte und Personalcomputer dürfen nur für Geschäftszwecke des Unternehmens von einem hierzu berechtigten Mitarbeiter benutzt werden. Sicherzustellen ist, daß keine mißbräuchliche Nutzung erfolgt.
Ein Standortwechsel des Datengeräts bedarf der schriftlichen Genehmigung des zuständigen Verantwortlichen.

Nur die vom Unternehmen zur Verfügung gestellte Hard- und Software darf benutzt werden.
Gesellschaftseigene Daten dürfen nicht auf privaten PC bearbeitet und/oder gespeichert werden.

Nur mit Zustimmung des zuständigen Verantwortlichen dürfen eigene tragbare PC verwendet werden.

Zur Kenntnis genommen und Duplikat erhalten:

Ort, Datum ____________________________

Unterschrift ___________________________

Satzung

des Verbandes Deutscher Makler für Grundbesitz, Hausverwaltung und Finanzierungen e.V. (VDM)

Fassung vom 17. Oktober 1992

A. Allgemeines

§ 1 Aufgaben des Verbandes

1. Der Verband Deutscher Makler für Grundbesitz, Hausverwaltung und Finanzierungen e. V. (VDM) ist ein Zusammenschluß von Immobilienmaklern, Finanzierungsmaklern und Verwaltern von Haus- und Grundbesitz, der dem Schutz und der Förderung der Interessen des Berufsstandes und seiner Mitglieder dient.
2. Aufgaben des Verbandes sind insbesondere
   a) das Ansehen des Maklerberufes zu fördern
   b) das Berufsbewußtsein und den Zusammenschluß der Makler zu stärken
   c) die Interessen des Berufsstandes und der Mitglieder im Wettbewerb zu vertreten
   d) die Mitglieder, soweit gesetzlich zulässig, zu beraten und
   e) die Schulung zum Fachmakler durchzuführen.

§ 2 Rechtsform und Sitz des Verbandes

Der Verband ist im Vereinsregister des Amtsgerichts Frankfurt/Main eingetragen und hat in Frankfurt/Main seinen Sitz.

§ 3 Gliederung

1. Der VDM besteht aus den Landesverbänden:
   Baden-Württemberg
   Bayern
   Berlin
   Brandenburg
   Bremen
   Hamburg
   Hessen
   Mecklenburg-Vorpommern
   Niedersachsen
   Nordrhein-Westfalen
   Rheinland-Pfalz
   Saarland
   Sachsen
   Sachsen-Anhalt
   Schleswig-Holstein
   Thüringen
2. Das Mitglied gehört dem Landesverband an, in dessen Gebiet es seinen Hauptgeschäftssitz hat. Ausnahmen bedürfen einer schriftlichen Vereinbarung zwischen den betroffenen Landesverbänden.
3. Die Landesverbände sind nichtrechtsfähige Vereine. Sie unterstehen dem Bundesvorstand. Alle Aufgaben der Landesverbände, insbesondere die in §§ 5, 6, 12 und 13 genannten, gelten als diesen vom Bundesvorstand delegiert. Der Bundesvorstand kann jederzeit diese Aufgaben selbst durchführen. Die entsprechenden Vorschriften gelten analog für den Bundesvorstand. Der Bundesvorstand ist befugt, mit Zweidrittelmehrheit das Ruhen von Ämtern anzuordnen.
4. Sie können Unterverbände (Bezirks- und Kreisverbände) gründen.
5. Diese Satzungen gelten entsprechend für die Landesverbände und ihre Unterverbände, soweit gesetzliche Bestimmungen nicht entgegenstehen.

§ 4 Mitglieder

1. Mitglied kann jede natürliche oder juristische Person werden, die als Immobilienmakler, Finanzierungsmakler oder Verwalter von Haus- und Grundbesitz tätig ist. Gleiches gilt für Personengesellschaften.
2. Jedes Mitglied nach § 4 Abs. 1 kann verlangen, daß auf die Dauer seiner Mitgliedschaft leitende Mitarbeiter als außerordentliche VDM-Mitglieder in den Verband Deutscher Makler aufgenommen werden; § 5 gilt entsprechend. Von diesen Mitgliedern wird kein Beitrag erhoben. Ihnen stehen die Mitgliedsrechte nicht zu. Auf den Mitgliedsurkunden ist die außerordentliche Mitgliedschaft (a. o. M.) zu vermerken.

§ 5 Aufnahmeantrag

Der Antrag auf Aufnahme in den Verband ist schriftlich zu stellen. Über den Aufnahmeantrag entscheidet der Vorstand des zuständigen Landesverbandes innerhalb von zwei Monaten, der seine Entscheidung der Bundesgeschäftsstelle mitteilt.

§ 6 Beginn der Mitgliedschaft

Die Mitgliedschaft beginnt mit der Aushändigung der Mitgliedsurkunde durch den Vorsitzenden des Landesverbandes oder seinen Stellvertreter gegen schriftliche Empfangsbestätigung.

§ 7 Ablehnung des Aufnahmeantrages

1. Die Ablehnung des Aufnahmeantrages ist schriftlich zu begründen und mit einer Rechtsmittelbelehrung zu versehen.

2. Gegen die Ablehnung steht dem Antragsteller das Recht der Beschwerde zu, die binnen einer Frist von einem Monat schriftlich bei der Bundesgeschäftsstelle einzulegen ist.
3. Über die Beschwerde entscheidet der Bundesvorstand.

§ 8 Ausschluß der Doppelmitgliedschaft

Die Mitgliedschaft im VDM schließt die Zugehörigkeit in einem anderen inländischen Berufsverband der Immobilien- und Finanzmakler aus.

§ 9 Erlöschen der Mitgliedschaft

Die Mitgliedschaft erlischt
1. durch Tod
2. durch Entmündigung
3. durch Untersagung der Ausübung des Gewerbes oder durch Berufsverbot
4. durch Aufgabe des Gewerbebetriebes
5. durch Eintragung der Auflösung oder Liquidation
in das zuständige Register
6. durch Kündigung und
7. durch Ausschluß

§ 10 Aufgabe des Gewerbebetriebes

Durch Aufgabe des Gewerbebetriebes erlischt die Mitgliedschaft mit Ablauf des Monats, in dem das Mitglied die Aufgabe der Bundesgeschäftsstelle durch Einschreibebrief anzeigt und nachweist.

§ 11 Kündigung

1. Sowohl das Mitglied als auch der Verband können die Mitgliedschaft kündigen.
2. Die Kündigung durch das Mitglied ist zum Ende eines Kalenderjahres mit einer Frist von drei Monaten zulässig;
die Kündigung durch den Verband ist mit einer Frist von drei Monaten zulässig.
3. Die Kündigung durch den Verband setzt einen mit Dreiviertelmehrheit ergangenen Beschluß des Bundesvorstandes voraus.
4. Die Kündigung erfolgt durch Einschreibebrief
5. Bei Beendigung der Mitgliedschaft ist die Mitgliedsurkunde an die Bundesgeschäftsstelle zurückzugeben.

§ 12 Ausschluß

1. Der Ausschluß muß erfolgen,
   a) wenn das Mitglied durch schuldhaftes Handeln oder nachhaltig gegen die Interessen des Verbandes verstoßen hat,
   b) wenn die Eröffnung des Konkursverfahrens über das Vermögen des Mitglieds mangels Masse abgelehnt oder aus demselben Grund das Verfahren eingestellt wird oder wenn das Mitglied wegen eines Straftatbestandes nach den Bestimmungen der Konkursordnung rechtskräftig verurteilt worden ist,
   c) wenn das Mitglied die Aufnahme erschlichen hat.
2. Der Ausschluß kann erfolgen,
   a) wenn das Mitglied durch sein Verhalten das Ansehen des Berufsstandes geschädigt hat,
   b) wenn das Mitglied mit der Entrichtung seines Beitrages in Höhe von mindestens sechs Monatsbeiträgen im Rückstand ist.

§ 13 Ausschlußverfahren

1. Der Ausschluß kann von jedem Mitglied beantragt werden. Der Antrag ist schriftlich an die Bundesgeschäftsstelle zu richten und schriftlich zu begründen. Die Bundesgeschäftsstelle hat den Antrag unverzüglich an den Vorstand des Landesverbandes weiterzuleiten, dem das Mitglied angehört.
2. Über den Antrag entscheidet der hierfür zuständige Vorstand des Landesverbandes. Er hat den Antrag dem Mitglied durch Einschreibebrief gegen Rückschein bekanntzugeben und das Mitglied gleichzeitig aufzufordern, sich innerhalb einer Frist von einem Monat zu äußern.
3. Der Vorstand des Landesverbandes beschließt aufgrund einer mündlichen Verhandlung über den Antrag mit Zweidrittelmehrheit unverzüglich, spätestens innerhalb von drei Monaten nach Eingang des Antrags. Zur mündlichen Verhandlung sind der Antragsteller, das betreffende Mitglied und der Rechtsreferent des Bundesvorstandes mit einer Frist von zwei Wochen zu laden.
4. Der Beschluß, der auch ohne Anwesenheit der geladenen Personen ergehen kann, ist zu begründen und mit einer Rechtsmittelbelehrung zu versehen. Er muß von mindestens drei Mitgliedern des Vorstandes des Landesverbandes unterzeichnet sein und dem betroffenen Mitglied zugestellt werden.
5. Gegen den Beschluß kann das betreffende Mitglied, der Antragsteller und der Rechtsreferent des Bundesvorstandes Beschwerde beim Ehrengericht erheben. Die Beschwerde ist innerhalb eines Monats nach Zugang des Beschlusses beim Vorsitzenden des Ehrengerichts schriftlich einzulegen.
6. Vor Entscheidung des Ehrengerichts steht dem Mitglied kein Recht auf Herbeiführung einer gerichtlichen Entscheidung über die Wirksamkeit des Ausschließungsbeschlusses zu.

7. Während des Ausschlußverfahrens kann der Vorstand des zuständigen Landesverbandes das Ruhen aller oder einzelner Rechte des Mitglieds anordnen, wenn die Interessen des Verbandes in besonderem Maße durch die weitere Ausübung von Mitgliedsrechten gefährdet sind. Der Beschluß ist mit Zweidrittelmehrheit zu fassen. Er ist anfechtbar.
8. Alle Maßnahmen gegen ein Mitglied setzen die Möglichkeit eines ausreichenden rechtlichen Gehörs bei mündlicher Verhandlung voraus.
9. Mitglieder von Beschlußorganen haben das Beratungsgeheimnis zu wahren.

§ 14 Ehrenmitgliedschaft

1. Mitglieder des Verbandes, die sich in besonderer Weise um den VDM verdient gemacht haben, können durch die Bundesversammlung zu Ehrenmitgliedern ernannt werden
2. Die Bundesversammlung kann die Ernennung zum Ehrenmitglied widerrufen, wenn das Ehrenmitglied sich der Ernennung als unwürdig erwiesen hat.
3. Ehrenmitglieder sind von der Beitragszahlung befreit.

§ 15 Ehrenpräsident

1. Mitglieder des Verbandes, die bereits Präsident des VDM gewesen sind, können auf Vorschlag des Bundesvorstandes durch die Bundesversammlung zum Ehrenpräsidenten gewählt werden. Die Wahl erfolgt auf Lebenszeit.
2. Die Bundesversammlung kann die Wahl zum Ehrenpräsidenten widerrufen, wenn der Ehrenpräsident sich ihrer als unwürdig erwiesen hat.
3. Der Ehrenpräsident ist von der Beitragszahlung befreit.

§ 16 Rechte des Ehrenpräsidenten und des Ehrenmitglieds

1. Ehrenpräsident und Ehrenmitglied haben das Recht, an allen Sitzungen des Verbandes und seiner Organe außer denen des Ehren- und Schiedsgerichtes teilzunehmen. In der Bundesversammlung und in der Mitgliederversammlung des Landesverbandes, dem sie angehören, haben sie Stimmrecht. Im übrigen nehmen sie an den Organen des Verbandes mit beratender Stimme teil.
2. Die am Tage des Inkrafttretens dieser Satzungen bereits gewählten Ehrenpräsidenten und ernannten Ehrenmitglieder (Mitglieder des Ehrenrats der alten Satzungen) behalten das ihnen aufgrund früherer Satzungsbestimmungen gewährte Stimmrecht.

§ 17 Ehrenmitgliedschaft weiterer Personen

Natürliche Personen können, auch ohne Mitglied des Verbandes zu sein, wegen ihrer besonderen Verdienste um den Verband zu Ehrenmitgliedern durch die Bundesversammlung ernannt werden. Ihnen steht das Recht auf Anwesenheit in der Bundesversammlung zu.

§ 18 Rücktritt des Ehrenmitgliedes und des Ehrenpräsidenten

Der Rücktritt des Ehrenmitgliedes und des Ehrenpräsidenten bedarf zu seiner Rechtswirksamkeit der Schriftform.

B. Organe

§ 19 Organe

1. Organe sind
   a) die Bundesversammlung
   b) der Bundesvorstand
   c) das Ehrengericht
   d) das Schiedsgericht
2. Die Mitglieder des Verbandes üben in den Organen ihre Tätigkeit ehrenamtlich aus.

§ 20 Die Bundesversammlung

1. Die Bundesversammlung ist die Mitgliederversammlung des VDM im Sinne des BGB. Sie findet mindestens einmal im Kalenderjahr statt und wird von der vorhergehenden Bundesversammlung zeitlich und örtlich festgelegt. Ihr steht die Entscheidung in allen Verbandsangelegenheiten zu, soweit diese nicht dem Vorstand oder dem Ehrengericht übertragen sind.
2. Der Bundesvorstand beruft die Bundesversammlung unter Bekanntgabe der Tagesordnung mindestens sechs Wochen vorher schriftlich ein. Die Einberufung ist außerdem mit der Tagesordnung in der Verbandszeitschrift zu veröffentlichen.
3. Eine außerordentliche Bundesversammlung beruft der Bundesvorstand nach freiem Ermessen ein. Der Bundesvorstand ist dazu verpflichtet, wenn mindestens 20 Prozent der Mitglieder dies schriftlich unter Angabe von Gründen beantragen. Eine außerordentliche Bundesversammlung kann nur am Sitz der Bundesgeschäftsstelle oder am Sitz des Verbandes binnen 80 Tagen nach Eingang des Antrages stattfinden.
4. Die Bundesversammlung ist nicht öffentlich; sie kann Nichtmitgliedern die Anwesenheit gestatten.
5. Anträge zur Bundesversammlung müssen 21 Tage vor dem Termin der Bundesversammlung bei der Bundesgeschäftsstelle vorliegen. Die eingegangenen Anträge und

der zu verabschiedende Haushaltsplan sollen mindestens 14 Tage vor der Versammlung von der Bundesgeschäftsstelle den Vorsitzenden der Landesverbände zugeleitet werden.
6. Es haben nur anwesende Mitglieder Stimmrecht (Stimmberechtigte).
7. Nicht rechtzeitig eingereichte Anträge können nur mit einer Mehrheit von zwei Drittel der Stimmberechtigten verhandelt werden (Dringlichkeitsanträge). Satzungsänderungen können nicht im Wege der Dringlichkeit behandelt werden.
8. Über Fassung, Änderung und Ergänzung der Satzung kann die Bundesversammlung nur mit einer Mehrheit von zwei Drittel der Stimmberechtigten beschließen. Für die Auflösung des Verbandes ist eine Mehrheit von vier Fünftel der Stimmberechtigten erforderlich.
9. Die form- und fristgerecht einberufene Bundesversammlung ist beschlußfähig, wenn zu Beginn mindestens fünf Prozent im Bund und mindestens zehn Prozent bei den Landesverbänden der Verbandsmitglieder anwesend sind und auch zu Beginn ein Landesverband nicht mehr als 30 Prozent der anwesenden Stimmberechtigten stellt. Sie verliert ihre Beschlußfähigkeit, wenn weniger als 50 Prozent der auf diese Weise festgestellten Stimmberechtigten anwesend sind.
10. Ist oder wird die Bundesversammlung beschlußunfähig, muß eine neue Bundesversammlung einberufen werden, die ohne Rücksicht auf die Zahl der anwesenden Mitglieder oder auf die Zusammensetzung beschlußfähig ist, wenn sie form- und fristgerecht einberufen worden ist. Sie hat innerhalb von drei Wochen nach der beschlußunfähigen Versammlung stattzufinden. In der hierzu ergehenden Einladung ist auf die unbedingte Beschlußfähigkeit hinzuweisen.
11. Beschlüsse werden mit Stimmenmehrheit gefaßt, sofern in den Satzungen nichts anderes bestimmt ist.
12. Das Protokoll der Bundesversammlung ist vom Versammlungsleiter schriftlich abzufassen und von ihm und dem Protokollführer spätestens nach zwei Wochen zu unterzeichnen. Es soll lediglich die Anträge und die Art ihrer Erledigung wiedergeben.
13. Die Abstimmung über Beschlüsse erfolgt offen, wenn nicht mindestens ein Zehntel der Stimmberechtigten geheime Abstimmung verlangen.
14. Bei den Wahlen ist der Bewerber gewählt, der im ersten Wahlgang die absolute Mehrheit der Stimmen der Stimmberechtigten erhält. Erhält kein Bewerber die absolute Mehrheit, so findet eine Stichwahl statt, zu der die beiden Bewerber zugelassen werden, die im ersten Wahlgang die meisten Stimmen auf sich vereinigt haben.
15. Bei Wahlen ist die Abstimmung geheim, wenn mehr als ein Bewerber sich zur Wahl stellt.

§ 21 Der Bundesvorstand

1. Der Bundesvorstand besteht aus:
   a) dem Präsidenten
   b) dem Vizepräsidenten
   c) dem Bundesschatzmeister
   d) dem Rechtsreferenten
   e) dem Ausbildungsreferenten
   f) dem Pressereferenten
   g) dem Referenten für berufsständische Fragen
   h) den 1. Vorsitzenden der Landesverbände
   i) den am Tag des Inkrafttretens dieser Satzung bereits gewählten bzw. ernannten Ehrenpräsidenten und Ehrenmitgliedern (Mitglieder des Ehrenrates der alten Satzungen).
2. Die Mitglieder des Bundesvorstandes zu a) bis g) werden von der Bundesversammlung auf die Dauer von vier Jahren gewählt. Wiederwahl ist zulässig. Jedes Mitglied des Bundesvorstandes darf nur eine Position bekleiden. Die im § 21 Abs. 1 der Satzung unter a) bis g) Genannten dürfen keine Vorsitzenden der Landesverbände sein, und die vorgenannten Positionen sollten ausnahmslos einzeln besetzt sein.
3. Der Bundesvorstand ist der gesetzliche Vertreter des Verbandes.
4. Der Verband wird gerichtlich und außergerichtlich durch zwei Mitglieder des Vorstandes vertreten, von denen jedoch ein Mitglied der Präsident oder der Vizepräsident sein muß. Der Vorstand wird weiter gerichtlich oder außergerichtlich durch den jeweiligen Landesvorsitzenden vertreten in Angelegenheiten seines Landesverbandes.
5. Der Bundesvorstand ist beschlußfähig, wenn mindestens fünf Mitglieder anwesend sind.
6. Die Beschlüsse des Bundesvorstandes werden mit Stimmenmehrheit gefaßt. Hierbei hat jedes Mitglied nur eine Stimme und kann sich von einem anderen Vorstandsmitglied seines Landesverbandes vertreten lassen.
7. Die Mitglieder des Vorstandes entscheiden nach bestem Wissen und Gewissen. Sie sind dabei an die Beschlüsse und Weisungen der Landes- und Unterverbände nicht gebunden.

8. Der Rücktritt der unter a) bis g) bezeichneten Mitglieder des Bundesvorstandes bedarf zu seiner Rechtswirksamkeit der Schriftform.
9. Der Bundesvorstand hat das Ruhen von Ämtern anzuordnen, sobald ein Amtsträger für sich oder für eine juristische Person die eidestattliche Versicherung zur Vermögenslage abgegeben hat.

§ 22 Führung des Verbandes

1. Präsident und Vizepräsident führen die Geschäfte des VDM unter Hinzuziehung des jeweils zuständigen Fachreferenten. Sie sind dem Bundesvorstand gegenüber verantwortlich.
2. Dem Präsidenten und dem Vizepräsidenten sowie dem Vorstand bleibt es vorbehalten, für die Lösung besonderer Aufgaben Ausschüsse zu bestellen, denen auch Nichtmitglieder angehören können.

§ 23 Ehrengericht

1. Das Ehrengericht besteht aus einem Vorsitzenden und zwei Beisitzern.
2. Der Vorsitzende des Ehrengerichts und die stellvertretenden Vorsitzenden müssen die Befähigung zum Richteramt haben und dürfen nicht Mitglieder des Verbandes sein.
3. Der Vorsitzende und die stellvertretenden Vorsitzenden des Ehrengerichts werden von der Bundesversammlung auf die Dauer von vier Jahren gewählt. Jeder Landesverband wählt auf die Dauer von vier Jahren einen Beisitzer aus dem Kreis seiner Mitglieder. Die Auswahl der Beisitzer erfolgt durch den Vorsitzenden nach der alphabetischen Reihenfolge der Familiennamen.
4. Alles Nähere regelt die Ehrengerichtsordnung. Zur Änderung oder Ergänzung der Ehrengerichtsordnung ist die Bundesversammlung zuständig.
5. Der Rücktritt eines Mitgliedes des Ehrengerichts bedarf zu seiner Rechtswirksamkeit der Schriftform.
6. Das Ehrengericht kann auf Einstellung des Verfahrens oder auf
   1. Verwarnung
   2. Verweis
   3. Ruhen der Mitgliedschaft oder eines Amtes während einer genau zu bestimmenden Zeit
   4. Amtsenthebung
   5. Ausschluß

   erkennen.

C. Beiträge — Kassenprüfer

§ 24 Beiträge

Die Höhe der monatlich im voraus zu leistenden Beiträge wird

a) durch die Bundesversammlung für den Verband und
b) durch die Landesverbandsversammlung für den jeweiligen Landesverband festgesetzt.

§ 25 Kassenprüfung

1. Kassenprüfer, die Mitglieder des Verbandes sein müssen, sind berechtigt und verpflichtet, die Kassenführung des Verbandes zu überwachen, die Kassenbelege zu prüfen und der Bundesversammlung zu berichten. Ihre Prüfung hat sich sowohl auf die rechnerische Richtigkeit als auch auf die sachliche Notwendigkeit der Ausgaben im Rahmen des Haushaltsplanes zu erstrecken.
2. Die Bundesversammlung wählt auf die Dauer von vier Jahren zwei Kassenprüfer und zwei Ersatzleute. Die Kassenprüfer dürfen weder dem Bundesvorstand noch dem Vorstand eines Landesverbandes angehören.
3. Die Kassenprüfer müssen dem Verband ununterbrochen seit fünf Jahren als Mitglied angehören.

D. Gerichtsstand und Erfüllungsort

§ 26 Gerichtsstand

Gerichtsstand für alle Streitigkeiten zwischen dem Verband und seinen Mitgliedern ist Frankfurt/Main oder nach Wahl des Bundesvorstandes der jeweilige Sitz der Bundesgeschäftsstelle oder eines Landesverbandes, soweit nicht ein ausschließlicher Gerichtsstand durch das Gesetz vorgesehen ist.

§ 27 Erfüllungsort

Erfüllungsort ist Frankfurt/Main.

E. Schiedsgericht

§ 28

1. Streitigkeiten zwischen den Mitgliedern des Verbandes oder zwischen einem Mitglied und dem Verband werden durch ein Schiedsgericht entschieden.
2. Das Schiedsgericht besteht aus einem Vorsitzenden und zwei Beisitzern.
3. Der Vorsitzende des Schiedsgerichts und die stellvertretenden Vorsitzenden müssen die Befähigung zum Richteramt haben und dürfen nicht Mitglieder des Verbandes sein.
4. Der Vorsitzende und die stellvertretenden Vorsitzenden des Schiedsgerichts werden von der Bundesversammlung auf die Dauer von vier Jahren gewählt.
5. Jede Partei hat einen Beisitzer zu benennen, der VDM-Mitglied sein muß. Kommt eine Partei trotz Aufforderung des Vorsitzenden dieser Benennung nicht nach, bestimmt der

Vorsitzende einen Beisitzer nach der alphabetischen Reihenfolge der Familiennamen der von den Landesverbänden gewählten Beisitzer.

6. Alles Nähere regelt die Schiedsgerichtsordnung. Für die Änderung oder Ergänzung der Schiedsgerichtsordnung ist die Bundesversammlung zuständig.
7. Der Rücktritt eines Mitgliedes des Schiedsgerichts bedarf zu seiner Wirksamkeit der Schriftform.
8. Bei dem Verfahren vor dem Schiedsgericht gelten die Bestimmungen des §§ 1025 ff. ZPO entsprechend.
9. Der ordentliche Rechtsweg ist nicht ausgeschlossen.

F. Sonstige Bestimmungen

§ 29 Wettbewerbsregeln

Für Mitglieder des Verbandes Deutscher Makler e. V. sind die jeweils durch die Bundesversammlung beschlossenen Wettbewerbsregeln verbindlich.

§ 30 Inkrafttreten

Diese Satzungen treten mit Beschlußfassung des Bundesversammlung in Kraft; frühere Satzungen sind damit hinfällig.

Geschäftsordnung

§ 1

Der Bundesvorstand gibt sich diese Geschäftsordnung, um ein sachliches und kollegiales Zusammenwirken seiner Mitglieder zu gewährleisten.

§ 2

Die nach § 21 Abs. 1 unter a) bis f) der Satzungen durch die Bundesversammlung gewählten Mitglieder sind für folgende Aufgabenbereiche zuständig:

a) **Präsident**
Der Präsident führt den Verband.
Er vertritt den Verband gegenüber den Behörden, anderen Verbänden und der Öffentlichkeit. Insbesondere hat er die Verbindung zu den Bundesministerien und Bundesbehörden zu pflegen.

b) **Vizepräsident**
Der Vizepräsident unterstützt den Präsidenten in der Führung des Verbandes. Im Falle der Verhinderung des Präsidenten vertritt er ihn in Erfüllung seiner Aufgabe.

c) **Bundesschatzmeister**
Der Bundesschatzmeister ist dem Bundesvorstand für alle finanziellen Angelegenheiten des Verbandes verantwortlich. Er regelt das pünktliche und vollständige Aufkommen der Mitgliedsbeiträge innerhalb des gesamten Verbandes. Der Bundesschatzmeister überwacht die Geldgebarung und die Kassenführung der Landesschatzmeister. Der Bundesschatzmeister ist für das Finanzwesen des VDM voll verantwortlich und hat diese Tätigkeit nach Gesichtspunkten eines ordentlichen Kaufmanns zu führen. Ihm steht das uneingeschränkte Recht zu, jederzeit die Tätigkeit der Landesschatzmeister zu überprüfen, ihre Unterlagen einzusehen und, falls erforderlich, an sich zu ziehen. Kommt ein Landesverband mit seinen an den Bund abzuführenden Mitgliedsbeiträgen mit mehr als sechs Monaten in Verzug oder gibt es begründeten Anlaß, daß der Landesschatzmeister seinen Verpflichtungen zur Kassenführung nach Gesichtspunkten eines ordentlichen Kaufmannes nicht nachkommt, so hat der Bundesschatzmeister das Recht der Kassenpfändung beim Landesschatzmeister und die Kasse solange kommissarisch zu führen, bis die Beitragsrückstände ausgeglichen sind oder sichergestellt ist, daß die Kassenführung wieder nach den Gesichtspunkten eines ordentlichen Kaufmannes gewährleistet ist. Im übrigen gilt für die Tätigkeit des Bundesschatzmeisters die Finanzordnung in der jeweils gültigen Fassung, die für in verbindlich ist.

d) **Rechtsreferent**
Dem Rechtsreferenten obliegt die Bearbeitung sämtlicher Rechtsangelegenheiten des Verbandes. Für den Fall, daß der Verband einen Syndikus beruft, ist er dem gegenüber weisungsberechtigt.

e) **Ausbildungsreferent**
Der Ausbildungsreferent führt die Schulungen und Ausbildung im Verband durch. Er veranstaltet für den gesamten Verband Seminare und Schulungen und überwacht die Tätigkeit der

Schulungsreferenten der Landesverbände. Der Ausbildungsreferent ist gegenüber den Schulungsreferenten der Länder weisungsberechtigt.

f) **Pressereferent**
Der Pressereferent vertritt den Verband in seinen Beziehungen zur Presse und betreut die vom Verband herausgegebene Zeitschrift „Der Grundbesitz".

§ 3

Der Präsident beruft die Sitzungen des Bundesvorstandes ein. Er bestimmt Zeit und Ort der Sitzungen.
Im Geschäftsjahr finden mindestens 3 Sitzungen in einem Abstand von je 4 Monaten statt.
Auf schriftlichen Antrag von mindestens 5 Mitgliedern des Bundesvorstandes hat der Präsident eine außerordentliche Sitzung einzuberufen. Im Antrag sind die Tagesordnungspunkte anzugeben. Die Einberufung erfolgt schriftlich. Dabei ist bei der ordentlichen Bundesvorstandssitzung eine Frist von 21 Tagen und bei einer außerordentlichen Bundesvorstandssitzung eine solche von 10 Tagen zu wahren. Das Einberufungsschreiben muß die Tagesordnung enthalten.

§ 4

1. Der Präsident leitet die Sitzungen des Bundesvorstandes. Er eröffnet und schließt die Sitzungen.
2. In den Bundesvorstandssitzungen sind alle Punkte der Tagesordnung zu behandeln.
3. Schriftliche Anträge, welche Aufnahme in die Tagesordnung finden, können in der jeweiligen Sitzung des Bundesvorstandes nur behandelt werden, wenn der Antragsteller in der Sitzung anwesend ist und seinen Antrag mündlich begründet. Die Anträge sind bei Abwesenheit des Antragstellers bis zur nächsten Bundesvorstandssitzung zurückzustellen.
4. Die Reihenfolge der Punkte der Tagesordnung bestimmt der Präsident, es sei denn, daß der Bundesvorstand mit einfacher Mehrheit eine andere Reihenfolge beschließt.
5. er Präsident kann Angelegenheiten, die einer dringenden Behandlung bedürfen, in der Sitzung des Bundesvorstandes auf die Tagesordnung setzen.

§ 5

Der Präsident erteilt den Mitgliedern des Bundesvorstandes in den Sitzungen das Wort nach der Reihenfolge ihrer Meldungen. Er kann das Wort entziehen, wenn das Mitglied sich unsachlich zum Tagesordnungspunkt äußert oder Beleidigungen ausspricht. Die Redezeit wird bei Bundesvorstandssitzungen wie folgt beschränkt: für Berichterstatter auf 10 Minuten und für Diskussionsmeldungen auf 3 Minuten je Person.
Von der Redezeitbeschränkung sind Rechtfertigungen des Betreffenden ausgeschlossen. Auf besonderen Antrag kann der Bundesvorstand im Einzelfall eine Verlängerung genehmigen.

§ 6

Die Abstimmungen im Bundesvorstand sind offen, es sei denn, daß ein Mitglied geheime Abstimmung verlangt.

§ 7

Über die Verhandlungen ist ein Protokoll anzufertigen. Es muß die gefaßten Beschlüsse mit dem Abstimmungsergebnis enthalten. Das Protokoll ist vom Präsidenten und dem Protokollführer innerhalb einer Frist von 14 Tagen mit ihren Unterschriften zu versehen und den Mitgliedern des Bundesvorstandes zu übersenden. Die Urschrift des Protokolls ist in der Bundesgeschäftsstelle zu verwahren.

§ 8

Sind Präsident und Vizepräsident an der Erfüllung ihrer Aufgaben verhindert, so vertreten sie die in der Bundesversammlung gewählten Mitglieder des Bundesvorstandes in der Reihenfolge, wie sie § 21 der Satzung enthält.

§ 9

Der Bundesvorstand richtet eine Bundesgeschäftsstelle ein. Er bestimmt mit einfacher Mehrheit den Sitz der Bundesgeschäftsstelle. Der Bundesvorstand beruft in die Leitung der Bundesgeschäftsstelle eine ihm geeignet erscheinende Person, die nicht dem Bundesvorstand oder dem Vorstand eines Landesverbandes angehören darf. Er stellt auch, sofern und soweit erforderlich, Mitarbeiter des Leiters ein.
Der Leiter unterliegt ausschließlich den Weisungen des Bundesvorstandes. Mit ihm ist, wie auch mit seinen Mitarbeitern, ein schriftlicher Vertrag abzuschließen.
Fachreferenten sollen bei Fragen, die mit der Bundesregierung oder den Ministerien behandelt werden, hinzugezogen werden.

§ 10

Die Landesverbände sind verpflichtet, dem Bundesvorstand unter Vorlage der Tagesordnungen rechtzeitig Kenntnis von allen Sitzungen ihrer Organe zu geben. Sie haben darüber hinaus dem Bundesvorstand rechtzeitig die Protokolle der Verhandlungen der Organe vorzulegen. Die Zustellung erfolgt an die Bundesgeschäftsstelle.
Jeder Landesverband ist verpflichtet, allen anderen Landesverbänden rechtzeitig unter Vorlage der Tagesordnung Kenntnis von den Landesverbandsversammlungen zu geben. Jedes Mitglied des VDM darf nur Mitglied in einem Ausschuß sein.

Schiedsgerichtsordnung

§ 1 Anwendung der Schiedsgerichtsordnung

Die nachstehende Schiedsgerichtsordnung findet Anwendung in allen Fällen, in denen zwischen Mitgliedern des Verbandes die Entscheidung eines Rechtsstreits durch ein Schiedsgericht vereinbart ist (§ 8 der Satzung).

§ 2 Zusammensetzung des Schiedsgerichts

1. Das Schiedsgericht besteht aus einem Vorsitzenden und zwei Beisitzern, wobei der Vorsitzende die Befähigung zum Richteramt haben muß.
2. Im Falle der Verhinderung des Vorsitzenden tritt an seine Stelle der 1. stellvertretende Vorsitzende und für den Fall, daß dieser ebenfalls verhindert ist, der 2. stellvertretende Vorsitzende.
3. Je ein Beisitzer wird von jeder Partei benannt. Die Beisitzer müssen Verbandsmitglieder sein.
4. Benennen die Parteien trotz Aufforderung durch den Vorsitzenden keinen Beisitzer, so werden der oder die Beisitzer vom Vorsitzenden des Schiedsgerichts nach der alphabetischen Reihenfolge der Familiennamen aus den von den Landesverbänden gewählten Beisitzern bestimmt.

§ 3 Einleitung des Verfahrens

1. Die klagende Partei hat den von ihr ernannten Beisitzer zusammen mit der Erhebung der Klage zu bezeichnen.
2. Die beklagte Partei ist mit der gemäß § 12 Abs. 2 vorgesehenen Bekanntgabe der Klage aufzufordern, den von ihr ernannten Beisitzer binnen drei Wochen zu bezeichnen.
3. Bezeichnet die klagende Partei nicht gemäß Abs. 1 ihren Beisitzer oder kommt die klagende Partei der Aufforderung gemäß Abs. 2 nicht nach, so ernennt anstelle der säumigen Partei der Vorstand des VDM den Beisitzer.

§ 4 Tod eines Mitgliedes des Gerichts

Scheidet ein Beisitzer durch Tod oder aus einem anderen Grunde aus oder verweigert ein Beisitzer die Übernahme der Fortführung des Schiedsrichteramtes, so ist die Partei, welche den betreffenden Beisitzer ernannt hat, aufzufordern, binnen einer Frist von drei Wochen einen neuen Beisitzer zu ernennen. Erfolgt die Ernennung nicht innerhalb dieser Frist, so wird ein neuer Beisitzer gemäß § 2 vom Vorsitzenden des Schiedsgerichts bestimmt.

§ 5 Abstimmung

Die Abstimmung bei den Schiedsgerichten erfolgt mit einfacher Stimmenmehrheit. Bei Stimmengleichheit entscheidet die Stimme des Vorsitzenden.

§ 6 Verfahren vor dem Schiedsgericht

Der Vorsitzende bestimmt Ort und Zeit der mündlichen Verhandlung des Schiedsgerichts.

§ 7 Klageerhebung

1. Die Erhebung der Klage ist an eine bestimmte Form und einen bestimmten Inhalt nicht gebunden. Die Klage muß schriftlich erhoben werden. Es soll der der Klage zugrunde liegende Sachverhalt dargestellt und ein Klageantrag gestellt sein. Die Klage ist der beklagten Partei im Wortlaut bekanntzugeben mit der Aufforderung zur Rückäußerung innerhalb eines Monats.
2. Die an die Klage anschließenden Schriftsätze sind der anderen Partei im Wortlaut bekanntzugeben.

§ 8 Ladung zur mündlichen Verhandlung

Zu den mündlichen Verhandlungen des Schiedsgerichts sind die Parteien sowie erforderlichenfalls Zeugen und Sachverständige zu laden. Die Ladung soll durch Einschreibebrief erfolgen; es ist eine Ladungsfrist von mindestens einer Woche einzuhalten.

§ 9 Vertretung in der mündlichen Verhandlung

Die Parteien können sich durch einen Verbandskollegen oder einen bei einem deutschen Gericht zugelassenen Rechtsanwalt vertreten lassen. Die Kosten für die Vertretung oder Beratung der Partei gehen ohne Rücksicht auf den Ausgang der Klage und im Schiedsspruch zu treffenden Kostenentscheid stets zu Lasten der vertretenen Partei.

§ 10 Nichtöffentlichkeit

Die mündlichen Verhandlungen des Schiedsgerichts sind nicht öffentlich. Im Zweifel entscheidet der Vorsitzende über die Zulassung zu den Verhandlungen. Nach Schluß der Verhandlungen findet die Beratung des Schiedsgerichts statt.

§ 11 Verfahrensgrundsatz

Das Schiedsgericht bestimmt ein Verfahren nach freiem Ermessen. Es kann von sich aus Beweise jeder Art einziehen, ohne an Anträge der Partei gebunden zu sein.

§ 12 Vergleich

Das Schiedsgericht soll vor Erlaß des Schiedsspruchs stets den Versuch machen, die Streitsache durch einen Vergleich zu erledigen. Kommt es zu einem Vergleich, so hat sich der Schuldner gemäß § 1044 a ZPO der sofortigen Zwangsvollstreckung aus dem Vergleich zu unterwerfen. Der Vergleich ist unter Angabe des Tages seines Zustandekommens von den Schiedsrichtern und den Parteien zu unterschreiben, und auf der Geschäftsstelle des zuständigen Gerichts (§ 16) niederzulegen.

§ 13 Anfechtung des Schiedsspruches

Ein Antrag auf Aufhebung eines Schiedsspruches gemäß § 1041 ZPO kann nicht darauf gestützt werden, daß der Schiedsspruch nicht oder nicht genügend oder falsch begründet ist.

§ 14 Verfahrensleitende Maßnahmen

Die mit dem Schiedsverfahren zusammenhängenden Arbeiten, wie Führung der Schiedsgerichtsakten, Korrespondenz mit den Parteien und Schiedsrichtern, Ladung der Parteien und erforderlichenfalls der Zeugen und Sachverständigen, obliegen dem Vorsitzenden.

§ 15 Kosten des Verfahrens

1. Die Kosten des Verfahrens werden vom Schiedsgericht festgesetzt. Die Kostenfestsetzung und die Kostenschuldner sind in den Schiedsspruch oder in den Vergleich mit aufzunehmen.
2. Als Kosten dürfen nur die durch Inanspruchnahme des Gerichts selbst entstandenen Auslagen festgesetzt werden. Im übrigen ist eine Kostenerstattung ausgeschlossen. Das Gericht stellt seine Gebühren und Auslagen selbst fest, wobei der Umfang der Tätigkeit des Gerichts und die Einkommens- und Vermögensverhältnisse der Parteien zu berücksichtigen sind. Als Gebührenhöchstbetrag des Vorsitzenden wird festgelegt der Betrag, der 3 Gebühren eines Anwalts im zivilgerichtlichen Berufungsverfahren bei einem Regelstreitwert gemäß § 2 (2) Satz 2 BRAGO entspricht. Daneben werden Auslagen nach der Reisekostenordnung des VDM festgelegt; ein Tagungsgeld des Vorsitzenden entfällt.
3. Die klagende Partei hat mit Erhebung der Klage einen vom Vorsitzenden des Gerichtes festzusetzenden angemessenen Kostenvorschuß zu zahlen.

§ 16 Zuständiges Gericht

1. Das im Zusammenhang mit dem Schiedsverfahren zuständige Gericht ist das Amtsgericht, in dessen Bezirk der Ort liegt, in dem die letzte mündliche Verhandlung stattgefunden hat.
2. Die Vereidigung von Zeugen und Sachverständigen oder die Abnahme eines Parteieides kann, abweichend von dem sonst für das Schiedsverfahren zuständigen Gericht, durch das Amtsgericht erfolgen, das für den Wohn- oder Aufenthaltsort des zu Verteidigenden zuständig ist.

Ehrengerichtsordnung

§ 1 Zuständigkeit

Das Ehrengericht ist zuständig

a) als Beschwerdeinstanz im Ausschlußverfahren gem. § 13 Ziff. 5 der Satzung
b) bei allen Streitigkeiten zwischen den Mitgliedern oder dem Verband und einzelnen Mitgliedern, die nicht zur Zuständigkeit des Schiedsgerichts gehören.

§ 2 Sitz

Das Ehrengericht hat seinen Sitz am Ort der Bundesgeschäftsstelle des VDM. Es kann nach Bestimmung des Vorsitzenden an jedem Ort im Bundesgebiet oder in Westberlin tagen.

§ 3 Zusammensetzung

1. Zum Ehrengericht gehören ein Vorsitzender, ein erster und ein zweiter stellvertretender Vorsitzender — alle drei mit Befähigung zum Richteramt — und die von den Landesverbänden gewählten Beisitzer.
2. Das Ehrengericht besteht aus einem Vorsitzenden und zwei Beisitzern. Im Falle der Verhinderung des Vorsitzenden tritt an seine Stelle der erste stellvertretende Vorsitzende und für den Fall, daß dieser ebenfalls verhindert ist, der zweite stellvertretende Vorsitzende. Die Auswahl der Beisitzer erfolgt durch den Vorsitzenden nach der alphabetischen Reihenfolge der Familiennamen.

§ 4 Ausschluß und Befangenheit

Für den Ausschluß oder die Befangenheit eines Mitgliedes des Ehrengerichts gelten die Bestimmungen des Gerichtsverfassungsgesetzes und der Zivilprozeßordnung in der jeweils gültigen Fassung entsprechend. Über ein Gesuch um Ablehnung eines Beisitzers wegen Befangenheit entscheidet der Vorsitzende. Wird der Vorsitzende wegen Befangenheit abgelehnt, so entscheidet sein Stellvertreter.

§ 5 Verfahren

1. Das Ehrengericht wird tätig auf Beschwerde nach § 13 Ziff. 5 der Satzung oder auf schriftlichen Antrag eines Mitgliedes oder des Bundesvorstandes. Der Bundesvorstand kann durch seinen Rechtsreferenten jederzeit dem Verfahren, das von einem Mitglied betrieben wird, beitreten. Der Vorsitzende bestimmt einen Termin zur mündlichen Verhandlung und lädt die Beteiligten durch Einschreibebrief ein. Zwischen der Aufgabe der Ladung zur Post und der mündlichen Verhandlung müssen mindestens drei Wochen liegen. Im Einverständnis aller Verfahrens-

beteiligten kann der Vorsitzende mündlich laden und von der Einhaltung der Ladungsfristen absehen.

2. Die Parteien haben der Ladung Folge zu leisten. Sie können sich eines Rechtsanwaltes oder eines Verbandsmitgliedes als Beistand bedienen. Der Vorsitzende des Ehrengerichts kann sich der Bundesgeschäftsstelle bei der Durchführung seiner Anordnungen und dem Vollzug der Entscheidung des Ehrengerichts bedienen.

§ 6 Zurückweisung von Anträgen

Offensichtlich unbegründete Anträge weist das Ehrengericht auf Kosten des Antragstellers zurück. Der zurückweisende Beschluß ist unanfechtbar.

§ 7 Vorbereitung der Verhandlung

1. Die Beschwerde oder der Antrag ist dem Verfahrensgegner zur schriftlichen Stellungnahme binnen einer Frist von einem Monat durch Einschreibebrief zuzuleiten. Betreibt der Bundesvorstand das Verfahren nicht selbst, so übermittelt das Gericht eine Abschrift der Beschwerde oder des Antrags dem Rechtsreferenten und der Bundesgeschäftsstelle zur Kenntnisnahme.

2. Nach Eingang der schriftlichen Stellungnahme des Verfahrensgegners oder nach Ablauf der Erklärungsfrist bestimmt das Gericht einen Termin zur mündlichen Verhandlung. Die Beteiligten sind unter Angabe von Zeit und Ort der Verhandlung zu laden.

3. Die Ladung von Zeugen und Sachverständigen zum Verhandlungstermin erfolgt nur, nachdem der Antragsteller oder der Antragsgegner für die von ihm benannten Zeugen oder Sachverständigen einen vom Vorsitzenden bestimmten Auslagenvorschuß bezahlt hat.

§ 8 Nichterscheinen einer Partei

Erscheint ein ordnungsgemäß geladener Verfahrensbeteiligter im anberaumten Termin nicht, so kann das Ehrengericht von Amts wegen oder auf Antrag des Verfahrensgegners in Abwesenheit des nicht erschienenen Verfahrensbeteiligten verhandeln und entscheiden.

§ 9 Nichtöffentlichkeit der Sitzung

1. Die Sitzung des Ehrengerichts ist für Verbandsmitglieder öffentlich. Auf Antrag eines Verfahrensbeteiligten muß das Gericht diese Öffentlichkeit ausschließen. Dem Rechtsreferenten kann das Ehrengericht die Anwesenheit gestatten.

2. Die Zeugen werden nacheinander und in Abwesenheit der später zu hörenden Zeugen vernommen.

§ 10 Protokollführung

1. Der Vorsitzende bestimmt einen Protokollführer, der dem Verband nicht anzugehören braucht.

2. Der Vorsitzende belehrt den Protokollführer vor Beginn der Verhandlung darüber, daß er verpflichtet ist, über alle ihm in der Verhandlung bekannt gewordenen Tatsachen Stillschweigen zu bewahren.

§ 11 Verfahrensablauf

1. Der Vorsitzende weist nach Eröffnung der mündlichen Verhandlung die Beisitzer darauf hin, daß sie nach bestem Wissen und Gewissen und ohne Ansehen der Person zu verfahren und zu entscheiden haben.

2. Der Vorsitzende belehrt sodann die Zeugen und Sachverständigen über ihre Pflicht zur Wahrheit.

3. Der Vorsitzende gibt den Verfahrensbeteiligten Gelegenheit, den Prozeßstoff vorzutragen und erhebt, falls erforderlich, die angebotenen Beweise. Das Gericht soll auf eine vollständige Aufklärung des Sachverhalts und der sachdienlichen Beweiseanträge hinwirken.

4. Das Gericht kann nach freiem Ermessen alle Maßnahmen treffen, die einer Zusammenfassung und Beschleunigung des Verfahrens dienen. Nach Möglichkeit soll das Verfahren in einer Sitzung durchgeführt werden.

§ 12 Beratung und Entscheidung

1. Das Gericht entscheidet in geheimer Beratung mit einfacher Mehrheit der Stimmen seiner Mitglieder (§ 3 Abs. 2 Satz 1). Die Beratung der Entscheidung und ihrer Verkündigung haben in unmittelbarem Anschluß an die mündliche Verhandlung stattzufinden. Das Beratungsgeheimnis ist zu wahren.

2. Die Verkündigung der Entscheidung des Gerichts erfolgt in öffentlicher Sitzung, zu der jedermann zugelassen ist. Die Öffentlichkeit ist notfalls wieder herzustellen. In der Entscheidung ist auch über die Kosten des Verfahrens zu befinden. Das Gericht soll innerhalb von drei Wochen nach der Verkündigung die Entscheidung schriftlich abfassen, begründen und den Verfahrensbeteiligten je eine Ausfertigung übermitteln.

3. Die Entscheidung ist unanfechtbar. Sie ist mit der Verkündigung wirksam.

4. Bei Veröffentlichung von Entscheidungen sind die Namen der Verfahrensbeteiligten zu streichen. Die Veröffentlichung ist nur mit ausdrücklicher Zustimmung des Vorsitzenden und des Bundesvorstandes gestattet.

§ 13

1. Erhält die Bundesgeschäftsstelle davon Kenntnis, daß ein Mitglied des Bundesvorstandes oder eines Landesvorstandes die Eidesstattliche Versicherung abgegeben hat oder in einen Vermögensverfall geraten ist (beispielsweise Wechselprotest oder Ladung zur Abgabe der EV, Veröffentlichung im Staatsanzeiger der angeordneten Zwangsversteigerung), hat sie im Auftrage des Bundesvorstandes dieses Bundes- oder Landesvorstandsmitglied aufzufordern, innerhalb von 4 Tagen schriftlich zu erklären, daß es sein Amt mit sofortiger Wirkung niederlegt.
2. Kommt ein Mitglied dieser Aufforderung nicht nach, gibt die Bundesgeschäftsstelle zuständigerweise den Vorgang an das Ehrengericht zur Entscheidung gemäß § 14 der Ehrengerichtsordnung ab.

§ 14 Inhalt der Entscheidung

Das Ehrengericht kann auf Einstellung des Verfahrens oder auf

1. Verwarnung
2. Verweis
3. Ruhen der Mitgliedschaft oder des Amtes während einer genau zu bestimmenden Zeit
4. Ausschluß

erkennen.

§ 15 Kosten des Verfahrens

1. Außergerichtliche Kosten werden im ehrengerichtlichen Verfahren nicht erstattet.
2. Für die Gebühren und Auslagen des Vorsitzenden gelten die Vorschriften der Bundesgebührenordnung für Rechtsanwälte in der jeweils gültigen Fassung entsprechend. Die Gebühren werden nach dem Streitwert berechnet, den das Ehrengericht unter Berücksichtigung des Umfanges und der Bedeutung der Sache nach Anhörung der Parteien festsetzt.
3. Den Beisitzern, Zeugen und Sachverständigen werden die Auslagen nach der jeweils geltenden Reisekostenordnung des Verbandes Deutscher Makler erstattet.
4. Der Antragsteller hat bei Antragstellung einen von dem Vorsitzenden des Gerichtes festzusetzenden angemessenen Kostenvorschuß zu zahlen.

§ 16 Aufbewahrung der Gerichtsakten

Die Akten des Ehrengerichts sind für die Dauer von drei Jahren — bei Ausschlußverfahren von fünf Jahren — vom Zeitpunkt der Verkündigung der Entscheidung an bei der Bundesgeschäftsstelle aufzubewahren und müssen dann vernichtet werden.
Der Leiter der Bundesgeschäftsstelle hat die Akten unter Verschluß zu halten und kann nur mit schriftlicher Weisung des jeweiligen Ehrengerichtsvorsitzenden und des Präsidenten des Verbandes Akteneinsicht gewähren.

Sachverzeichnis